CIÊNCIA EM AÇÃO

FUNDAÇÃO EDITORA DA UNESP

Presidente do Conselho Curador
Mário Sérgio Vasconcelos

Diretor-Presidente
Jézio Hernani Bomfim Gutierre

Superintendente Administrativo e Financeiro
William de Souza Agostinho

Conselho Editorial Acadêmico
Carlos Magno Castelo Branco Fortaleza
Henrique Nunes de Oliveira
João Francisco Galera Monico
João Luís Cardoso Tápias Ceccantini
José Leonardo do Nascimento
Lourenço Chacon Jurado Filho
Paula da Cruz Landim
Rogério Rosenfeld
Rosa Maria Feiteiro Cavalari

Editores-Adjuntos
Anderson Nobara
Leandro Rodrigues

BRUNO LATOUR

Ciência em Ação
Como seguir cientistas e engenheiros sociedade afora

Tradução
Ivone C. Benedetti

Revisão de tradução
Jesus de Paula Assis

© 1998 by Bruno Latour
Título original em inglês: *Science in Action. How to follow scientists and engineers through society.*

© 1997 da tradução brasileira:
Direitos de publicação reservados à:

Fundação Editora da Unesp (FEU)
Praça da Sé, 108
01001-900 – São Paulo – SP
Tel.: (0xx11) 3242-7171
Fax: (0xx11) 3242-7172
www.editoraunesp.com.br
www.livraria.unesp.com.br
feu@editora.unesp.br

CIP-BRASIL. CATALOGAÇÃO NA FONTE
SINDICATO NACIONAL DOS EDITORES DE LIVROS, RJ

L383c
2.ed.

Latour, Bruno, 1947-

Ciência em ação: como seguir cientistas e engenheiros sociedade afora / Bruno Latour; tradução Ivone C. Benedetti; revisão de tradução Jesus de Paula Assis. – 2.ed. – São Paulo: Ed. Unesp, 2011.

460p.

Tradução de: Science in action: how to follow scientists and engineers through society

ISBN 978-85-393-0190-4

1. Ciência – Aspectos sociais. 2. Tecnologia – Aspectos sociais. 3. Ciência – História. 4. Ciência – Filosofia. I. Título.

11-7106.
CDD: 306.45
CDU: 316.74

Editora afiliada:

SUMÁRIO

Agradecimentos   IX

Introdução
Abrindo a caixa-preta de pandora   1

Parte I
Da retórica mais fraca à mais forte   27
Capítulo 1 – Literatura   29
Capítulo 2 – Laboratórios   95

Parte II
Dos pontos fracos aos fortes   157
Capítulo 3 – Máquinas   159
Capítulo 4 – Quando os de dentro saem   227

Parte III
De pequenas a grandes redes   277
Capítulo 5 – Tribunais da razão   279
Capítulo 6 – Centrais de cálculo   335

Apêndice 1
Regras Metodológicas   405

VI BRUNO LATOUR

Apêndice 2
Princípios   407

Referências bibliográficas   409
Índice remissivo   417

A Michel Callon,
Este fruto de sete anos de discussão.

AGRADECIMENTOS

Não sendo o inglês minha língua materna, precisei contar com a inestimável ajuda de amigos que revisaram os sucessivos rascunhos deste manuscrito. John Law e Penelope Dulling tiveram a enorme paciência de rever os primeiros rascunhos. Steven Shapin, Harry Collins, Don MacKenzie, Ron Westrum e Leigh Star sofreram também, cada um com um capítulo diferente. Tive a grande felicidade de poder contar, para a edição de todo o livro, com Geoffrey Bowker, que o "enxugou" e sugeriu muitas mudanças úteis.

Parte dos trabalhos referentes à edição americana deste livro foi possível graças à subvenção do Programme STS do CNRS. Nenhuma de suas linhas teria sido escrita sem o estímulo, o ambiente, a amizade e as condições materiais oferecidas pelo Centre de Sociologie de l'Innovation d'École Nationale Supérieure des Mines de Paris, minha nova *"alma mater"*.

Introdução
Abrindo a caixa-preta de Pandora

Cena 1: Numa manhã fria e ensolarada de outubro de 1985, John Whittaker entra em seu gabinete do prédio de biologia molecular do Instituto Pasteur em Paris e liga seu computador Eclipse MV/8000. Alguns segundos depois de carregar os programas especiais por ele concebidos, brilha na tela uma imagem tridimensional da dupla hélice de DNA. John é cientista da computação, convidado pelo instituto para trabalhar na criação de programas capazes de produzir imagens tridimensionais das hélices de DNA e relacioná-las com as milhares de novas sequências de ácido nucleico despejadas todos os anos em revistas e bancos de dados. "Bela figura, hein?", diz seu chefe, Pierre, que acaba de entrar no gabinete. "É... boa máquina também", responde John.

Cena 2: Em 1951, no laboratório Cavendish, em Cambridge, Inglaterra, as fotos do ácido desoxirribonucleico cristalizado, obtidas por raio X, não eram uma "bela figura" numa tela de computador. Os dois jovens pesquisadores, Jim Watson e Francis Crick,[1] tinham dado duro para obtê-las de Maurice Wilkins e Rosalind Franklin, em Londres. Era impossível ainda definir se a forma do ácido era

---

1 Sigo aqui o relato de Watson (1968).

2 BRUNO LATOUR

de hélice tripla ou dupla, se as pontes de fosfato ficavam dentro ou fora da molécula, ou até mesmo se a coisa era de fato uma hélice. Isso não importava muito para o chefe deles, Sir Lawrence Bragg, uma vez que os dois nem deveriam estar trabalhando no DNA, mas para eles era muito importante, especialmente depois de ouvirem dizer que Linus Pauling, o famoso químico, estava prestes a revelar, em poucos meses, a estrutura do DNA.

Cena 3: Em 1980, num prédio da Data General, Route 495, Westborough, Massachusetts, Tom West[2] e sua equipe ainda estão tentando corrigir um primeiro protótipo de uma nova máquina apelidada Eagle, que a companhia não havia de início planejado construir, mas que estava começando a despertar o interesse do departamento de marketing. Contudo, o programa de depuração do sistema estava com um ano de atraso. Além disso, a escolha feita por West, de usar os novos *chips* PAL, atrasava ainda mais a máquina – rebatizada de Eclipse MV/8000 –, pois ninguém sabia ao certo, na época, se a empresa fabricante dos *chips* teria condições de entregá--los de imediato. Enquanto isso, seu principal concorrente, a DEC, estava vendendo muitos do seu VAX 11/780, o que aumentava a distância entre as duas empresas.

(1) Procurando uma entrada

Por onde podemos começar um estudo sobre ciência e tecnologia? A escolha de uma porta de entrada depende crucialmente da escolha do momento certo. Em 1985, em Paris, John Whittaker consegue "belas figuras" do DNA numa "boa máquina". Em 1951, em Cambridge, Watson e Crick estão lutando para definir uma forma para o DNA que seja compatível com as imagens que tinham visto de relance no gabinete de Wilkins. Em 1980, no subsolo de

---

2 Sigo aqui o livro de Kidder (1981) que, como o de Watson, é leitura obrigatória para todos os que se interessam pelo processo de construção da ciência.

um prédio, outra equipe de pesquisadores está brigando para pôr um novo computador em funcionamento e alcançar a DEC. Qual o significado desses *flashbacks*, para usar um jargão do mundo do cinema? Eles nos levam de volta no tempo e no espaço. Quando usamos essa máquina do tempo, o DNA deixa de ter uma forma característica passível de ser mostrada numa tela por programas de computador. Quanto aos computadores, eles nem sequer existem. Ainda não estão "chovendo" centenas de sequências de ácido nucleico a cada ano. Nenhuma sequer é conhecida, e até a noção de sequência é duvidosa, uma vez que na época muita gente ainda não sabe com certeza se o DNA desempenha algum papel importante na transmissão de material genético de uma geração para outra. Já por duas vezes Watson e Crick haviam anunciado com orgulho a resolução do enigma, e nas duas vezes o seu modelo tinha dado em nada. Quanto à "boa máquina" Eagle, o *flashback* nos leva de volta a um momento em que ela ainda não consegue executar programa algum. Em vez de peça comum do equipamento, que John Whittaker pode ligar quando quiser, ela não passa de uma montagem desorganizada de cabos e *chips* monitorada por outros dois computadores e rodeada por dezenas de engenheiros que tentam fazê-la funcionar de modo confiável por mais de alguns segundos. Ninguém da equipe sabe ainda se aquele projeto por acaso não vai ser outro malogro completo, como o computador EGO, no qual haviam trabalhado durante anos e que, conforme diziam, fora assassinado pela gerência.

No projeto de pesquisa de Whittaker muitas coisas ainda permaneceram em aberto. Ele não sabe por quanto tempo vai ficar ali, se sua bolsa vai ser renovada, se algum programa seu poderá lidar com milhões de pares de bases e compará-las de alguma forma biologicamente significante. Mas há pelo menos dois elementos que não lhe criam problemas: a forma de dupla hélice do DNA e seu computador da Data General. Aquilo que para Watson e Crick representou o foco problemático de um feroz desafio, valendo-lhes então um prêmio Nobel, agora constitui o dogma básico de seu programa, embutido em milhares de linhas de sua listagem. E a máquina que fez a equipe

4 BRUNO LATOUR

de West trabalhar dia e noite durante anos a fio agora zune mansamente naquele escritório, sem criar mais problemas que qualquer outra peça do seu mobiliário. Para maior garantia, o encarregado de manutenção da Data General dá uma passadinha por lá toda semana para acertar alguns probleminhas, mas nem ele nem John precisam vistoriar todo o computador de novo e forçar a companhia a desenvolver uma nova linha de produtos. Whittaker também está bem consciente dos muitos problemas que rondam o Dogma Básico da biologia (Crick, agora um idoso cavalheiro, deu uma conferência sobre o assunto no Instituto há algumas semanas) mas nem John nem seu chefe precisam repensar inteiramente a forma da dupla hélice ou estabelecer um novo dogma.

A expressão *caixa-preta* é usada em cibernética sempre que uma máquina ou um conjunto de comandos se revela complexo demais. Em seu lugar, é desenhada uma caixinha preta, a respeito da qual não é preciso saber nada, a não ser o que nela entra e o que dela sai. Para John Whittaker, a dupla hélice e aquela máquina são duas caixas-pretas. Ou seja, por mais controvertida que seja sua história, por mais complexo que seja seu funcionamento interno, por maior que seja a rede comercial ou acadêmica para a sua implementação, a única coisa que conta é o que se põe nela e o que dela se tira. Ao se ligar o Eclipse, ele executa os programas que ali foram postos; quando alguém compara as sequências do ácido nucleico, começa pela dupla hélice.

O *flashback* que nos levou de outubro de 1985, em Paris, ao outono de 1951, em Cambridge, ou a dezembro de 1980, em Westborough, Massachusetts, apresenta dois quadros completamente diferentes de cada um desses dois objetos: um fato científico – a dupla hélice – e um artefato técnico – o minicomputador Eagle. No primeiro quadro, John Whittaker usa duas caixas-pretas porque elas não apresentam problemas e são seguras; durante o *flashback*, as caixas são reabertas e iluminadas por forte luz colorida. No primeiro quadro, não é mais preciso decidir onde pôr o esqueleto de fosfato da dupla hélice; ele está logo ali, do lado de fora; não há mais nenhum bate-boca para decidir se o Eclipse deve ser uma máquina

CIÊNCIA EM AÇÃO 5

de 32 bits totalmente compatível, já que ela é simplesmente ligada a outros computadores NOVA. Durante os *flashbacks*, muitas pessoas acabam reingressando no quadro, várias delas apostando a carreira nas *decisões* que tomam: Rosalind Franklin decide rejeitar o método, escolhido por Jim e Francis, de construção de um modelo e, em lugar disso, concentrar-se na cristalografia básica com raios X, para obter melhores fotografias; West decide construir uma máquina compatível de 32 bits, mesmo que isso signifique montar uma "amostra" desengonçada, como dizem eles com desdém, e perder alguns dos melhores engenheiros, que simplesmente querem projetar uma máquina completamente nova.

No Instituto Pasteur, John Whittaker não está assumindo grandes riscos ao acreditar na forma tridimensional da dupla hélice ou ao executar seu programa no Eclipse. Essas agora são opções de rotina. Os riscos que ele e o chefe assumem são outros, estão naquele gigantesco programa de comparação de todos os pares de bases gerados pelos biólogos moleculares do mundo inteiro. Mas se voltarmos para Cambridge, trinta anos atrás, em quem deveríamos acreditar? Em Rosalind Franklin, que afirma haver uma hélice de três fitas? Em Bragg, que manda Watson e Crick desistirem daquele trabalho sem esperança e voltarem a tratar de assuntos sérios? Em Pauling, o maior químico do mundo, que revela uma estrutura que infringe todas as leis conhecidas da química? A mesma incerteza surge em Westborough alguns anos atrás. Será que West deve obedecer ao chefe, de Castro, quando este lhe pede explicitamente que não faça um novo projeto de pesquisa ali, pois todo o setor de pesquisa da companhia estava se mudando para a Carolina do Norte? Por quanto tempo West deve ficar fingindo que não está trabalhando num novo computador? Ele deve acreditar nos especialistas de marketing, quando estes dizem que todos os clientes querem uma máquina totalmente compatível (na qual possam reutilizar o antigo software), em vez de fazer, como a concorrente DEC, uma máquina "culturalmente compatível" (na qual não possam reutilizar seu software, mas apenas os comandos mais básicos)? Que confiança ele deveria ter em sua antiga equipe, "queimada" pelo malogro do projeto EGO?

Ele deve correr o risco e usar os novos *chips* PAL em vez dos mais antigos, porém mais seguros?

Ciência pronta

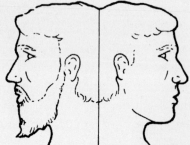

Ciência em construção

FIGURA I.1

Incerteza, trabalho, decisões, concorrência, controvérsias, é isso o que vemos quando fazemos um *flashback* das caixas-pretas certinhas, frias, indubitáveis para o seu passado recente. Se tomarmos duas imagens, uma das caixas-pretas e outra das controvérsias em aberto, veremos que são absolutamente diferentes. São tão diferentes quanto as duas faces, uma vivaz e outra severa, de Jano *bifronte*. "Ciência em construção", a da direita; "ciência pronta" ou "ciência acabada", a da esquerda; essa é Jano bifronte, a primeira personagem a nos saudar no começo de nossa jornada.

No gabinete de John, as duas caixas-pretas não podem e não devem ser reabertas. Assim como ocorria com as duas tarefas controversas em andamento em Cavendish e Westborough, elas ficam abertas enquanto os cientistas trabalham. A impossível tarefa de abrir a caixa-preta se torna exequível (se não fácil) quando nos movimentamos no tempo e no espaço até encontrarmos o nó da questão, o tópico no qual cientistas e engenheiros trabalham arduamente. Essa é a primeira decisão que temos de tomar: nossa entrada no mundo da ciência e da tecnologia será pela porta de trás, a da ciência em construção, e não pela entrada mais grandiosa da ciência acabada.

Agora que o caminho de entrada já foi decidido, com que tipo de conhecimento deveremos estar previamente equipados antes de

CIÊNCIA EM AÇÃO **7**

ingressar no mundo da ciência e da tecnologia? No gabinete de John Whittaker, o modelo de dupla hélice e o computador nada têm a ver com o restante de suas preocupações. Eles não interferem no seu estado psicológico, nos problemas financeiros do instituto, nas grandes subvenções que seu chefe está pleiteando ou na luta política em que todos estão empenhados para criar, na França, um grande banco de dados para a biologia molecular. Estão simplesmente parados ali ao fundo, com um conteúdo técnico ou científico que nada tem a ver com a bagunça em que John está imerso. Se ele quiser saber alguma coisa sobre a estrutura do DNA ou sobre o Eclipse, é só abrir o livro *Biologia molecular do gene* ou o *Manual do usuário*, que estão ali na estante. No entanto, se voltarmos a Westborough ou a Cambridge, desaparecerá essa nítida distinção entre contexto e conteúdo.

Cena 4: Tom West entra sorrateiro no subsolo de um prédio no qual um amigo o introduzira à noite para examinar um computador VAX. West começa puxando para fora as placas de circuito impresso para analisar o concorrente. Mesmo naquela primeira análise, ele funde cálculos técnicos e econômicos com decisões estratégicas já tomadas. Depois de algumas horas, está mais tranquilo.

"Fazia um ano que eu vivia com medo do VAX" – disse West depois... "Acho que fiquei animado quando olhei e vi como ele era complexo e caro. Aquilo me tranquilizou quanto a algumas das decisões que havíamos tomado".

A seguir, sua avaliação fica mais complexa, passando a incluir características sociais, de estilo e de organização da companhia:

Olhando o VAX por dentro, West imaginava estar vendo um organograma da DEC. Achava o VAX complicado demais. Por exemplo, não gostava do sistema por meio do qual várias partes da máquina se intercomunicavam; para seu gosto, aquilo tudo era protocolar demais. Chegou à conclusão de que o VAX encarnava os vícios daquela sociedade anônima. A máquina expressava o estilo

8 BRUNO LATOUR

cauteloso e burocrático daquela companhia fenomenalmente bem-sucedida. Seria isso mesmo? West disse que aquilo não vinha ao caso, que não passava de teoria útil. Mais tarde, reformulou suas opiniões. "Com o VAX, a DEC estava tentando minimizar riscos", disse ele enquanto dava uma guinada para desviar de outro carro. Depois, com um sorriso largo, continuou: "Nós estávamos tentando maximizar ganhos e fazer o Eagle andar rápido e rasteiro". (Kidder, op. cit., p.36)

Essa avaliação heterogênea da concorrente não é um episódio secundário da história; é o momento crucial em que West conclui que, apesar do atraso de dois anos, da oposição do pessoal da Carolina do Norte, do malogro do projeto EGO, eles ainda podiam fazer o Eagle funcionar. "Organograma", "gosto", "protocolar", "burocracia" e "minimizar riscos" não são termos técnicos comumente usados para descrever um *chip*. Isso, porém, só é verdade quando o *chip* é uma caixa-preta vendida aos consumidores. Ao ser submetido ao exame de um concorrente, como o de West, todas essas palavras extravagantes se tornam parte integrante da técnica de avaliação. Contexto e conteúdo se confundem.

Cena 5: Jim Watson e Francis Crick conseguem uma cópia do texto que revela a estrutura do DNA, escrito por Linus Pauling e trazido até eles por seu filho:

Quando Peter entrou, seu rosto deixava transparecer que havia algo importante; senti um frio no estômago quando o ouvi dizer que estava tudo perdido. Percebendo que nem Francis nem eu aguentaríamos mais nenhum suspense, ele foi logo dizendo que o modelo era de hélice com três cadeias, com o esqueleto de fosfato no centro. Aquilo lembrava tanto a nossa tentativa gorada do ano anterior que imediatamente me pus a pensar se já não poderíamos ter ganhado o crédito e a glória de uma grande descoberta se Bragg não nos tivesse detido. (Watson, op. cit., p.102)

CIÊNCIA EM AÇÃO   **9**

Será que Bragg os fizera mesmo perder uma grande descoberta, ou teria sido Linus quem perdera uma boa oportunidade de ficar calado? Francis e Jim correram para examinar o artigo e ver se o esqueleto de açúcar-fosfato era suficientemente forte para manter toda a estrutura unida. Para espanto deles, as três cadeias descritas por Pauling não tinham átomos de hidrogênio que unissem as três fitas. Sem estes, se é que eles sabiam química, a estrutura imediatamente se desagregaria.

De algum modo Linus, sem dúvida o químico mais perspicaz do mundo, chegara à conclusão oposta. Enquanto Francis também se espantava com a química nada ortodoxa de Pauling, eu começava a respirar mais aliviado. Agora eu sabia que ainda estávamos na jogada. Nenhum de nós dois, porém, tinha a menor ideia das etapas que haviam levado Linus àquela asneira. Se um estudante tivesse cometido erro semelhante, teria sido considerado inapto para receber uma bolsa da faculdade de química do Cal Tech.[3] Mesmo assim, logo de cara só podíamos ficar preocupados com a possibilidade de que o modelo de Linus talvez derivasse de uma reavaliação revolucionária das propriedades ácido-básicas de moléculas muito grandes. O tom do artigo, porém, desmentia a possibilidade de tal avanço na teoria química (ibid., p.103).

Para saberem se ainda estão na jogada, Watson e Crick precisam avaliar simultaneamente a reputação de Linus Pauling, a química vigente, o tom do artigo e o nível dos alunos do Cal Tech; precisam saber se está ocorrendo alguma revolução – e, nesse caso, eles já estão fora –, ou se foi cometido um erro crassíssimo – e, nesse caso, eles precisam se apressar ainda mais, porque Pauling não demoraria a percebê-lo:

Quando o erro fosse descoberto, Linus não descansaria enquanto não atinasse com a estrutura correta. Naquele momento, nossa

---

3 California Institute of Technology. (N. T.)

esperança era de que seus colegas químicos estivessem mais do que nunca boquiabertos diante de seu intelecto e não devassassem os detalhes do modelo. Mas, como já tinha sido despachado para a National Academy, até meados de março, no máximo, o artigo de Linus estaria espalhado pelo mundo todo. Então seria apenas uma questão de dias até que o erro fosse descoberto. Em todo caso, nós tínhamos no máximo seis semanas até que Linus estivesse de novo investindo todo o seu tempo na busca do DNA (ibid., p.104).

"Suspense", "jogada", "tom", "prazo de publicação", "boquia-berto", "seis semanas no máximo" não são termos comumente usados para descrever a estrutura de uma molécula. Pelo menos quando essa estrutura é conhecida e aprendida na escola. No entanto, quando ela está sendo devassada por um concorrente, essas palavras extravagantes são parte integrante dessa mesma estrutura química que está sendo investigada. Mais uma vez, contexto e conteúdo se confundem.

O equipamento necessário para viajar pela ciência e pela tecnologia é, ao mesmo tempo, leve e variado. Variado porque é preciso misturar pontes de hidrogênio com prazos finais, exame da capacidade alheia com dinheiro, correção de sistemas de computadores com estilo burocrático; mas o equipamento também é leve porque convém deixar de lado todos os preconceitos sobre as distinções entre o contexto em que o saber está inserido e o próprio saber. Na entrada do inferno de Dante está escrito:

DEIXAI A ESPERANÇA, Ó VÓS QUE ENTRAIS.

No ponto de partida desta viagem deveria estar escrito:

DEIXAI O SABER SOBRE O SABER, Ó VÓS QUE ENTRAIS.

Em 1985, ao estudar a dupla hélice e o uso do Eagle, para conceber programas, nada se fica sabendo sobre a bizarra mistura de que eles são compostos, mas tal estudo em 1952 ou em 1980 revela

CIÊNCIA EM AÇÃO **11**

tudo isso. Sobre as duas caixas-pretas que repousam no gabinete de Whittaker pode-se ler, como na caixa de Pandora: PERIGO, NÃO ABRA. Em Cavendish e na sede da Data General, paixões, prazos finais e decisões são coisas que escapam por todos os lados da caixa que permanece aberta. Pandora, o androide mítico enviado por Zeus a Prometeu, é a segunda personagem, depois de Jano, que nos saúda no começo de nossa viagem. (Precisaremos de muitas bênçãos de mais deuses antigos se quisermos chegar sãos e salvos a nosso destino.)

(2) Quando o suficiente nunca é suficiente

A ciência tem duas faces: uma que sabe, outra que ainda não sabe. Ficaremos com a mais ignorante. Quem está por dentro da ciência – e por fora também – tem milhões de ideias sobre os ingredientes necessários à sua construção. Ficaremos com o mínimo possível de ideias sobre aquilo que constitui a ciência. Mas como explicar o fechamento das caixas, já que, afinal, elas de fato se fecham? A forma de dupla hélice é estabelecida no gabinete de John em 1985; o mesmo acontece com o computador Eclipse MV/8000. Como foi que eles se mudaram de Cavendish, em 1952, ou de Westborough, Massachusetts, para Paris, em 1985? Tudo bem, escolhemos as controvérsias como porta de entrada, mas também precisamos acompanhar o modo como essas controvérsias se encerram. Aqui precisamos nos acostumar a um estranho fenômeno acústico. As duas faces de Jano falam juntas e dizem coisas completamente diferentes, que não devemos confundir.

Primeira máxima de Jano:

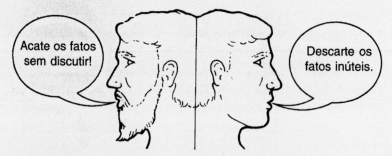

FIGURA I.2

Cena 6: Jim copia de vários livros as formas dos pares de bases que constituem o DNA e brinca com elas, tentando detectar alguma simetria quando emparelhadas. Para seu espanto, o emparelhamento de adenina com adenina, de citosina com citosina, de guanina com guanina e de timina com timina cria lindas formas sobrepostas. Mas, para falar a verdade, essa simetria desfigura estranhamente o suporte de açúcar-fosfato, o que, porém, não é suficiente para impedir que o coração de Jim dispare ou para impedi-lo de escrever uma carta triunfante ao chefe.

Eu mal tinha chegado ao escritório e começado a explicar meu esquema quando o cristalógrafo norte-americano Jerry Donohue protestou, dizendo que aquela ideia não daria certo. Em sua opinião, as formas tautoméricas que eu havia copiado do livro de Davidson estavam incorretamente distribuídas. Minha contestação imediata, de que vários outros livros também ilustravam a guanina e a timina na forma enol, não surtiu efeito. Felizmente, ele deixou escapar que havia anos os especialistas em química orgânica estavam dando preferência arbitrariamente a determinadas formas tautoméricas em detrimento de outras possibilidades, partindo de fundamentos fragilíssimos... Embora minha reação imediata tivesse sido alimentar a esperança de que aquilo tudo fosse bravata de Jerry, não dispensei suas críticas. Depois do próprio Linus, era Jerry quem mais entendia de pontes de hidrogênio no mundo. Como ele trabalhara no Cal Tech durante muitos anos com estruturas de moléculas orgânicas,

CIÊNCIA EM AÇÃO **13**

eu não podia me enganar achando que ele não tinha entendido o problema. Durante os seis meses em que ele ocupara uma mesa em nossas instalações, eu nunca o tinha ouvido dar "chutes" sobre assuntos dos quais nada soubesse. Preocupadíssimo, voltei à minha mesa, na esperança de que surgisse algum macete para salvar o esquema "igual com igual" (Watson, op. cit., p.121-2).

Jim tinha acatado os fatos como estavam nos livros, e estes, unanimemente, lhe apresentavam uma linda caixa-preta: a forma enol. Naquele caso, porém, é exatamente esse o fato que deveria ser descartado ou questionado. Pelo menos é o que Donohue diz. Mas em quem Jim deveria acreditar? Na opinião unânime dos químicos orgânicos, ou na opinião *daquele* químico? Jim, na tentativa de salvar seu modelo, passa de uma regra metodológica, "acate os fatos sem discutir", para outras mais estratégicas, "procure um ponto fraco", "escolha alguém em quem acreditar". Donohue estudara com Pauling, trabalhara com moléculas pequenas e, em seis meses, nunca dissera absurdos. Disciplina, afiliação, *curriculum vitae*, avaliação psicológica, tudo é misturado por Jim para chegar a uma decisão. É melhor sacrificar tudo isso e o belo modelo "igual com igual" do que a crítica de Donohue. O fato, por mais "acatável" que seja, precisa ser descartado.

A imprevisível vantagem de ter Jerry no mesmo escritório em que Francis, Peter e eu trabalhávamos, embora óbvia para todos, não era verbalizada. Se ele não estivesse conosco em Cambridge, eu talvez ainda estivesse tentando conseguir uma estrutura baseada no esquema "igual com igual". Maurice, num laboratório que não tinha químicos estruturais, não contava com ninguém para dizer-lhe que todas as figuras dos livros estavam erradas. Mas, para Jerry, só Pauling teria a probabilidade de fazer a escolha certa e de arcar com todas as consequências (ibid., p.132).

O conselho da face esquerda de Jano é fácil de seguir quando as coisas já estão assentadas, mas não quando isso ainda não aconteceu. Aquilo que, no lado esquerdo, constitui fatos químicos universalmente conhecidos, do ponto de vista do lado direito passa a constituir precárias afirmações feitas por duas pessoas no mundo todo. Tem uma *qualidade* que depende crucialmente de fatores como local, oportunidade e estimativa do mérito das pessoas e daquilo que elas estão dizendo.

Segunda máxima de Jano:

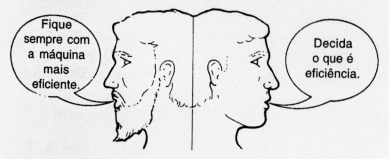

FIGURA I.3

Cena 7: West e seu principal colaborador, Alsing, estão discutindo sobre a forma de atacar o programa de depuração do sistema:

– Quero construir um simulador, Tom.
– Vai demorar muito, Alsing. A máquina vai estar depurada antes que você tenha seu simulador depurado.

Daquela vez Alsing insistiu. Eles não podiam construir o Eagle em um ano se tivessem de depurar todo o microcódigo dos protótipos. Além do mais, se continuassem daquele jeito, iriam precisar ter pelo menos um protótipo extra – ou provavelmente dois – já desde o início, o que significaria duas vezes mais trabalho (trabalho enfadonho e duro) para atualizar as placas. Alsing queria um programa que se comportasse como um Eagle aperfeiçoado, para que eles pudessem corrigir o microcódigo separadamente do hardware.

West disse:

– Vá em frente. Mas aposto que tudo vai estar pronto quando você acabar. (Kidder, op. cit., p.146)

O conselho do lado direito é seguido à risca pelos dois homens, pois eles querem construir o melhor computador possível. Isso, porém, não impede que entre os dois comece uma nova controvérsia sobre como imitar, de antemão, uma máquina eficiente. Se Alsing não puder convencer um dos membros de sua equipe, Peck, a terminar em seis semanas o simulador que demoraria um ano e meio, então West estará certo: o simulador não é uma maneira eficiente de proceder, pois vai chegar tarde demais. Mas se Alsing e Peck tiverem sucesso, então a definição de eficiência de West é que estará errada. A eficiência dependerá de quem tiver sucesso; de nada adianta decidir, na hora, quem está certo e quem está errado. O conselho do lado direito está certíssimo quando o Eagle é mandado para a fábrica; antes disso, o que deve ser seguido é o desconcertante conselho estratégico do lado esquerdo.

Terceira máxima de Jano:

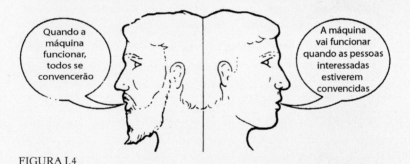

FIGURA I.4

Cena 8: Durante dois anos, West isolou sua equipe do restante da companhia. "Alguns dos meninos – diz ele – não têm a menor noção de que há uma empresa por trás de tudo isso. Podia estar sendo financiado pela CIA. Podia ser um teste psicológico" (Kidder, op. cit., p.200). Durante esse período, porém, West não parou de tentar influenciar a empresa em favor do Eagle. Agindo como intermediário, ele filtrava as injunções impostas sobre a futura máquina por de Castro (o chefão), pelo departamento de marketing, pelos outros grupos de pesquisa da Carolina do Norte, pelas outras máquinas

16   BRUNO LATOUR

apresentadas em feiras de informática etc. Também era ele que continuava negociando prazos que nunca eram cumpridos. Mas, a certa altura, todos os departamentos juntos, aos quais ele havia pleiteado tão intensamente, queriam ver alguma coisa e diziam que ele estava blefando. A situação se tornou mais delicada quando, finalmente, ficou claro que o grupo da Carolina do Norte não entregaria máquina alguma, que a DEC estava vendendo o VAX a dar com pau e que os compradores queriam um supermini 32-bits totalmente compatível da Data General. Nessa altura, West precisou quebrar o escudo protetor que havia construído em torno de sua equipe. Sem dúvida, ele havia projetado a máquina para que ela se coadunasse com os interesses dos outros departamentos, mas ainda não estava certo da reação deles nem da reação de sua equipe quando de repente lhe tirassem a máquina das mãos.

Com a chegada do verão, um número cada vez maior de intrusos ia sendo atraído para o laboratório: gente que mexia com programas de diagnóstico, principalmente do departamento de software. Alguns *Hardy Boys*[4] tinham acabado por gostar muito dos protótipos do Eagle, assim como a gente gosta de um bichinho de estimação ou de uma planta que vê crescer desde a semente. Agora, Rasala estava dizendo que eles não podiam trabalhar naquelas máquinas em certas horas, porque o pessoal do software precisava usá-las. E explicava: o projeto estava passando por uma fase delicada; se o pessoal do software não ficasse conhecendo e gostando do hardware, se não falasse com entusiasmo sobre ele, o projeto poderia ser arruinado; os *Hardy Boys* achavam que era uma sorte o pessoal do software querer usar os protótipos, e eles precisavam manter o pessoal do software feliz (ibid., p.201).

Não era só o pessoal do software que tinha de continuar feliz: também o pessoal da produção, o de marketing, o da documentação

---

4 *Hardy Boy* significa "garoto valente". Nessa expressão há um trocadilho. Na verdade, trata-se do pessoal que trabalhava com o hardware. (N. T.)

CIÊNCIA EM AÇÃO **17**

técnica e os *designers*, que precisavam pôr a máquina numa caixa bem bonita (não preta, desta vez!), sem falar dos acionistas e dos compradores. Embora a máquina tivesse sido concebida por West, com muitas concessões para manter toda aquela gente satisfeita e ocupada, ele não podia ter certeza de que ela manteria todos unidos. Cada grupo de interesse tinha de fazer seu próprio teste na máquina, para ver até que ponto ela correspondia. O pior de tudo, para Tom West, era o fabricante dos novos *chips* PAL estar falindo, a equipe estar passando por uma verdadeira depressão pós-parto e a máquina ainda não estar depurada. "Acho que nossa credibilidade vai por água abaixo", é o que West diz a seus assistentes. O Eagle ainda não funciona mais que alguns segundos sem que em sua tela faísquem mensagens de erros. Toda vez que, com todo o esmero e precisão, a falha é captada, eles a consertam e, em seguida, experimentam um programa de depuração mais novo e complicado.

O Eagle estava misteriosamente falhando no teste de confiabilidade de multiprogramação. Apagava, estalava, ia para a terra do nunca, sumia do mapa depois de quatro horas, mais ou menos, de bom funcionamento.

"As máquinas, nos estertores dos últimos erros, são muito vulneráveis", dizia Alsing. Aí começa a gritaria: "Nunca vai funcionar", e assim por diante. Os gerentes e os grupos de suporte é que começaram a dizer essas coisas. Os parasitas dizem: "Puxa, eu achava que você ia acabar isso bem antes". É aí que o pessoal começa a falar em reprojetar tudo de novo.

E Alsing acrescentava:

– Toma cuidado com o Tom agora.

E West em seu gabinete:

– Estou pensando em botar a turma para fora do laboratório e ir lá com Rasala para pôr tudo em ordem. É verdade. Eu não entendo todos os detalhes daquela joça, mas vou lá, e vou pôr aquilo para funcionar.

– Me dá mais uns dias, dizia Rasala (ibid., p.231).

18 BRUNO LATOUR

Algumas semanas mais tarde, depois que o Eagle executou com sucesso um jogo de computador chamado *Adventure*, a equipe toda achou que tinha alcançado mais ou menos o objetivo em vista: "É um computador", disse Rasala (ibid., p.233). Na segunda-feira, 8 de outubro, vem uma turma da manutenção carregar aquilo e, rapidamente, transforma-se numa caixa-preta. E por que esse transforma em caixa-preta? Porque é uma boa máquina, diz o lado esquerdo do nosso amigo Jano. Mas não era uma boa máquina antes de funcionar. Portanto, enquanto está sendo feita, não consegue convencer ninguém pelo seu bom estado de funcionamento. É só depois de depurados os infindáveis errinhos que se revelam a cada novo ensaio exigido por um novo grupo interessado, é só aí que a máquina, finalmente e de forma progressiva, é posta para funcionar. Nenhuma das razões pelas quais ela funcionará depois de acabada ajuda os engenheiros enquanto eles a estão construindo.

Cena 9: E a história da dupla hélice, como termina? Numa série de experimentos impostos ao novo modelo por várias pessoas com quem (ou contra quem) Jim Watson e Francis Crick trabalharam. Jim está brincando com modelos de papelão dos pares de bases, agora na forma cetona sugerida por Jerry Donohue. Para seu espanto, ele percebe que as formas obtidas pelo emparelhamento de adenina com timina e de guanina com citosina podem ser sobrepostas. Os intervalos da dupla hélice têm a mesma forma. Ao contrário do primeiro modelo, a estrutura poderia ser complementar, em vez de seguir o esquema "igual com igual". Ele hesita um momento, pois de início não vê motivo para aquela complementaridade. Então se lembra de algo chamado "leis de Chargaff", um desses muitos fatos empíricos que ficam em segundo plano. Essas "leis" diziam que havia sempre a mesma quantidade de adenina e de timina, a mesma quantidade de guanina e de citosina, independentemente do DNA escolhido para análise. Esse fato isolado, desprovido de significado no seu primeiro modelo "igual com igual", de repente reforça o novo modelo que está surgindo. Não só os pares se sobrepõem, como as leis de Chargaff podem ser apresentadas como consequência desse modelo. Outro fator reforça o modelo: essa pode ser uma maneira de o gene se dividir em duas partes e, em seguida, cada fita criar uma cópia complementar exata de si mesma. Uma hélice poderia dar origem a duas hélices idênticas. Assim, o significado biológico apoiaria o modelo.

Quarta máxima de Jano:

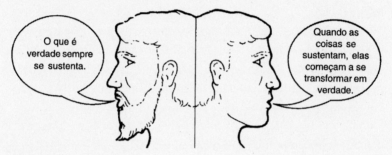

FIGURA I.5

Assim mesmo, apesar dessas três vantagens, o modelo de papelão de Jim poderia ser destruído. Talvez Donohue reduzisse tudo a cinzas, como tentara alguns dias antes. Por isso, Jim o chamou para verificar se ele tinha alguma objeção. "Quando ele disse que não, meu moral foi para as nuvens" (Watson, op. cit., p.124). Então é Francis que corre para o laboratório e "começa a juntar as bases de vários modos diferentes". Dessa vez, o modelo *resiste* ao ceticismo de Francis. Agora são muitos os elementos decisivos amarrados à nova estrutura e pela nova estrutura.

Contudo, todas as pessoas convencidas trabalham no mesmo local e, embora acreditem estar certas, podem estar iludidas. O que dirá Bragg e todos os outros cristalógrafos? Que objeções farão Maurice Wilkins e Rosalind Franklin, os únicos que têm raios X do DNA? Será que eles verão o modelo como a única maneira capaz de produzir, por projeção, a forma visível nas fotografias de Rosalind? Queriam, mas temiam expor-se ao risco da revelação final a pessoas que por várias vezes haviam arruinado todos os seus esforços. Além do mais, estava faltando outro aliado para a consolidação do

20   BRUNO LATOUR

ensaio; aliado humilde, é verdade, mas necessário assim mesmo: "Naquela noite, porém, não conseguimos determinar de forma inquestionável a dupla hélice. Enquanto não tivéssemos à mão as bases de metal, qualquer modelo teria uma construção desalinhada demais para ser convincente" (ibid., p.127). Mesmo com as leis de Chargaff, com significado biológico, com a aprovação de Donohue, com o entusiasmo deles, com os pares de bases em seus devidos lugares, a hélice ainda estava desalinhada. O metal é necessário para reforçar a estrutura por um tempo suficiente para resistir às provas a que os concorrentes/colegas irão submetê-la.

O restante da história da dupla hélice se parece com os lances finais de uma eleição presidencial norte-americana. Cada um dos outros competidores é introduzido na sala onde o modelo está montado, briga com ele por algum tempo, antes de ser completamente vencido e declarar-lhe todo o seu apoio. Bragg está convencido, embora ainda preocupado porque ninguém com maior seriedade que Jim e Francis checou a hélice. Então só resta a grande partida, o encontro entre o modelo e as pessoas que durante anos observaram sua imagem projetada. "Maurice não precisou olhar o modelo por mais de um minuto para gostar dele. Só dois dias depois de sua chegada a Londres ligou para dizer que Rosy e ele achavam que os dados radiográficos corroboravam a dupla hélice" (p.131). Logo Pauling também dá sua adesão à estrutura, e aí chega a vez dos revisores do *Nature*.

"Claro!" – diz o lado esquerdo de Jano – "todos estão convencidos porque Jim e Francis atinaram com a estrutura correta. A própria forma do DNA é suficiente para formar consenso". "Não" – diz o lado direito – "a cada pessoa que se convence a estrutura fica mais correta". O suficiente nunca é suficiente: anos depois, na Índia e na Nova Zelândia, outros pesquisadores trabalhariam num modelo chamado "zíper torcido",[5] que fazia tudo o que a dupla hélice fazia e mais alguma coisa. Pauling defendeu com unhas e dentes sua própria estrutura, que por fim se mostrou inteiramente

---

5 Sobre esse episódio, ver Stokes (1982).

CIÊNCIA EM AÇÃO 21

errada; Jim encontrou significado biológico numa estrutura com emparelhamento igual-igual que sobreviveu apenas umas poucas horas; Rosalind Franklin afirmava teimosamente, um pouco antes, que a hélice era de três fitas; Wilkins não pensou na forma cetona revelada depois por Jerry Donohue; as leis de Chargaff eram um fato insignificante que eles mantiveram em segundo plano durante muito tempo; quanto aos pequenos átomos de metal, sustentaram firmemente incontáveis modelos que acabaram por revelar-se errados. Todos esses aliados parecem muito fortes quando a estrutura já é uma caixa-preta. Enquanto isso não acontece, Jim e Francis continuam lutando para arregimentá-los, modificando a estrutura do DNA até que todos estejam satisfeitos. Depois de tudo terminado, eles seguem o conselho do lado direito de Jano. Enquanto ainda estão à procura da forma correta do DNA, é melhor não seguir os desconcertantes conselhos do lado direito.

Poderíamos repassar todas as opiniões existentes para explicar por que uma controvérsia aberta se encerra, mas estaremos sempre topando com uma nova controvérsia referente ao como e ao porquê do encerramento da questão. Teremos de aprender a viver com duas vozes contraditórias que falam ao mesmo tempo, uma sobre a ciência em construção, outra sobre a ciência acabada. Esta última produz frases como "faça isto... faça aquilo"; a primeira diz "o suficiente nunca é suficiente". O lado esquerdo considera fatos e máquinas suficientemente bem determinados. O lado direito acha que fatos e máquinas, em fase de construção, estão sempre *subdeterminados*.[6] Sempre falta alguma coisa para fechar a caixa-preta de uma vez por todas. Até o último minuto, o Eagle poderá falhar se West não tiver o cuidado de manter o interesse do pessoal do software, de continuar pressionando as equipes de depuração e de fazer propaganda da máquina no departamento de marketing.

---

6 Essa noção de subdeterminação, também chamada princípio de Duhem-Quine, afirma que nenhum fator isolado é suficiente para explicar o encerramento de uma controvérsia ou a certeza obtida pelos cientistas. Esse princípio constitui a base filosófica da maior parte da história social da sociologia da ciência.

(3) A primeira regra metodológica

Entraremos em fatos e máquinas enquanto estão em construção; não levaremos conosco preconceitos relativos ao que constitui o saber; observaremos o fechamento das caixas-pretas tomando o cuidado de fazer a distinção entre duas explicações contraditórias desse fechamento, uma proferida depois dele, outra enquanto ele está sendo tentado. Essa será nossa *primeira regra metodológica*, a que possibilitará nossa viagem.

FIGURA I.6

CIÊNCIA EM AÇÃO 23

Para esboçar a forma global deste livro, é melhor imaginar a seguinte história em quadrinhos: começamos com uma frase de livro, desprovida de qualquer vestígio de invenção, interpretação ou autoria; em seguida, essa frase é posta entre aspas e também colocada dentro de um balão, sendo pronunciada por alguém; depois, a essa personagem acrescentamos outra, *com quem* ela está falando, após o que todas elas são colocadas em determinada situação, no tempo e no espaço, rodeadas por equipamentos, máquinas, colegas. A seguir, quando a controvérsia já está um pouco mais animada, vemos *que direção é tomada* pelo pessoal que discute e *que tipo* de elementos novos eles arranjam, arregimentam ou seduzem a fim de convencer os colegas; aí, vemos como as pessoas que estão sendo convencidas param de discutir; situações, locais e até pessoas começam a apagar--se; no último quadro, vemos uma nova frase, sem aspas, escrita num livro semelhante àquele com que começamos no primeiro quadro. Esse é o movimento global daquilo que estudaremos reiteradamente ao longo deste livro, penetrando a ciência a partir de fora, acompanhando discussões e cientistas até o fim, para finalmente irmos saindo aos poucos da ciência em construção.

Apesar do quadro rico, desconcertante, ambíguo e fascinante que assim se revela, poucas pessoas de fora já penetraram nas atividades internas da ciência e da tecnologia e depois saíram para explicar, a quem continua do lado de fora, de que modo tudo aquilo funciona. Evidentemente, muitos jovens entraram no mundo da ciência, mas se tornaram cientistas e engenheiros; o que eles fizeram está visível nas máquinas que usamos, nos livros pelos quais aprendemos, nos comprimidos que tomamos, nas paisagens que olhamos, nos satélites que cintilam no céu noturno sobre nossas cabeças. Como fizeram, não o sabemos. Alguns cientistas falam de ciência, de seus métodos e meios, mas poucos se submetem à disciplina de também agirem como leigos; o que eles dizem sobre o que fazem é difícil de conferir sem um esquadrinhamento independente. Outras pessoas falam sobre ciência, de sua solidez, seu fundamento, seu desenvolvimento ou seus perigos; infelizmente, quase ninguém está interessado no processo de construção da ciência. Fogem intimidados da mistura

24 BRUNO LATOUR

caótica revelada pela ciência em ação e preferem os contornos organizados do método e da racionalidade científica. A defesa da ciência e da razão contra as pseudociências, contra a fraude e a irracionalidade mantém a maioria dessas pessoas ocupada demais para estudá-la. Como ocorre com os milhões ou bilhões de leigos, o que elas sabem sobre ciência e tecnologia provém apenas de sua vulgarização. Os fatos e artefatos que esta produz caem sobre suas cabeças como um fado externo tão estranho, desumano e imprevisível quanto o *Fatum* dos antigos romanos.

Afora as pessoas que fazem ciência, que a estudam, que a defendem ou que se submetem a ela, felizmente existem algumas outras, com formação científica ou não, que abrem as caixas-pretas para que os leigos possam dar uma olhadela. Apresentam-se com vários nomes diferentes (historiadores da ciência e da tecnologia, economistas, sociólogos, professores de ciências, analistas de política científica, jornalistas, filósofos, cientistas e cidadãos interessados, antropólogos cognitivos ou psicólogos cognitivos), tendo na maioria das vezes em comum o interesse por algo que é genericamente rotulado "ciência, tecnologia e sociedade". Este livro foi construído com base no trabalho deles. Valeria a pena fazer um resumo dos *resultados* e das conquistas que obtiveram, mas isso ultrapassa meus conhecimentos. Simplesmente quero resumir o *método* que utilizam e esboçar a base que, às vezes inconscientemente, compartilham. Fazendo isso, espero ajudar a superar duas limitações dos estudos de "ciência, tecnologia e sociedade" que, em minha opinião, frustram seu impacto: a organização *por disciplina* e *por objeto*.

Os economistas da inovação ignoram os sociólogos da tecnologia; os cientistas cognitivos nunca fazem estudos sociais da ciência; a etnociência está muito longe da pedagogia; os historiadores da ciência prestam pouca atenção aos estudos literários ou à retórica; os sociólogos da ciência muitas vezes não veem relação alguma entre seu trabalho acadêmico e os experimentos *in vivo* realizados por cientistas ou cidadãos interessados; os jornalistas raramente citam trabalhos acadêmicos sobre estudos sociais da ciência, e assim por diante.

CIÊNCIA EM AÇÃO 25

Essa Babel de disciplinas não teria tanta importância se para ela não contribuísse outra divisão: a dos objetos que cada uma estuda. Existem historiadores da química do século XVIII ou da física alemã da virada do século; até mesmo as associações de cidadãos têm especializações: algumas combatem a energia atômica, outras lutam contra as indústrias farmacêuticas e outras, ainda, contra algum novo tipo de ensino de matemática; certos cientistas cognitivos fazem estudos experimentais com crianças, enquanto outros se interessam pelo raciocínio cotidiano dos adultos; mesmo entre os sociólogos da ciência, alguns se dedicam a objetos microscópicos, ao passo que outros se interessam por projetos de engenharia de grande escala; os historiadores da tecnologia muitas vezes se enquadram em especialidades técnicas da engenharia, alguns estudando a indústria aeronáutica, enquanto outros preferem as telecomunicações ou o desenvolvimento de máquinas a vapor; quanto aos antropólogos que estudam o raciocínio "selvagem", pouquíssimos chegam a interessar-se pelo pensamento moderno. Essa dispersão de disciplinas e de objetos não seria problemática se caracterizasse alguma necessária e fecunda *especialização* que partisse de um núcleo de problemas e métodos comuns. No entanto, o que acontece não é nem sombra disso. As ciências e as tecnologias em estudo são os principais fatores determinantes desse crescimento desordenado de interesses e métodos. Nunca encontrei duas pessoas que estivessem de acordo quanto ao significado do campo de estudo chamado "ciência, tecnologia e sociedade"; na verdade, raramente vi alguém que concordasse quanto ao nome ou quanto à própria existência desse campo!

Eu afirmo que esse campo existe, que há um núcleo de problemas e métodos comuns, que ele é importante e que todas as disciplinas e os objetos dos estudos de "ciência, tecnologia e sociedade" podem ser empregados também como material especializado para estudá-lo. Para definir o que está em jogo nesse campo de estudo, a única coisa de que precisamos são alguns conjuntos de conceitos suficientemente resistentes para aguentar a viagem por todas essas disciplinas, esses períodos e objetos.

Estou consciente de que há muitas noções mais sofisticadas, sutis, ágeis ou influentes do que as escolhidas por mim. Mas será que não sucumbiriam? Será que aguentariam a distância? Será que teriam a capacidade de amarrar um número suficiente de fatos empíricos? Seriam suficientemente funcionais para a realização dos exercícios práticos?[7] Foram essas questões que me orientaram a selecionar, na literatura, *regras metodológicas e princípios*, e destinar um capítulo para cada par.[8] O *status* dessas regras e o desses princípios são razoavelmente distintos, e não espero que sejam avaliados da mesma maneira. Por "regras metodológicas" indico as decisões que é necessário tomar *a priori* na consideração de todos os fatos empíricos criados pelas disciplinas especializadas que fazem parte do campo de estudo chamado "ciência, tecnologia e sociedade". Por "princípios" indico a *minha* síntese pessoal dos fatos empíricos em mãos após dez anos de trabalho nessa área. Portanto, minha expectativa é de que esses princípios sejam debatidos, falseados, substituídos por outras sínteses. Por outro lado, as regras metodológicas constituem um pacote com o qual não parece fácil negociar sem perder de vista o terreno comum que quero traçar. Com elas é mais uma questão de tudo ou nada, e acredito que devam ser julgadas apenas nas seguintes bases: por acaso interligam mais elementos que outras? Permitirão que não especialistas acompanhem melhor, por mais tempo e de forma mais independente a ciência e a tecnologia? Essa será a única regra do jogo, ou seja, a única "metarregra" de que vamos precisar para prosseguir nosso trabalho.

---

7 Este livro foi inicialmente planejado com exercícios no fim de cada capítulo. Por falta de espaço, essas tarefas práticas serão objeto de um segundo volume.

8 Com exceção da primeira regra metodológica definida aqui. No fim do livro, à guisa de apêndices, damos um resumo dessas regras e desses princípios.

PARTE I
DA RETÓRICA MAIS FRACA À MAIS FORTE

Capítulo 1
Literatura

Há muitos métodos para o estudo da construção de fatos científicos e de artefatos técnicos. No entanto, a primeira regra metodológica pela qual nos decidimos na Introdução é a mais simples de todas. Não tentaremos analisar os produtos finais, um computador, uma usina nuclear, uma teoria cosmológica, a forma de uma dupla hélice, uma caixa de pílulas anticoncepcionais, um modelo econômico; em vez disso, seguiremos os passos de cientistas e engenheiros nos momentos e nos lugares nos quais planejam uma usina nuclear, desfazem uma teoria cosmológica, modificam a estrutura de um hormônio para a contracepção ou desagregam os números usados num novo modelo econômico. Vamos dos produtos finais à produção, de objetos estáveis e "frios" a objetos instáveis e mais "quentes". Em vez de transformar em caixa-preta os aspectos técnicos da ciência e depois procurar influências e vieses sociais, percebemos na Introdução como era mais simples estar ali *antes* que a caixa se fechasse e ficasse preta. Com esse método simples precisamos apenas seguir o melhor de todos os guias, os próprios cientistas, em sua tentativa de fechar uma caixa-preta e abrir outra. Essa perspectiva relativista e crítica não é imposta por nós aos cientistas que estudamos; é aquilo que eles mesmos fazem, pelo menos na minúscula parte da ciência e da tecnologia em que trabalham.

30 BRUNO LATOUR

Para começar nossa pesquisa, partiremos da mais simples das situações possíveis: a situação em que alguém faz uma afirmação e o que acontece quando outros acreditam nela ou não. Partindo dessa situação geral, seremos gradualmente conduzidos a outras mais particulares. Neste capítulo e no próximo, seguiremos uma personagem, que por enquanto vamos apelidar de "discordante". Nesta primeira parte do livro, observaremos até que extremos é levado alguém que, não pertencendo ao mundo da ciência, pretenda ingenuamente discordar de uma sentença.

Parte A
Controvérsias

(1) Modalidades positiva e negativa

O que acontece quando alguém não acredita numa sentença? Vejamos três casos simples:

(1) Os novos mísseis soviéticos direcionados para os silos dos mísseis Minuteman têm precisão de 100 metros.[1]

(2) Se [os novos mísseis soviéticos têm precisão de 100 metros], isso significa que os mísseis Minuteman não estão mais seguros, sendo essa a principal razão da necessidade do sistema de defesa MX.

(3) Os defensores do sistema MX no Pentágono permitem taticamente o vazamento da informação de que [os novos mísseis soviéticos têm precisão de 100 metros].

Nas afirmações (2) e (3) encontramos enxertada a mesma oração (1). Chamamos essas sentenças *modalidades*, porque modificam (ou qualificam) outra. Os efeitos das modalidades em (2) e (3) são completamente diferentes. Em (2), supõe-se que a sentença (1) seja

---

1 Essa discussão sobre o sistema de armas MX foi objeto de uma longa controvérsia pública nos Estados Unidos.

CIÊNCIA EM AÇÃO 31

suficientemente forte para tornar necessária a construção dos mísseis MX, ao passo que em (3) a mesmíssima afirmação é enfraquecida, uma vez que a sua validade está em questão. Uma das modalidades nos leva, por assim dizer, "a jusante", da existência de mísseis soviéticos precisos à necessidade de construir os MX; a outra modalidade leva-nos "a montante", da crença na mesma sentença (1) às incertezas de nosso conhecimento sobre a precisão dos mísseis soviéticos. Se insistirmos, poderemos ser levados ainda mais "a montante", como na próxima afirmação:

> (4) O agente secreto 009, em Novosibirsk, confidenciou à sua empregada doméstica, antes de morrer, ter ouvido dizer em bares que supunham certos oficiais que alguns de seus [mísseis], em condições ideais de teste, poderiam [ter uma precisão] de [100] a mil [metros], ou pelo menos foi assim que o relato chegou a Washington.

Nesse exemplo, a afirmação (1) não está mais inserida em outra; está fragmentada, e cada um dos seus fragmentos, colocado entre colchetes, é reintegrado num complexo processo de interpretação do qual parece ter sido extraído. As direções que os leitores das sentenças (2) e (4) são convidados a tomar são frontalmente diferentes. No primeiro caso, eles são levados para o deserto de Nevada, nos Estados Unidos, à procura de um local adequado para os MX; no segundo, são levados para o Pentágono, tendo de esquadrinhar a rede de espiões da CIA e a desinformação. Em ambos os casos, eles são induzidos a fazer perguntas diferentes. Diante da afirmação (1), perguntarão se o MX está bem projetado, quanto custará e onde deverá ficar; se acreditarem na afirmação (2) ou na (4), perguntarão como a CIA está organizada, por que a informação vazou, quem matou o agente 009, de que modo são criadas as condições de teste dos mísseis na Rússia etc. O leitor que não souber em que afirmação acreditar hesitará entre duas atitudes: ou se manifestará contra os russos e a favor do MX, ou contra a CIA e a favor de uma prestação de contas da agência de inteligência perante o Congresso. Está claro que, quem quiser que o leitor dessas frases se manifeste contra os

32 BRUNO LATOUR

russos ou contra a CIA, deverá tornar uma dessas afirmações mais crível do que a outra.

Chamaremos *modalidades positivas* as sentenças que afastam o enunciado de suas condições de produção, fortalecendo-o suficientemente para tornar necessárias algumas outras consequências. Chamaremos *modalidades negativas* as sentenças que, ao contrário, levam um enunciado para a direção de suas condições de produção e explicam com detalhes porque ele é forte ou fraco, em vez de usá-lo para tornar mais necessárias algumas outras consequências. As modalidades negativas e positivas não se restringem de modo algum à política. O segundo exemplo – mais sério – esclarecerá esse aspecto:

(5) A estrutura primária do hormônio liberador do hormônio do crescimento[2] (GHRH) é Val-His-Leu-Ser-Ala-Glu-Glu-Lys-Glu-Ala.

(6) Agora que o Dr. Schally descobriu a estrutura primária do GHRH, é possível dar início a estudos clínicos em hospitais para tratar de certos casos de nanismo, visto que o GHRH deve estimular o hormônio do crescimento carente nesses casos.

(7) O Dr. A. Schally afirmou durante vários anos em seu laboratório de Npva Orleans que a estrutura do GHRH é Val-His-Ser-Ala-Glu-Glu-Lys-Glu-Ala. No entanto, por incrível coincidência, essa também é a estrutura da hemoglobina, componente comum do sangue e frequente contaminante de extrato de encéfalo purificado, quando a manipulação é feita por pesquisadores incompetentes.

A sentença (5) não contém nenhum vestígio de autoria, interpretação, tempo e espaço. O que ela expressa poderia ser conhecido há séculos ou baixado por Deus juntamente com os Dez Mandamentos. É, como dizemos, um *fato*. Ponto final. Assim como na sentença (1),

---

2 Este exemplo é extraído de Wade (1981). O restante da controvérsia inspira-se no livro, embora seja parcialmente ficcional.

CIÊNCIA EM AÇÃO 33

sobre a precisão dos mísseis soviéticos, ela está inserida em outras proposições sem nenhuma modificação: nada mais se diz sobre o GHRH. Dentro de uma nova sentença, a (5) passa a ser um caso encerrado, uma asserção indiscutível, uma caixa-preta. É *porque* nada mais se tem para dizer sobre o GHRH que se pode usá-lo para conduzir o leitor a algum lugar "a jusante", por exemplo a um hospital, para ajudar anões a crescer. Na sentença (7), o fato original sofre uma transformação diferente, parecida com a que aconteceu à precisão dos mísseis soviéticos nas afirmações (3) e (4). A afirmação original (5) é feita por alguém situado no tempo e no espaço; o mais importante é que é vista como algo extraído de uma complicada situação de trabalho: não como uma dádiva de Deus, mas como um produto do labor humano. O hormônio é isolado de um caldo feito com muitos ingredientes; pode ser que o Dr. Schally tenha confundido um contaminante com uma nova e genuína substância. Prova disso é a "incrível coincidência" entre a sequência do GHRH e a da cadeia beta da hemoglobina. Podem ser homônimos, mas daria para imaginar alguma pessoa que confunda o pedido "libere hormônio do crescimento!" com a ordem "dê-me seu dióxido de carbono!"?

Dependendo da sentença em que acreditemos, nós, leitores, somos novamente conduzidos para direções opostas. Se seguirmos a afirmação (6), que toma o GHRH como fato, então vislumbraremos a possibilidade de cura para o nanismo, especularemos caminhos para a produção industrial do GHRH em massa, iremos a hospitais para nos submetermos voluntariamente a testes do medicamento etc. Se acreditarmos em (7), seremos levados de volta ao laboratório do Dr. Schally, em Nova Orleans, para aprender como purificar extratos de encéfalo, perguntar aos técnicos se não deixaram de atentar para algum probleminha etc. De acordo com a direção tomada, a sentença (5) original mudará de *status*: será uma caixa-preta ou uma feroz controvérsia; ou uma robusta certeza intemporal ou uma dessas ficções de vida curta que aparecem nos trabalhos de laboratório. Inserida em (6), a sentença (5) propiciará terreno firme para a ação; mas a mesma sentença, decomposta e inserida na (7), será mais uma afirmação vazia a partir da qual nada se pode concluir.

34 BRUNO LATOUR

Um terceiro exemplo mostrará que essas mesmas duas direções fundamentais também podem ser identificadas em trabalhos de engenharia:

(8) A única maneira de produzir rapidamente células de combustível eficientes[3] é concentrarmos nossas atenções no comportamento dos eletrodos.

(9) Visto que [a única maneira de fazermos células de combustível eficientes nesta empresa é estudar o comportamento dos eletrodos], e como esse comportamento é complicado demais, proponho que, no próximo ano, nosso laboratório se concentre no modelo monoporo.

(10) É preciso ter formação em metalurgia para acreditar que se pode atacar as células de combustível por meio do problema dos eletrodos. Há muitas outras maneiras, com as quais eles nem sequer sonham, porque não conhecem física do estado sólido. Uma maneira óbvia, por exemplo, é estudar eletrocatálise. Se ficarem encalhados nos eletrodos, não vão dar nem um passo.

A sentença (8) apresenta como fato consumado a única direção que as pesquisas deverão tomar para levar a empresa às células de combustível e daí para o futuro motor elétrico que, segundo a própria empresa, acabará por substituir a maioria dos motores de combustão interna, se não todos. A seguir, ela é inserida na (9) e, a partir daí, monta-se um programa de pesquisas: o do modelo monoporo. No entanto, na sentença (10) não se repete o tom categórico da (8). Na verdade, nela se mostra que a sentença (8) nunca foi um fato categórico, mas sim resultado de uma *decisão* tomada por determinadas pessoas, cuja formação em metalurgia e cuja ignorância são ressaltadas. Ao mesmo tempo, é proposta outra linha de pesquisa, que use outra disciplina e outros laboratórios na mesma empresa.

É importante entender que a afirmação (10) não discute o fato de a empresa dever chegar a células de combustível seguras e eficientes;

---

3 Este exemplo é extraído de Callon (1981).

CIÊNCIA EM AÇÃO **35**

ela extrai dessa parte da sentença (8), tomando-a como um fato, e contesta apenas a ideia de estudar o eletrodo como melhor maneira de atingir esse inquestionável objetivo. Se o leitor acreditar no que se afirma em (9), então a crença em (8) será reforçada; o todo é tomado como um pacote, e a direção do programa de pesquisa é: seção de metalurgia, procura pelo modelo monoporo de eletrodos, anos de espera pela solução. Se o leitor acreditar na afirmação (10), então concluirá que a sentença original (8) não era *uma* caixa-preta, mas pelo menos *duas*: a primeira é mantida fechada (células de combustível são um objetivo correto) e a outra é aberta (o modelo monoporo é um absurdo); para manter a primeira, a empresa deverá entrar no campo da física quântica e contratar pessoal novo. Dependendo da pessoa em que se acredite, a empresa pode quebrar ou não; no ano 2000, o consumidor poderá estar ou não dirigindo um carro elétrico com célula de combustível.

A partir desses três exemplos bem mais simples e bem menos prestigiosos que os da Introdução, podemos tirar as seguintes conclusões. Uma sentença pode ser tornada mais fato ou mais ficção, dependendo da maneira como está inserida em outras. *Por si mesma, uma sentença não é nem fato nem ficção; torna-se um ou outra mais tarde graças a outras sentenças.* Ela será tornada mais fato se for inserida numa premissa fechada, óbvia, consistente e amarrada, que leva a alguma outra consequência menos fechada, menos óbvia, menos consistente e menos unificada. A forma final do MX está menos determinada na sentença (2) do que a precisão dos mísseis soviéticos; a cura do nanismo não está tão bem definida na sentença (6) quanto a estrutura do GHRH; embora na sentença (9) esteja assente que o caminho correto para as células de combustível são os eletrodos, o modelo monoporo é menos assente que esse fato indiscutível. Consequentemente, os ouvintes irão torná-las menos fato se as levarem de volta para o lugar de onde partiram, para a boca e as mãos de quem quer que as tenha construído, ou as tornarão mais fato se forem usadas para se chegar a outro objetivo mais incerto. A diferença é tão grande quanto a que se tem ao subir ou descer um rio. Descendo o rio, os ouvintes são levados a uma demonstração

36   BRUNO LATOUR

contra os russos [ver (2)], a estudos clínicos do nanismo [ver (6)], à metalurgia [ver (9)]. Subindo, eles serão levados a investigar a CIA [ver (3)], a pesquisar no laboratório do Dr. Schally [ver (7)] ou a procurar saber o que a física quântica pode dizer sobre as células de combustível [ver (10)].

Agora entendemos por que o exame dos estágios iniciais da construção de fatos e máquinas é mais gratificante do que ficar com os estágios finais. Dependendo do tipo de modalidade, as pessoas *serão levadas a trilhar* caminhos completamente diferentes. Se imaginarmos alguém que tenha dado ouvidos às declarações (2), (6) e (9), e acreditado nelas, seu comportamento será o seguinte: votar a favor dos congressistas pró-MX, comprar ações das empresas que produzam GHRH e recrutar engenheiros metalúrgicos. Quem acreditasse nas declarações (3), (4) (7) e (10) investigaria a CIA, contestaria a purificação de extratos de encéfalo e recrutaria físicos quânticos. Considerando resultados tão diferentes, podemos conjecturar que é em torno de modalidades que se travam as mais ferozes disputas, pois é aí que o comportamento de outras pessoas é moldado.

Há mais duas vantagens em acompanharmos os períodos iniciais da construção dos fatos. A primeira é que cientistas, engenheiros e políticos estão sempre nos oferecendo rico material quando uns transformam as afirmações dos outros na direção do fato ou da ficção. Eles preparam o terreno de nossas análises. Nós, leigos, pessoas não pertencentes à área ou simples cidadãos, seríamos incapazes de discutir sentenças sobre a precisão dos mísseis soviéticos (1), assim como sobre a estrutura de aminoácidos do fator liberador do hormônio do crescimento (5) e também sobre a maneira correta de fazer células de combustível (8). Mas, uma vez que outras pessoas discutam essas coisas e as reintegrem em suas condições de produção, somos conduzidos, sem esforço nenhum, aos processos de trabalho que extraem informações de espiões, caldos de encéfalo ou eletrodos, processos estes dos quais jamais teríamos suspeitado antes. Em segundo lugar, no calor da controvérsia, os próprios especialistas podem explicar por que seus oponentes pensam de outro modo: em (3), afirma-se que os

CIÊNCIA EM AÇÃO **37**

partidários do MX estão *interessados* em acreditar na precisão dos mísseis soviéticos; em (10), a crença dos outros num projeto de pesquisa absurdo é imputada ao fato de terem formação em metalurgia. Em outras palavras, quando olhamos uma controvérsia mais de perto, metade do trabalho de interpretação das razões que estão por trás da crença já está feita!

(2) O aspecto coletivo da construção de fatos

Se as direções de que falamos fossem claramente visíveis para todos aqueles que abordassem a construção de fatos, a maioria dos debates terminaria rapidamente. O problema é que nunca nos deparamos com intersecções tão claras. Os três exemplos que escolhi foram propositalmente interrompidos para revelar apenas dois caminhos bem distintos. Se deixarmos a fita correr mais um pouquinho, a trama se adensará e a interpretação ficará muito mais complicada. As sentenças (3) e (4) desmentiram os relatórios sobre a precisão dos mísseis soviéticos. Mas a (4) fez isso usando uma história policial que expunha as ações secretas da CIA. Pode-se facilmente imaginar uma réplica a essa exposição:

> (11) A certeza que a CIA tem na precisão de 100 metros dos mísseis russos não se baseia no relato do agente 009, mas em cinco fontes independentes. Eu diria que só os grupos subsidiados pelos soviéticos teriam interesse em lançar dúvidas sobre esse fato incontestável.

Agora, os leitores já não sabem mais ao certo para onde devem ir. Se a própria sentença (4), que desmente a veracidade da (1), é desmentida pela (11), o que deverão fazer? Deverão protestar contra os especialistas da desinformação pagos pela KGB, que forjaram a sentença (4), e levar adiante o projeto MX com mais resolução? Deverão, ao contrário, protestar contra os especialistas da desinformação pagos pela CIA, que maquinaram a declaração (11), e continuar o exame da rede de informações com mais resolução? Em

38 BRUNO LATOUR

ambos os casos, a determinação aumenta, mas a incerteza também! Bem depressa a controvérsia se torna tão complexa quanto a corrida armamentista: mísseis (argumentos) têm a oposição de mísseis antibalísticos (contra-argumentos), que, por sua vez, são contra-atacados por outras armas mais aperfeiçoadas (argumentos). Se agora nos voltamos para o segundo exemplo, será muito fácil continuar depois da sentença (7), que criticou o modo como o Dr. Schally lidou com o GHRH, e retorquir:

(12) Se há uma "incrível coincidência", ela está no fato de as críticas à descoberta de Schally partirem mais uma vez de seu velho adversário, Dr. Guillemin... Quanto à homonímia estrutural entre a hemoglobina e o GHRH, e daí? Isso não prova que Schally tenha confundido um contaminante com um hormônio genuíno, do mesmo modo como ninguém confundiria "ter acesso" com "estar aceso".

Lendo a sentença (6), que pressupunha a existência do GHRH, você, leitor, poderia ter decidido investir em indústrias farmacêuticas; ao tomar conhecimento da (7), você poderia ter mudado de planos e começado a investigar por que a Administração de Veteranos mantém um trabalho tão ruim com o dinheiro público. Mas depois de ler as contra-argumentações contidas em (12), o que faria? Para tomar uma decisão, você poderia avaliar a personalidade do Dr. Guillemin. Seria ele suficientemente malvado para lançar dúvidas sobre a descoberta do concorrente por pura inveja? Se você acreditar nisso, então (7) será invalidada, o que isenta de dúvidas a alegação original (5). Se, ao contrário, você acreditar na honestidade de Guillemin, então é a sentença (12) que está em perigo, e a alegação original (5) está novamente correndo risco.

Nesse exemplo, a única coisa que fica em pé é o aspecto da homonímia. Quanto a isso, para tomar uma decisão é preciso enfronhar-se muito mais na fisiologia: existe a possibilidade de o sangue transportar duas mensagens homônimas para as células sem causar uma devastação no organismo?

CIÊNCIA EM AÇÃO   39

Ao fazer essas duas perguntas – sobre a integridade de Guillemin e sobre um princípio de fisiologia –, você pode ouvir a contestação (a contestação da contestação):

> (13) Impossível! Não pode haver homonímia. Trata-se simplesmente de um erro cometido por Schally. De qualquer modo, Guillemin sempre teve mais credibilidade que ele. Eu não confiaria nada nesse GHRH, nem que ele já estivesse sendo fabricado, com propaganda nas revistas médicas e até sendo vendido para clínicas!

Diante de tal afirmação o leitor agora está assistindo a um jogo de bilhar: se (13) é verdadeira, então (12) era completamente falsa, com a consequência de que (7), que discutia a própria existência da substância de Schally, estava certa, o que significa que (5) – a afirmação inicial – está desautorizada. Naturalmente, a questão agora seria avaliar a credibilidade da declaração (13) acima. Se ela tiver sido proferida por um admirador acrítico de Guillemin ou por alguém que não sabia nada de fisiologia, então (12) pode tornar-se muito crível, o que pode pôr a (7) fora do jogo e conferir à (5) o caráter de fato indubitável!

Para poupar a paciência do leitor, interrompo a história por aqui, mas agora já está óbvio que o debate poderia continuar. A primeira lição importante é esta: se fosse para continuar o debate, nós precisaríamos nos enfronhar mais em fisiologia, na personalidade de Schally e na de Guillemin, e muito mais nos detalhes de como estruturas hormonais são obtidas. O número de novas condições de produção que teríamos de atacar nos afastaria cada vez mais dos anões e dos hospitais. A segunda lição é que, a cada nova contestação acrescentada ao debate, o *status* da descoberta original feita por Schally, enunciada em (5), *será modificado*. Inserida em (6), ela tenderá mais para o fato; menos, quando transferida para (7); mais, com (12), que destrói (7); menos, de novo, com (13), e assim por diante. O destino da afirmação, ou seja, sua definição como fato ou ficção, depende de uma sequência de debates ulteriores. O mesmo acontece não só com (5), que escolhi artificialmente como origem do debate, mas também

40 BRUNO LATOUR

com cada uma das outras sentenças que a qualificam ou modificam. Por exemplo, (7), que punha em xeque a capacidade de Schally, reforça-se com (13), que afirma a honestidade de Guillemin, mas se enfraquece com (12), que duvida de seu julgamento. Essas duas lições são tão importantes que este livro é simplesmente – poderia dizer – um desenvolvimento do seguinte ponto essencial: *o status de uma afirmação depende das afirmações ulteriores.* Seu grau de certeza aumenta ou diminui, dependendo da sentença seguinte que a retomar; essa atribuição retrospectiva se repete na nova sentença, que, por sua vez, poderá ser tornada mais fato ou mais ficção por força de uma terceira, e assim por diante...

O mesmo fenômeno essencial é visível no terceiro exemplo. Antes da construção de uma máquina, são muitas as discussões para determinar-lhe a forma, a função ou o custo. A discussão sobre as células de combustível pode reacender-se facilmente. A sentença (10) estava duvidando de que o caminho correto para chegar às células de combustível fosse o eletrodo monoporo, mas não de que elas em si fossem o caminho para o futuro dos carros elétricos. Poderia haver uma contestação:

(14) E por que se meter com mecânica quântica? Para gastar milhões ajudando físicos a desenvolverem seus belos projetos? Isso é cambalacho, e não inovação tecnológica. O único futuro do automóvel elétrico é muito simples: baterias; elas são confiáveis, baratas e já existem. O único problema é o peso, mas se a pesquisa se voltar para elas em vez de se direcionar para a física, elas logo ficarão mais leves.

Um novo caminho é proposto para a empresa. A física, que na sentença (10) era a estrada para o êxito, agora é o arquétipo do beco sem saída. O futuro das células de combustível, que nas afirmações (8), (9) e (10) vinha no mesmo pacote do carro elétrico, numa caixa-preta, agora está aberto às dúvidas. As células de combustível são substituídas por baterias, mas, na sentença (4), os carros elétricos ainda são aceitos como premissa indiscutível. Essa posição é desmentida pela próxima afirmação:

CIÊNCIA EM AÇÃO **41**

(15)Veja, o povo vai sempre usar motores de combustão interna, seja qual for o preço do petróleo. E sabe por quê? Porque andam. Carro elétrico é lerdo; o povo nunca vai comprar. O que todos querem antes de tudo é uma boa aceleração.

Se o leitor se imaginasse membro do Conselho Administrativo da empresa que precisa decidir se vai ou não investir em células de combustível, nessas alturas estaria bem confuso. Quando acreditava em (9), já estava pronto para investir no eletrodo monoporo, que fora convincentemente definido pelos engenheiros metalúrgicos. Depois, virou a casaca ao dar ouvidos à sentença (10), que criticava os metalúrgicos e propunha investir em física quântica, contratando novos físicos. Mas depois de ouvir a sentença (14) decidiu comprar ações de indústrias fabricantes de baterias tradicionais. Após ouvir a (15), porém, e acreditar nela, vai achar que é melhor não vender nenhuma das suas ações da General Motors. Quem está certo? Em quem o leitor deve acreditar? A resposta a essa pergunta não está em nenhuma das afirmações, mas naquilo que todos farão com elas daí por diante. Se você quiser comprar um carro, vai ser demovido pelo alto preço do petróleo? Vai mudar para o carro elétrico, que é mais lento porém mais barato? Se for fazer isso, então a sentença (15) está errada, e a (8), a (9) ou a (10) certas, visto que todas propunham o carro elétrico. Se o consumidor for comprar um carro com motor de combustão interna, sem nenhuma hesitação ou dúvida, então a alegação (15) estará certa, e estarão errados todos que investirem milhões em tecnologias inúteis, sem futuro.

Essa transformação retrospectiva do valor de verdade das primeiras sentenças não acontece só quando o consumidor médio, no fim da linha, entra na história, mas também quando o Conselho Administrativo decide por uma estratégia de pesquisa. Suponha que você tenha "comprado a ideia" enunciada na afirmação (10). Você é favorável ao carro elétrico, acredita em células de combustível e acha que a física quântica é o único caminho para se chegar a elas. Todas as outras afirmações *se tornam mais erradas* em razão dessa decisão. As conexões entre o futuro do automóvel, o motor elétrico, as células de combustível e a eletrofísica estão todas conglobadas numa única caixa-preta que ninguém da empresa vai contestar. Todos na empresa começarão daí: "Visto que a sentença (10) está certa, vamos investir tantos milhões". Como veremos no Capítulo 3, isso não significa que a sua empresa vá ganhar. Significa que, como pôde, você afeiçoou à vitória outras máquinas e outros fatos do passado: o motor de combustão interna é enfraquecido pela sua decisão e tornado algo mais próximo de uma tecnologia obsoleta; por tabela, a eletrofísica sai fortalecida, enquanto a seção de metalurgia da empresa é convidada gentilmente a sair da história. As células de combustível agora têm um aliado mais poderoso: o Conselho Administrativo.

De novo interrompo abruptamente a controvérsia por razões práticas; a empresa pode quebrar, transformar-se na IBM do século XXI ou ficar vegetando durante anos no limbo. O aspecto importante desses três exemplos é que *o destino das coisas que dizemos e fazemos está nas mãos de quem as usar depois.* Comprar uma máquina sem questionar ou acreditar num fato sem duvidar tem a mesma consequência: fortalece a situação do que está sendo comprado ou acreditado, robustece-o como caixa-preta. Desacreditar ou, digamos, "descomprar" uma máquina ou um fato é enfraquecer sua situação, interromper sua disseminação, transformá-lo em beco sem saída, reabrir a caixa-preta, seccioná-la e recolocar seus componentes em outro lugar. Deixados à própria mercê, uma afirmação, uma máquina, um processo se perdem. Atentando apenas para eles, para suas propriedades internas, ninguém consegue decidir se são verdadeiros ou falsos, eficientes ou ineficientes, caros ou baratos, fortes ou fracos. Essas características só são adquiridas pela *incorporação* em outras afirmações, outros processos e outras máquinas. Essas incorporações são decididas por nós, individualmente, o tempo todo. Confrontados com uma caixa-preta, tomamos uma série de decisões. Pegamos? Rejeitamos? Reabrimos? Largamos por falta de interesse? Robustecemos a caixa-preta apropriando-nos dela sem discutir? Ou vamos transformá-la de tal modo que deixará de ser reconhecível? É isso o que acontece com as

CIÊNCIA EM AÇÃO **43**

afirmações dos outros em nossas mãos, e com as *nossas* afirmações nas mãos dos outros. Em suma, a construção de fatos e máquinas é um processo *coletivo*. (Essa é a afirmação na qual espero que *você* acredite; o destino dela está em suas mãos tanto como o destino de outras afirmações.) Isso é tão essencial para a continuação de nossa viagem pela tecnociência[4] que será chamado nosso *primeiro princípio*: o restante deste livro justificará essa pomposa denominação.

Parte B
Quando as controvérsias se inflamam, a literatura se torna técnica

Quando nos aproximamos dos lugares onde são criados fatos e máquinas, entramos no meio das controvérsias. Quanto mais nos aproximamos, mais as coisas se tornam controversas. Quando nos dirigimos da vida "cotidiana" para a atividade científica, do homem comum para o de ciência, dos políticos para os especialistas, não nos dirigimos do barulho para o silêncio, da paixão para a razão, do calor para o frio. Vamos de controvérsias para mais controvérsias. É como ler um código penal e depois ir para um tribunal e ver um júri hesitar diante de evidências contraditórias. Ou melhor, é como ler o código penal e ir ao Parlamento, quando a lei ainda é projeto. Na verdade, o barulho é maior, e não menor.

Na seção anterior interrompi as controvérsias antes que elas proliferassem. Na vida real, não é possível detê-las ou fazê-las caminhar como queremos. É preciso decidir se o MX deve ser fabricado ou não; é preciso saber se vale a pena investir no GHRH; é preciso decidir o futuro das células de combustível. Há muitas maneiras de ganhar um júri, de pôr fim a uma controvérsia, de examinar testemunhos ou extratos de encéfalo. *Retórica* é o nome da disciplina que, durante milênios, estudou o modo como as pessoas são levadas

---

4 Para evitar a repetição interminável de "ciência e tecnologia", forjei essa palavra, que só será cabalmente definida no Capítulo 4.

a acreditar em algo e a comportar-se de determinadas maneiras, e ensinou a uns como persuadir os outros. Retórica é uma disciplina fascinante, mesmo que desdenhada, mas que se torna ainda mais importante quando os debates exacerbam a ponto de se tornarem científicos e técnicos. Embora seja ligeiramente anti-intuitiva, essa afirmação decorre do que foi dito anteriormente. O leitor notará que, nos três exemplos, quanto mais as controvérsias avançaram, mais fomos levados para aquilo que se costuma chamar "tecnicalidades". Isso é compreensível, uma vez que, ao discordarem, as pessoas vão abrindo cada vez mais caixas-pretas e subindo cada vez mais o "rio", digamos, em direção às condições que produziram as afirmações. Há sempre um ponto numa discussão em que os recursos próprios das pessoas envolvidas não são suficientes para abrir ou fechar uma caixa-preta. É necessário sair à cata de mais recursos em outros lugares e outros tempos. As pessoas começam a lançar mão de textos, arquivos, documentos e artigos para forçar os outros a transformar o que antes foi uma opinião num fato. Se a discussão continuar, então os participantes de uma disputa *oral* acabarão por transformar-se em · *leitores* de livros ou de relatórios técnicos. Quanto mais discordam, mais científica e técnica se torna a literatura que leem. Por exemplo, se, depois de ler a sentença (12), que põe em dúvida as acusações contra a CIA, o MX continuar sendo objeto de discussão, o discordante terá de enfrentar pilhas de relatórios, audiências, transcrições e estudos. O mesmo acontecerá a quem for suficientemente obstinado para não acreditar na descoberta de Schally. À sua espera estarão milhares de artigos sobre neuroendrocrinologia. A opção é desistir ou ler tudo. Quanto às células de combustível, elas têm sua própria bibliografia, de cujo índice constam mais de trinta mil itens, sem contar as patentes. É por todos esses caminhos que deve passar quem quiser discordar. Os textos científicos ou técnicos – usarei os dois termos indiferentemente – não são escritos de modo diverso por diferentes castas de escritores. Entrar em contato com eles não significa deixar a retórica e entrar no reino mais tranquilo da razão pura. Significa que a retórica se aqueceu tanto ou ainda está tão ativa que é preciso buscar muito mais reforços para manter a chama dos

CIÊNCIA EM AÇÃO **45**

debates. Explico o que acabo de dizer por meio do exame da anatomia do mais importante e menos estudado dos veículos retóricos: o artigo científico.

(1) Arregimentando amigos

Quando uma disputa oral fica acalorada demais, os discordantes, pressionados, logo farão alusão ao que outras pessoas escreveram ou disseram. Tomemos uma dessas conversas como exemplo:

(16) Sr. Fulano de Tal (como se retomasse uma antiga discussão):
– Como é que você pode dizer isso se já existe um novo tratamento para o nanismo?
Sr. Sicrano de Tal:
– Um novo tratamento? Como é que você sabe? Tá inventando.
– Li num jornal.
– Ora! Vai ver foi num daqueles suplementos coloridos...
– Não! Foi no *The Times*, e o sujeito que escreveu não era jornalista, era um doutor.
– E daí? Vai ver era algum físico desempregado que não sabe qual é a diferença entre RNA e DNA.
– Mas ele fazia referência a uma monografia publicada na *Nature* pelo prêmio Nobel Andrew Schally e seis colegas; um grande estudo, financiado pelas grandes instituições National Institutes of Health e National Science Foundation, e eles dizem qual é a sequência de um hormônio que libera o hormônio do crescimento. Será que isso não quer dizer nada?
– Ah, bom! Você devia ter dito antes... É bem diferente. É, acho que sim.

A opinião do Sr. Fulano pode perfeitamente ser desconsiderada. É por isso que ele vai buscar apoio num texto publicado. Isso poderia não ter funcionado com o Sr. Sicrano. Um jornal é algo muito genérico, e o autor, mesmo que se autodenomine "doutor", deve ser

46 BRUNO LATOUR

algum físico desempregado para acabar escrevendo no *The Times*. A situação de repente é revertida quando o Sr. Fulano arregimenta novos aliados em apoio de sua afirmação: uma revista, *Nature*; um autor que ganhou o prêmio Nobel; seis coautores; as instituições financiadoras. Como o leitor pode imaginar, o tom de voz do Sr. Sicrano mudou. O Sr. Fulano precisa ser levado a sério, pois já não está mais sozinho: digamos que está acompanhado por todo um grupo. O Sr. Fulano de Tal transformou-se em Sr. Fulano de Tais! Essa recorrência a aliados superiores e mais numerosos muitas vezes é chamada *argumento da autoridade*. É ridicularizado tanto por filósofos como por cientistas, porque cria uma maioria com o propósito de impressionar o adversário mesmo que ele "possa estar certo". A ciência é vista como o oposto do argumento da autoridade, na qual vencem muitos por terem a verdade ao seu lado. A forma clássica dessa derrisão se encontra em Galileu, quando este faz a distinção entre retórica e verdadeira ciência. Após escarnecer da vistosa retórica do passado, Galileu a contrapõe àquilo que acontece em física:[5]

> Mas, nas ciências físicas, quando as conclusões são seguras e necessárias, e não decorrentes de preferência humana, deve-se ter o cuidado de não assumir posição de defesa do erro; pois aí mil Demóstenes e mil Aristóteles ficariam em apuros diante de um único homem comum que porventura atinasse, só ele, com a verdade.

Esse argumento parece tão óbvio à primeira vista que se tem a impressão de que nada há para acrescentar. No entanto, um exame cuidadoso dessa sentença revela que nela estão mesclados dois argumentos completamente diferentes. Aqui também as duas faces de Jano que encontramos na Introdução não devem ser confundidas, mesmo quando falam ao mesmo tempo. Uma boca diz: "Ciência é verdade que não se submete a nenhuma autoridade"; a outra pergunta: "quem pode ser mais forte que mil políticos e mil filósofos?".

---

5 Citado em Drake (1970, p.71).

No lado esquerdo, a retórica é oposta à ciência do mesmo modo como a autoridade é oposta à razão; mas, no lado direito, a ciência é uma retórica suficientemente poderosa, se fizermos as contas, para permitir que um homem vença duas mil autoridades de grande prestígio!

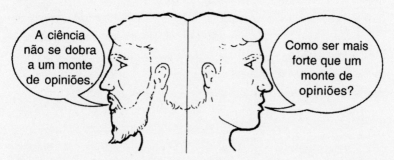

FIGURA 1.1

"Autoridade", "prestígio", "*status*" são termos vagos demais para explicar por que o artigo de Schally na *Nature* é mais forte do que o do Dr. Beltrano no *The Times*. Na prática, o que faz o Sr. Sicrano mudar de opinião é exatamente o oposto do argumento de Galileu. Para duvidar de que há um tratamento para o nanismo, ele de início precisa resistir à opinião do amigo, mais a opinião de um doutorzinho tapeador, mais um jornal. É fácil. Mas, no fim, a quantas pessoas ele tem de se opor? Vamos contar: Schally e seus colaboradores, mais o Conselho da Universidade de Nova Orleans, que deu a Schally um cargo de professor, mais o Comitê do prêmio Nobel, que laureou seu trabalho com o mais alto galardão, mais as muitas pessoas que orientaram o Comitê nesse sentido, mais o Conselho Editorial da *Nature*, que escolheu o artigo, mais os Conselhos Científicos da National Science Foundation e do National Institute of Health, que garantiram fundos para a pesquisa, mais os muitos técnicos e auxiliares designados pelo autor na parte dos "Agradecimentos". É um monte de gente, e tudo isso *antes* de ler o artigo, só para contar as pessoas que estão engajadas em sua publicação. Para o Sr. Sicrano, duvidar da opinião do Sr. Fulano não custa mais que um dar de ombros. Mas como dar de ombros para dezenas de pessoas cuja honestidade, cujo discernimento e cujo trabalho é preciso menoscabar antes de contestar a alegação?

O adjetivo "científico" não é atribuído a textos *isolados* que sejam capazes de se opor à opinião das multidões por virtude de alguma misteriosa faculdade. Um documento se torna científico quando tem a pretensão de deixar de ser algo isolado e quando as pessoas engajadas na sua publicação são numerosas e estão explicitamente indicadas no texto. Quem o lê é que fica *isolado*. A cuidadosa indicação da presença de aliados é o primeiro sinal de que a controvérsia está suficientemente acalorada para gerar documentos técnicos.

(2) Reportando-se a textos anteriores

Há um ponto nas discussões orais em que invocar outros textos não é suficiente para levar o oponente a mudar de opinião. O próprio texto deve ser apresentado e lido. O número de amigos externos com que o texto vem acompanhado é uma boa indicação de sua força, mas há um sinal mais seguro: as referências a outros documentos. A presença ou ausência de referências, citações e notas de rodapé é um sinal tão importante de que o documento é ou não sério que um fato pode ser transformado em ficção ou uma ficção em fato apenas com o acréscimo ou a subtração de referências.

O efeito das referências sobre a persuasão não se limita a "prestígio" ou a "bravata". Também neste caso é tudo uma questão de *número*. Uma monografia sem referências é como uma criança desacompanhada a caminhar pela noite de uma grande cidade que ela não conhece: isolada, perdida, pode acontecer-lhe qualquer coisa. Ao contrário, ao atacar um texto carregado de notas de rodapé, o discordante terá de enfraquecer cada um dos outros textos, ou pelo menos será possível exigir isso dele, ao passo que, ao atacar um texto despido de referências, o leitor e o autor estão em pé de igualdade: face a face. Nesse aspecto, a diferença entre literatura técnica e não técnica não está em uma delas tratar de fatos e a outra, de ficção,

CIÊNCIA EM AÇÃO   49

mas está em que a última arregimenta poucos recursos e a primeira, muitos, incluindo os distantes no tempo e no espaço. A Figura 1.2 ilustra as referências que reforçam outro artigo de Schally.[6] Diga o texto o que disser, podemos ver que ele já está ligado ao conteúdo de pelo menos 35 artigos, extraídos de dezesseis revistas e livros, de 1948 a 1971. Quem quiser fazer alguma coisa com esse texto, se não houver outra maneira de se livrar do argumento, deverá saber de antemão que talvez seja preciso haver-se com todos esses artigos e voltar no tempo todos os anos que forem necessários. Contudo, empilhar montes de referências não será suficiente para se tornar forte se o oponente for ousado. Ao contrário, isso pode ser um sinal de fraqueza. Se o autor aponta explicitamente a bibliografia a que se atém, é possível que o leitor – se ainda os houver – rastreie cada referência e procure comprovar até que ponto elas correspondem à tese do autor. E se o leitor for suficientemente corajoso, o resultado poderá ser desastroso para o autor. Em primeiro lugar, muitas referências podem ter sido citadas indevida ou incorretamente; em segundo, muitos dos artigos a que o autor alude podem não ter relação nenhuma com a sua tese e estar ali só para impressionar; em terceiro, outras citações podem estar presentes, mas pela simples razão de sempre estarem presentes nos artigos do autor, seja qual for o assunto, com o fim de patentear afiliação e mostrar com que grupo de cientistas ele se identifica; estas últimas citações são chamadas *perfunctórias*.[7] Todos esses pequenos defeitos são muito menos ameaçadores para o autor do que as referências a textos que dizem explicitamente o contrário do que afirma a sua tese. Por exemplo, a Figura 1.2 mostra as referências de Schally ao seguinte artigo (referência nº 32):

---

6 Estou usando aqui o seguinte artigo: Schally, Baba, Nair, Bennett. The amino--acid sequence of a peptide with growth hormone-releasing isolated from porcine hupothalamus. *Journal of Biological Chemistry*, v.216, n.21, p.6647-50, 1971.

7 O estudo das citações tornou-se uma subdisciplina independente. Para mais informações, ver Garfield (1979) ou o boletim *Scientometrics*, que contém exemplos mais recentes e especializados. Acerca do contexto da citação, ver MarcRoberts & MacRoberts (1986).

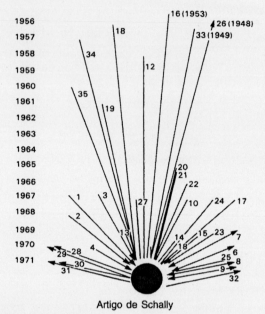

Artigo de Schally
- as setas voltadas para o texto constituem o paradigma adotado
- as setas que partem do texto discutem os artigos a que se fez referência (só um, é crítico)
- as setas com duas direções referem-se a trabalho anterior feito pelo mesmo grupo: a mesma questão

FIGURA 1.2

(17) 32. Veber, D. F. Bennett, C., Milkowski, J. D. Gal, G. Denkewalter, R. D., Hirschman, R., *Biochemistry and Biophysics Comunication*, 45, 235 (1971).

Trata-se de um grupo de aliados capaz de causar grande impressão desde que sirvam de apoio à tese. Mas o autor não deveria deixar um leitor implacável chegar sozinho à referência 32. Por quê? Porque nesse texto Veber et al. estabelecem um vínculo entre a estrutura do GHRH de Schally e a da cadeia beta da hemoglobina, assestando exatamente as críticas que já vimos na sentença (7). Realmente, uma ligação perigosa nas mãos de um oponente. Para repelir o golpe, Schally cita, mas qualifica o artigo no seu próprio texto:

CIÊNCIA EM AÇÃO **51**

(18) [Nota acrescentada na fase de prova.] J. D. F. et al. apontaram a semelhança existente entre a estrutura do nosso decapeptídio e o aminoterminal da cadeia beta da hemoglobina suína (ref. 32). O significado dessa observação ainda precisa ser estabelecido.

O artigo não é só citado como referência, é também qualificado, ou, como dissemos antes, modalizado. Nesse caso, o leitor é advertido a não tomar o artigo de Veber como fato; uma vez que seu significado ainda não foi estabelecido, ele não pode ser usado contra Schally para destruir seu GHRH (deve-se lembrar que, se as afirmações de Veber se transformassem em fato, o próprio artigo de Schally se transformaria em mera ficção). O que Schally faz em relação à proposição (17) é feito em todos os artigos e suas referências. Em vez de ligar passivamente o seu destino a outros textos, o artigo modifica ativamente o *status* destes. Dependendo dos interesses em jogo, eles pendem mais para o fato ou mais para a ficção, substituindo assim multidões de aliados duvidosos por formações bem alinhadas de partidários obedientes. Aquilo que se chama *contexto da citação* mostra-nos como um texto age sobre outros para ajustá-los mais às suas teses.

Na sentença (18) Schally acrescentou o outro artigo citado em (17) para mantê-lo num estágio intermediário entre fato e ficção. Mas ele também precisa de fatos bem estabelecidos para começar seu artigo com uma caixa-preta que ninguém ouse abrir. Essa sólida fundação é apresentada – o que não deve causar surpresa – no começo do artigo:

(19) O hipotálamo controla a secreção do hormônio do crescimento a partir da adeno-hipófise (ref. 1 a Pend Muller, E. E. *Neuroendocrinology*, 1, 537, 1967). Esse controle é mediado por uma substância hipotalâmica designada hormônio liberador do hormônio do crescimento (ref. 2 a Schally, A. V., Arimura, A., Bowers, C. Y., Kastin, A. J., Sawano, S., Redding, T. W. *Recent Progress in Hormone Research*, 24, 497, 1968).

52 BRUNO LATOUR

A primeira referência é incorporada, pois aparece sem indicação de dúvida ou incerteza. Além disso, é uma citação de cinco anos: período longuíssimo para essas criaturas efêmeras. Se você, leitor, duvidar desse controle do hipotálamo, esqueça; você está completamente por fora da jogada. Em neuroendocrinologia, isso é o que há de mais consolidado, ou, como muitas vezes se diz, é o *paradigma*.[8] A segunda referência também é incorporada como fato, embora seja um pouco mais fraca que a primeira. Discordar da referência 1 era impossível, pelo menos por parte de um neuroendocrinologista; quanto à referência 2, um colega pode escarafunchar: talvez o controle seja mediado por alguma outra coisa, não por um hormônio; talvez, mesmo sendo um hormônio, ele possa bloquear o hormônio do crescimento, em vez de estimulá-lo; ou, no mínimo, o nome que Schally deu a essa substância poderia ser criticado (Guillemin, por exemplo, chama-a GRF). Seja qual for a controvérsia que se inicie, pois sem ela todo o texto ficaria sem propósito: por que procurar uma substância se é negada a possibilidade de sua existência? Não devemos nos esquecer de que, de acordo com nosso primeiro princípio, ao adotar as referências 1 e 2 como fatos consumados, ele as torna mais indubitáveis, fortalecendo suas razões tanto quanto as dele.

Há muitos outros textos que esse artigo precisa incorporar sem questionar, especialmente os que descrevem métodos usados na determinação da sequência de peptídios em geral. Isso é visível em outro trecho do mesmo artigo:

> (20) O peptídio suíno, usado neste trabalho, foi uma amostra essencialmente homogênea, isolada da forma descrita acima (refs. 5, 9)... Em alguns casos foram analisados produtos da carboxipeptidase B com o sistema de tampão de lítio de Benson, Gordon e Patterson (ref. 10)... Foi realizada a degradação de Edman na forma descrita por Gottlieb et al. (ref. 14). Também foi usado o método de Gray e Smith (ref. 15).

---

8 Esse termo se tornou tradicional a partir do trabalho de Kuhn (1962).

CIÊNCIA EM AÇÃO   53

Nenhuma dessas referências, ao contrário das outras, é qualificada positiva ou negativamente. Estão simplesmente ali como sinais postos para mostrar aos leitores, se necessário, os recursos técnicos que estão sob o comando de Schally. O leitor que duvidar da sequência do hormônio é encaminhado para outro grupo: Benson, Edman, Gottlieb e até mesmo Gray e Smith. O trabalho dessas pessoas não está presente no texto, mas está indicado que elas poderiam ser mobilizadas imediatamente, caso necessário. Elas ficam, por assim dizer, na reserva, prontas para trazer consigo os muitos socorros técnicos de que Schally precisa para fortalecer sua posição.

Embora seja prático incorporar referências que possam ajudar a fortalecer uma posição, também é necessário atacar as referências que possam opor-se explicitamente às suas teses. Na sentença (18) vimos de que modo o texto usado como referência foi mantido num estado que ficava entre o fato e a ficção, mas teria sido melhor destruí-lo por inteiro a fim de limpar o caminho para o novo artigo. Tal destruição acontece de muitas maneiras, direta ou indiretamente, dependendo do campo de estudo e dos autores. Aqui está um exemplo instrutivo de modalidade negativa criada por Guillemin em torno de um conjunto de artigos, entre os quais um escrito por Schally, que acabamos de estudar:

(21) O hoje indubitável conceito de controle neuro-humoral das secreções adeno-hipofisárias por parte do hipotálamo indica a existência de um fator hipotalâmico liberador do hormônio do crescimento (GRF) (ref. 1) que tem na somatostatina sua contraparte inibidora (ref. 2). Até agora o GRF hipotalâmico não foi caracterizado de forma inequívoca, apesar de afirmações anteriores em contrário (ref. 3).

Essa citação é retirada de um artigo recente de Guillemin, que apresenta uma nova estrutura para o mesmo GHRH, que ele chama GRF. A referência 3 é ao texto de Schally. O começo do excerto (21) é o mesmo do (19), de Schally: o controle hipotalâmico é a mais preta das caixas-pretas. Embora haja uma disputa entre Schally e

54 BRUNO LATOUR

Guillemin, ambos sabem que nenhum neuroendocrinologista digno desse nome pode contestar esse controle. Mas o artigo de Schally, nas mãos de Guillemin, não é uma caixa-preta. Se a sequência de Schally fosse um fato, o artigo de 1982 escrito por Guillemin não teria importância alguma. Tampouco teria se a sequência de Schally tivesse qualquer relação com a de Guillemin. Este teria apenas feito acréscimos ao trabalho daquele. Com a sentença (21), o artigo de Guillemin simplesmente descarta a sequência de Schally. Não foi um fato inequívoco, mas uma "alegação" completamente equivocada. Não conta; era um caminho que não levava a parte alguma. O verdadeiro trabalho começa com esse texto de 1982, e o verdadeiro GRF (erroneamente chamado GHRH por Schally) começa com essa sequência.

Os artigos podem ir muito além na transformação da literatura anterior em causa própria. Podem combinar modalidades positivas e negativas, fortalecendo, por exemplo, um artigo X para enfraquecer um artigo Y que, não fosse isso, estaria em oposição à sua tese. Aqui está uma ilustração dessa tática:

> (22) Foi proposta uma estrutura para o GRF [referência ao artigo de Schally], porém recentemente ficou demonstrado [referência a Veber et al.] que não se tratava de GHRH, mas sim de um contaminante pouco importante, provavelmente hemoglobina.

O artigo de Veber, que o próprio Schally citava no excerto (18), não dizia exatamente aquilo que aqui *se diz que ele disse*; quanto ao artigo de Schally, não afirmava exatamente que ele encontrara a estrutura do GHRH. Isso não importa para o autor da sentença (22); ele simplesmente precisa de Veber como fato assente para esvaziar o texto de Schally, o que, num efeito de repique, confere mais solidez à sentença (21), que propõe uma nova e real substância, "apesar de afirmações anteriores em contrário".

Outra tática frequente é opor dois textos de tal maneira que um invalida o outro. Assim, dois contra-argumentos perigosos se tornam impotentes. Schally, no texto em estudo, usa um tipo de ensaio para submeter o seu GHRH à prova. Outros autores, que tentaram

CIÊNCIA EM AÇÃO 55

reproduzir seus experimentos, usaram outro tipo de ensaio, chamado radioimunoensaio, e não conseguiram reproduzir os achados de Schally. Está aí um grande problema para Schally, que, para encontrar uma saída, retorque:

(23) Esse material decapeptídico sintético ou o material natural foram (sic) fracamente ativos nas provas em que a liberação do hormônio do crescimento foi avaliada por radioimunoensaio utilizando hormônio do crescimento do rato (duas refs.). Contudo, a adequação do radioimunoensaio para avaliar o hormônio do crescimento do rato presente no plasma foi questionada recentemente (ref. 8).

Será que a ausência absoluta de efeitos do GHRH no ensaio não abalava a tese de Schally? Não, porque é usado um outro estudo para lançar dúvidas sobre o próprio ensaio: a ausência de GHRH não prova absolutamente nada. Schally se safou.

Seria possível ir muito além nos esquemas políticos bizantinos do contexto das citações. Como um bom jogador de bilhar, um autor esperto pode calcular tacadas com três, quatro ou cinco repiques. Seja qual for a tática, é fácil perceber a estratégia geral: faça tudo o que for necessário com a literatura anterior para torná-la o mais útil possível à tese que você vai defender. As regras são bastante simples: enfraqueça os inimigos; paralise os que não puder enfraquecer (como foi feito na sentença [18]); ajude os aliados se eles forem atacados; garanta comunicações seguras com aqueles que o abastecem com dados inquestionáveis (como em [20]); obrigue os inimigos a brigarem uns com os outros (23); se você não tiver certeza de que vai ganhar, seja humilde e faça declarações atenuadas. De fato, são regras simples: são as regras dos velhos políticos. O resultado dessa adaptação da literatura às necessidades do texto é contundente sobre os leitores. Além de eles ficarem impressionados com a grande quantidade de referências, todas elas são assestadas para objetivos específicos e alinhadas com um só propósito: dar sustentação à tese. Os leitores podem resistir a um número enorme de citações desorganizadas, mas é muito mais difícil resistir a um texto que tenha modificado cuidadosamente o *status* de todos os outros artigos que ele chamou à baila. Essa atividade do texto científico é visível na Figura 1.3, em que o artigo em estudo é um ponto relacionado a outros por meio de setas; cada tipo de seta simboliza um tipo de ação na literatura.

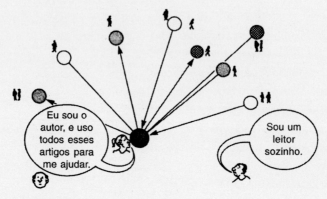

FIGURA 1.3

(3) Ser tomado como referência por textos posteriores

O objetivo de convencer o leitor não é alcançado automaticamente, mesmo que o escritor tenha bom *status*, que as referências estejam bem arranjadas, que as provas em contrário tenham sido inteligentemente desqualificadas. Todo esse trabalho não é suficiente por uma boa razão: tudo o que um texto fizer com a literatura anterior será feito a ele pela literatura posterior. Vimos antes que uma afirmação é fato ou ficção não por si mesma, mas apenas em virtude daquilo que outras sentenças fazem com ela depois. Para sobreviver ou transformar-se em fato, uma afirmação precisa da *geração seguinte* de textos (chamarei "geração" o período necessário para a publicação de outra rodada de textos que fazem referência aos primeiros, ou seja, de dois a cinco anos). Metaforicamente falando, as afirmações, de acordo com o primeiro princípio, são muito

CIÊNCIA EM AÇÃO **57**

parecidas com genes: não conseguem sobreviver se não conseguirem passar para os organismos subsequentes. Vimos, na seção anterior, como o texto de Schally inseria outros artigos, distribuindo glórias e desdouros, invalidando alguns, fortalecendo outros, incorporando outros ainda sem modificações, e assim por diante. Todos os artigos citados sobrevivem no de Schally e são modificados por sua ação. Mas nenhum artigo é suficientemente forte para calar as controvérsias. Por definição, nenhum fato é tão sólido que dispense apoio. Seria o mesmo que dizer que um gene está tão bem adaptado que não precisa de novos corpos para sobreviver! Schally pode adaptar a literatura a seus fins, mas cada uma de suas asserções, *por sua vez*, precisa de outros artigos posteriores para ganhar mais o *status* de fato. Tanto Schally não pode evitar isso como os artigos por ele citados não poderiam sobreviver se ele não os tomasse.

Veja como, na alegação (18), Schally tinha necessidade de que as críticas acerbas formuladas no artigo de Veber (citadas em [17]) fossem duvidosas para proteger sua tese de um golpe fatal. Mas para manter (17) nesse estado, Schally precisa que outros confirmem sua ação. Embora seja capaz de controlar a maior parte daquilo que escreve em seus artigos, Schally controla apenas parcialmente o que os outros fazem. Será que ficarão com ele?

Um dos modos de responder a essa pergunta é examinar as referências presentes em outros artigos posteriores ao de Schally e ver qual o *seu* contexto de citação. O que fizeram eles com o que Schally fez? É possível responder a essa pergunta por meio de um instrumento bibliométrico chamado *Índice de citações em ciência*.[9] Por exemplo, os artigos ulteriores não mantêm a afirmação (17) entre fato e ficção. Ao contrário, todos os autores que a citam, depois, tomam-na como fato consumado, e todos dizem que a hemoglobina e o GHRH têm a mesma estrutura, usando esse fato para solapar a afirmação de Schally de que "descobrira" o GHRH (agora colocado entre aspas).

---

9 O índice de citações em ciência é produzido pelo Institute for Scientific Information, da Filadélfia, e tem servido de base para grande número de trabalhos em política científica.

Se, na primeira geração, Schally era mais forte que Veber – ver (18) –, como não houve aliados ulteriores para sustentar sua força, na geração seguinte é Veber que passa a ser forte, e Schally passa a ser autor de um erro crasso por ter confundido um contaminante comum com o procuradíssimo hormônio. Essa reversão é imposta pelos outros artigos e pela maneira como *eles transformam a literatura anterior para atender às suas necessidades*. Se à Figura 1.3 acrescentarmos uma terceira geração, obteremos algo semelhante ao que se vê na Figura 1.4.

Acrescentando os artigos posteriores, podemos mapear o modo como as ações de um são apoiadas ou não por outros. O resultado é uma cascata de transformações, em que cada um deles espera ser confirmado mais tarde por outros.

Agora entendemos o que significa a progressão de uma controvérsia. Se quisermos continuar a estudar a disputa, não teremos de ler um artigo só e, possivelmente, os artigos a que ele se refere; também seremos obrigados a ler todos os outros que convertem cada uma das operações realizadas pelo primeiro no estado de fato ou de ficção. A controvérsia estufa. Cada vez mais artigos se envolvem no entrevero, e cada um deles posiciona todos os outros (fato, ficção, detalhes técnicos), mas nenhum deles é capaz de fixar essas posições *sem a ajuda dos outros*. Portanto, a cada estágio da discussão são necessários cada vez mais textos, que arrolam cada vez mais textos; assim, a desordem aumenta proporcionalmente.

FIGURA 1.4

Há algo pior, no entanto, do que ser criticado por outros artigos: é ser mal citado. Se o contexto das citações é o que descrevi, então esse infortúnio pode acontecer com grande frequência! Como cada artigo adapta a literatura anterior às suas próprias necessidades, todas as deformações são legítimas. Determinado artigo pode ser citado por razões completamente diferentes, de um modo que contraria totalmente seus interesses. Ele pode ser citado sem ter sido lido, ou seja, de modo perfunctório; ou em apoio a uma afirmação que se opõe frontalmente àquilo que o seu autor pretendia; ou por detalhes técnicos tão minúsculos que escaparam à atenção de seu autor; ou por intenções atribuídas aos autores, mas não explicadas no texto; ou, ainda, por muitas outras razões. Não podemos dizer que essas deformações sejam desleais e que cada artigo deva ser lido honestamente como ele é; essas deformações são simplesmente consequência daquilo que chamei atividade dos artigos sobre a literatura; todos eles conseguem realizar o mesmo trabalho de cinzelamento da literatura para colocar suas teses na situação mais favorável possível. Se qualquer uma dessas operações é executada e aceita por outros como fato, então está feito; é um fato, e não uma deformação, por mais que o autor proteste. (Qualquer leitor que já tenha escrito algum artigo passível de ser citado em qualquer disciplina entenderá o que estou dizendo.)

Contudo, há algo ainda pior do que ser criticado ou demolido por leitores descuidados: é ser *ignorado*. Uma vez que a situação de uma asserção depende das inserções de quem a utiliza, o que acontecerá se *não* houver quem a utilize? Esse é o aspecto mais difícil de ser entendido pelas pessoas que nunca olharam de perto a construção da ciência. Elas imaginam que todos os artigos científicos são iguais e que, enfileirados como soldados, podem ser atentamente passados em revista, um a um. Não, a maioria dos artigos nunca é lida por ninguém. Seja lá o que um artigo tenha feito com a literatura anterior, se ninguém mais fizer nada com ele, é como se ele nunca tivesse existido. Você pode ter escrito um artigo que encerra uma terrível controvérsia, mas, se ele for ignorado pelos escritores, não poderá transformar-se em fato; simplesmente *não pode*. Você pode protestar contra a injustiça, pode guardar no fundo do coração a convicção de estar certo, mas não poderá ir além do fundo do seu coração; você nunca avançará na certeza sem a ajuda dos outros. A construção do fato é um processo tão coletivo que uma pessoa sozinha só constrói sonhos, alegações e sentimentos, mas não fatos. Como veremos no Capítulo 3, um dos principais problemas é interessar alguém o suficiente para chegar a ser lido; em comparação com este, o problema de ser acreditado é, digamos, de menos.

No tumulto gerado por um número crescente de textos que atuam sobre um número crescente de outros textos, seria errôneo imaginar que tudo seja flutuante. Em certas situações, alguns artigos são citados por artigos ulteriores sempre com modalidades positivas, e não só por uma geração de textos, mas por várias. Essa eventualidade – extremamente rara, segundo todos os padrões – ocorre sempre que uma alegação feita num artigo é aceita sem modificações por muitos outros. Isso significa que tudo o que ele tenha feito com a literatura anterior é transformado em fato por quem o incorpora depois. A discussão, pelo menos sobre esse ponto, está encerrada. Foi criada uma caixa-preta. Esse foi o caso da sentença "as células de combustível são o futuro do carro elétrico", inserida em (8), (9) e (10). Também é o caso do controle do hormônio do crescimento pelo hipotálamo. Embora Schally e Guillemin discordem em muitas coisas, essa afirmação é aceita por ambos sem modificações ou dúvidas – ver sentenças (19) e (20). Na Figura 1.5, que ilustra o contexto das citações, esse acontecimento é visto como um fluxo regular de setas, todas alinhadas na mesma direção e conduzindo a um número crescente de textos. Cada novo texto que entra na briga empurra outro um degrau acima, somando sua pequena força à força do fato já consolidado, em vez de reverter a tendência.

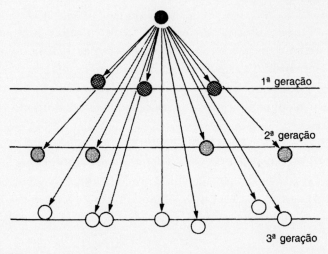

FIGURA 1.5

Essa situação rara é aquilo que as pessoas costumam ter em mente quando falam em "fato". Espero que esteja claro que esse acontecimento não o torna qualitativamente diferente da ficção; um fato é algo que é retirado do centro das controvérsias e coletivamente estabilizado quando a atividade dos textos ulteriores não consiste apenas em crítica ou deformação, mas também em ratificação. A força da afirmação original não reside em si mesma, porém deriva de qualquer dos textos que a incorporam. Em princípio, qualquer dos textos pode rejeitá-la. O controle do hormônio do crescimento pelo hipotálamo pode ser discutido, como foi e será; mas, para isso, o discordante não estará diante de uma afirmação em um artigo, mas de algumas afirmações incorporadas em centenas deles. Não é impossível, em princípio; é tremendamente difícil, na prática. Cada alegação chega ao futuro autor com sua história, ou seja, ela mesma mais todos os outros artigos que fizeram alguma coisa com ela ou por ela.

Essa atividade de cada texto que constitui a força de dado artigo não é evidenciada por crítica alguma – pois, nesse caso, não há nenhuma –, mas pela erosão sofrida pela afirmação original. Mesmo nos raríssimos casos em que uma afirmação é aceita por muitos

62 BRUNO LATOUR

textos ulteriores e incorporada como fato, ela não continua a mesma. Quanto mais pessoas acreditam nela e a usam como caixa-preta, mais transformações ela sofre. A primeira dessas transformações é uma extrema *estilização*. É maciça a literatura sobre o controle do hormônio do crescimento, e o artigo de Guillemin a que me referi tem cinco páginas. Outros, ulteriores, que o tomam como fato, convertem-no numa sentença:

(24) Guillemin et al. (ref.) determinaram a sequência do GRF: H Tyr Ala Asp Ala Ile Phe Thr Asn Ser Tyr Arg Lys Val Leu Gly GIn Leu Ser Ala Arg Lys Leu Leu GIn Asp Ile Met Ser Arg GIn GIn Gly Gly Ser Asn GIn Glu Arg Gly Ala Arg Ala Arg Leu NH2.

Mais tarde, essa mesma sentença é convertida numa outra com apenas uma modalidade positiva simplificada: "X (o autor) mostrou que Y". Não há mais discussão.

Se porventura a sentença (24) continuar merecendo crédito, em oposição à (5), cada texto sucessivo irá aumentando essa estilização. Com a atividade de todos os textos ulteriores, o nome do autor logo será esquecido, e só a referência ao texto de Guillemin marcará a origem dessa sequência. Esta, por sua vez, é longa demais para se escrever. Em se transformando num fato, será incluída em tantos outros artigos que logo será desnecessário escrevê-la ou sequer citar um artigo tão conhecido. Depois de uma dezena de textos que utilizem a afirmação (24) como fato indiscutível, ela será transformada em algo como:

(25) Injetamos GRF sintético em sessenta machos de camundongos suíços albinos etc.

Pode-se dizer que a afirmação aceita é submetida à erosão e polimento por todos os que a aceitam. E, assim, voltamos aos períodos simples, com uma única oração, com que começamos este capítulo – ver (1), (5) e (8). Retrospectivamente, percebemos que foi realizado muito trabalho nessa estilização, e que no começo do processo nunca há um fato expresso por uma só oração (como tive de indicar para que nossa discussão progredisse), pois esta já é um produto quase final. Logo, porém, a própria referência tornar-se-á redundante. Quem cita o texto de Lavoisier quando escreve H_2O como fórmula da água? Se sobre a mesma sentença (24) continuarem agindo modalidades positivas, ela tornar-se-á tão conhecida que não será necessário sequer falar sobre ela. A descoberta original transformar-se-á em *conhecimento tácito*. O GRF será um dos muitos frascos de produtos químicos que qualquer estudante universitário de primeiro ano pega na prateleira em algum momento do curso. Essa erosão e essa estilização acontecem só quando tudo vai bem; cada artigo sucessivo toma a sentença original como um fato e põe numa cápsula, empurrando-a um degrau acima. O oposto ocorre, como já vimos, quando proliferam modalidades negativas. A sentença (5) de Schally sobre um novo GHRH não foi estilizada e passou a ser cada vez menos incorporada na prática tácita. Ao contrário, emergem e são comentados cada vez os elementos que ele gostaria que permanecessem tácitos, como os procedimentos de purificação da afirmação (7) ou suas falhas anteriores em (13). Portanto, conforme os outros artigos empurrem determinada afirmação a jusante ou a montante, ela será incorporada no conhecimento tácito, sem marcas de ter sido produzida por alguém, ou então será aberta, com o acréscimo de muitas condições específicas de produção. Esse duplo movimento com que já nos familiarizamos está resumido na Figura 1.6 e permite que nos orientemos em qualquer controvérsia, dependendo do estágio em que esteja a declaração que escolhemos como ponto de partida e da direção para a qual outros cientistas a estejam empurrando.

Agora começamos a entender para que tipo de mundo o leitor de literatura científica ou técnica está sendo levado. Duvidar da precisão dos mísseis soviéticos (1), da descoberta do GHRH por Schally (5), da melhor maneira de fazer células de combustível (8) era fácil no início. Contudo, se a controvérsia dura, cada vez mais elementos são trazidos para ela, que deixa de ser um simples desafio verbal. Passamos da conversa entre algumas pessoas para textos que logo se fortalecem, rechaçando a oposição por meio da arregimentação de aliados. Cada um desses aliados utiliza muitas táticas diferentes com muitos outros textos arrolados na disputa. Se ninguém cita um texto, ele está perdido para sempre, seja lá o que tenha feito ou quanto tenha custado. Um artigo que afirme ser capaz de acabar com a disputa de uma vez por todas pode ser imediatamente desmembrado e citado por razões completamente diferentes, *somando mais uma afirmação vazia ao tumulto*. Nesse ínterim, centenas de resumos, relatórios e painéis entram na briga, aumentando a confusão, enquanto longas análises teóricas esforçam-se por colocar alguma ordem nos debates, embora, ao contrário, frequentemente joguem mais lenha na fogueira. Às vezes algumas afirmações estáveis são incorporadas repetidamente por muitos artigos, mas mesmo nesses raros casos há uma erosão lenta, com a perda da forma original, e a afirmação, encapsulada em um número cada vez maior de outras que lhe são estranhas, torna-se tão familiar e rotineira que passa a ser parte da prática tácita e se perde de vista!

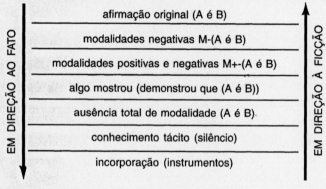

FIGURA 1.6

É esse o mundo que espera quem quiser discordar e contribuir de alguma forma para os debates. O artigo que o discordante está lendo escorou-se bem para sobreviver nesse mundo. O que será preciso fazer para que ele seja lido e acreditado, para que não seja mal entendido, destruído, desmembrado, ignorado? Como garantir que seja retomado por outros, incorporado em afirmações posteriores como fato categórico, citado, lembrado e reconhecido? É isso o que devem procurar os autores de um novo texto técnico. Foram levados pela controvérsia acalorada à leitura de grande número de artigos. Depois disso, precisam *escrever* um novo, para sepultar de vez o problema de origem: o caso MX, o erro do GHRH, o fiasco das células de combustível. É ocioso dizer que, nessas alturas, *a maioria dos discordantes terá desistido*. A arregimentação de aliados, o assestamento de muitas referências, a ação exercida sobre todos os artigos citados, a ostentação visível desse campo de batalha, tudo isso já é suficiente para intimidar a maioria das pessoas ou forçá-las à retirada. Por exemplo, se quisermos discutir a precisão dos mísseis soviéticos declarada em (1), a descoberta do GHRH declarada em (5) ou a maneira correta de conseguir células de combustível declarada em (8), estaremos muitíssimo isolados. Não estou dizendo que, *por ser técnica demais*, a literatura alija as pessoas, mas, ao contrário, que achamos necessário chamar técnica ou científica uma literatura que é feita para isolar o leitor pelo uso de um número muito maior de reforços. O "homem comum que por acaso atine com a verdade", como ingenuamente postulava Galileu, não terá chance de vencer milhares de artigos, editores, partidários e patrocinadores que se oponham às suas afirmações. A força da retórica está em fazer o discordante sentir-se sozinho. Isso é realmente o que acontece com o "homem comum" que lê a massa de relatórios sobre as controvérsias com que começamos tão inocentemente.

Parte C
Escrevendo textos que resistem aos ataques de um ambiente hostil

Embora a maioria das pessoas tenha sido afastada pelos aliados externos invocados pelos textos, Galileu ainda está certo, porque uns poucos podem não querer desistir. Podem fincar pé e não se impressionar com o título da revista, com os nomes dos autores ou com o número de referências. Lerão os artigos e ainda assim irão discuti--los. Reaparece a imagem do Davi científico a lutar contra o retórico Golias, conferindo algum crédito às palavras de Galileu. Por mais impressionantes que sejam, os aliados de um texto científico não bastam para convencer. Ainda é preciso algo mais. Para achar esse algo mais, convém continuar nossa anatomia dos textos científicos.

(1) Os artigos se autofortalecem

Para alguns leitores obstinados, o fato de um artigo já ter sido publicado não é suficiente: são necessários outros elementos. A mobilização desses novos elementos transforma profundamente a maneira como os textos são escritos: tornam-se mais técnicos e, para criar uma metáfora, *estratificados*. Em (21), citei o começo de um artigo escrito por Guillemin. Em primeiro lugar, (21) imobilizou um fato com vinte anos de idade (o controle da liberação do hormô-nio do crescimento pelo hipotálamo) e outro fato com dez anos de idade (a existência de uma substância, a somatostatina, que inibe a liberação do hormônio do crescimento). Ademais, a alegação de Schally sobre essa nova substância foi descartada. Mas isso não é suficiente para nos fazer acreditar que Guillemin tenha trabalhado melhor que Schally e que sua alegação deva ser levada mais em conta que a de Schally. Embora o começo do artigo agisse sobre a literatura existente do modo analisado aqui, ele logo muda. O texto anuncia, por exemplo, mais material de onde se podem extrair essas fugidias substâncias. Os autores descobriram um paciente com tumores enormes que, formados durante uma doença rara, a acromegalia, produziam grande quantidade da tão buscada substância.[10]

---

10 Utilizo aqui o seguinte artigo: Guillemin, Brazeau, Böhlen, Esch, Ling, Wehrenberg, Grouth-hormone releasing factor from a human pancreatic tumor that caused acromegaly. *Science*, v.218, p.585-7, 1982.

CIÊNCIA EM AÇÃO   **67**

(26) Durante a cirurgia, foram encontrados no pâncreas dois tumores separados (ref. 6); os tecidos tumorais foram cortados em cubos e postos em nitrogênio líquido 2 ou 5 minutos após a ressecção, com o objetivo de fazer um extrato para obtenção do GRF... O extrato de ambos os tumores demonstrou atividade liberadora do hormônio do crescimento com o mesmo volume de eluição do GRF hipotalâmico (Kav = 0,43; Kav é a constante de eluição [ref. 8]). O grau de atividade do GRF (ref. 9) foi diminuto em um dos tumores (0,06 unidade de GRF por miligrama (peso líquido), mas extremamente elevado no outro (1.500 unidades de GRF por miligrama (peso líquido), 5 mil vezes mais do que encontráramos no hipotálamo do rato (ref. 8).

Agora a coisa é para valer! As sentenças em (26) parecem ser as mais difíceis que já analisamos. De onde vem a dificuldade? Do número de objeções que os autores precisam evitar. Lendo-a depois das outras sentenças, não nos movemos subitamente de opiniões e disputas para fatos e detalhes técnicos; atingimos um estágio em que a discussão é tão tensa que cada palavra rechaça um possível golpe fatal. Sair das outras disputas e entrar nesta é como ir dos primeiros jogos eliminatórios até a disputa final em Wimbledon. Cada palavra é um lance que requer um longo comentário, não por ser "técnica", mas por ser a jogada final depois de tantas pelejas. Para entender isso, basta acrescentar a objeção do leitor à frase que lhe serve de resposta. Esse acréscimo transforma (26) no seguinte diálogo:

(27) – Como você pode ter melhores resultados que Schally com uma quantidade tão pequena da substância nos hipotálamos?
— Achamos tumores que produzem grande quantidade da substância, o que torna o seu isolamento mais fácil que qualquer coisa que Schally possa ter feito.
— Sério? São tumores do pâncreas, e você está procurando uma substância hipotalâmica que se supõe vir do encéfalo!
— Muitas referências indicam que frequentemente as substâncias provenientes do hipotálamo são encontradas no pâncreas também, mas, de qualquer, modo elas têm o mesmo volume de eluição; isso

não é decisivo, mas é uma ótima prova, suficiente, de qualquer modo, para aceitar o tumor tal qual é, com uma atividade 5 mil vezes maior que a hipotalâmica. Ninguém pode negar que é um feliz acaso.

– Espera aí! Como é que você pode ter certeza desses 5 mil? Você não pode criar números num passe de mágica. É peso molhado ou seco? Qual foi o padrão usado?

– OK. Primeiro, é seco. Segundo, uma unidade de GRF é a quantidade de uma preparação de GRF purificado extraído do hipotálamo do rato que produz metade da estimulação máxima do hormônio do crescimento em bioensaio com células da hipófise em monocamada. Está satisfeito?

– Talvez, mas como você pode ter certeza de que esses tumores não se deterioraram depois da cirurgia?

– Já dissemos: eles foram cortados e postos em nitrogênio líquido depois de 2 a 5 minutos. Onde é que você poderia achar maior proteção?

Ler o artigo sem imaginar as objeções do leitor é como ver apenas os movimentos de um dos jogadores na final da copa de tênis: parecerão gestos vazios. O acúmulo daquilo que aparece como detalhes técnicos não é coisa sem sentido; está aí para tornar o oponente mais difícil de vencer. O autor protege seu texto contra a força do leitor. Um texto científico fica mais difícil de ler, como quando se protege e escora uma fortaleza: não é por prazer, mas pra evitar o saque.

Há outra profunda transformação que ocorre nos textos que querem ser suficientemente fortes para resistir à discordância. Até agora, as sentenças estavam ligadas a artigos ou eventos *ausentes*. Sempre que o oponente começava a duvidar, era remetido a outros textos, e o vínculo era estabelecido pelas referências ou, às vezes, por citações. Há, porém, uma manobra muito mais poderosa, que é *mostrar* exatamente aquilo que está no texto. Por exemplo:

(28) A purificação final desse material por cromatografia analítica líquida de alta pressão e fase reversa (HPLC) produziu três peptídios extremamente purificados, com atividade de GRF (Fig. 1).

Os autores não estão pedindo que acreditem neles. Não mandam o leitor sair dos textos e ir às bibliotecas fazer a lição de casa, lendo pilhas de referências, mas o remetem à Figura 1, que está no próprio artigo:

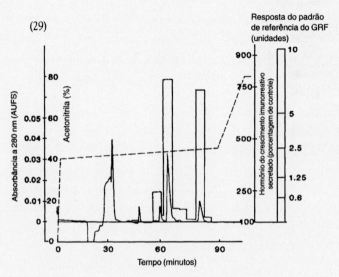

Science, v.218, p.586 (com permissão da revista Science e do autor).

Essa figura mostra o que o texto diz, mas não é muito transparente para todos os leitores, mesmo para os poucos que continuaram na controvérsia. Então outro texto, a legenda, explica *como deve ser lida* a figura, como indica o termo "legenda":

(30) Purificação final do GRFhp por cromatografia líquida de alta pressão e fase reversa. A coluna (Ultrasphere C18), de 25 por 0,4 cm, com partículas de 5-(pu)m, foi eluída com um gradiente de acetonitrila (–) em 0,5% (por volume) de ácido heptafluorobutírico a uma velocidade de fluxo de 0,6ml/min. Foram colhidas frações (2,4 ml), conforme indicado na abscissa, e porções delas foram usadas em bioensaios (ref. 7). As barras verticais representam a quantidade de hormônio do crescimento secretada no ensaio de cada fração do efluente, expressa como porcentagem da quantidade de

70   BRUNO LATOUR

hormônio do crescimento secretado pelas células da hipófise que não receberam tratamento algum. AUFS – escala total de unidades de absorbância.

O leitor foi remetido da afirmação (28) ao excerto (29), e deste para a legenda (30). O texto dizia que "três peptídios purificados tinham atividade de GRF"; o que se vê na Figura 1 é a sobreposição de picos e barras verticais. Na legenda, diz-se que "picos" e "barras" são os equivalentes visuais de "pureza" e "atividade". A crença na palavra do autor é substituída pelo exame de "figuras". Se houver alguma dúvida sobre a procedência da ilustração, então a sentença (30) – a legenda – oferecerá uma nova linha de apoio. Os picos não são uma representação visual escolhida por acaso; são aquilo que o instrumento cromatógrafo desenha; se o leitor souber algo sobre o instrumento e sobre as diferentes figuras que podem ser obtidas com ele, então são fornecidos detalhes para consolidar a imagem: tamanho das partículas, tempo, convenções para o traçado das linhas, e assim por diante.

O que se ganha em termos de persuasão arranjando os excertos (28), (29) e (30) em camadas? O discordante é posto diante não só da opinião do autor, não só diante de posições assumidas em artigos mais antigos, mas também diante daquilo que o texto diz. Muitas vezes, quando falamos, referimo-nos a coisas ausentes, que chamamos *referente* daquilo que dizemos. "Seis pessegueiros em flor" é uma frase sobre árvores que não estou mostrando a ninguém. A situação é completamente diferente quando, em (28), se afirma que existem três substâncias ativas e puras. O referente é acrescentado imediatamente ao comentário; é a figura mostrada em (29), e o mesmo acontece com o referente desse referente, a legenda (30). Essa transformação da literatura usual é um indicador seguro de que passamos a estar diante de um texto técnico ou científico. Nesse tipo de literatura o leitor pode, digamos, pegar seu pedaço de bolo e comê-lo. Os efeitos sobre a convicção são enormes. A asserção "descobrimos o GRF" não se sustenta *por si só*. É sustentada, em primeiro lugar, por muitos outros textos e, em segundo, pelas asserções do autor. Isso é

CIÊNCIA EM AÇÃO 71

bom, mas não suficiente. A força é muito maior quando os reforços são ostentados no próprio texto. Como desmentir a afirmação (28)? Olhe com seus próprios olhos para (29)! Você tem dúvidas sobre o significado da figura? Então leia a legenda. Você só tem de acreditar no que seus olhos veem; já não é mais uma questão de acreditar; é questão de *enxergar*. Mesmo duvidando, São Tomé deixaria de duvidar (ainda que não pudesse tocar no GRF – mas espere até o próximo capítulo...).

Agora estamos certos de que os textos a que fomos levados pela intensidade das controvérsias são científicos. Até agora, jornalistas, diplomatas, repórteres e advogados poderiam ter escrito textos com referências e com cuidadosa classificação dos papéis dos autores, de títulos e de fontes de consulta. Agora, entramos em outro jogo. Não que a prosa de repente passe a ser escrita por mentes extraterrestres, mas porque tenta atulhar o texto com o máximo possível de reforços. É por isso que muitas vezes prolifera aquilo a que chamamos "detalhes técnicos". A diferença entre um texto comum em prosa e um documento técnico é a estratificação deste último. O texto é organizado em camadas. Cada afirmação é interrompida por referências que estão fora do texto ou dentro dele, em outras partes, a figuras, colunas, tabelas, legendas, gráficos. Cada um destes, por sua vez, pode remeter a outras partes do mesmo texto ou para mais referências externas. Num texto tão estratificado, o leitor realmente interessado na sua leitura está tão livre quanto rato em labirinto.

A transformação da prosa linear numa, digamos, formação entrelaçada de linhas de defesa é o sinal mais seguro de que um texto se tornou científico. Eu dizia que um texto sem referências está nu e vulnerável, mas mesmo com elas estará fraco enquanto não for estratificado. A maneira mais simples de demonstrar essa mudança na solidez é examinar dois artigos escritos sobre o mesmo assunto, com um intervalo de vinte anos. Comparem-se, por exemplo, os primeiros artigos sobre primatologia escritos pelos pioneiros no assunto, há vinte anos, com uma aplicação recente

72 BRUNO LATOUR

da sociobiologia ao estudo dos primatas, escrita por Packer.[11] Visualmente, mesmo sem ler o artigo, a diferença é contundente. Em ambos os casos, trata-se de babuínos, mas a prosa do primeiro artigo flui sem interrupção, exceto para referências esparsas e algumas fotos (como as que qualquer um poderia encontrar num relato de viagem feito por um jornalista); o artigo de Packer, ao contrário, é bem estratificado. Cada observação dos babuínos é codificada e separada segundo o significado estatístico; curvas e diagramas resumem tabelas; nenhuma parte do artigo é autônoma, porém ligada por muitas referências a outras camadas (Métodos, Resultados, Discussão). Comparar os textos de Hall e de Packer é como comparar um mosquete com uma metralhadora. Só de examinar as diferenças na prosa é possível imaginar em que tipos de mundo ambos escreveram: Hall estava sozinho, era um dos primeiros observadores de babuínos; Packer pertence a uma caterva de cientistas que se dedica à observação não só de babuínos, mas também uns dos outros! Sua prosa se desdobra em muitas camadas defensivas para resistir a objeções.

Deve-se notar que nem no artigo de Packer, nem no de Guillemin, nem no de Schally é possível enxergar as reais e peludas criaturas chamadas "babuínos", ou sequer o "GHRH". No entanto, por meio de sua estratificação, esses artigos passam para o leitor uma impressão de *profundidade de visão*; com tantas camadas a sustentarem-se mutuamente, cria-se uma brenha, algo em que não se pode abrir nenhuma brecha sem um esforço ingente. Essa impressão está presente mesmo quando, mais tarde, o texto é transformado em ficção por colegas. Ninguém que se inteire do assunto GRF ou do estudo dos babuínos pode mais escrever em prosa simples e despojada, seja lá o que pense ou queira. Seria como combater tanques com espadas. Mesmo quem queira fraudar terá de pagar preço

---

11 O artigo aqui comentado é de autoria de Packer. Reciprocal altruism in papio P. *Nature*, v.265, n.5593, p.441-3, 1977. Embora essa transformação da literatura seja um índice seguro das diferenças entre campos mais duros e mais moles, não conheço nenhum estudo sistemático desse aspecto. Para uma abordagem diferente e acerca de artigos sobre física, ver Bazerman (1984).

CIÊNCIA EM AÇÃO **73**

altíssimo para criar essa profundidade que dá a impressão de realidade. Spector, jovem biólogo condenado por ter falsificado dados, precisou esconder a fraude numa longa seção de quatro páginas sobre "Materiais e Métodos".[12] Em meio a centenas de precauções metodológicas apenas uma sentença é fabricada. Pode-se dizer que essa é uma homenagem do vício à virtude, pois uma fraude dessas não está ao alcance de um escroque qualquer!

No começo desta seção, dissemos que era preciso "algo mais" que referências e autoridades para vencer um dissidente. Agora entendemos que quem vai das camadas externas dos artigos para as suas partes internas não está indo do argumento da autoridade para a Natureza, mas sim de autoridades para mais autoridades, de certo número de aliados e reforços para *um número ainda maior* deles. Alguém que não acredite na descoberta de Guillemin agora estará diante não só de grandes nomes e de polpudas referências, como também de "unidades GRF'", "volume de eluição", "picos e barras", "HPLC de fase reversa". Desacreditar não significará só lutar corajosamente contra uma grande massa de referências, como também desemaranhar infindáveis laços que amarram, uns aos outros, instrumentos, figuras e textos. E o que é pior: o discordante será incapaz de opor o texto ao mundo real de fora, visto que o texto afirma trazer o mundo real "para dentro dele". O discordante de fato estará isolado e sozinho, uma vez que o próprio referente passou para o campo do autor. Cabe-lhe a esperança de romper as alianças entre todos os reforços presentes no artigo? Não, pela forma fechada, enroscada e estratificada assumida defensivamente pelo texto, com interligação de todas as suas partes. Se alguém duvidar da Figura 1 do excerto (29), terá de duvidar da HPLC de fase reversa. Quem vai querer fazer isso? Evidentemente, qualquer laço pode ser desatado, qualquer instrumento pode ser posto em dúvida, qualquer caixa-preta reaberta, qualquer figura descartada, mas o acúmulo

---

12 Ver Spector, O'Neal, Racker. Regulation of phosphorylation of the b-subunit of the Ehrllicj Ascites tumor Na®K®ATPase by a protein kinase cascade. *Journal of Biological Chemistry*, v.256, n.9, p.4219-27, 1980. Sobre este caso e outros limítrofes, ver Broad & Wade (1982).

de aliados no campo do autor é realmente formidável. Discordante também é gente; chega uma hora em que não dá para enfrentar tanta desvantagem.

Em minha anatomia da retórica cientifica estou sempre indo do leitor isolado, diante de um documento técnico, para o autor isolado, a lançar seu documento em meio a um enxame de leitores discordantes ou indiferentes. Isso porque a situação é simétrica: se isolado, o autor deve encontrar novos reforços para convencer os leitores; se conseguir, então será o leitor que estará totalmente isolado diante de um texto científico amarrado à grande massa de novos reforços. Na prática, há apenas uma situação reversível, que é exatamente oposta à descrita por Galileu: a de dois mil contra um.

(2) Táticas de posicionamento

Quanto mais entramos nessa estranha literatura engendrada por controvérsias, mais aumenta a dificuldade da leitura. Isso em razão do número de elementos simultaneamente reunidos no mesmo ponto; a dificuldade é aumentada pelo uso de acrônimos, símbolos e abreviações, com o fim de acumular um número máximo de recursos no menor tempo possível. Mas bastará o número para convencer os cinco ou seis leitores que restaram? Não, pois está claro que, assim como na guerra, também nos textos científicos a contagem de cabeças não é mais suficiente. Algo mais é necessário: além de numericamente superior, é preciso ser organizado e disciplinado. É necessário algo que chamarei *posicionamento*. O estranho é que isso é mais fácil de entender do que aquilo que acabei de descrever, por estar muito mais próximo do que comumente se conhece por retórica.

(A) Empilhamento

Juntar fotos, figuras, números e nomes ao texto e enlaçá-los bem é fonte de força, mas também pode acabar sendo de fraqueza. Assim como as referências (ver Parte B, item 2), isso mostra ao leitor a que tipo de coisa uma afirmação está amarrada, o que também significa que o leitor vai saber por onde começar a puxar se quiser soltar a meada do texto. Cada camada deve ser cuidadosamente empilhada sobre a anterior para evitar vãos. O que dificulta muito essa operação é o fato de haver realmente muitos vãos. A figura contida no excerto (29) não mostra o GRF; mostra duas figuras sobrepostas, provenientes de um estudo de laboratório feito em 1982; dizem que essas figuras estão relacionadas com dois tumores extraídos de um paciente francês num hospital de Lyon. Pois bem, o que se mostra? O GRF ou rabiscos sem sentido impressos por um instrumento enganchado num paciente? Nenhum dos dois. Tudo vai depender do que acontecer ao texto depois. O que se mostra é uma pilha de camadas, em que cada uma delas *acrescenta algo à anterior*. Na Figura 1.7 ilustro esse empilhamento com o uso de outro exemplo. A camada mais baixa é constituída por rins de três hamsters; a mais alta, que é o título, afirma que está mostrando a "estrutura de contracorrente em rins de mamíferos". Com as linhas espessas, simbolizei o ganho que uma camada propicia à seguinte. Um texto é como um banco: empresta mais dinheiro do que tem em seus cofres! A imagem criada aqui é boa, pois os textos, como os bancos, podem ir à bancarrota se todos os depositantes deixarem simultaneamente de depositar confiança neles.

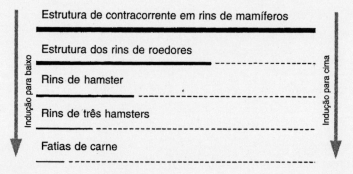

FIGURA 1.7

Se tudo correr bem, então o artigo esquematizado na Figura 1.7 terá mostrado a estrutura dos rins dos mamíferos; se tudo correr mal, encolherá para três hamsters num laboratório, em 1984. Se alguns leitores apenas deixarem de ter confiança nele, o texto ficará vegetando em algum dos estágios intermediários; pode mostrar a estrutura dos rins dos hamsters, ou a estrutura dos rins dos roedores, ou a estrutura dos rins dos mamíferos inferiores. Reconhecemos aqui as duas direções, de construção ou de destruição do fato, que estudamos antes.

Essa extrema variação entre as camadas inferiores e superiores de um texto é aquilo que os filósofos muitas vezes chamam indução. Será lícito ir de migalhas de evidência para afirmações mais amplas e agressivas? De três hamsters para "os mamíferos"? De um tumor para o GRF? Essas perguntas não têm resposta em princípio, pois tudo depende da intensidade das controvérsias com outros autores. Quem ler o artigo de Schally agora não verá o GHRH, mas algumas barras e pontos sem sentido; sua afirmação, "está é a estrutura do GHRH", que constituía o teor da sentença (5), agora é vista como um blefe, como um cheque sem fundo. Ao contrário, quem ler o artigo de Guillemin verá o GRF no texto, porque acreditará na afirmação expressa na sentença (24). Em ambos os casos, crença e descrença estarão tornando a afirmação mais real ou menos real, posteriormente. Dependendo da área de estudo, da intensidade da disputa, da dificuldade do assunto, dos escrúpulos do autor, o empilhamento será diferente. Por maior que seja a diferença entre os casos observados, o jogo é bem simples. Primeira regra: nunca empilhar duas camadas exatamente uma sobre a outra; desse modo não há ganho, não há incremento e o texto fica o tempo todo repetindo. Segunda regra: nunca ir diretamente da primeira à última camada (a menos que não haja ninguém mais no campo para desmascará-lo). Terceira regra (e a mais importante): prove o máximo possível com o mínimo possível, considerando as circunstâncias. Se você for tímido demais, seu texto estará perdido; o mesmo ocorrerá se você for audacioso demais. O empilhamento num texto é semelhante a uma construção de pedra: cada uma das pedras deve salientar-se um pouco em relação

CIÊNCIA EM AÇÃO   **77**

àquela que foi posta antes. Se demais, a abóbada ruirá; se de menos, não haverá abóbada! As respostas práticas ao problema da indução são muito mais mundanas do que os filósofos desejariam. Nessas respostas reside grande parte da força que um texto é capaz de opor à hostilidade dos leitores. Sem elas, os muitos reforços analisados aqui seriam inúteis.

(B) Encenação e enquadramento

Por mais numerosos e bem empilhados que estejam os reforços, um artigo não terá chance se for lido por *qualquer* leitor que esteja passando. Naturalmente, a maior parte daquilo que se chama leitor--alvo já terá sido definida pelo meio utilizado, pelo título, pelas referências, pelas figuras e pelos detalhes técnicos. Ainda assim, mesmo com o que sobra, ele estará à mercê de leitores malevolentes. Para defender-se, o texto precisa explicar como e por quem deve ser lido. Pode-se dizer que ele já chega com o anúncio de seu próprio usuário, ou legenda.

A imagem do leitor ideal contida no texto é fácil de captar. Dependendo do uso que o autor faz da linguagem, imagina-se imediatamente com quem ele está falando (pelo menos percebemos que na maioria dos casos é conosco!). A sentença (24), que definia a estrutura de aminoácidos do GRF, não tem como alvo o mesmo leitor do seguinte texto:

(31) Existe uma substância que regula o crescimento do corpo; essa substância, por sua vez, é regulada por outra, chamada GRF; esta é composta por uma tira de 44 aminoácidos (aminoácidos são as unidades que constituem todas as proteínas) que foi recentemente descoberta pelo prêmio Nobel Roger Guillemin.

Uma sentença assim escrita tem como alvo um público completamente diferente. É maior o número de pessoas que conseguem lê-la do que no caso das sentenças (24) ou (26). Mais gente, porém com

78 BRUNO LATOUR

menos recursos. Deve-se notar que a divulgação segue a mesma via da controvérsia, mas na direção oposta; foi por causa da intensidade dos debates que fomos levados lentamente das sentenças não técnicas, de um grande número de concorrentes verbais mal equipados, para um pequeno número de concorrentes bem equipados que escrevem artigos. Se quisermos aumentar de novo o número de leitores, precisaremos diminuir a intensidade da controvérsia e reduzir os recursos. Esse reparo é útil, porque a dificuldade de se escreverem artigos "populares" sobre ciência é uma boa medida do acúmulo de recursos nas mãos de poucos cientistas. É difícil divulgar a ciência porque ela é planejada para alijar logo de cara a maioria das pessoas. Não espanta que professores, jornalistas e divulgadores encontremos tanta dificuldade quando tentamos trazer de volta os leitores excluídos.

O tipo de palavra que os autores usam não é o único modo de determinar o leitor ideal a que estão visando. Outro método é prever as objeções dos leitores. Esse é um truque comum a toda retórica, seja ela científica ou não. "Eu sabia que você faria essa objeção, mas já pensei nisso e aqui está minha resposta". O leitor é não só escolhido de antemão, como também lhe tiram as palavras da boca, como mostrei, por exemplo, no excerto (27). (Não é tratado como pessoa de carne e osso, mas como pessoa no texto, uma *personagem semiótica*).[13] Graças a esse procedimento, o texto tem alvo bem definido; esgota todas as possíveis objeções de antemão e pode perfeitamente deixar o leitor sem fala, pois nada lhe resta senão aceitar as informações como verdades.

Que tipo de objeção deve ser levado em conta pelo autor? Mais uma vez, essa é uma pergunta a que os filósofos tentam responder em princípio, embora para ela só haja respostas práticas, que dependem do campo de batalha. A única regra é perguntar ao leitor (imaginário) que tipo de *provas* ele exigirá antes de acreditar no autor. O texto constrói uma historieta na qual algo incrível (o herói) aos poucos vai-se tornando mais crível, porque resiste a provas cada vez mais

---

13 Para uma apresentação geral, ver Callon et al. (1986).

CIÊNCIA EM AÇÃO **79**

terríveis. O diálogo implícito entre autores e leitores assume então mais ou menos esta forma:

(32) – Se minha substância estimular o hormônio do crescimento em três ensaios diferentes, então você vai acreditar que ela é o GRF?
– Não, isso não é suficiente. Eu também quero que você me mostre que aquele negócio que você tirou de um tumor do pâncreas é igual ao genuíno GRF do hipotálamo.
– O que você quer dizer com "igual": por quais testes o meu negócio (como você diz) deve passar para ser chamado "genuíno GRF"?
– A curva do negócio do pâncreas e a do GRF do hipotálamo devem sobrepor-se; essa é a prova que eu quero ver com meus próprios olhos antes de acreditar em você. Não fecho com você sem essa.
– É isso que você quer? E depois, desiste? 'Tá aí: Figura 2, sobreposição perfeita!
– Espera aí! Vá devagar! Não é justo; o que foi que você fez com as curvas para elas se encaixarem?
– Tudo o que pode ser feito em vista dos conhecimentos atuais de estatística e dos computadores usados hoje em dia. As linhas são teóricas, calculadas e desenhadas por computador, a partir de equações logísticas de quatro parâmetros para cada conjunto de dados! Vai desistir?
– Claro, claro. Acredito em você!

E assim desiste o leitor imaginário cujas objeções e exigências foram previstas pelo magistral autor!

Os textos científicos parecem aborrecidos e sem vida, de um ponto de vista superficial. Se o leitor recompuser os desafios que estes textos enfrentam, eles passarão a ser tão emocionantes quanto um romance. "O que acontecerá agora ao herói? Será que ele vai aguentar mais essa provação? Não, isso é demais até para o melhor. Como?! Ele venceu? Incrível! E o leitor fica convencido? Ainda não. Ah hah, aí vem um novo teste; impossível atender a essas exigências, é muito duro. Injusto, isso é injusto". Imaginem os aplausos e as

80 BRUNO LATOUR

vaias. Nenhum ator em cena é observado com tanta paixão e instado a treinar e ensaiar tanto quanto, por exemplo, esse negócio de GRF. Quanto mais nos inteiramos das sutilezas da literatura científica, mais extraordinária elas nos parece. Passa a ser uma verdadeira ópera. Multidões são mobilizadas pelas referências; dos bastidores são trazidas centenas de acessórios. À cena são chamados leitores imaginários aos quais se pede não só que acreditem no autor, mas também que soletrem os tipos de torturas, provas e testes por que os heróis precisam passar antes de serem reconhecidos como tais. A seguir, o texto desenvolve a dramática história desses testes. Na verdade, os heróis triunfam de todos os poderes das trevas, como o príncipe da *Flauta mágica*. O autor vai acrescentando mais e mais testes impossíveis, parece que só pelo prazer de ficar vendo o herói superá-los. Desafia plateia e heróis, mandando um novo vilão, uma tempestade, um demônio, uma maldição, um dragão... e os heróis vencem. No fim, os leitores, envergonhados das primeiras dúvidas, têm de aceitar tudo o que o autor disse. Essas óperas se desenrolam milhares de vezes nas páginas de *Nature* ou da *Physical Review* (para deleite, admito, de poucos, pouquíssimos espectadores mesmo).

Os autores dos textos científicos não se limitam a pôr leitores, heróis e testes no papel. Também deixam claro quem são. Os autores de carne e osso transformam-se em autores no papel, acrescentando ao artigo mais personagens semióticas. Os seis autores daquilo que chamamos artigo de Guillemin evidentemente não o escreveram. Nenhum deles se lembraria de quantos rascunhos houve. A atribuição desses seis nomes, a ordem em que aparecem, tudo isso está muito bem encenado, e, como parte da escrita do enredo, não se conta *quem* escreveu o enredo.

Essa encenação óbvia não é o único sinal da presença dos autores. Embora se diga que a literatura técnica é impessoal, isso está longe de acontecer. Os autores estão por toda parte, incorporados no texto. Isso se pode ver mesmo quando é usada a voz passiva, característica esta muitas vezes citada para definir o estilo científico. Quando alguém escreve: "foi extraída uma porção de tecido de cada tumor", desenha-se um quadro do autor, assim como quando se escreve: "O

CIÊNCIA EM AÇÃO   81

Dr. Schally extraiu", ou "meu jovem colega Jimmy extraiu". É outro quadro; um pano de fundo cinzento num palco é tão pano de fundo quanto um outro, colorido. Tudo depende dos efeitos desejados sobre a plateia. O retrato do autor é importante porque cria a contraparte imaginária do leitor; tem a capacidade de controlar como o leitor lê, reage e crê. Por exemplo, ele muitas vezes se situa numa genealogia que já prenuncia a discussão.

(33) Nosso conceito da estrutura renal do hamster foi drasticamente alterado nos últimos tempos pelas observações de Wirz. Queremos reportar uma nova observação.

O autor desse período não se retrata como um revolucionário, mas como um adepto; não como um teórico, mas como um humilde observador. Se um leitor quiser atacar a afirmação ou a teoria, será redirecionado para as "drásticas" transformações feitas por Wirz e para as suas "concepções". Para mostrar como uma frase dessa constrói certa imagem do autor, vamos reescrevê-la:

(34) Wirz observou recentemente um fenômeno intrigante que ele não poderia interpretar nos quadros clássicos da estrutura renal. Gostaríamos de propor uma nova interpretação desses dados.

O artigo imediatamente mudou de rumo. Agora é revolucionário e teórico. A posição de Wirz foi alterada. Antes era o mestre; agora é um precursor que não sabia com certeza o que estava fazendo. As expectativas do leitor serão modificas conforme a versão que o autor escolha. As mesmas mudanças ocorrerão se dermos uma mexida na sentença (21), que era a introdução ao artigo escrito por Guillemin para anunciar a descoberta do GRF. Cabe lembrar que os primeiros feitos de Schally foram descartados com a frase: "até agora, o GRF hipotalâmico não foi caracterizado de forma inequívoca, apesar de afirmações anteriores em contrário". O que sentirá o leitor se transformarmos a sentença (21) nesta a seguir?

(35) Schally propôs uma caracterização do GRF hipotalâmico; o presente trabalho propõe uma sequência diferente que poderia resolver algumas das dificuldades dessa caracterização.

O leitor de (21) está esperando a verdade, enfim, depois de muitas tentativas absurdas de achar o GRF, ao passo que o leitor de (35) está preparado para ler uma nova proposta de tentativa que se situa na mesma linha da primeira. Schally é uma não entidade no primeiro caso, mas é um honorável colega no segundo. Qualquer mudança na posição do autor no texto pode modificar as potenciais reações dos leitores.

Especialmente importante é a encenação montada pelo autor para aquilo que deve ser discutido: o que de fato interessa (o que é especialmente importante!) e o que se admite ser discutível. Esse roteiro oculto, entranhado no texto, prepara o terreno para a discussão. Por exemplo, Schally, no fim do artigo que usei até agora como exemplo, de repente não tem certeza mais de nada. E escreve:

(36) Se realmente essa molécula representa o hormônio responsável pela estimulação do hormônio do crescimento liberado em condições fisiológicas é coisa que só poderá ser provada por estudos ulteriores.

É o mesmo que puxar uma apólice de seguro diante da transformação inesperada de fatos em ficção. Schally não disse que descobrira "o" GHRH, mas apenas "uma" molécula parecida com o GHRH. Mais tarde, ao ser violentamente criticado pelo erro, pode dizer que nunca afirmara que o GHRH fosse a molécula citada na alegação (5).

Essa cautela é frequentemente vista como sinal de estilo científico. Assim, atenuar afirmações seria a regra, e a diferença entre literatura técnica e literatura em geral seria constituída pelo grande número de modalidades negativas na primeira. Agora sabemos que isso é tão absurdo quanto dizer que alguém anda só com a perna esquerda. As modalidades positivas são tão necessárias quanto as

CIÊNCIA EM AÇÃO   **83**

negativas, e cada autor fixa o que deve e o que não deve ser discutido [ver novamente (21)]. Sempre que não se deve discutir uma caixa--preta, não há meias afirmações. Quando o autor está em terreno perigoso, proliferam as afirmações atenuadas. Como em todos os efeitos que vimos nesta seção, tudo depende das circunstâncias. É impossível dizer que a literatura técnica sempre deriva para o lado da cautela; ela também deriva para o lado da audácia; ou melhor, não deriva; ziguezagueia por entre obstáculos e avalia os riscos da melhor maneira possível. Guillemin, por exemplo, é ao mesmo tempo audacioso e frio, no final de seu artigo:

(37) O que se pode dizer com certeza é que a molécula que agora caracterizamos tem todos os atributos esperados do tão procurado fator hipotalâmico de liberação do hormônio do crescimento.

Lá se vai a cautela de Schally. O risco está assumido; a certeza está do lado deles: a nova substância faz tudo o que o GRF faz. O autor simplesmente para de dizer "isto é GRF". (Note que ele usa "nós" e a voz ativa ao resumir sua vitória.) Mas o parágrafo seguinte adota uma tática totalmente diferente:

(38) A exemplo do que já aconteceu no passado, pode ser que hoje em dia nem sequer suspeitemos da função, do efeito e do emprego mais interessantes do GRF.

De fato, essa é uma apólice de seguro contra o desconhecido. Ninguém poderá criticar o autor por falta de visão, porquanto o inesperado está sendo esperado. Ao usar uma fórmula dessas, o autor se protege daquilo que aconteceu no passado com outra substância, a somatostatina.[14] Inicialmente isolada no hipotálamo para inibir a liberação do hormônio do crescimento, verificou-se depois que ela é encontrada no pâncreas e que atua no diabetes. Mas o grupo de Guillemin perdeu o bonde dessa descoberta, que outros fizeram com

---

14 Sobre o episódio da somatostatina, ver Wade (op. cit., cap.13).

sua própria substância. Assim, o autor está ou não cauteloso? Não está nem deixa de estar. Ele escreve com cuidado para proteger suas afirmações o máximo que pode e para rechaçar as objeções do leitor. Depois de escrito o artigo, é muito difícil detectar as táticas que atuaram na sua confecção, embora uma olhada nos seus rascunhos seja suficiente para mostrar que os autores reais estão bem conscientes de tudo isso. Eles sabem que, sem reescrever e recolocar tudo, a força do texto esvair-se-á, se autores e leitores implícitos no texto não combinarem. Tudo ficará à mercê de algumas palavras mal escolhidas. A afirmação poderá ser muito audaciosa, e o artigo será controverso; ao contrário, poderá ser tão tímida e cautelosa, tão polida e dócil que levará outras pessoas a colher os louros de importantes descobertas.

(C) Captação

Embora desalentador para quem quer escrever textos de grande efeito, capazes de influenciar controvérsias, é preciso dizer que mesmo a enorme quantidade de trabalho de que falamos antes não é suficiente! Ainda falta alguma coisa. Por maior que seja o número de referências recrutadas pelo autor, por mais recursos, instrumentos e dados que ele tenha sido capaz de mobilizar, por mais que as tropas estejam bem formadas e disciplinadas, por mais perspicaz que seja a previsão do que farão os leitores e por mais sutil a sua apresentação, por mais engenhosa que seja a escolha do terreno em que se deve pisar e daquele que se deve abandonar, independentemente de todas essas estratégias, o leitor real, de carne e osso, ainda assim poderá chegar a conclusões diferentes. Leitor é gente escorregadia, obstinada e imprevisível – mesmo os cinco ou seis que permanecem para ler o texto do começo ao fim. Isolados, cercados, assediados por todos os aliados do autor, assim mesmo eles podem escapar e concluir que os mísseis soviéticos têm precisão de 100 metros, que não ficou provada a existência do GHRH ou do GRF, que a monografia sobre células de combustível é a maior confusão. O leitor de papel, por exemplo,

CIÊNCIA EM AÇÃO **85**

o do texto (32), pode ter parado de discutir para admitir a credibilidade do autor, mas o que dizer do leitor de verdade? O leitor de carne e osso pode ter pulado um trecho inteiro ou dado mais atenção a um detalhe pouco importante para o autor. O autor lhe disse em (21) que o controle do hormônio do crescimento pelo hipotálamo é indiscutível: será que o leitor vai concordar? Disse-lhe em (36) o que deveria ser discutido; será que ele vai aceitar esse roteiro? O autor traça grande número de caminhos de um lugar para outro e pede que o leitor os siga; o leitor pode cruzar esses caminhos e fugir. Voltando à afirmação de Galileu, 2 mil Demóstenes e Aristóteles serão fracos se um leitor médio conseguir furar o cerco e fugir. O número de aliados congregados pela literatura técnica não será suficiente se o leitor for deixado a perambular, a divagar. Todos os movimentos dos opositores devem então ser controlados para que eles encontrem tropas numerosas e sejam derrotados. Darei o nome de *captação* (ou *captatio*, na antiga retórica) a esse controle sutil dos movimentos dos opositores.[15]

Não se deve esquecer de que os autores precisam da boa vontade dos leitores para que suas afirmações sejam transformadas em fatos (ver Parte A, seção 2). Se os leitores forem postos fora da discussão, não aderirão à tese do texto; mas se ficarem discutindo livremente, esta sofrerá profundas alterações. Quem escreve um texto científico fica então num dilema: como deixar alguém completamente livre e ao mesmo tempo obediente? Qual o melhor caminho para resolver esse paradoxo? Arranjar o texto de tal maneira que, onde quer que o leitor esteja, só haja *um caminho* para seguir.

Mas como chegar a esse resultado se, por definição, o leitor real pode discutir tudo e ir para qualquer direção? Ora, dificultando a ida do leitor para todas as outras direções. Como conseguir isso? Empilhando meticulosamente mais caixas-pretas, argumentos menos fáceis de discutir. A natureza desse jogo é exatamente igual à da construção de uma barragem. O engenheiro que constrói

---

15 Para uma boa introdução à retórica em contextos não científicos, ver Perelman (1982).

uma barragem será tolo se acreditar que a água obedecerá aos seus desejos e deixará de transbordar ou de ir subindo suavemente. Ao contrário, qualquer engenheiro deve partir do princípio de que, se tiver como vazar, a água vai vazar. Assim com os leitores; se for deixada a menor saída, eles precipitar-se-ão para fora; se você tentar forçá-los a subir rumo à cabeceira, eles não irão. Assim, o que se deve fazer é deixar o leitor fluir sempre livre, mas num *vale suficientemente profundo*! Desde o começo deste capítulo observamos várias vezes esse trabalho de escavação, entrincheiramento e represamento. Todos os exemplos partiam de uma afirmação mais conhecida para outra menos conhecida; todos usavam uma afirmação menos facilmente discutível para começar ou interromper uma discussão sobre uma afirmação mais fácil de discutir. Cada controvérsia visava reverter a corrente por meio da alternância de modalidades negativas e positivas. Captação é uma generalização do mesmo fenômeno que induz os leitores a distanciar-se daquilo que estavam, de início, prontos para aceitar. Se a escavação e a barragem estiverem bem-feitas, o leitor, embora represado, sentir-se-á inteiramente livre (ver Figura 1.8).

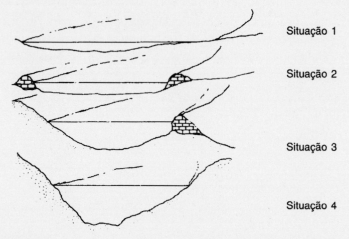

FIGURA 1.8
Da evidência não convincente à evidência acima de controvérsia.

CIÊNCIA EM AÇÃO   87

A metáfora hidráulica cabe porque as dimensões da obra pública que será realizada dependem da distância a que se quer levar a água, da força da correnteza, do declive e do tipo de topografia em que serão instaladas as represas e os aquedutos. O mesmo acontece com a persuasão. É fácil convencer um número pequeno de pessoas de alguma coisa quase óbvia; é muito mais difícil convencer um grande número de pessoas de algo muito distante ou mesmo contrário à corrente de crenças que elas nutrem (ver Capítulo 5, Parte C). Essa metáfora mostra que a relação entre a quantidade de trabalho e a persuasão depende das circunstâncias. Convencer não é jogar palavras ao vento. É uma corrida entre autor e leitor pelo controle dos movimentos um do outro. Seria tremendamente difícil para um "homem comum" tirar da pista "2 mil Demóstenes e Aristóteles" num assunto em que, à primeira vista, qualquer direção é possível; o único modo de diminuir a dificuldade é represar todos os canais alternativos. Em qualquer ponto do texto em que se encontre, o leitor se deparará com instrumentos mais difíceis de discutir, com figuras mais difíceis de duvidar, com referências mais difíceis de desacreditar, com um verdadeiro arsenal de caixas-pretas empilhadas. E o leitor vai deslizando da introdução à conclusão como um rio a deslizar entre barreiras artificiais.

Quando esse resultado é atingido – o que é raríssimo –, diz-se que o texto é *lógico*. Assim como os adjetivos "científicos" e "técnico", parece que o adjetivo "lógico" muitas vezes indica um tipo de literatura diferente da ilógica, escrita por pessoas com mentalidade diferente, que seguem métodos diferentes ou padrões mais rigorosos. Mas não há uma distinção absoluta entre textos lógicos e ilógicos; há toda uma gama de matizes que dependem tanto do leitor como do autor. O "lógico" não diz respeito a uma nova temática, mas simplesmente a esquemas práticos: o leitor vai cair fora? Vai pular facilmente essa parte? Chegando ali, será que vai conseguir pegar outro caminho? Será que a conclusão é inelutável? Essa figura é à prova d'água? E a prova, ela está suficientemente amarrada? O autor enfileira em boa formação tudo o que tiver à mão, para que essas perguntas encontrem respostas práticas. É aí que o estilo começa a pesar; um bom escritor de textos científicos pode ter sucesso por ser "mais lógico" que um mau escritor.

O aspecto mais impressionante dessa corrida entre leitor e autor está no ponto em que os limites são atingidos. Em princípio, é óbvio, não há limite, visto que o destino das afirmações está, como eu disse, nas mãos dos usuários finais (ver Capítulo 2, Parte C). É sempre possível discutir um artigo, um instrumento, uma figura; o "leitor de carne e osso" sempre tem a possibilidade de cair fora da pista que deveria ser trilhada pelo "leitor no texto". Na prática, porém, há limites. E o autor chega a ele empilhando tantas fieiras de caixas-pretas que, em algum ponto, o leitor, suficientemente obstinado para discordar, topará com fatos tão antigos e unanimemente aceitos que, se quiser continuar duvidando, *ficará sozinho*. Assim como o engenheiro inteligente decide construir a barragem em rocha firme, o escritor dará um jeito de atar a sorte do seu artigo à sorte de fatos cada vez mais duros. O limite prático é atingido quando o discordante comum não é mais confrontado com a opinião do autor, mas com aquilo que milhares de pessoas pensaram e asseveraram. Todas as controvérsias um dia chegam ao fim. Esse fim não é natural, mas cuidadosamente urdido, como o fim de uma peça de teatro, de um filme. Se você ainda duvidar que o MX deve ser construído [ver (1)], ou que o GHRH foi descoberto por Schally [ver (5)], ou que as células de combustível são o futuro do motor elétrico [ver (8)], então você estará à sua própria mercê, sem apoio ou aliados, sozinho em sua profissão, ou – o que é pior – isolado da comunidade, ou talvez – o que é terrível – num asilo! Grande é o poder dessa retórica capaz de enlouquecer quem dela discorde.

(3) Segunda regra metodológica

Neste capítulo, ficamos conhecendo uma *segunda regra metodológica* que deve ser somada à primeira, que exigia de nós o estudo da ciência e da tecnologia em ação. Essa segunda regra diz que não devemos procurar as qualidades intrínsecas de qualquer afirmação,

CIÊNCIA EM AÇÃO **89**

mas sim todas as transformações por que ela passa mais tarde em mãos alheias. Essa regra é consequência daquilo que designei como primeiro princípio: o destino de fatos e máquinas está nas mãos dos usuários posteriores.

Essas duas regras metodológicas, juntas, permitem que continuemos nossa viagem pela tecnociência sem sermos intimados pela literatura técnica. Seja qual for a controvérsia de partida, seremos sempre capazes de nos orientar:

(a) observando o cenário em que se encontra a alegação que escolhemos como ponto de partida;

(b) descobrindo as pessoas que estão lutando para transformar essa alegação em fato e aquelas que estão tentando demonstrar que ela não é um fato;

(c) verificando a direção para a qual a alegação é empurrada pela ação oposta desses dois grupos; subindo ou descendo a escada da Figura 1.5?

Essa inquirição inicial dar-nos-á nossa primeira coordenada (nossa latitude, digamos). Em seguida, se a afirmação que observamos for rapidamente destruída, teremos de observar como foi transformada e o que está acontecendo com sua nova versão: está sendo aceita com maior ou com menor facilidade? A nova inquirição dar-nos-á:

(d) uma medida da distância existentes entre a alegação original e as novas, como vimos, por exemplo, entre a sentença (5) de Schally sobre o GHRH, feita em 1971, e a de Guillemin, feita em 1982, sobre a mesma substância chamada GRF e com uma sequência de aminoácidos completamente diferente. Esse desvio na rota dar-nos-á nossa segunda coordenada, a longitude.

Finalmente, as duas dimensões, reunidas, traçam:

(e) a linha de frente da controvérsia, conforme a Figura 1.9.

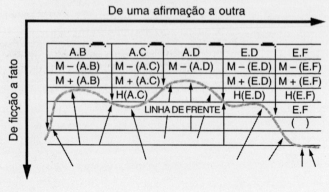

FIGURA 1.9

Conclusão
Números, mais números

Chegando ao fim deste capítulo, já deve estar claro por que a maioria das pessoas não escreve nem lê textos científicos. Não é de espantar! Trata-se de uma ocupação peculiar num mundo implacável. Melhor ler romances! Aquilo que chamarei *escrever fatos*, em oposição a escrever ficção, limita o número de possíveis leituras a três tipos: desistência, adesão, averiguação. *Desistir* é o que mais se faz. As pessoas desistem e não leem o texto (acreditem ou não no autor), seja porque foram postas para fora da controvérsia, seja por não estarem interessadas na leitura do artigo (digamos que isso ocorre 90% das vezes). A *adesão* é mais rara, porém resultado normal da retórica científica: o leitor acredita no que o autor alega e ajuda a transformar em fato suas afirmações, usando-as depois sem discuti--las (talvez 9% das vezes?). Há mais uma possível reação, porém tão rara e cara que é quase numericamente desprezível: a *reexecução* de tudo aquilo que foi feito pelos autores. Esta última saída está sempre aberta, pois há sempre pelo menos uma falha no mais bem escrito dos textos científicos: alega-se que muitos dos recursos mobilizados

CIÊNCIA EM AÇÃO **91**

provêm de instrumentos, animais, figuras, *coisas que estão fora do texto*. O opositor inflexível pode então tentar pôr o texto em risco desatando essas linhas de suprimento. Será então levado do texto para o local de onde este alega ter saído: a natureza ou o laboratório. Isso é possível com uma condição: que o discordante esteja equipado com um laboratório ou com meios de ter acesso direto à natureza de modo mais ou menos semelhante ao que o autor teve. Não espanta que esse modo de ler um texto científico seja raro! É preciso ter maquinaria completa. Retomar a controvérsia, reabrir a caixa-preta é coisa que se consegue por esse preço, e só por esse preço. É essa rara estratégia que estudaremos no próximo capítulo.

A peculiaridade da literatura científica agora está clara: as únicas três leituras possíveis levam, todas, a abdicar do texto. Se você desiste, o texto não conta mais, poderia nem ter sido escrito. Se você adere, acredita tanto nele que logo ele é abstraído, sintetizado e estilizado, afundando na prática tácita. Por fim, se você optar por reexecutar os ensaios dos autores, abandonará o texto e entrará no laboratório. Portanto, o texto científico está sempre enxotando seus leitores, tenha ou não sucesso. Feito para o ataque e a defesa, será tão impróprio para uma estada de lazer quanto uma fortaleza ou uma casamata. Por isso sua leitura é tão diferente da leitura de Bíblia, de Stendhal ou de poemas de T. S. Eliot.

É... Galileu estava bem enganado quando pretendeu opor retórica e ciência, colocando, de um lado, uma hoste e, de outro, um só "homem comum" que porventura "atinasse com a verdade". Tudo o que vimos desde o começo indica exatamente o oposto. Qualquer homem comum que dê início a uma disputa acaba sendo confrontado com uma massa de reforços, não exatamente 2 mil, mas dezenas de milhares. Assim, qual é a diferença entre a tão desdenhada retórica e a tão admirada ciência? A retórica costumava ser desdenhada por mobilizar, em favor de um argumento, *aliados externos*, como paixão, estilo, emoções, interesses, truques advocatícios, e assim por diante. Foi odiada desde os tempos de Aristóteles, porque o regular caminho da razão era deslealmente distorcido ou invertido por qualquer sofista de passagem que falasse em nome da paixão e

92 BRUNO LATOUR

do estilo. O que dizer de pessoas que invocam tantos aliados externos a mais, além da paixão e do estilo, para inverter os caminhos do raciocínio comum? A diferença entre a antiga retórica e a nova não é que a primeira use aliados externos, dos quais a segunda se abstém; a diferença é que a primeira usa *poucos*, ao passo que a segunda usa *muitíssimos*. Essa distinção permite-me evitar uma maneira errônea de interpretar este capítulo, que consistiria em dizer que nós estudamos "aspectos retóricos" da literatura técnica, como se os outros aspectos ficassem com a razão, a lógica e os detalhes técnicos. Afirmo, ao contrário, que deveremos vir a chamar científica a retórica capaz de mobilizar para um só ponto mais reforços do que as antigas (ver Capítulo 6).

Foi em razão dessa definição em termos de número de aliados que me abstive de definir essa literatura por meio de sua característica mais óbvia: a presença de números, figuras geométricas, equações, matemática etc. A presença dessas coisas só será explicada no Capítulo 6, porque é impossível entender suas formas sem levar em conta seu processo de mobilização, exigido pela intensidade da retórica. Assim, o leitor não deve ficar preocupado com a presença ou a ausência de figuras na literatura técnica. Por enquanto não é uma característica importante. O que temos de entender primeiro é como tantos elementos podem ser reunidos e assestados para uma controvérsia; uma vez entendido isso, os outros problemas serão mais fáceis de resolver.

Ao estudar neste capítulo como uma controvérsia se torna mais feroz, examinei a anatomia da literatura técnica e afirmei que essa era uma maneira prática de cumprir minha promessa inicial de mostrar os componentes heterogêneos que constituem a tecnociência, inclusive os *sociais*. Mas convém prever a objeção de meu leitor (semiótico): "O que você quer dizer com 'social'?", – diz ele indignado. "Onde estão o capitalismo, a classe proletária, a guerra dos sexos, a luta pela emancipação das raças, a cultura ocidental, as estratégias das perversas multinacionais, o militarismo, os tortuosos interesses dos *lobbies* profissionais, a competição por prestígio e prêmios entre os cientistas? Todos esses elementos são sociais, e

CIÊNCIA EM AÇÃO **93**

isso você *não mostrou* com todos os seus textos, truques retóricos e tecnicalidades!"

Concordo, não vimos nada desse tipo. O que mostrei, porém, foi algo muito mais óbvio, muito menos forçado, muito mais disseminado que qualquer desses tradicionais atores sociais. Vimos uma literatura tornar-se mais técnica ou arregimentar cada vez mais recursos. De modo particular, vimos um dissidente levado ao isolamento em virtude do número de elementos recrutados pelos autores de textos científicos. Embora de início isso pareça contrariar o senso comum, quanto mais técnica e especializada é uma literatura, mais "social" ela se torna, pois aumenta o *número de associações* necessárias para isolar os leitores e forçá-los a aceitar uma afirmação como fato. A afirmação do Sr. Fulano de Tal era fácil de desmentir; foi muito mais difícil dar de ombros para o artigo de Schally sobre o GHRH, a declaração (16), não porque a primeira é social e a segunda, técnica, mas porque a primeira é a palavra de um homem e a segunda, a palavra de muitos homens bem equipados; a primeira é constituída por poucas associações; a segunda por muitas. Falando de modo mais claro, a primeira é um pouco social; a segunda é *extremamente* social. Embora isso venha a ser entendido bem adiante, já está claro que, se não for um ato social o ser isolado, acuado e ficar sem aliados e partidários, então nada mais o é. A distinção entre literatura técnica e o restante não é obra de fronteiras naturais; trata-se de fronteiras criadas pela desproporcional quantidade de elos, recursos e aliados disponíveis. É tão difícil ler e analisar essa literatura não porque ela escapa a todos os elos sociais normais, mas porque é *mais* social do que os vínculos sociais considerados normais.

Capítulo 2
Laboratórios

Poderíamos interromper nossas inquirições no ponto em que as deixamos no fim do capítulo anterior. Para o leigo, o estudo da ciência e da tecnologia significaria então analisar o discurso dos cientistas, contar citações, fazer cálculos bibliométricos ou realizar estudos semióticos[1] dos textos científicos e de sua iconografia, ou seja, usar técnicas de crítica literária na literatura técnica. Por mais interessantes e necessários que esses estudos sejam, não são suficientes se quisermos acompanhar o trabalho de cientistas e engenheiros; afinal, eles não rascunham, não escrevem nem leem artigos científicos 24 horas por dia. Cientistas e engenheiros sempre alegam que, por trás dos textos técnicos, há algo muito mais importante do que qualquer coisa que eles escrevam.

No fim do capítulo anterior, vimos de que maneira os artigos forçavam o leitor a optar entre três possíveis saídas: desistir (a mais comum), aderir ou reexecutar o que o autor fez. Com o uso dos instrumentos que vimos no Capítulo 1, agora é fácil entender as duas primeiras saídas, mas ainda somos incapazes de entender a terceira.

---

1 Para uma introdução à bibliometria e ao estudo das citações, ver Garfield (1979); para a análise de co-ocorrentes, ver Callon et al, op. cit..; para uma introdução à semiótica, ver Bastide (1985).

Adiante, na Parte II deste livro, veremos muitas outras maneiras de evitar essa saída e ainda assim ser persuasivo durante uma controvérsia. Para maior clareza, porém, nesta parte do livro tomo como ponto de partida a suposição de que o discordante não tem outra escolha a não ser reexecutar tudo o que o autor do artigo fez. Embora essa seja um acontecimento raro, é essencial visitarmos os lugares onde dizem que os artigos têm origem. Essa nova etapa de nossa viagem pela tecnociência é muito mais difícil porque, embora se possa ter acesso à literatura técnica em bibliotecas, arquivos, escritórios de patente ou em centros de documentação de empresas, é muito menos fácil entrar sorrateiramente nos poucos lugares onde os artigos são escritos e acompanhar a construção de fatos em seus mais íntimos detalhes. Não temos escolha, porém, se quisermos aplicar nossa primeira regra metodológica: se os cientistas, que seguimos como se fôssemos sombras, entram em laboratórios, então também temos de entrar, por mais difícil que seja essa etapa.

Parte A
Dos textos às coisas: mostrando as cartas

"Está duvidando do que escrevi? Deixe-me mostrar-lhe". O raríssimo e obstinado discordante que *não* tenha sido convencido pelo texto científico e não tenha encontrado outros meios de descartar o autor é levado do texto para o lugar de onde dizem que o texto saiu. Vou chamar esse lugar laboratório, o que, por enquanto, significa, como o nome indica, o lugar onde os cientistas trabalham. De fato, o laboratório estava presente nos textos que estudamos no capítulo anterior: os artigos aludiam a "pacientes", "tumores", "HPLC", "espiões russos", "motores"; eram apresentadas datas e horas de experiências e declarados os nomes dos técnicos. Todas essas alusões, porém, eram feitas no mundo do papel; constituíam um conjunto de atores semióticos apresentados no texto, mas não presentes em carne e osso; a eles se aludia como se existissem independentemente do texto; podiam ter sido inventados.

(1) Inscrições

O que encontramos quando, "transpondo o espelho", acompanhamos nosso obstinado discordante do texto para o laboratório? Suponha-se que tenhamos lido a seguinte sentença numa revista científica e que, por qualquer razão, não queiramos acreditar nela:

(1) A Fig. 1 mostra um padrão típico. Encontrou-se atividade biológica da endorfina essencialmente em duas zonas; a atividade da zona 2 é total ou estatisticamente reversível pela naloxona.

Nós, os discordantes, questionamos tanto essa Figura 1 e estamos tão interessados por ela que vamos até o laboratório do autor (vou chamá-lo "Professor"). Somos levados para uma sala bem iluminada, com ar condicionado. O Professor está sentado diante de vários aparelhos que inicialmente não chamam nossa atenção. "Está duvidando do que escrevi? Deixe-me mostrar-lhe". Essa última frase refere-se a uma imagem que vai sendo lentamente produzida por um dos tais aparelhos (Figura 2.1):

(2)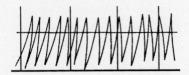

FIGURA 2.1
"Pois bem. Este é o nível basal; agora, vou injetar endorfina; o que vai acontecer? Está vendo?" (Figura 2.2).

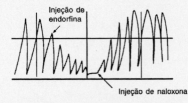

FIGURA 2.2
"Imediatamente o nível cai drasticamente. E agora observe a naloxona. Está vendo?! Tudo volta aos níveis basais. É totalmente reversível".

98 BRUNO LATOUR

Agora entendemos que aquilo que o Professor quer que observemos tem relação com a figura existente no texto da sentença (1). Agora percebemos de onde essa figura provém. Foi *extraída* dos instrumentos que estão naquela sala, e depois *depurada*, *redesenhada* e *exibida*. Agora parece que encontramos a fonte de todas aquelas imagens que vimos desfilar no texto como provas finais de todos os argumentos do Capítulo 1. Também percebemos, porém, que as imagens, constituintes da última camada do texto, são o *resultado final* de um longo processo transcorrido no laboratório que agora estamos começando a observar. Observando o gráfico desenhado no papel que vai saindo devagar do fisiógrafo, entendemos que estamos na junção de dois mundos: um de papel, do qual acabamos de sair, e um de instrumentos, no qual acabamos de entrar. Na interface, é produzido um híbrido: uma imagem bruta que será usada depois num artigo, mas que agora está emergindo de um instrumento.

Durante certo tempo fixamos o olhar na agulha que vai pulsando regularmente, manchando o papel de tinta, rabiscando notas enigmáticas. Ficamos fascinados com aquela película frágil que se situa entre o texto e o laboratório. Logo o Professor chama nossa atenção para aquilo que fica abaixo, fora dos traços do papel, para o fisiógrafo que está emitindo a imagem lentamente. Para lá da agulha, uma peça eletrônica maciça registra, avalia, amplia e regula os sinais que vêm de outro instrumento, uma fileira de vidros. O Professor aponta para uma das câmaras, na qual se vê um borbulhar regular em torno de um pedacinho de alguma coisa parecida com elástico. E é elástico, enfatiza o Professor. É um pedaço de intestino, intestino de cobaia ("músculo longitudinal do plexo mientérico de íleo de cobaia", são as palavras dele). Esse intestino tem a propriedade de contrair-se regularmente, desde que mantido vivo. Essa pulsação regular é facilmente perturbada por muitas substâncias químicas. Se esse intestino for ligado a algum dispositivo de tal modo que cada contração emita um impulso elétrico e que esse impulso movimente uma agulha sobre um papel, então o intestino da cobaia será induzido a produzir traços regulares durante muito tempo. Se for acrescentada uma substância química à câmara, será possível *ver* a

CIÊNCIA EM AÇÃO **99**

redução ou o aumento da velocidade dos picos desenhados com a tinta da agulha na outra extremidade. Essa perturbação, invisível na câmara, é visível no papel: a substância química, seja ela qual for, ganha *forma* no papel. Essa forma "diz alguma coisa" sobre a substância química. Diante disso, podemos fazer novas perguntas: se a dose da substância química for dobrada, a diminuição dos picos será dobrada? E se eu triplicar a quantidade, o que vai acontecer? Agora posso medir diretamente no papel a superfície branca deixada pela diminuição dos traços, definindo assim uma relação quantitativa entre dose e resposta. O que acontecerá se, logo depois da adição da primeira substância química, eu acrescentar outra capaz de agir contra ela? Será que os picos voltam ao normal? Com que velocidade isso vai acontecer? Qual será o traçado deixado por eles nesse retorno aos níveis basais? Se duas substâncias químicas, uma conhecida e outra desconhecida, traçam a mesma inclinação no papel, será possível dizer, pelo menos com relação a isso, que se trata da mesma substância? Essas são algumas das perguntas a que o Professor está tentando responder com a endorfina (desconhecida), com a morfina (bem conhecida) e com a naloxona (conhecida como antagonista da morfina).

Ninguém mais nos pede que acreditemos no texto lido na *Nature*; agora nos pedem que acreditemos *em nossos olhos*, e estes estão *vendo* que a endorfina se comporta exatamente como a morfina. O objeto que vimos no texto e o objeto que agora estamos contemplando são idênticos, exceto por uma coisa. O gráfico da sentença (1), que era o elemento mais concreto e visual do texto, agora em (2) é o elemento mais abstrato e textual num atordoante arsenal de equipamentos. Estaremos agora enxergando mais, uma vez que não estamos só vendo o gráfico, mas também o fisiógrafo, o equipamento eletrônico e os vidros e os eletrodos e as bolhas de oxigênio e o íleo pulsante e o Professor, que, com uma seringa, vai injetando substâncias químicas na câmara, enquanto escreve num enorme livro de registros a hora, a dose e as reações a cada dose. Enxergamos mais, pois agora temos diante dos olhos não só a imagem, mas também aquilo de que esta é feita.

Por outro lado, enxergamos *menos* porque agora cada um dos elementos que constituem o gráfico final poderia ser modificado e produzir um resultado visual diferente. Quaisquer incidentes poderiam embotar os finíssimos picos e transformar o traçado regular numa garatuja sem sentido. Exatamente no momento em que nos sentimos bem com nossa crença e começamos a ser convencidos por nossos próprios olhos que observam a imagem, a fragilidade do todo nos deixa pouco à vontade. O Professor, por exemplo, está praguejando, dizendo que aquele "intestino não presta". O técnico que sacrificou a cobaia é responsabilizado e o Professor decide começar tudo de novo com outro animal. A demonstração é interrompida e um novo cenário é montado. Uma cobaia é colocada numa mesa, debaixo de refletores, anestesiada, crucificada e aberta. O intestino é localizado, uma partezinha dele é extraída, o tecido inútil é descamado e o precioso fragmento é delicadamente preso a dois eletrodos e imerso num líquido nutriente para continuar vivo. De repente, estamos muito mais distantes do mundo de papel do artigo. Agora estamos numa poça de sangue e vísceras, ligeiramente enojados pela extração do íleo daquela pilosa criaturinha. No capítulo anterior, admiramos as habilidades retóricas do Professor como autor. Agora percebemos que muitas outras habilidades manuais são necessárias a quem queira depois escrever um artigo convincente. A cobaia, por si, não teria sido capaz de nos dizer coisa alguma sobre a semelhança entre endorfina e morfina; ela não era mobilizável para o texto e não ajudaria a nos convencer. Só uma parte do seu intestino, presa na câmara de vidro e ligada a um fisiógrafo, pode ser mobilizada para o texto e aumentar nossa convicção. Portanto, a arte do Professor no convencimento de seus leitores deve ser estendida para além do artigo, até a preparação do íleo, a mensuração dos picos, o ajuste do fisiógrafo.

Depois de horas de espera pela retomada da experiência, pela obtenção de novas cobaias, pela purificação de mais endorfina, percebemos que a oferta do autor ("Deixe-me mostrar-lhe") não é tão simples quanto parecia. É uma encenação lenta, demorada e complicada, de minúsculas imagens diante de um público. "Mostrar"

CIÊNCIA EM AÇÃO **101**

e "ver" não são simples *flashes* de intuição. No laboratório, não somos postos logo de cara diante da endorfina de verdade, de cuja existência duvidáramos. Somos postos diante de outro mundo, no qual é necessário preparar, focalizar, corrigir e ensaiar a visão da endorfina de verdade. Viemos ao laboratório para resolver nossas dúvidas sobre o artigo, mas entramos num labirinto.

Essa inesperada revelação causa calafrios, pois de repente percebemos que, se não acreditarmos nos traços que o Professor obtém com o fisiógrafo, vamos ter de desistir de tudo ou, então, repetir toda a trabalheira dos experimentos. O valor das apostas subiu enormemente desde que começamos a ler artigos científicos. Não é mais uma questão de ler e escrever para o autor. Para argumentar, precisaríamos agora das habilidades manuais necessárias para manobrar bisturis, descamar o íleo da cobaia, interpretar a diminuição dos picos, e assim por diante. Sempre que quisemos continuar sustentando a controvérsia, fomos obrigados a passar por momentos difíceis. Agora percebemos que aquilo por que passamos não é nada em comparação com o que teremos de aguentar se quisermos continuar. No Capítulo 1, só precisávamos de uma boa biblioteca para continuar discutindo textos. Podia ser até caro e não muito fácil, mas ainda era exequível. No ponto em que estamos agora, para continuar, precisamos de cobaias, refletores, mesas, fisiógrafos, aparelhos eletrônicos, técnicos e morfina, sem falar nos escassos frascos de endorfina purificada; também precisamos de habilidades para usar todos esses elementos e transformá-los numa objeção pertinente à tese do Professor. Como ficará claro no Capítulo 4, serão necessários desvios cada vez maiores para encontrar um laboratório, comprar o equipamento, contratar os técnicos e começar a entender de ensaios com íleo. Todo esse trabalho apenas para começar a formular um contra-argumento convincente ao artigo do Professor sobre a endorfina. (E depois de percorridos todos esses desvios, quando finalmente propusermos uma objeção aceitável, onde estará o Professor?)

Quando duvidamos de um texto científico, não saímos do mundo da literatura para entrar no da natureza como ela é. A natureza não

102 BRUNO LATOUR

está logo atrás do artigo científico; ela está *mais ou menos por trás*, na melhor das hipóteses (ver Parte C). Sair de um artigo e ir para um laboratório é sair de um arsenal de recursos retóricos e ir para um conjunto de novos recursos planejados com o objetivo de oferecer à literatura o seu mais poderoso instrumento: a exposição visual. Ir dos artigos para os laboratórios é ir da literatura para os tortuosos caminhos da obtenção dessa literatura (ou da sua parte mais significativa).

Esse avanço através do espelho do artigo permite-me definir um *instrumento*, definição essa que nos dará as coordenadas sempre que entrarmos em qualquer laboratório. Chamarei instrumento (ou de *dispositivo de inscrição*) qualquer estrutura (sejam quais forem seu tamanho, sua natureza e seu custo) que possibilite uma exposição visual de qualquer tipo num texto científico. Essa definição é suficientemente simples para permitir acompanhar os movimentos dos cientistas. Por exemplo, um telescópio óptico é um instrumento, mas um complexo de vários radiotelescópios também é, ainda que seus componentes estejam separados por milhares de quilômetros. O ensaio com o íleo da cobaia é um instrumento, ainda que ele seja pequeno e barato em comparação com um complexo de radiotelescópios ou com o acelerador linear de Stanford. Essa definição não é dada pelo custo nem pela sofisticação, mas apenas pela seguinte característica: a estrutura possibilita uma inscrição que é usada como camada final num texto científico. Um instrumento, nessa definição, não é qualquer estrutura que tenha um mostrador onde alguém possa fazer uma leitura. Um termômetro, um relógio, um contador Geiger, todos esses aparelhos possibilitam leituras, mas não são considerados instrumentos, porquanto essas leituras não são usadas como camada final em artigos técnicos (mas veja o Capítulo 6). Esse aspecto é importante quando observamos os complicados aparelhos, com suas centenas de leituras intermediárias feitas por dezenas de técnicos vestidos de branco. O que será usado como prova visual no artigo serão umas poucas linhas da câmara de bolhas, e não as pilhas de impressos que constituem as leituras intermediárias.

É importante notar que o uso dessa definição de instrumento é relativo. Depende do tempo. Os termômetros *foram* instrumentos,

CIÊNCIA EM AÇÃO   103

e muito importantes, no século XVIII; o mesmo se pode dizer dos contadores Geiger entre a Primeira e a Segunda Guerra Mundial. Esses dispositivos representavam recursos essenciais nos artigos científicos da época. Mas agora não são mais que uma das partes de estruturas maiores e são usados apenas para possibilitar uma nova demonstração visual no final. Assim como a definição é relativa ao uso que se faz do "mostrador" num texto técnico, também é relativa à intensidade e à natureza da controvérsia a ele associada. Por exemplo, no ensaio com o íleo da cobaia, há uma caixa que constitui um aparelho eletrônico com muitas leituras que qualificarei de "intermediárias", porque não constituem a exposição visual que acabará sendo usada no artigo. É improvável que alguém fique insistindo sobre isso, já que a mensuração dos sinais eletrônicos agora é feita por uma caixa-preta produzida pela indústria e vendida aos milhares. A questão é diferente no que se refere ao enorme tanque construído em uma velha mina de ouro de Dakota do Sul por um custo de US$ 600 mil (dólares de 1964!) por Raymond Davis[2] para detectar neutrinos solares. Em certo sentido, a estrutura toda pode ser considerada *um só* instrumento que tem um mostrador final no qual os astrofísicos podem ler o número de neutrinos emitidos pelo Sol. Nesse caso, todas as outras leituras são intermediárias. Se a controvérsia ficar mais intensa, porém, a estrutura será decomposta em *vários* instrumentos, e cada um terá um mostrador específico que deverá ser avaliado isoladamente. Se a controvérsia ficar um pouquinho mais acalorada, não veremos mais neutrinos saindo do Sol. Veremos e ouviremos um contador Geiger a estalar sempre que houver decaimento de argônio[37]. Nesse caso, o contador Geiger, que dava apenas uma leitura intermediária quando não havia discussão, passa a ser um instrumento de pleno direito quando a disputa se enfurece.

A definição aqui usada tem outra vantagem. Não faz pressuposições sobre o material de que o instrumento é feito. Ele pode ser um aparelho concreto como o telescópio, mas também pode

---

2 Aqui me baseio no trabalho de Pinch (1986).

ser feito de material menos tangível. Uma instituição de estudos estatísticos que empregue centenas de pesquisadores de opinião, sociólogos e cientistas da computação na coleta de todos os tipos de dados sobre economia também será um instrumento se produzir inscrições para artigos escritos em revistas de economia que apresentem, por exemplo, um gráfico da taxa de inflação mensal por ramo da indústria. Não importa quantas pessoas participaram da feitura da imagem, não importa o tempo que isso gastou, o preço que custou: a instituição como um todo é usada como *um* instrumento (desde que não haja nenhuma controvérsia que chame à baila as leituras intermediárias).

Na outra extremidade da escala, uma jovem primatologista que esteja observando babuínos na savana, equipada apenas com binóculos, lápis e folha de papel em branco, poderá ser vista como instrumento se sua codificação do comportamento dos babuínos for resumida por um gráfico. Quem quiser desmentir suas afirmações (permanecendo todo o resto igual), talvez tenha de passar pela mesma via crúcis e, submetendo-se às mesmas injunções, andar pela savana tomando notas. O mesmo se diga de quem quiser desmentir a taxa de inflação mensal por indústria, ou a detecção de endorfina no ensaio com íleo. O instrumento, seja qual for sua natureza, é o que nos leva do artigo àquilo que dá sustentação ao artigo, dos muitos recursos mobilizados no texto aos muitos mais recursos mobilizados para criar as exposições visuais dos textos. Com essa definição de instrumento, somos capazes de formular muitas perguntas e fazer comparações: quanto custam, que idade têm, quantas leituras intermediárias os compõem, quanto tempo é gasto para se obter uma leitura, quantas pessoas são mobilizadas para ativá-los, quantos autores estão usando em seus artigos as inscrições por eles fornecidas, quão controvertidas são essas leituras... Com o uso dessa noção podemos definir, com mais precisão que antes, o laboratório como qualquer lugar onde se encontre um instrumento ou que reúna vários deles.

O que está por trás de um texto científico? Inscrições. Como são obtidas essas inscrições? Pela montagem de instrumentos. Esse

CIÊNCIA EM AÇÃO 105

outro mundo que fica logo abaixo do texto é invisível enquanto não há controvérsia. Apresentam-nos fotos das depressões e das elevações da Lua como se as pudéssemos ver diretamente. O telescópio que as torna visíveis é invisível tanto quanto as ferozes controvérsias que Galileu precisou travar séculos atrás para produzir uma imagem da Lua. Do mesmo modo, no Capítulo 1, a precisão dos mísseis soviéticos não passava de afirmação *óbvia*; só passou a ser resultado de um complexo sistema de satélites, espiões, kremlinologistas e simulações por computador *depois que* a controvérsia começou. Uma vez construído o fato, não há mais instrumento para levar em conta, e é por isso que muitas vezes desaparece da ciência popular o esmerado trabalho necessário para sintonizar os instrumentos. Ao contrário, quando se acompanha a ciência em ação, os instrumentos passam a ser elementos cruciais, situam-se imediatamente depois dos textos técnicos, e para eles o discordante é conduzido sem apelação.

Há um corolário dessa mudança de importância dos dispositivos de inscrição em razão do calor da controvérsia, corolário que se tornará mais importante no próximo capítulo. Quando se consideram os fatos acabados, parece que qualquer um poderia aceitá-los ou contestá-los indiferentemente. Não custa nada contradizer ou aceitar. Quando se discute mais e se chega ao limiar da construção dos fatos, os instrumentos tornam-se visíveis e, com eles, sobe o preço de se continuar a discussão. Fica óbvio então que *argumentar é caro*. O mundo igualitário dos cidadãos que têm opiniões sobre as coisas transforma-se no mundo não igualitário em que não é possível discordar ou concordar sem um enorme acúmulo de recursos que permita colher inscrições pertinentes. O que faz a diferença entre autor e leitor não é apenas a capacidade de utilizar todos os recursos retóricos estudados no capítulo anterior, mas também a de reunir o grande número de aparelhos, pessoas e animais necessários à produção de uma exposição visual utilizável no texto.

(2) Porta-vozes

É importante investigar o ambiente onde ocorrem os encontros entre autores e discordantes. Quando deixamos de acreditar na literatura científica, somos levados das muitas bibliotecas que existem por aí para os *pouquíssimos* locais onde essa literatura é produzida. Ali somos recebidos pelo autor, que nos mostra o lugar de onde saiu a figura do texto. Postos diante dos instrumentos, quem fala durante essas visitas? Inicialmente, o autor: ele *diz* ao visitante o que este *deve ver*: "Está vendo o efeito da endorfina?", "olhe os neutrinos!". Contudo, o autor não está proferindo uma conferência diante do visitante. Este tem o rosto voltado para o instrumento e está observando o lugar onde a coisa está sendo inscrita (inscrição na forma de coleta de amostras, gráficos, fotos, mapas, seja qual for o nome que se dê). Enquanto o discordante estava lendo o texto científico, era difícil duvidar, mas, com imaginação, sagacidade e deslavada deselegância, isso sempre era possível. No laboratório, porém, é muito mais difícil, porque o discordante vê com seus próprios olhos. Deixando de lado os muitos outros modos de evitar a visita ao laboratório, que estudaremos depois, o discordante não terá de acreditar no artigo e nem mesmo na palavra do cientista, pois, com um gesto de quem se eclipsa, o autor se põe de lado. "Veja por si mesmo", diz o cientista com um sorriso reprimido e talvez irônico. "Está convencido agora?". Diante da própria coisa a que o artigo técnico aludia, o discordante agora tem de escolher entre aceitar o fato ou duvidar de sua própria sanidade; a última alternativa é muito mais dolorosa.

Agora parecemos ter atingido o fim de qualquer controvérsia possível, pois nada mais resta ao discordante para discutir. Ela está bem de frente para a coisa na qual lhe pediam que acreditasse. Quase não há mais intermediário humano entre coisa e pessoa; o discordante está exatamente no lugar onde se diz que a coisa acontece e no preciso momento em que ela está acontecendo. Quando se atinge tal ponto parece que não há mais necessidade de falar em "confiança": a coisa impressiona diretamente nossos sentidos. Sem dúvida, as controvérsias estão resolvidas de uma vez por todas quando uma situação dessas ocorre, o que, repetimos, é muito raro. O discordante transforma-se em crente, sai do laboratório adotando a tese do autor e confessando que "X mostrou cabalmente que A é B". Criou-se um novo fato que será usado para modificar o resultado de algumas outras controvérsias (ver Parte B, seção 3).

Se isso fosse suficiente para encerrar o debate, seria o fim deste livro. Mas... algo está dizendo "espere um pouquinho", e a controvérsia recomeça!

O que impressionou nossos sentidos enquanto observávamos o ensaio com íleo de cobaia? "A endorfina, claro", *diz* o Professor. Mas o que *vimos*? Isto:

(3)

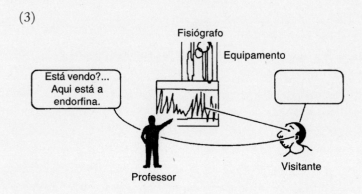

FIGURA 2.3

Com um mínimo de treinamento, vemos picos; deduzimos que ali há um nível basal e vemos uma depressão em relação a uma coordenada que entendemos indicar o tempo. Isso ainda não é endorfina. A mesma coisa ocorreu quando fizemos uma visita à mina de ouro e neutrinos de Davis, em Dakota do Sul. Vimos – disse ele – neutrinos sendo contados diretamente pelo enorme tanque que os captura do Sol. Mas o que vimos *de fato*? Farolagem gráfica que representaria os estalidos de um contador Geiger. Ainda não neutrinos.

Postos diante do instrumento, assistimos a um espetáculo "audiovisual". Há um conjunto *visual* de inscrições produzidas pelo instrumento e um comentário *verbal* proferido pelo cientista.

Recebemos os dois juntos. O efeito sobre a convicção é contundente, mas sua causa é mista, pois não conseguimos distinguir o que vem da coisa inscrita e o que vem do autor. A bem da verdade, o cientista não está tentando nos influenciar. Está simplesmente comentando, enfatizando, indicando, pondo os pingos nos Is e os traços nos Ts, sem acrescentar coisa alguma. Mas também é certo que os gráficos e os cliques por si sós não teriam sido suficientes para formar a imagem da endorfina saindo do encéfalo ou dos neutrinos saindo do Sol. Não é uma situação estranha? Os cientistas não dizem nada além do que está inscrito, mas sem seus comentários as inscrições dizem bem menos! Há um termo para descrever essa estranha situação, um termo muito importante para tudo o que segue, que é *porta-voz*. O autor se comporta como se fosse porta-voz do que está inscrito no mostrador do instrumento.

O porta-voz é alguém que fala em lugar do que não fala. Por exemplo, um representante sindical é um porta-voz. Se os trabalhadores fossem reunidos e todos falassem ao mesmo tempo, o resultado seria uma cacofonia dissonante. O significado extraído do tumulto não seria maior do que o obtido se eles ficassem em silêncio. Por isso eles designam (ou lhes é designado) um representante que expresse seus interesses, que fale em nome deles. O representante – digamos que se chame Bill – não fala em *seu próprio* nome e, diante do gerente, não fala "como Bill", mas como a "voz dos trabalhadores". Assim, a vontade que Bill sente de ter um carro japonês novo ou de ganhar um dinheirinho a mais e comprar uma pizza para a velha mãe na volta para casa não são os tópicos corretos de discussão no encontro. A voz das bases, articulada por Bill, quer uma "elevação salarial de três por cento, e eles estão falando sério, sim senhor; estão prontos a entrar em greve por causa disso", diz ele ao gerente. O gerente tem suas dúvidas: "É isso mesmo o que eles querem? Estão mesmo tão irredutíveis?". "Se o senhor não acreditar – replica Bill –, posso mostrar-lhe, mas não espere que as coisas se resolvam depressa. Eu lhe disse que eles estão prontos para a greve, e o senhor vai ver o que não quer!". O que está vendo o gerente? Não o que Bill disse. Pela janela do escritório ele só enxerga uma multidão reunida no pátio.

E talvez por causa da interpretação de Bill lê raiva e determinação nos rostos dos trabalhadores.

Por tudo o que segue, é muito importante não limitar essa noção de porta-voz e não impor de antemão distinções nítidas entre "coisas" e "pessoas". Bill, por exemplo, representa pessoas que sabem falar, mas que, na verdade, não podem falar todas ao mesmo tempo. Davis representa neutrinos que não sabem falar, em princípio, mas que são postos para escrever, rabiscar e assinar, graças ao dispositivo montado por ele. Assim, na prática, não há muita diferença entre pessoas e coisas: ambas precisam de alguém para falar em seu lugar. Do ponto de vista do porta-voz, portanto, não há por que fazer distinção entre representar pessoas e representar coisas. Em cada caso, o porta-voz literalmente fala em lugar de quem ou do que não pode ou não sabe falar. O Professor, no laboratório, fala pela endorfina, assim como Davis fala pelos neutrinos e Bill, pelos trabalhadores. Na nossa definição, o elemento crucial não é a qualidade do que é representado, mas apenas seu número e a unidade do representante. O fundamental é que estar diante de um porta-voz não é o mesmo que estar diante de qualquer homem ou mulher comum. Não se está diante de Bill ou do Professor, mas diante de Bill e do Professor, *mais* as muitas coisas ou pessoas no interesse das quais eles estão falando. Não se está falando com o Sr. Fulano ou Sicrano de Tal, mas com o Sr. Fulano ou Sicrano de Tais. Como vimos no capítulo que tratou da literatura, pode ser fácil duvidar da palavra de uma pessoa. Duvidar da palavra de um porta-voz, porém, exige esforço muito maior, porque agora é uma pessoa – o discordante – contra uma multidão – o autor.

A força de um porta-voz, contudo, não é tão grande, uma vez que, por definição, ele não passa de *uma só* pessoa cuja palavra poderia ser desconsiderada – um Bill, um Professor, um Davis. A força vem da palavra dos representantes quando eles não falam sozinhos nem por si, mas *na presença* daquilo que representam. Então, e só então, o discordante é simultaneamente confrontado com o porta-voz e com aquilo em nome do que ele fala: o Professor e a endorfina que se tornou visível no ensaio com a cobaia; Bill e

110 BRUNO LATOUR

os trabalhadores em assembleia; Davis e seus neutrinos solares. A solidez do que o representante diz é diretamente sustentada pela silente, porém eloquente, presença do representado. O resultado dessa situação é que se tem a impressão de que o porta-voz não "fala de verdade", mas que só comenta o que estamos vendo *in loco*, "simplesmente" nos fornecendo as palavras que de qualquer forma usaríamos. Nessa situação, porém, tem origem uma importante fraqueza. Quem está falando? As coisas e as pessoas *através* da voz do representante? E o que ele (ou ela, ou eles) diz(em)? Apenas aquilo que as coisas que eles representam diriam se pudessem falar. Mas a questão é que não podem. Assim, o que o discordante vê, na prática, é um bocado diferente daquilo que o porta-voz diz. Bill, por exemplo, diz que seus trabalhadores querem fazer greve, mas esse poderia ser o desejo do próprio Bill, ou uma decisão do sindicato transmitida por ele. O gerente, ao olhar pela janela, pode ver ali reunida uma multidão de trabalhadores que só estão matando o tempo e que se dispersariam diante da menor ameaça. De qualquer modo, será que eles querem mesmo 3%, e não 4% ou 2%? E mesmo assim, não será possível oferecer a Bill o carro japonês que ele tanto quer? Será que a "voz do trabalhador" não vai mudar de ideia se o gerente oferecer um carro novo a Bill? Tomemos a endorfina como outro exemplo. O que realmente vimos foi uma pequena depressão nos picos regulares que formavam o nível basal. É a mesma desencadeada pela morfina? Sim, é, mas o que isso prova? Pode ser que todos os tipos de produtos químicos produzam a mesma forma nesse ensaio peculiar. Ou, talvez, o Professor queira tanto que sua substância seja semelhante à morfina que, involuntariamente, confundiu duas seringas e injetou a mesma morfina duas vezes, produzindo, portanto, duas formas que de fato têm aparência idêntica.

O que acontece? A controvérsia se inflama mesmo depois de o porta-voz falar e mostrar ao discordante aquilo de que falou. Como impedir que o debate prolifere novamente em todas as direções? Como recuperar toda a força convocada pelo porta-voz? A resposta é fácil: deixando que as coisas e as pessoas representadas *digam exatamente aquilo que os representantes afirmavam que elas gostariam de dizer.* É claro que isso nunca acontece, uma vez que eles são designados porque, por definição, essa comunicação direta é impossível. Essa situação pode, no entanto, ser convenientemente encerrada.

O gerente não acredita em Bill; este, então, sai do escritório, sobe numa tribuna, agarra um microfone e pergunta à multidão: "Vocês querem o aumento de 3%?". O clamor que se ergue – "Queremos 3%! Queremos 3%!" – ensurdece o gerente, mesmo por trás da vidraça do escritório. "Ouviu?" – pergunta Bill com um tom de voz humilde porém vitorioso quando ambos se sentam de novo à mesa de negociações. Uma vez que os trabalhadores em pessoa disseram exatamente o que a "voz dos trabalhadores" dissera, o gerente não pode dissociar Bill daqueles que ele representa, e de fato está sendo confrontado com uma multidão que age como um único homem.

O mesmo se diga do ensaio com endorfina, quando o discordante, perdendo a paciência, acusa o Professor de forjar fatos. "Faça você", diz o Professor, irritado, porém querendo pôr tudo em pratos limpos. "Pegue a seringa e veja você mesmo a reação do ensaio." O visitante aceita o desafio, olha com atenção os rótulos dos dois frascos e primeiro injeta morfina na câmara de vidro. De fato, alguns segundos depois os picos começam a diminuir e, após um minuto mais ou menos, voltam ao nível basal. Com o frasco que tem a etiqueta "endorfina", ele obtém o mesmíssimo resultado no mesmo tempo. Uma resposta unânime e indiscutível é então obtida pelo próprio discordante. O que o Professor dizia que o ensaio com endorfina responderia, se diretamente interrogado, é respondido pelo ensaio. O Professor não pode ser dissociado de suas afirmações. Assim, o visitante tem de voltar à "mesa de negociações" e enfrentar não os desejos pessoais do Professor, mas um Professor que simplesmente transmite o que a endorfina realmente é.

Por mais recursos que o texto científico tivesse mobilizado, o peso deles não se compara com essa rara demonstração de poder: o autor da afirmação se eclipsa, e quem duvida vê, ouve e toca as coisas inscritas ou as pessoas reunidas a lhe revelarem exatamente o que o autor alegava.

112 BRUNO LATOUR

(3) Provas de força

Para nós, que estamos simplesmente acompanhando o trabalho dos cientistas, não há saída de uma situação dessas, não há porta dos fundos por onde escapar à inelutável evidência. Já esgotamos todas as fontes de desacordo; na verdade talvez nem tenhamos mais energias para alimentar a simples ideia de reabrir a controvérsia. Para nós, leigos, o assunto está encerrado. Com certeza, o discordante que estamos acompanhando de perto desde o início do Capítulo 1 vai desistir. Se as coisas dizem o mesmo que o cientista, quem pode continuar discordando? Como continuar?

O discordante continua, porém, com mais tenacidade que o leigo. A identidade entre o teor das palavras do representante e as respostas dadas pelos representados era resultado de uma situação cuidadosamente montada. Os instrumentos precisavam estar funcionando e em sintonia perfeita; as perguntas precisaram ser colocadas no momento certo e na forma certa. O que aconteceria, pergunta o discordante, se ficássemos depois do espetáculo e fôssemos para os bastidores; ou se alterássemos qualquer um dos muitos elementos que – todos concordam – são necessários para compor o instrumento todo? A unanimidade entre representado e representante é semelhante ao que um inspetor vê de um hospital ou de uma prisão quando sua inspeção é anunciada com antecedência. Que tal se ele saísse do itinerário e testasse elos que ligam os representados a seus porta-vozes?

O gerente, por exemplo, ouviu o ruidoso aplauso que Bill recebeu, porém mais tarde foi buscar a opinião dos chefes de seção: "O pessoal não está para greve de jeito nenhum; eles entrariam em acordo com 2%. Aquela era uma palavra de ordem do sindicato; eles aplaudiram o Bill porque esse é o jeito de se comportar numa assembleia, mas se você distribuir alguns aumentos e dispensar alguns cabeças, todos vão dançar outra 'valsa'". Em lugar da resposta unânime dada pelos trabalhadores reunidos, o gerente agora está diante de um *agregado* de possíveis respostas. Agora ele está ciente de que as resposta que recebeu antes, por intermédio de Bill, tiveram origem

CIÊNCIA EM AÇÃO 113

numa complexa armação inicialmente invisível. Percebe também que há espaço para a ação e que cada trabalhador pode ser levado a comportar-se de modo diferente se sobre eles forem exercidas outras pressões que não as de Bill. Da próxima vez que Bill gritar: "Vocês querem 3%, não querem?", só umas poucas manifestações chochas de concordância cortarão um silêncio ensurdecedor.

Vejamos outro exemplo, desta vez extraído da história da ciência. Na virada do século, Blondlot, um físico de Nancy, na França, fez uma importante descoberta, como a dos raios X.[3] Por devoção à sua cidade, deu-lhes o nome de "raios N". Durante alguns anos, os raios N foram alvo de todo tipo de dissertação teórica e de muitas aplicações práticas, curando doenças e pondo Nancy no mapa da ciência internacional. Um discordante dos Estados Unidos, Robert W. Wood, não acreditou nos artigos de Blondlot, apesar de estes serem publicados por revistas respeitáveis, e decidiu visitar o laboratório. Durante certo tempo, Wood esteve diante de provas irrefutáveis no laboratório de Nancy. Blondlot eclipsou-se e deixou que os raios N se inscrevessem diretamente numa tela que estava diante de Wood. Isso, porém, não foi suficiente para ele se livrar de Wood, que continuou obstinadamente no laboratório, solicitando mais experiências e manipulando em pessoa o detector de raios N. A certa altura, resolveu retirar, às escondidas, o prisma de alumínio que estava gerando os raios N. Para sua surpresa, Blondlot, no outro lado da sala mal iluminada, continuava obtendo o mesmo resultado na sua tela, embora tivesse sido suprimido aquilo que era considerado o elemento mais crucial. As marcas produzidas diretamente pelos raios N na tela eram feitas por alguma outra coisa. O apoio uníssono transformou-se em cacofonia de dissensão. Ao retirar o prisma, Wood rompeu os sólidos elos que ligavam Blondlot aos raios N. A interpretação de Wood foi que Blondlot queria tanto descobrir raios (numa época em que quase todos os laboratórios da Europa estavam batizando novos raios) que, inconscientemente, engendrou não só os raios N, como também o instrumento para inscrevê-los. Assim

---

3 Atenho-me aqui ao trabalho de Nye (1980, 1986).

114 BRUNO LATOUR

como aquele gerente citado, Wood percebeu que o todo coerente que lhe fora apresentado era um agregado de muitos elementos que poderia ser induzido a tomar várias diferentes direções. Depois da ação de Wood (e de outros discordantes), ninguém mais "viu" raios N, porém apenas borrões nas chapas fotográficas quando Blondlot apresentava seus raios N. Em vez de se perguntarem sobre a posição dos raios N em física, as pessoas começaram a se perguntar sobre o papel da autossugestão nas experiências! O novo fato fora transformado em artefato. Em vez de descer a escada da Figura 1.9, ele subiu e sumiu de vista.

A saída, para o discordante, não é só dissociar e desagregar os muitos apoios que os artigos técnicos foram capazes de congregar. É também sacudir a complicada estrutura que possibilita a criação de gráficos e traçados no laboratório do autor para verificar o grau de resistência do arsenal mobilizado com a finalidade de convencer a todos. O trabalho de desmentir a literatura ter-se-á transformado então na difícil tarefa de manipular aparelhos. Chegamos agora a outro estágio no ajuste de contas entre o autor e quem o queira desmentir, estágio que os faz penetrar cada vez mais nos detalhes daquilo que constitui as inscrições usadas na literatura técnica.

Mas retomemos aquela cena de perguntas e respostas interpretada antes, entre o Professor e o discordante. Foi solicitado ao visitante que injetasse pessoalmente morfina e endorfina para certificar-se de que o jogo não era sujo. Mas o visitante agora está menos propenso a rodeios e não faz o menor esforço para ser polido. Pede que lhes mostrem o lugar de onde veio o frasco com a etiqueta "endorfina". O Professor, sereno, mostra-lhe o livro de registros com o mesmo código numérico de extrato de encéfalo. Mas aquilo é um texto, mais literatura, simplesmente um livro de registros que poderia ter sido falsificado ou rotulado erradamente, por acidente.

Por ora, temos de imaginar um discordante suficientemente mal-educado para se comportar como um inspetor de polícia que suspeita de todos, não acredita em ninguém e quer ver a endorfina de verdade com seus próprios olhos. Ele pergunta: "Aonde vou chegar se eu for deste rótulo do livro até o lugar de onde saiu o conteúdo

CIÊNCIA EM AÇÃO **115**

do frasco?". Exasperado, o autor o leva para outra parte do laboratório, entrando numa saleta ocupada por colunas de vidro de vários tamanhos, que contêm uma substância branca através da qual vai sendo lentamente coado um certo líquido. Por baixo das colunas, um aparelhinho movimenta uma bandeja cheia de frasquinhos nos quais, em ciclos que duram alguns minutos, o líquido coado vai sendo recolhido. O fluxo contínuo do alto das colunas vai sendo recolhido, embaixo, num conjunto discreto de frascos, cada um dos quais contém a parte do líquido que demorou o mesmo tempo para percorrer a coluna.

(4) – Aí está – diz o guia –, aí está a sua endorfina.

– Você está brincando – responde o discordante – Onde ela está? Não estou vendo nada!

– O extrato hipotalâmico de encéfalo é depositado no alto da coluna Sephadex. É um caldo. Dependendo de com o que ele é misturado, a coluna desassocia e peneira a mistura; isso pode ser feito por gravidade ou por carga elétrica, qualquer coisa. No fim, essas bandejas recolhem as amostras que se comportaram de modo semelhante na coluna. Isso tem o nome de coletor de fração. Verifica-se então a pureza de cada fração. O *seu* frasco de endorfina veio *desta* bandeja de dois dias atrás, nº 23/16/456.

– E você diz que ela é pura? Como vou saber que é pura? Talvez haja centenas de extratos de encéfalo que percorrem a coluna exatamente com a mesma velocidade e terminem na mesma fração.

A pressão está subindo. Todos no laboratório estão esperando uma explosão de raiva, mas o Professor, educadamente, leva o visitante para outra parte do laboratório.

(5) – Aqui está nosso novo Cromatógrafo Líquido de Alta Pressão (HPLC). Está vendo essas coluninhas? São iguais às que você acabou de ver, mas cada fração recolhida lá é submetida a uma enorme pressão aqui. A coluna retarda a passagem, e com essa pressão ela diferencia bem as moléculas. As que chegam ao mesmo

tempo na extremidade são *as mesmas* moléculas, as mesmas, meu caro colega. Cada fração é lida por um dispositivo óptico que mede seu espectro óptico. Aqui está o gráfico que você tinha nas mãos.... Está vendo? Agora, quando você tem um único pico, significa que o material é puro, tão puro que uma substância com apenas um aminoácido diferente, em meio a uma centena deles, dar-lhe-á *outro* pico. Não é convincente?

– (silêncio do discordante)

– Ah, sei! Talvez você não tenha certeza de que eu fiz a experiência com o *seu* frasco de endorfina? Olhe aqui no livro do HPLC. O mesmo código, o mesmo tempo. Ou talvez você diga que eu pedi a este senhor aqui que adulterasse os livros, que me conseguisse este pico com outra substância. Ou talvez você duvide da medição dos espectros ópticos. Talvez ache que isso é física obsoleta. Você não tem tanta sorte, meu caro colega. Newton descreveu esse fenômeno com muita precisão; mas ele talvez não seja bom o suficiente para você.

A voz do Professor está trêmula, com a raiva a duras penas reprimida, mas ele ainda se comporta com educação. Evidentemente, o discordante poderia começar a duvidar do HPLC ou do coletor de fração, como fez com o ensaio com íleo de cobaia, transformando aquelas caixas-pretas num motivo de discussão. Poderia em princípio, mas não na prática, pois o tempo urge e é sensível à exasperação na voz de todos. Afinal, quem é ele para armar uma briga com a Water Associates, empresa que construiu aquele protótipo de cromatógrafo? Estará ele em condições de lançar dúvidas sobre um resultado que tem sido aceito sem discussão nos últimos 300 anos e aplicado a milhares de instrumentos usados hoje em dia? O que ele quer é ver a endorfina. Quanto ao resto, é preciso encarar, não dá para discutir. Ele tem de convir e admitir que a coluna Sephadex e o HPLC são indiscutíveis. Em tom conciliador diz:

(6) – É impressionante mesmo. Mas devo confessar que estou meio decepcionado. O que estou vendo é um pico que – admito –

CIÊNCIA EM AÇÃO **117**

significa que o extrato de encéfalo agora está puro. Mas como vou saber que essa substância pura é endorfina?

Com um aceno, o visitante é levado de volta para a sala de ensaios, onde o pedacinho de intestino da cobaia ainda apresenta contrações regulares.

(7) – Cada uma das frações que o cromatógrafo de alta pressão considera pura é experimentada aqui, neste ensaio. De todas as frações puras, só duas apresentam alguma atividade. Repito: só duas. Quando todo o processo é repetido para se obter material mais puro, essa atividade aumenta muitíssimo. A forma pode ser exatamente sobreposta à forma da morfina que se encontra no comércio. Será que isso não significa nada? Fizemos isso 32 vezes! Não é nada? Cada modificação dos picos foi submetida a um teste de significância estatística. Só a endorfina e a morfina têm efeitos significantes. Será que tudo isso não conta? Já que você é tão esperto, será que pode me dar outra explicação para o fato de a morfina e essa substância pura X se comportarem de maneira idêntica? Será que você pode pelo menos imaginar outra explicação?

– Não, admito – suspira o crente. Estou impressionado. Parece mesmo legítima endorfina. Muito obrigado pela visita. Não precisam se incomodar, eu encontro a saída. (O discordante sai.)

Essa saída não é igual à da personagem semiótica do Capítulo 1, p.78. Desta vez é para valer. O discordante tentou desassociar o Professor de sua endorfina e fracassou. Por que fracassou? Porque a endorfina construída no laboratório do Professor *resistiu* a todos os seus esforços de modificação. Sempre que o visitante seguiu um fio condutor, chegou a um ponto onde precisava largar mão ou começar outra controvérsia em torno de um fato ainda mais antigo e mais amplamente aceito. A afirmação do Professor estava amarrada ao encéfalo, ao HPLC, ao ensaio com íleo de cobaia. Há sempre alguma coisa no que ele afirma que está ligada a afirmações clássicas em fisiologia, farmacologia, química dos peptídios, óptica etc. Isso significa que, quando o discordante submete esses nexos à prova, todos esses outros fatos, essas outras ciências e essas outras caixas-pretas vêm em socorro do Professor. O discordante, se duvidar da endorfina, também terá de duvidar das colunas Sephadex, da técnica do cromatógrafo líquido de alta pressão, da fisiologia do intestino, da honestidade do Professor, da honestidade de todo o seu laboratório etc. Embora o "suficiente nunca seja suficiente" – ver Introdução –, há um ponto em que, por mais cabeça-dura que o discordante seja, o suficiente é suficiente. O discordante precisaria de tanto tempo mais, de tantos aliados e recursos a mais para continuar discordando, que precisa desistir, aceitando como fato consumado aquilo que o Professor alega.

Wood, que não acreditou nos raios N, também tentou abalar a conexão entre Blondlot e seus raios. Ao contrário do discordante anterior, teve sucesso. Para desarticular as caixas-pretas reunidas por Blondlot, Wood não teve de enfrentar toda a física, mas apenas todo um laboratório. O gerente que desconfiava da firmeza dos trabalhadores testou as conexões entre eles e o líder do sindicato. Essas conexões não resistiram por muito tempo a alguns truquezinhos clássicos. Nos três casos os discordantes exigiram que lhes fosse mostrado com clareza o que ia da afirmação àquilo que a sustentava. Ao imporem essa *prova de força*, são postos diante de porta-vozes e diante das coisas (ou das pessoas) em nome das quais eles falam. Em alguns casos, os discordantes isolam o representante de seu "eleitorado", digamos assim; em outros, essa separação é impossível. Não pode ser obtida sem uma prova de força, assim como um pugilista não pode afirmar que é campeão do mundo sem derrotar quem já é campeão do mundo. Quando o discordante tem sucesso, o porta-voz deixa de ser alguém que fala pelos outros e passa a ser alguém que fala por si mesmo, que representa apenas a sua própria pessoa, suas vontades e suas fantasias. Quando o discordante malogra, o porta-voz não é visto realmente como indivíduo, mas como alguém por meio de quem se manifestam outros fenômenos mudos. Dependendo das provas de força, os porta-vozes se convertem em indivíduos *subjetivos* ou em representantes *objetivos*. Ser objetivo significa que, sejam quais forem os esforços dos discordantes para romper os elos entre o representante e aquilo em nome do que ele fala, os elos resistirão. Ser subjetivo significa que, quando alguém fala em nome de pessoas ou coisas, quem ouve entende que esse alguém representa apenas a si mesmo. Deixa de ser Fulano de Tais e volta a ser Fulano de Tal.

É crucial entender que esses dois adjetivos ("objetivo" e "subjetivo") são relativos a provas de força em situações específicas. Não podem ser usados para qualificar em definitivo um porta-voz ou as coisas sobre as quais ele está falando. Como vimos no Capítulo 1, cada discordante tenta transformar o *status* de uma afirmação de objetiva para subjetiva, a fim de transformar, por exemplo, o interesse pelos raios N em física num interesse pela autossugestão em laboratórios de província. No exemplo de endorfina, o discordante parecia estar tentando por todos os meios converter a afirmação do Professor num voo subjetivo da fantasia. No fim, foi um discordante solitário que viu seu ingênuo questionamento transformado em insignificante voo de fantasia, se não em impulso obsessivo de procurar fraude e encontrar falhas em tudo. Na prova de força, a endorfina do Professor tornou-se *mais objetiva* – desceu a escada –, e o contra-argumento do discordante se tornou *mais subjetivo* – foi empurrado para o alto da escada. "Objetividade" e "subjetividade" são relativas às provas de força e podem deslocar-se gradualmente, pendendo para um ou para outro, de forma muito semelhante ao equilíbrio de forças entre dois exércitos. Um discordante acusado pelo autor de ser subjetivo precisará travar outra luta se quiser continuar discordando sem ficar isolado e sem ser ridicularizado e abandonado.

Parte B
Construindo contralaboratórios

Façamos um resumo de nossa viagem desde a discussão, no começo do Capítulo 1, até este ponto. O que está por trás das

120 BRUNO LATOUR

alegações? Textos. E por trás dos textos? Mais textos, cada vez mais técnicos, porque trazem à baila cada vez mais artigos. Por trás desses artigos? Gráficos, inscrições, rótulos, tabelas e mapas, dispostos em camadas. Por trás dessas inscrições? Instrumentos, de todas as formas, idades e custos, que acabam por desenhar, registrar, fazer vários tipos de traçados. Por trás dos instrumentos? Porta-vozes de todos os tipos e modos, que comentam os gráficos e "simplesmente" dizem o que eles significam. Por trás destes? Um arsenal de instrumentos. Por trás destes? Provas de força para avaliar a resistência dos elos que unem os representantes àquilo em cujo nome eles falam. Agora temos mais que palavras alinhadas para enfrentar o discordante, gráficos para dar apoio às palavras, referências para dar apoio à totalidade dos aliados, instrumentos para gerar um número infindável de inscrições mais novas e claras. Por trás dos instrumentos, alinham-se novos objetos que são definidos segundo sua resistência às provas. Os discordantes já fizeram tudo o que podiam para desacreditar, desagregar e desassociar o que está agregado por trás da alegação. Trilharam um longo caminho desde que se intrometeram na primeira discussão, no começo do Capítulo 1. Tornaram-se leitores de literatura técnica, depois visitantes dos poucos laboratórios de onde saíam os artigos, depois impertinentes inspetores a manipularem instrumentos para verificar até que ponto ia a fidelidade destes ao autor.

Nessas alturas, precisam tomar outra atitude: desistir ou encontrar outros recursos para derrubar a declaração do autor. Na Parte II deste livro, veremos que existem muitas maneiras de rejeitar os resultados dos laboratórios (Capítulo 4), mas neste capítulo ficaremos concentrados numa raríssima atitude: permanecendo todo o resto igual, não restaria outro caminho ao discordante senão *construir outro laboratório*. O preço da discordância aumenta drasticamente, e o número de pessoas capazes de continuar diminui na mesma proporção. Esse preço é inteiramente determinado pelos autores cujas afirmações estejam sendo discutidas. Os discordantes não . podem fazer menos que os autores. Têm de reunir mais forças para desatar o que prende o porta-voz e suas afirmações. É por isso que

CIÊNCIA EM AÇÃO   121

todos os laboratórios são *contralaboratórios*, assim como todos os artigos técnicos são contra-artigos. Assim, os discordantes não têm simplesmente de conseguir um laboratório; precisam de um laboratório *melhor*. Isso torna ainda mais elevado o preço e ainda mais extraordinárias as condições que devem ser atendidas.

(1) Arranjando mais caixas-pretas

Como é possível conseguir um laboratório melhor, que produza alegações menos discutíveis e possibilite que o discordante – agora dono de laboratório – divirja e tenha crédito? Cabe lembrar o que aconteceu ao visitante do laboratório do Professor. Toda vez que aparecia uma nova falha que o discordante tentasse explorar, o Professor apresentava uma nova e aparentemente inelutável caixa-preta: uma coluna Sephadex, um cromatógrafo de alta pressão, física elementar, fisiologia clássica etc. Poderia ser possível discutir cada uma dessas coisas, mas não seria prático, por ser necessária a mesma energia para reabrir cada uma dessas caixas-pretas. Na verdade, teria de ser usada mais energia porque cada um desses fatos, por sua vez, teria levado as caixas-pretas mais bem vedadas: os microprocessadores que tratam os dados provenientes do cromatógrafo, a fabricação do gel das colunas, a criação de cobaias nos viveiros, a produção de morfina na fábrica da Ely-Lily etc. Cada fato poderia ser transformado no ponto de partida de uma nova controvérsia que teria levado a um número maior de fatos aceitos, e assim por diante *ad infinitum*.

A alegação está amarrada a um número grande demais de caixas-pretas para que o discordante desate todas elas.

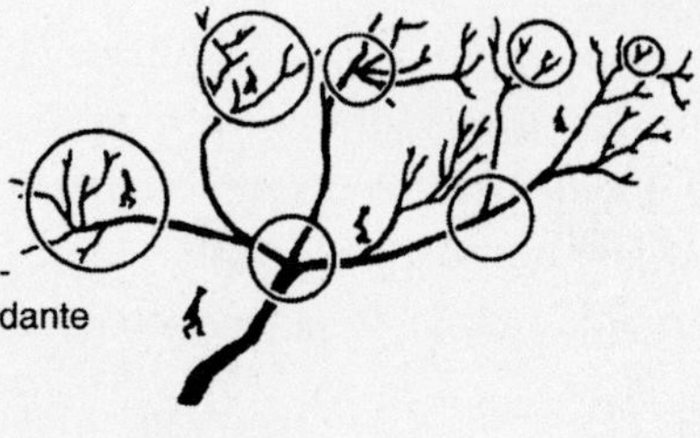

FIGURA 2.4

122 BRUNO LATOUR

O discordante estava, pois, diante de uma curva exponencial, semelhante ao declive que se vê na Figura 1.8. Agora que ele é dono de um laboratório novo em folha; uma das maneiras de torná-lo um contralaboratório melhor é descobrir os modos de nivelar a declividade ou de enfrentar os oponentes com outra ainda mais íngreme.

Schally, por exemplo, para dar fundamento ao seu malfadado GHRH – ver Capítulo 1, afirmação (5) –, usou um bioensaio chamado ensaio com cartilagem tibial do rato. Guillemin, que discordava do GHRH, começou a submeter esse ensaio à prova exatamente da mesma maneira como nosso discordante submeteu à prova o ensaio com íleo de cobaia.[4] Diante desse desafio, nas mãos de Guillemin o ensaio de Schally disse coisas muito diferentes. O crescimento da cartilagem tibial do rato podia ser causado por uma substância como o hormônio do crescimento, mas podia ser causado *também* por várias outras substâncias químicas, ou na verdade podia até nem ter ocorrido. Em vários artigos acerbos, Guillemin dizia que os "resultados eram tão imprevisíveis que a afirmação de Schally deveria ser considerada com extrema precaução". Portanto, a linha de suprimento de Schally fora interceptada. Ele afirmava a existência do GHRH, mas daí nada resultou. Isolada, sua afirmação ganhou subjetividade graças à ação do discordante.

Por que alguém acreditaria mais no contra-argumento de Guillemin do que nas razões de Schally? Uma maneira óbvia de fortalecer essa crença é modificar o bioensaio para impossibilitar que qualquer pessoa o leve a dizer coisas diferentes das obtidas por Guillemin. Este último descartou o ensaio com tíbia de rato e optou por uma cultura com células hipofisárias do rato. Em vez de ver o crescimento da cartilagem a olho nu, o que ele "viu" foi a quantidade de hormônio liberada por algumas células de hipófise mantidas em cultura; essa quantidade é medida por um instrumento – no sentido que dei ao termo antes – chamado radioimunoensaio. Esse novo ensaio é muito mais complicado que os mais antigos, de Schally (em si, o radioimunoensaio exige vários técnicos e demora até uma

---

4 A respeito, ver Wade (op. cit., cap.13).

CIÊNCIA EM AÇÃO **123**

semana para ser realizado), mas no fim fornece inscrições que podem ser consideradas mais bem incisivas, ou seja, elas literalmente recortam formas sobre um fundo. Em outras palavras, mesmo sem entender uma palavra sequer do assunto, é mais fácil emitir um juízo perceptivo sobre um do que sobre o outro. As respostas são menos equívocas do que as "imprevisíveis" respostas fornecidas pelo ensaio com tíbia – ou seja, deixam menos espaço para a discordância –, e o instrumento é menos facilmente discutível. Embora complicado, o ensaio com cultura de células pode ser considerado uma *caixa-preta única* que contém um único mostrador no qual se lê a quantidade de GHRH. Naturalmente, pode ser discutido em princípio. Só que é mais difícil fazer isso na prática. Um fisiologista com algum treinamento pode esquadrinhar o ensaio com cartilagem, pode questionar o grau de crescimento da tíbia. Mas precisará de muito mais que algum treinamento para discutir as novas figuras de Guillemin. O ensaio agora está amarrado a conquistas básicas da biologia molecular, da imunologia e da física da radioatividade. Esquadrinhar essas inscrições é possível, porém menos racional, visto que o enfadonho questionador precisa de mais recursos e está mais isolado. O ganho em termos de convicção é claro: das primeiras palavras de Schally nasce feroz disputa sobre o ensaio que, supostamente, revela a inegável existência do GHRH. No contra-artigo de Guillemin essa parte da discussão *pelo menos* está vedada, uma vez que seu sistema de detecção é tornado indiscutível e toda a gama de disputas possíveis *transferiu-se* para outros aspectos das mesmas alegações.

Outro exemplo é o da controvérsia sobre a detecção de ondas gravitacionais.[5] Um físico, Weber, construiu uma sólida antena feita de uma grande barra de liga de alumínio que pesava várias toneladas e vibrava a certa frequência. Para detectar uma onda gravitacional, essa antena deveria estar isolada de quaisquer outras influências – o

---

5 Sigo aqui o exemplo empírico estudado por Collins (1985), embora sua descrição sobre os modos de resolver controvérsias, a ser analisada na Parte II deste livro, seja muito diferente.

124 BRUNO LATOUR

ideal é que ficasse no vácuo, livre de vibrações sísmicas e de interferências de rádio, à temperatura de zero absoluto ou próxima etc. Tomada como instrumento, a estrutura toda tinha um mostrador onde se lia a presença de ondas gravitacionais. O problema é que os picos acima do limiar de ruído são tão minúsculos que qualquer físico, de passagem, poderia discutir a alegação de Weber. Aliás, qualquer físico de passagem podia acionar o instrumento! Weber argumenta que eles representam gravitação, mas os discordantes podem afirmar que eles representam muitas outras coisas *também*. Essa palavrinha "também" é que mata a maioria das afirmações mais sólidas. Enquanto for possível dizer "também", não haverá uma linha firme de ligação entre as ondas gravitacionais e Weber, passando pela antena. A figura apresentada por Weber pode representar "ondas gravitacionais" ou rabiscos sem sentido que registrem ruídos terrestres. A bem da verdade, há muitas saídas para a controvérsia, que levam a tachar a afirmação de Weber de simples opinião. Mas a saída que nos interessa aqui é a construção de *outra* antena, por exemplo, um bilhão de vezes mais sensível que a de Weber, de tal modo que pelo menos a parte da detecção não seja discutida. O objetivo dessa nova antena é pôr diante dos céticos uma caixa-preta indiscutível antes que o processo avance. Depois disso, os céticos ainda poderão discutir a quantidade de gravitação e a sua influência sobre a teoria da relatividade ou sobre a astrofísica, mas não desmentirão que ali estão picos que não podem ser explicados por interferências terrestres. Com a primeira antena, apenas, Weber poderia ser um excêntrico, e os discordantes seriam os profissionais sensatos. Com a nova antena, os que desmentissem a presença dos picos seriam os céticos isolados, e Weber é que seria o profissional sensato. Permanecendo todo o resto igual, o fiel da balança do poder já teria pendido. (Nesse caso, porém, isso não fazia a menor diferença, uma vez que estavam abertas muitas outras vias de discordância.)

Arranjar mais caixas-pretas e colocá-las no início do processo é a primeira estratégia óbvia para construir um contralaboratório melhor. A discussão sofre difração e deflete. Qualquer laboratório

CIÊNCIA EM AÇÃO **125**

levará vantagem sobre todos os outros se encontrar um modo de deixar as possíveis discussões para mais tarde. Nos primórdios das culturas de micróbios, por exemplo, estes eram postos para proliferar num líquido semelhante à urina. Eram visíveis nos frascos, mas era preciso ter visão aguçada e bem treinada para enxergá-los. Podia haver discordância, porque a construção do fato era barrada já no início por uma discussão preliminar sobre a presença ou não dos micróbios no frasco. Quando Koch inventou o meio sólido de cultura, ninguém precisava mais ter visão aguçada para enxergar os microbiozinhos: eles criavam lindas manchas coloridas que contrastavam visivelmente com o fundo branco. A visibilidade foi muitíssimo melhorada quando corantes específicos começaram a colorir certos micróbios ou partes deles. O laboratório dotado dessas técnicas dificultava muito mais a discordância: o declive se aprofundava, cavava-se uma trincheira. Embora muitos outros aspectos continuassem abertos à discussão, a presença dos micróbios se tornara indiscutível.

Nessas alturas, é fácil imaginar as crescentes diferenças entre bons e maus (contra)laboratórios. Imagine-se um laboratório que comece a afirmar coisas com base no ensaio com cartilagem tibial, na primeira antena de Weber e na cultura de micróbios em líquido. Se o dono desse laboratório quisesse ter crédito, teria um trabalho infindável pela frente. Sempre que abrisse a boca, alguns de seus caros colegas começariam a balançar a cabeça e a sugerir muitas alternativas tão plausíveis quanto a primeira. Para isso, só precisariam de um pouquinho de imaginação. Assim como Aquiles no paradoxo de Zenão, o desafiante nunca chegaria ao fim de seu argumento, pois cada ponto seria o início de uma infinita digressão. Diferentemente, as afirmações produzidas pelo bom laboratório não poderiam ser desmentidas simplesmente com um bocadinho de imaginação. O preço da discussão aumenta proporcionalmente ao número de caixas-pretas reunidas pelo autor. Diante do ensaio com células de hipófise em cultura, da nova antena um bilhão de vezes mais sensível e do meio sólido de cultura, os discordantes são forçados a assentir ou, no mínimo, a redirecionar a discordância para

126 BRUNO LATOUR

outro aspecto da questão. Ainda podem armar uma controvérsia, mas a magnitude da mobilização necessária para isso aumentou. Precisam de um laboratório ainda mais equipado com um número bem maior de caixas-pretas, adiando assim ainda mais a disputa. O círculo vicioso (ou virtuoso) da construção do laboratório já foi iniciado, e não há como detê-lo – a não ser desistindo de produzir argumentos críveis ou recrutando alhures aliados mais poderosos.

(2) Fazendo os atores traírem seus representantes

A competição entre cientistas – que tratarei nesta seção alternadamente como autores e discordantes – para transformar mutuamente suas respectivas alegações em opiniões subjetivas desemboca em laboratórios caros, equipados com um número cada vez maior de caixas-pretas introduzidas o mais depressa possível na discussão. Esse jogo, porém, logo pararia se fossem mobilizadas apenas as caixas-pretas existentes. Depois de certo tempo, discordantes e autores – permanecendo tudo igual – teriam acesso ao mesmo equipamento, vinculariam suas alegações aos mesmos áridos, frios e surrados fatos, e ninguém teria vantagem sobre ninguém: tudo o que se dissesse ficaria no limbo, em estágios intermediários entre o fato e a ficção, a objetividade e a subjetividade. A única maneira de resolver esse empate é encontrar recursos novos e inesperados (ver próxima seção) ou, simplesmente, forçar os aliados do oponente a *mudar de campo*.

Isso aconteceria, por exemplo, se o gerente de nossa historieta apresentada anteriormente, pudesse organizar uma votação secreta para decidir se a greve deveria continuar ou não. Deve-se lembrar que Bill, o líder sindical, alegava que "todos trabalhadores queriam aumento de 3%". Essa afirmação foi confirmada nas assembleias, em que os representados disseram as mesmas coisas que haviam sido ditas por seu porta-voz. Mesmo que o gerente desconfiasse que não havia tanta unanimidade assim entre os trabalhadores, a cada assembleia confirmava-se ruidosamente a afirmação de Bill. Porém, ao

CIÊNCIA EM AÇÃO **127**

organizar uma votação secreta, o gerente testou os mesmos atores de um modo diferente, exercendo um novo tipo de pressão sobre eles: isolamento, sigilo, recontagem das cédulas, fiscalização. Submetidos a essas novas provas, apenas 9% dos mesmos trabalhadores votaram pela continuação da greve, e 80% mostraram-se dispostos a fazer um acordo em torno de 2%. Os representados tinham mudado de campo. Tinham um novo porta-voz. Isso, naturalmente, não põe fim à controvérsia, mas a disputa agora girará em torno do próprio processo de eleição. Bill e o sindicato acusam o gerente de intimidação, "pressão ilegítima", fraude nas urnas, e assim por diante. Isso mostra que até mesmo os mais fiéis partidários de um porta-voz podem ser levados a *trair*.

Como mostrei anteriormente, tanto as pessoas capazes de falar como as coisas incapazes de falar têm porta-vozes (Parte A, seção 2). Proponho chamar *actante* qualquer pessoa e qualquer coisa que seja representada. O que o gerente fez com Bill pode ser feito por um discordante com o aliado do laboratório de seu oponente. Pouchet, empenhado em luta acerba contra a declaração de Louis Pasteur de que não existe geração espontânea, construiu um belo contraexperimento.[6] Pasteur argumentava que são sempre germes vindo de fora para dentro que geram microrganismos. Longos tubos de ensaio abertos, que continham uma infusão estéril, foram contaminados em baixa altitude, mas permaneceram estéreis no alto dos Alpes. Essa impressionante série de demonstrações confirmou um elo inelutável entre um novo ator, os microrganismos, e aquilo que Pasteur dizia que eles fariam: os micróbios não poderiam vir de *dentro* da infusão, mas só de *fora*. Pouchet, que rejeitava a conclusão de Pasteur, pôs a conexão à prova e obrigou os microrganismos a emergir de dentro. Repetindo o experimento de Pasteur, Pouchet mostrou que tubos de ensaio que continham uma infusão estéril de feno logo estavam pululando de microrganismos mesmo no ar "asséptico" das montanhas dos Pireneus. Os microrganismos de que Pasteur dependia haviam sido levados a traí-lo: apareceram espontaneamente, respaldando,

---

6 Baseio-me aqui no trabalho de Farley e Geison (1979).

128   BRUNO LATOUR

assim, a posição de Pouchet. Nesse caso, os actantes mudaram de campo, e dois porta-vozes são apoiados ao mesmo tempo. Essa mudança de campo não põe fim à controvérsia, porque é possível acusar Pouchet de, inadvertidamente, ter introduzido microrganismos de fora, mesmo que tivesse esterilizado tudo. O significado da palavra "estéril" se torna ambíguo e precisa ser renegociado. Pasteur, agora no papel de discordante, mostrou que o mercúrio usado por Pouchet estava contaminado. Consequentemente, foram cortadas as linhas de suprimento de Pouchet, traído por seus microrganismos espontâneos, e Pasteur passou a ser o porta-voz triunfante, pondo em formação os "seus" microrganismos, que acatavam seus comandos. Pouchet malogrou em sua discordância e terminou isolado, com sua "geração espontânea" reduzida por Pasteur a uma ideia *subjetiva*, que não era explicada pelo comportamento dos micróbios, mas pela influência da "ideologia" e da "religião".[7]

A mesma traição dos aliados a seu porta-voz ocorreu entre os samoanos. Mobilizadas nos anos 1930 por Margaret Mead para atuarem sobre os ideais norte-americanos de educação e comportamento sexual, as garotas samoanas mostraram-se mais liberadas do que as ocidentais e sem crises da adolescência.[8] Esse fato bem estabelecido não foi atribuído a Mead – que atuou como antropóloga e porta-voz das samoanas –, mas às próprias samoanas. Recentemente, outro antropólogo, Derek Freeman, atacou Mead, cortando todos os elos existentes entre as garotas samoanas e ela. A antropóloga foi transformada em uma senhora liberal norte-americana isolada, que não tinha nenhum contato sério com Samoa e escrevia uma ficção do "nobre selvagem" como bem lhe dava na telha. Freeman, o novo porta-voz dos samoanos, disse que as garotas de lá eram sexualmente reprimidas, assediadas e muitas vezes estupradas, e que passavam uma adolescência terrível. Naturalmente, esse "rapto", digamos assim, das adolescentes samoanas por um

---

7 Mais tarde, porém, a controvérsia foi retomada; ver Dubos (1951). O fim das controvérsias sempre ocorre por razões práticas e é temporário, como veremos na última seção.

8 Sobre essa controvérsia, ver Mead (1928) e Freeman (1983).

CIÊNCIA EM AÇÃO   **129**

novo representante não põe fim à controvérsia, a exemplo dos outros casos aqui vistos. A questão agora é definir se Freeman é um machão grosseiro e insensível influenciado pela sociobiologia e se ele tem mais aliados samoanos de seu lado do que Margaret Mead, antropóloga altamente conceituada, sensível a todos os sutis indícios dados por seus informantes samoanos. O que nos interessa aqui é que pode ocorrer uma súbita reversão nas provas de força entre autores e discordantes simplesmente com o corte dos elos que os ligam a seus apoios.

Uma estratégia mais sutil que a de Freeman para cortar esses elos foi a empregada por Karl Pearson em sua disputa com as estatísticas de George Yule.[9] Yule criara um coeficiente para medir a força de associação entre duas variáveis discretas. Esse coeficiente pouco elaborado, porém robusto, permitiu-lhe definir se havia ou não uma associação entre, por exemplo, vacinação e índice de mortalidade. Yule não estava interessado em definir vínculos mais precisos; tudo o que ele queria determinar era se a vacinação diminuía os índices de mortalidade. Pearson, entretanto, fez objeções ao coeficiente de Yule porque, quando se desejava definir a *proximidade* entre os vínculos, esse coeficiente oferecia um vasto espectro de possíveis soluções. Na opinião de Pearson, com o coeficiente de Yule nunca seria possível saber se os dados estavam todos bem alinhados por trás da afirmação que se fizesse. Yule não se preocupou, porque estava tratando apenas com entidades discretas. Pearson, porém, tinha um projeto muito mais ambicioso: queria poder mobilizar um grande número de variáveis *contínuas*, como altura, cor da pele, inteligência... Com o coeficiente de Yule ele só seria capaz de definir associações fracas entre variáveis genéticas. Isso significava que qualquer discordante poderia facilmente cortar os elos entre ele e seus dados e transformar um dos mais impressionantes arsenais de dados já compilados sobre determinismo genético num amontoado misto e desordenado de relações imprecisas. Pearson criou então um coeficiente de correlação

---

9 Utilizo aqui o artigo de MacKenzie (1978). Ver também seu livro de 1981 sobre as circunstâncias mais amplas da mesma controvérsia.

130 BRUNO LATOUR

que transformava qualquer variável discreta no resultado de uma distribuição contínua. Yule ficou apenas com as associações fracas, e Pearson, amarrando seus dados com seu "coeficiente tetracórico de correlação", podia transformar qualquer variável contínua num todo fortemente interligado de variáveis discretas e, assim, vincular *solidamente* inteligência e hereditariedade. Isso, é claro, não determinou o fim da controvérsia. Yule pôs à prova o coeficiente de Pearson, mostrando que ele transformava arbitrariamente variáveis contínuas ·em discretas. Se tivesse sucesso, Yule teria privado Pearson do apoio de seus dados. Embora essa controvérsia continue há cerca de uma centena de anos, a lição que dela extraímos é que, com o mesmo equipamento e os mesmos dados, o empate entre autores discordantes pode ser resolvido com uma simples modificação daquilo que interliga os dados (veremos mais fenômenos desse tipo no Capítulo 6).

Em cada um dos exemplos apresentados, mostrei como os aliados eram aliciados e afastados de seu representante para fazer o fiel da balança pender para o outro lado, mas também indiquei que isso não resolve necessariamente o debate. Muitas vezes modifica o campo de disputa o suficiente para ganhar tempo – mas não o bastante para ganhar. Essa estratégia em geral deve ser combinada com a da seção I para ter sucesso – arranjar mais caixas-pretas e posicioná-las no começo do processo – e com a da seção 3, que é a mais temerária e a mais difícil de ser entendida pelo leigo visitante.

(3) Configurando novos aliados

O discordante, agora dono de um (contra)laboratório, levou para lá o maior número possível de instrumentos-caixas-pretas e tentou aliciar os aliados de seu oponente. Mesmo combinando essas duas estratégias ele não vai se dar lá muito bem, pois todos os cientistas estão jogando com um *conjunto limitado* de instrumentos e actantes. Depois de alguns lances, a controvérsia chega a novo empate, com os torcedores mudando continuamente de campo: a favor e contra o gerente, a favor e contra Pasteur, a favor e contra Margaret Mead,

CIÊNCIA EM AÇÃO **131**

a favor e contra Pearson, sem perspectiva de fim. Numa confusão dessas, nenhum fato crível será produzido, uma vez que nenhum terceiro observador terá a possibilidade de acatar qualquer das afirmações como caixa-preta e utilizá-la alhures. Para resolver esse empate, outros aliados, *ainda indefinidos*, terão de ser integrados.

Voltemos ao exemplo do GHRH descoberto por Schally com o uso de seu ensaio com cartilagem tibial do rato. Vimos como Guillemin, rejeitando essa "descoberta" – agora entre aspas –, criou um ensaio novo, menos sujeito a controvérsias; a cultura de células de hipófise (Capítulo 1, seção 2). Com ele, induziu o GHRH, que dava apoio às alegações de Schally, a fazer outras alianças. É preciso lembrar que, quando Schally acreditava ter encontrado um novo e importante hormônio, Guillemin interveio e mostrou que esse "novo e importante hormônio" era um contaminante, era hemoglobina. Adotando as duas estratégias que acabamos de definir, Guillemin ganhou, mas só *negativamente*. Embora se tenha imposto ao adversário, nem por isso suas próprias afirmações sobre o GHRH – por ele chamado GRF – se tornaram mais críveis. Para um terceiro observador, todo esse assunto é simplesmente uma confusão da qual não emerge nenhum fato crível. Em busca do golpe de misericórdia, o discordante precisa de alguma coisa mais, de um suplemento, de um "não sei quê", de algo que – mantendo-se igualdade de condições quanto ao resto – garanta a vitória e convença o terceiro observador de que a controvérsia realmente está resolvida.

No (contra)laboratório, os extratos purificados de GRF são injetados na cultura de células da hipófise. O resultado é de estarrecer: nada acontece. Pior que nada, os resultados são negativos: em vez de ser estimulado pelo GRF, o hormônio do crescimento diminui. Guillemin dá uma bela bronca em seu colaborador, Paul Brazeau, que fez a experiência.[10] Todo o instrumento, que se imaginava ser uma perfeita caixa-preta, é posto em dúvida, e toda a carreira de Brazeau, que se imaginava ser um trabalhador competente e honesto, é prejudicada. A briga do discordante/autor agora se transferiu para

---

10 Sobre esse episódio da descoberta da somatostatina, ver Wade (op. cit., cap.13).

132 BRUNO LATOUR

dentro do laboratório, e ambos estão submetendo à prova o ensaio, o esquema de purificação e o radioimunoensaio exatamente da mesma forma como fez o visitante, antes, com a endorfina (Parte A, seção 3). Na terceira prova, Brazeau ainda estava obtendo o mesmo resultado. Ou seja, por mais esforço que fizesse, os resultados eram sempre negativos. Por mais que Guillemin o repreendesse, ele era levado todas as vezes ao mesmo tipo de incerteza com que terminei a Parte A: ou sair do jogo ou começar a discutir caixas-pretas tão elementares, antigas e aceitas, que todo o laboratório teria de ser desmontado. Como os resultados negativos resistissem a todas as provas de força, como estivesse fora de cogitação discutir o ensaio com cultura de células, e como a honestidade e a competência de Brazeau estivessem resistindo ao embate, algum outro ponto fraco teria de ceder. O hormônio que eles estavam procurando *liberava* hormônio do crescimento; nas mãos dele, ele *inibia* o hormônio do crescimento. Como não podiam mais duvidar da boa qualidade de suas "mãos", teriam de duvidar da primeira definição ou simplesmente abandonar o jogo: tinham em mãos um hormônio que *diminuía* a produção do hormônio do crescimento. Em outras palavras, tinham feito o ensaio com um novo hormônio, um novo, inesperado e ainda indefinido aliado para dar apoio a outra afirmação. Em poucos meses tinham obtido decisiva vantagem sobre Schally. Este não só confundira GHRH com hemoglobina, como também estivera o tempo todo à cata da substância errada.

Atingimos um dos pontos mais delicados deste livro, porque, acompanhando os cientistas discordantes, temos acesso a seus argumentos mais decisivos, a seu manancial último de forças. Por trás dos textos, eles mobilizaram inscrições e, às vezes, instrumentos imensos e caros para obter essas inscrições. Mas alguma coisa ainda resiste às provas de força por trás dos instrumentos, alguma coisa que chamarei provisoriamente *objeto novo*. Para entender o que é isso, precisamos nos ater mais do que nunca a nosso método de observar apenas a prática dos cientistas, permanecendo surdos a opiniões, tradições, filósofos e até mesmo àquilo que os cientistas dizem acerca do que fazem (veja por que na última parte deste capítulo).

CIÊNCIA EM AÇÃO **133**

O que é um objeto novo nas mãos de um cientista? Consideremos o GRF que Guillemin e Brazeau esperavam encontrar: ele era definido pelo efeito que exercia no ensaio com a cartilagem tibial e nas culturas de células. O efeito era incerto no primeiro ensaio, certo e negativo no segundo. A definição precisava mudar. O objetivo novo, no momento de sua emergência, ainda está indefinido. Mais exatamente, ele é definido por aquilo que faz nas provas de laboratório, *nada mais, nada menos:* tende a diminuir a liberação do hormônio do crescimento na cultura com células de hipófise. A etimologia da palavra "definição" ajudará nesse caso, visto que definir alguma coisa significa dar-lhe limites ou contornos (*finis*), conferindo-lhe uma forma. O GRF tinha uma forma; essa forma era modelada pelas respostas que ele dera a uma série de provas inscritas no "mostrador" de um instrumento. Quando as respostas mudaram e não havia mais como ignorá-las, criou-se uma nova forma, emergiu uma coisa nova, um algo ainda sem nome que fazia exatamente o oposto do GRF. Observe que, no laboratório, o objeto novo é *batizado conforme aquilo que faz:* "alguma coisa que inibe a liberação do hormônio do crescimento". Guillemin então inventa uma nova palavra que resume as ações que definem a coisa. Ele a chama "somatostatina": aquilo que paralisa o corpo (subentendendo-se crescimento do corpo).

Agora que a somatostatina ganha nome e aceitação, suas propriedades mudaram e não nos interessam a esta altura. O que conta para nós é entender o objeto novo exatamente no momento de sua emergência. Dentro do laboratório, o objeto novo é uma *lista escrita de respostas aos testes.* Hoje em dia, todos falam, por exemplo, em "enzimas", que são objetos bem conhecidos. Quando estranhas coisas chamadas mais tarde "enzimas" começaram a emergir entre os laboratórios concorrentes, os cientistas falavam delas em termos bem diferentes:[11]

---

11 Este excerto é do *Traité de biochimie de Duclaux* (1896, v.II, p.8). Duclaux era colaborador de Pasteur.

(8) Do líquido produzido pela maceração do malte, Payen e Persoz estão aprendendo a extrair, por meio da ação do álcool, uma substância sólida, branca, amorfa, neutra e mais ou menos insípida, que é insolúvel em álcool, solúvel em água e álcool fraco, e que não pode ser precipitada por acetato básico de chumbo. Aquecida a $65°$-$75°$ com amido, em presença de água, segrega uma substância solúvel, que é dextrina.

Na época de sua emergência, o melhor modo de explicar o que é o objeto novo é repetir a lista de suas ações constitutivas: "com A faz isto, com C faz aquilo". Ele não tem outra forma senão essa lista. Prova disso é que, acrescentando-lhe um item à lista, redefine-se o objeto, ou seja, confere-se a ele uma nova forma. A "somatostatina", por exemplo, foi definida pelo fato, hoje bem conhecido, de que provém do hipotálamo e inibe a liberação do hormônio do crescimento. A descoberta que resumi anteriormente foi descrita dessa maneira durante alguns meses depois de sua realização. Quando outro laboratório acrescentou que a somatostatina também era encontrada no pâncreas e inibia não só o hormônio do crescimento, como também a produção de glucagon e insulina, a definição da somatostatina teve de ser mudada, do mesmo modo como a definição do GRF teve de ser alterada quando Brazeau não conseguiu obter resultados positivos em seu ensaio. O objeto novo é completamente definido pela lista de respostas aos testes de laboratório. Para reiterar esse ponto essencial de maneira mais leve, direi que o objeto novo é sempre batizado com um nome que resume as provas por ele vencidas, assim como os nomes dos antigos peles-vermelhas, "Matador de Urso", "Sem-Medo" ou "Mais Forte que um Bisão"!

Nas estratégias que analisamos até agora, o porta-voz e os actantes que ele representava já estavam presentes, organizados e bem disciplinados. Nessa nova estratégia, os representantes estão à procura de actantes que não conhecem, e a única coisa que podem dizer é inventariar as respostas que esses actantes deram quando submetidos a testes.

CIÊNCIA EM AÇÃO 135

Pierre e Marie Curie não tinham, de início, nenhum nome para dar à "substância x" que vinham testando. No laboratório da École de Chimie, a única maneira de conformar esse objeto novo é multiplicar os testes a que ele é submetido, atacá-lo por todos os tipos de terríveis provações (ácidos, calor, frio, pressão).[12] Alguma coisa poderá resistir a todas esses testes e tribulações? Se resistir, então ei-lo, o objeto novo. No fim da longa lista de "sofrimentos" pelos quais passa a nova substância (e passam também os desafortunados Curie, atacados pelos raios mortais manipulados sem nenhum cuidado), os autores propõem um novo nome – "polônio". Hoje o polônio é um dos elementos radioativos; quando entrou em cena era a longa lista de provas vencidas com sucesso no laboratório dos Curie:

(9) Pierre e Marie Curie: – Aí está a nova substância emergindo dessa mistura, a pechblenda, está vendo? Faz o ar se tornar condutivo. Dá até para medir a atividade dela com o instrumento que Pierre inventou, um eletrômetro de quartzo, que está bem aqui. É desse modo que acompanhamos o destino de nosso herói por todas essas provações e tribulações.

Objetante científico: – Isso não é novo; urânio e tório também são ativos.

– Sim, mas quando você ataca a mistura com ácidos, obtém uma solução aquosa. Aí, quando você trata essa solução com hidrogênio sulfurado, o urânio e o tório ficam na solução, ao passo que nosso jovem herói é precipitado com um sulfureto.

– O que isso prova? O chumbo, o bismuto, o cobre, o arsênio e o antimônio passam todos por essa prova também; eles também são precipitados!

– Mas se você tentar dissolver todos eles em sulfato de amônio, essa "coisa" ativa resiste...

---

12 Estou utilizando aqui o seguinte artigo de Pierre e Marie Curie: "Sur une substance nouvelle radio-active, contenue dans la pechblende", *Comptes Rendus de l'Academie der Sciences*, v.127, p.175-8, 1898.

– Tudo bem, admito que ele não é arsênio nem antimônio, mas pode ser um dos conhecidíssimos heróis do passado: chumbo, cobre ou bismuto.

– Impossível, meu caro, porque o chumbo é precipitado pelo ácido sulfúrico, enquanto essa substância permanece na solução; como acontece com o cobre, ele é precipitado pelo amoníaco.

– E daí? Isso significa que a sua chamada "substância ativa" é simplesmente bismuto. Tem uma propriedade a mais que o bom e velho bismuto, a atividade. Isso não define uma nova substância.

– Não define? Pois bem, diga o que o faria admitir que essa é uma nova substância?

– Simplesmente me mostre um teste no qual o bismuto reaja de modo diferente do seu "herói".

– Experimente aquecê-lo num tubo de Boheme, a vácuo, a 700° centígrados. O que acontece? O bismuto fica na área mais quente do tubo, enquanto uma fuligem estranha se junta nas áreas mais frias. Ela é mais ativa que o material com que começamos. E sabe de uma coisa? Se você fizer isso várias vezes, essa "coisa" que você está confundindo com bismuto acaba sendo quatro vezes mais ativa que o urânio!

– ...

– Ah, ficou mudo... Por isso acreditamos que a substância que extraímos da pechblenda é um metal ainda desconhecido. Se a existência desse novo material for confirmada, propomos chamá-lo polônio, do nome da terra natal de Marie.

De que são feitas essas famosas coisas que dizem estar por trás dos textos? São feitas de uma lista de vitórias: essa derrotou o urânio e o tório no jogo do hidrogênio sulfurado; derrotou o antimônio e o arsênio na partida do sulfato de amônio; e depois obrigou o chumbo e o cobre a jogarem a toalha, enquanto só o bismuto ficou firme até a semifinal, mas também foi derrubado durante a partida final do calor e do frio! No começo de sua definição, a "coisa" é uma lista de vitórias numa série de testes. Alguns destes são impostos pelo objetante científico e pela tradição – por exemplo, para definir o que é um metal – ou então talhadas pelos autores – como teste do calor. As "coisas" que estão por trás dos textos científicos são, pois, semelhantes aos heróis das histórias que vimos no fim do Capítulo 1: são todos definidos pela *performance*. Alguns, nos contos de fadas, derrotam o mais feio dos dragões de sete cabeças, ou então, a despeito de todas as desvantagens, salvam a filha do rei; outros, nos laboratórios, resistem à precipitação ou ganham do bismuto... Inicialmente, não há outra maneira de conhecer a essência do herói. Isso não dura muito, porém, porque cada *performance* pressupõe uma *competência*,[13] o que, retrospectivamente, explica por que o herói resistiu a todas as provações. O herói não é mais uma lista de vitórias em ações; é uma essência lentamente desvendada por cada uma de suas manifestações.

Agora ficou claro para o leitor por que introduzi a palavra "actante" anteriormente, para descrever o que o porta-voz representa. Por trás dos textos, por trás dos instrumentos, dentro do laboratório, não temos a natureza – ainda não; o leitor terá de esperar a próxima parte. O que temos é um arsenal que possibilita impor novas e extremas injunções à "coisa". Essa "coisa" é progressivamente formada por suas reações a essas condições. É isso que está por trás de todos os argumentos que analisamos até agora.

O que era a endorfina testada pelo discordante da Parte A, seção 3? A sobreposição dos traçados obtidos por: uma cobaia sacrificada cujo intestino foi preso a fios elétricos e estimulado a intervalos regulares; um caldo de hipotálamo, extraído, depois de muitas tentativas, de carneiros abatidos, e impelido através das colunas do cromatógrafo sob pressão altíssima.

A endorfina, antes de receber um nome e durante todo o tempo em que é objeto novo, *é essa lista que pode ser lida* nos instrumentos do laboratório do Professor. O mesmo acontece com um micróbio antes que seja assim chamado. Inicialmente, ele é alguma coisa

---

13 Para a definição dessas palavras e de todos os conceitos de semiótica, ver Greimas e Courtès (1979/1983). Para uma apresentação da semiótica em inglês, ver Bastide, op. cit.

que transforma açúcar em álcool no laboratório de Pasteur. Essa coisa vai sendo restringida pela multiplicação das proezas que é chamada a realizar. A fermentação ainda ocorre na ausência de ar, mas para quando o ar volta a ser introduzido. Esse feito define um novo herói que é morto pelo ar, mas decompõe o açúcar na ausência deste, um herói que será chamado, como faziam os índios citados antes, "Anaeróbico" ou "Sobrevivente na Ausência do Ar". Os laboratórios geram tantos objetos novos porque são capazes de criar condições extremas e porque cada uma dessas ações é obsessivamente inscrita.

Esse batismo de acordo com aquilo que o objeto novo faz não se limita a actantes como hormônios ou substâncias radioativas, ou seja, aos laboratórios daquilo que se costuma chamar "ciências experimentais". A matemática também define seus entes por aquilo que eles *fazem*. Quando Cantor, o matemático alemão, conferiu uma forma a seus números transfinitos, a forma de seus objetos novos foi obtida depois de os ter submetido ao mais simples e radical teste:[14] será possível estabelecer uma conexão de 1 para 1 entre, por exemplo, o conjunto de pontos que compreendem um quadrado e o conjunto de números reais entre 0 e 1? Parece absurdo de início, pois isso significaria que há tantos números em um dos lados do quadrado quanto há no quadrado inteiro. O teste é concebido para verificar se dois números diferentes do quadrado têm imagens diferentes no lado ou não (formando, assim, uma correspondência de 1 para 1) ou se eles têm apenas uma imagem (formando assim uma correspondência de 2 para 1). A resposta inscrita na folha branca é incrível: "Estou vendo, mas não acredito", escreveu Cantor a Dedekind. Há tantos números ao lado como no quadrado. Cantor cria seus transfinitos a partir da *performance* deles nessas condições extremas, dificilmente concebíveis.

O ato de definir um objeto novo pelas respostas que ele inscreve no mostrador de um instrumento fornece a cientistas e engenheiros sua fonte final de força. Isso constitui nosso *segundo princípio básico*,

---

14 Ver Dauben (1979).

CIÊNCIA EM AÇÃO **139**

tão importante quanto o primeiro para o entendimento da ciência em construção: cientistas e engenheiros falam em nome de novos aliados que conformaram e angariaram; representantes entre outros representantes, eles acrescentam esses inesperados recursos para fazer o equilíbrio de forças propender a seu favor. Guillemin agora fala pela endorfina e pela somatostatina; Pasteur, por micróbios visíveis; os Curie, pelo polônio; Payen e Persoz, pelas enzimas; Cantor, pelos números transfinitos. Quando desafiados, não podem ficar isolados; ao contrário, seus representados postam-se atrás deles, organizados em camadas e prontos para dizer a mesma coisa.

(4) Laboratórios contra laboratórios

Nosso amigo discordante já trilhou um longo caminho. Não é mais o retraído ouvinte de uma conferência técnica, o tímido espectador de um experimento científico, o contraditor polido. Agora é dono de um poderoso laboratório que utiliza todos os instrumentos disponíveis, que usa para apoiá-lo nos fenômenos que respaldam os competidores e conformando todo tipo de objeto inesperado por meio da imposição de testes cada vez mais demorados e duros. O poder desse laboratório é medido pelas condições de elétrons-volt; temperaturas próximas ao zero absoluto; um arsenal de radiotelescópios que se estende por quilômetros; fornalhas que aquecem a milhares de graus; pressões exercidas a milhares de atmosferas; viveiros com milhares de ratos ou cobaias; gigantescos trituradores de números capazes de realizar milhares de operações por milissegundo. Cada modificação dessas condições permite que o discordante mobilize um actante a mais. Uma mudança de micrograma para fentograma, de um milhão para um bilhão de elétrons-volt, de lentes que vão de metros a dezenas de metros, de testes que vão de centenas a milhares de animais: é assim que se redefine a forma de um novo actante. Permanecendo todo o resto igual, o poder desse laboratório é, pois, proporcional ao número de actantes que ele pode mobilizar a seu favor. Nesse ponto, as afirmações não são incorporadas,

140 BRUNO LATOUR

transformadas ou discutidas por leigos de mãos vazias, mas por cientistas que têm *atrás de si* laboratórios inteiros.

Porém, para obter a vantagem final sobre o laboratório opositor, o discordante precisa lançar mão de uma quarta estratégia: deve ser capaz de transformar os objetos novos em, digamos, objetos mais velhos e com eles realimentar seu laboratório.

O que dificulta entender um laboratório não é o que está ocorrendo nele, mas o que *esteve ocorrendo* nele e em outros laboratórios. Especialmente difícil de entender é a maneira como objetos novos são imediatamente transformados em outra coisa. Enquanto a somatostatina, o polônio, os números transfinitos ou os micróbios anaeróbicos estão sendo configurados pela lista de testes resumida antes, é fácil referir-se a eles: dize-me pelo que passas e dir-te-ei quem és. Essa situação, porém, não dura. Objetos novos transformam-se em *coisas*: "somatostatina", "polônio", "micróbios anaeróbicos", "números transfinitos", "dupla hélice" ou "computadores Eagle", coisas isoladas das condições do laboratório que lhes deu forma, coisas com um nome que agora parece independente dos testes nos quais provaram sua têmpera. Esse processo de transformação é muito comum e ocorre constantemente tanto para leigos como para o cientista. Todos os biólogos agora consideram a "proteína" um objeto; não se lembram de uma época, nos anos 1920, em que a proteína era uma coisa esbranquiçada, separada por uma nova ultracentrífuga no laboratório de Svedberg.[15] Naquela época, a proteína não era nada além da ação de diferenciação do conteúdo celular por uma centrífuga. O uso rotineiro, porém, transforma em substantivo comum a denominação de um actante por aquilo que ele faz. Esse processo não é misterioso nem específico da ciência. É o mesmo que acontece com o abridor de latas que usamos todos os dias na cozinha. Achamos que o abridor e a habilidade de manejá-lo são uma caixa-preta, o que significa que ele não é problemático e não exige planejamento e atenção; esquecemo-nos das muitas experiências pelas quais tivemos de passar (sangue, ferimentos, ervilhas pelo

---

15 Acerca da ultracentrífuga, ver o belo estudo de Elzen.

CIÊNCIA EM AÇÃO   **141**

chão, os pais gritando...) antes que o manejássemos corretamente, prevendo o peso do recipiente, as reações do abridor, a resistência da lata. É só quando observamos nossos filhos passando maus bocados para aprender a usá-lo que talvez nos lembremos de como tudo acontecia quando o abridor de latas era para nós um "objeto novo", definido por uma lista tão longa de tentativas que podia adiar o jantar *sine die*.

Esse processo de rotinização é bastante comum. Menos comum é a maneira como as mesmas pessoas que estão sempre gerando objetos novos para ganhar uma controvérsia também estão sempre a transformá-los em objetos relativamente antigos para ganhar ainda mais depressa e de modo irreversível. Assim que a somatostatina ganha forma, é criado um novo bioensaio no qual ela assume o papel de substância estável e não problemática, inserida em um teste projetado para rastrear uma substância nova e problemática, o GRF. Assim que Svedberg define a proteína, a ultracentrífuga se transforma em ferramenta comum de laboratório, empregada para definir os componentes das proteínas. Mal tinha o polônio emergido da sua lista de proezas e provações comentadas e já se transformava em um dos conhecidíssimos elementos radioativos com o qual é possível planejar um experimento para isolar uma nova substância radioativa, situada um pouco mais abaixo na tabela de Mendeleiev. A lista de testes se transforma em coisa; é, literalmente, *reificada*.

Esse processo de reificação é visível quando vai de objetos novos a mais antigos, mas também é reversível, embora menos visível, quando vai de objetos ainda mais novos para mais antigos. Todos os objetos novos que analisamos na seção anterior foram enquadrados e definidos por caixas-pretas estáveis que *já tinham sido* objetos novos, antes de serem reificados. A endorfina se tornou visível, em parte, porque se sabia que o íleo continuava pulsando por muito tempo depois que as cobaias eram sacrificadas: o que fora um objeto novo muitas décadas antes, em fisiologia, agora era uma das caixas-pretas que participavam do ensaio com endorfina, tanto quanto a própria morfina. Como comparar a nova substância desconhecida se a morfina não fosse conhecida? A morfina, que fora um objeto novo

142 BRUNO LATOUR

definido pelos testes por que passara no laboratório de Seguin nos idos de 1804, agora era usada por Guillemin em conjunto com o íleo de cobaia para criar as condições que definiriam a endorfina. Isso também se aplica ao fisiógrafo, inventado pelo fisiologista Marey no fim do século XIX. Sem ele, a transformação da pulsação do intestino não poderia ser visível graficamente. O mesmo se diga do aparelho eletrônico que intensificava os sinais e tornava-os suficientemente fortes para ativar a agulha do fisiógrafo. Décadas de progressos em eletrônica, durante as quais muitos fenômenos novos haviam sido criados, foram mobilizadas por Guillemin para construir outra parte do ensaio com endorfina. Qualquer objeto novo é assim formado pela importação simultânea de muitos outros mais antigos para a sua forma reificada. Alguns dos objetos importados provêm de disciplinas jovens ou antigas, ou pertencem a disciplinas mais ou menos rigorosas. O essencial é que o objeto novo emerge de uma formação complexa de elementos sedimentados, que já foram objetos novos em algum ponto do tempo e do espaço. A genealogia e a arqueologia desse passado sedimentado são sempre possíveis em teoria, mas se torna cada vez mais difíceis à medida que o tempo passa e que o número de elementos agrupados aumenta.

É tão difícil retroagir para a época de sua emergência *quanto é difícil contestá-los*. O leitor por certo terá notado que percorremos todo um círculo desde a primeira seção desta parte (arranjando mais caixas-pretas) até esta seção (transformando mais objetos em caixas-pretas). Realmente é um círculo com um mecanismo de realimentação que vai criando laboratórios cada vez melhores pela introdução do maior número possível de objetos novos na forma mais reificada possível. Se o discordante rapidamente reimportar somatostatina, endorfina, polônio, números transfinitos como incontrovertíveis caixas-pretas, seu oponente tornar-se-á mais fraco. Sua capacidade de discutir ficará diminuída, pois ele agora estará diante de pilhas de caixas-pretas, sendo obrigado a desatar laços entre elementos cada vez mais numerosos que chegam de um passado cada vez mais remoto, de disciplinas cada vez mais rigorosas, e apresentados de forma mais reificada. A mudança terá sido notada?

CIÊNCIA EM AÇÃO **143**

Agora é o autor que está mais fraco e o discordante, mais forte. De duas uma: ou o autor agora precisa construir um laboratório melhor para discutir a afirmação do discordante e fazer a balança do poder propender para ele de novo, ou sair do jogo; ou então aplica uma das muitas táticas para simplesmente se esquivar do problema, o que veremos na Parte II deste livro. A espiral infindável deu mais uma volta. Os laboratórios crescem em razão do número de elementos com que são realimentados, e esse crescimento é irreversível, pois nenhum discordante/autor é capaz de entrar na briga mais tarde com menos recursos à disposição, permanecendo todo o resto igual. Começando com alguns elementos baratos, provenientes da prática comum, os laboratórios acabam, depois de vários ciclos de competição, com estruturas caras e extremamente complexas, que estão muito distantes da prática comum.

Portanto, a dificuldade de entender o que acontece por trás de suas paredes provém do sedimento daquilo que esteve ocorrendo em outros laboratórios em épocas anteriores e em lugares outros. É provável que os testes impostos ao objeto novo, a que os laboratórios estão dando forma, sejam facilmente explicáveis ao leigo – e somos todos leigos sempre que disciplinas outras, que não as nossas, estejam em jogo –, mas os objetos mais antigos, capitalizados nos muitos instrumentos, não o são. O leigo fica estarrecido diante da estrutura do laboratório, e com razão. Não há muitos lugares sob o Sol onde tantos e tão valiosos recursos são reunidos em tão grande número, sedimentados em tantas camadas, capitalizados em tão grande escala. Antes, diante da literatura técnica, podíamos reagir pondo-a de lado; diante de laboratórios, sentimo-nos simples e literalmente esmagados. Ficamos sem forças, ou seja, sem recursos para contestar, para reabrir caixas-pretas, para gerar objetos novos, para discutir a autoridade dos porta-vozes.

Os laboratórios agora são suficientemente poderosos para definir a *realidade*. Para ter certeza de que nossa viagem pela tecnociência não será toldada por complicadas definições de realidade, precisamos de uma que seja simples e resistente para aguentar toda a trajetória: realidade, como indica a palavra latina *res*, é aquilo que

144 BRUNO LATOUR

resiste. Mas resiste a quê? Ao teste de força. Se, em dada situação, nenhum discordante é capaz de modificar a forma de um objeto novo, então sim, ele *é* realidade, pelo menos enquanto os testes de força não forem modificados. Nos exemplos apresentados, foram tantos os recursos mobilizados nos últimos dois capítulos pelos discordantes para sustentar suas afirmações que – convenhamos – resistir é inútil: a afirmação tem de ser verdadeira. No momento em que a contestação se interrompe, no momento em que escrevo a palavra "verdadeira", surge um novo e formidável aliado no campo do vencedor; aliado invisível até então, mas que se comporta agora como se tivesse estado ali o tempo todo: a Natureza.

Parte C
O apelo (à/da) Natureza

Alguns leitores dirão que já estava na hora de falar da Natureza e dos objetos reais que estão *por trás* dos textos e dos laboratórios. Mas não sou eu que estou falando tarde da realidade. Ao contrário, é a Natureza que sempre chega tarde, tarde demais para explicar a retórica dos textos científicos e a construção dos laboratórios. Essa aliada retardatária, às vezes fiel e às vezes volúvel, até agora tem complicado tanto o estudo da tecnociência que precisamos entendê--la se quisermos continuar nossa viagem pela construção de fatos e ficções.

(1) "Natur mit uns"

"Retardatária?" "Volúvel?" Posso ouvir o furor dos cientistas que segui como sombra até agora pelo que acabo de escrever. "Tudo isso é ridículo, porque a leitura e a escrita, o estilo e as caixas-pretas, as estruturas dos laboratórios – todos fenômenos existentes – são simplesmente *meios* para expressar alguma coisa, veículos para o transporte dessa formidável aliada. Poderíamos até aceitar essas

CIÊNCIA EM AÇÃO 145

ideias de "inscrições", a ênfase nas controvérsias, e também, talvez, as noções de "aliado", "objeto novo", "actante" e "partidário", mas você omitiu a única coisa importante, o único aliado que realmente conta: a Natureza. A presença ou a ausência dela explica tudo. Quem tem a Natureza em seu campo vence, sejam quais forem suas desvantagens. Lembre-se da afirmação de Galileu, "Mil Demóstenes e mil Aristóteles podem ser desmoralizados por qualquer homem comum que tenha a Natureza a seu lado". Todas as florituras da retórica, todas as engenhocas espertas dos laboratórios que você descreveu, tudo será desmantelado quando formos das controvérsias sobre a Natureza para aquilo que a Natureza é. O Golias da retórica, com seus laboratórios e todos os seus assistentes filisteus, será posto em debandada por um Davi sozinho que use verdades simples sobre a Natureza em sua funda! Por isso, é bom esquecer tudo isso sobre o que você esteve aí escrevendo nessas cerca de cem páginas – mesmo que você afirme que simplesmente esteve nos seguindo – e olhar a natureza face a face!".

Não é uma objeção animadora? Significa que Galileu estava certo o tempo todo. Que os valentões que estudei nos Capítulos 1 e 2 podem ser facilmente derrotados apesar das associações que tecem, tramam e urdem. Que qualquer discordante tem chance. Que, diante de tanta literatura científica e de monumentais laboratórios, basta olhar a Natureza para ganhar. Significa que há um suplemento, alguma coisa a mais que não está em nenhum texto científico e em nenhum laboratório, capaz de resolver todos os assuntos da discussão. Essa objeção é muito animadora, porque feita pelos próprios cientistas, embora esteja claro que essa reabilitação do homem comum, do Sr. José Ninguém, é também uma acusação a essas multidões de aliados reunidos pelos mesmos cientistas.

Vamos aceitar essa agradável objeção e ver como o apelo à Natureza ajuda a fazer a distinção entre, por exemplo, a afirmação de Schally sobre o GHRH e de Guillemin sobre o GRF. Ambos escreveram artigos convincentes, dispuseram seus recursos com talento. Um está respaldado pela Natureza – e sua afirmação transformar-se-á em fato –, e o outro não está – donde segue que sua afirmação será transformada em ficção pelos outros. De acordo com as objeções apresentadas, os leitores acharão fácil dar o voto decisivo. Só terão de ver quem tem a Natureza a seu lado.

Também é assim fácil distinguir o futuro das células de combustível do futuro das baterias comuns. Ambas estão brigando por uma fatia do mercado; cada uma afirma que é a melhor e mais eficiente. O comprador potencial, o investidor, o analista estão perdidos no meio de uma controvérsia, lendo montes de textos especializados. De acordo com a objeção anterior, a vida deles agora vai ser mais fácil. É só olhar e ver em favor de quem a Natureza vai falar. É tão simples quanto as batalhas cantadas na *Ilíada*: é esperar que a deusa faça o fiel da balança pender a favor de um campo ou de outro.

Feroz controvérsia separa, por um lado, os astrofísicos que calculam o número de neutrinos que vêm do Sol e, por outro, Davis, o experimental que obtém um número bem menor. É fácil distingui-los e dar um fim à controvérsia. Basta vermos, por nós mesmos, em que campo o Sol de fato se encontra. Em algum lugar, o Sol natural, com seu número verdadeiro de neutrinos, calará a boca dos discordantes e os obrigará a aceitar os fatos, por melhor que esses artigos estejam escritos.

Outra violenta disputa divide os que acreditam que os dinossauros eram criaturas de sangue frio (lentas, pesadas, estúpidas e desengonçadas) daqueles que acham que os dinossauros eram animais de sangue quente (rápidos, leves, espertos e lépidos).[16] Aceitando a objeção, o "homem comum" não precisará mais ler as montanhas de artigos especializados que compõem esse debate. Será suficiente esperar que a Natureza os escolha. A Natureza seria como Deus, que em tempos medievais julgava dois cavaleiros em justa, permitindo que o inocente ganhasse.

Nesses quatro casos de controvérsia que geram cada vez mais artigos técnicos, bem como laboratórios ou coleções cada vez maiores, a voz da Natureza é suficiente para acabar com o barulho. Então,

---

16 Aludo aqui ao notável trabalho de Desmond (1975).

CIÊNCIA EM AÇÃO **147**

a pergunta óbvia, se eu quiser fazer justiça à objeção anterior, é "o que diz a Natureza?".

Schally conhece a resposta muito bem. Ele diz isso em seu artigo; o GHRH *é* essa sequência de aminoácidos, não porque ele o tenha imaginado ou constituído, ou porque tenha confundido hemoglobina com esse procuradíssimo hormônio, mas porque é isso o que a molécula é na Natureza, independentemente dos desejos do autor. Isso também é o que Guillemin diz, não da sequência de Schally, que não passa de mera ficção, mas de sua substância, o GRF. Ainda há dúvida quanto à natureza exata do GRF hipotalâmico real comparado ao do pâncreas, mas no todo não há dúvida de que o GRF é realmente a sequência de aminoácidos citada no Capítulo 1. Agora temos um problema. Ambos os contendores têm a Natureza em seu campo e dizem o que ela diz. Espere aí! Supõe-se que os contendores sejam arbitrados pela Natureza, e não que comecem outra disputa sobre o que a voz da Natureza realmente disse.

Não vamos ser capazes, porém, de deter essa nova disputa sobre o árbitro, visto que surge a mesma confusão quando se opõem células de combustível e baterias comuns. "As dificuldades técnicas não são insuperáveis", dizem os partidários das células de combustível. "É que na sua resolução foi gasta uma quantia infinitesimal em comparação com a dos motores de combustão interna. Elas representam o modo como a natureza armazena energia; se nos derem mais dinheiro, verão". Espere, espere! Nossa intenção era julgar a literatura técnica tomando o ponto de vista de outra pessoa de fora, e não voltar para *dentro* da literatura e entrar *mais fundo* nos laboratórios.

Contudo, não é possível ficar esperando do lado de fora, porque também no terceiro exemplo estão chovendo artigos que discutem o modelo do Sol e modificam o número de neutrinos emitidos. O Sol de verdade ora está do lado dos teóricos, quando estes acusam os experimentais de estarem enganados, ora do lado destes últimos, quando acusam os primeiros de terem criado um modelo fictício do comportamento solar. Isso é injusto demais. Pediu-lhe ao Sol de verdade que distinguisse bem os dois contendores, e não que se transformasse em mais um osso pelo qual briga toda uma matilha.

148 BRUNO LATOUR

Ossos, aliás, são o que não falta na briga dos paleontologistas, a tal ponto que o dinossauro de verdade tem achado dificuldade para dar o voto de Minerva. Ninguém sabe de fato o que ele era. O ordálio poderia terminar, mas será o vencedor realmente inocente, ou só mais forte ou mais sortudo? Será o dinossauro de sangue quente mais parecido com o dinossauro de verdade, ou serão seus proponentes apenas mais fortes que os do dinossauro de sangue frio? Esperávamos uma resposta final usando a voz da Natureza. O que conseguimos foi uma nova briga sobre a composição, o conteúdo, a expressão e o significado dessa voz. Ou seja, conseguimos *mais* literatura técnica e coleções *maiores* em maiores museus de história natural, e não menos; *mais* debates, e não menos.

Interrompo o exercício por aqui. Está claro agora que aplicar a objeção dos cientistas em qualquer controvérsia é como jogar mais lenha na fogueira: aviva as chamas. A Natureza não está fora dos campos de batalha. Pedem-lhe – mais ou menos como se pedia a Deus em guerras nem tão antigas – que apoie todos os inimigos ao mesmo tempo. *"Natur mit uns"* está bordado em todas as bandeiras e não é suficiente para dar vantagem a nenhum dos campos. O que será então suficiente?

(2) As duas falas de Jano de duas faces

Eu poderia ser acusado de ter sido um tanto insincero na utilização das objeções dos cientistas. Quando eles dizem que é necessário algo mais que associações e alianças para resolver um debate, algo que esteja fora de todos os nossos conflitos e interpretações humanas, algo que eles chamam "Natureza" por falta de melhor termo, algo que finalmente distinguirá vencedores de perdedores, não pretendiam dizer que saibamos o que é esse algo. Esse suplemento que está além da literatura e das provas de laboratório é desconhecido, e essa é a razão de o estarem procurando, de se chamarem "pesquisadores", de escreverem tantos artigos e de mobilizarem tantos instrumentos.

CIÊNCIA EM AÇÃO   **149**

"É ridículo" – ouço-os dizer – "imaginar que a voz da Natureza pudesse impedir que Guillemin e Schally brigassem, que pudesse revelar se as células de combustível são superiores às baterias comuns ou se o modelo de Watson e Crick é melhor que o de Pauling. É absurdo imaginar que a Natureza, como uma deusa, faça concretamente a balança propender em favor de um dos campos, ou que o Deus Sol irrompa num congresso de astrofísica para dar alguma vantagem a teóricos ou experimentais; mais ridículo ainda é imaginar os dinossauros de verdade invadindo um museu de história natural para serem comparados com seus modelos de gesso! O que quisemos dizer, ao contestarmos sua obsessão por retórica e mobilização de caixas-pretas, foi que, dirimida a controvérsia, *é a Natureza a aliada final responsável pela solução*, e não os truques e recursos de retórica ou qualquer geringonça de laboratório".

Se quisermos seguir os cientistas e os engenheiros enquanto eles constroem a tecnociência, teremos aí um grande problema. Por um lado, os cientistas proclamam que a Natureza é o único adjudicador possível de uma disputa; por outro, arregimentam incontáveis aliados enquanto esperam que a Natureza se declare. Às vezes Davi é capaz de derrotar todos os filisteus com uma única funda; outras vezes, é melhor ter espadas, carros de guerra e um número maior de soldados mais bem treinados que os filisteus!

Para nós, leigos que queremos entender a tecnociência, é crucial definir versão correta, porque na primeira versão, sendo a Natureza suficiente para dirimir todas as discussões, nada temos que fazer, pois, por maiores que sejam os recursos dos cientistas, estes pouco importarão no fim; só a Natureza importa. Nossos capítulos podem não estar de todo errados, mas serão inúteis, pois só dão atenção a bagatelas e adendos, e decerto não há por que continuar mais quatro capítulos para encontrar mais trivialidades. De acordo com a segunda versão, porém, temos muito trabalho pela frente, uma vez que, analisando os aliados e os recursos que dirimem uma controvérsia, entenderemos *tudo* o que há para entender em tecnociência. Se a primeira versão for correta, nada teremos para fazer senão apreender os aspectos mais superficiais da ciência; se a segunda versão for mantida, tudo estará por ser entendido, exceto talvez os aspectos mais supérfluos e vistosos da ciência. Diante dessas implicações, o leitor perceberá por que esse problema deve ser atacado com cuidado. O livro como um todo está em risco aqui. O problema se torna ainda mais delicado porque os cientistas sustentam *simultaneamente* as duas versões contraditórias, ostentando uma ambivalência que poderia paralisar todos os nossos esforços para segui-los.

Estaríamos realmente paralisados, como a maioria de nossos predecessores, se não estivéssemos acostumados com essa conversa dupla ou com as duas caras de Jano (ver Introdução). As duas versões são contraditórias, mas não são proferidas pela mesma face de Jano. Há novamente uma clara distinção entre o que os cientistas dizem sobre a parte fria e resolvida e sobre a parte quente e não resolvida da frente de pesquisas. Enquanto as controvérsias estão vivas, a Natureza nunca é usada como árbitro final, pois ninguém sabe o que ela é ou diz. Mas, *dirimida a controvérsia*, a Natureza é o juiz supremo.

Essa súbita inversão daquilo que conta como árbitro e daquilo que conta como arbitrado, embora anti-intuitiva a princípio, é tão fácil de entender quanto a rápida transição do "nome da ação" dada a um novo objeto para o momento em que ele recebe o seu nome como coisa (ver antes). Enquanto existe um debate entre os endocrinologistas sobre GRF ou GHRH, ninguém pode interferir dizendo: "Eu sei o que é, a Natureza me contou. É esta sequência de aminoácidos". Uma alegação dessas seria saudada por ruidosas vaias, a menos que o proponente de tal sequência fosse capaz de mostrar seus números, de citar suas referências e de transcrever suas fontes de apoio; em suma, de escrever outro artigo científico e equipar um novo laboratório, como no caso que estudamos. Porém, tomada a decisão coletiva de transformar o GHRH de Schally numa ficção e o GRF de Guillemin num fato indiscutível, a razão para essa decisão não é imputada a Guillemin, mas imediatamente atribuída à existência independente do GRF na Natureza. Enquanto durou a controvérsia, nenhum apelo à Natureza poderia conferir força extra a qualquer dos lados do debate (seria, na melhor das hipóteses, uma invocação; na pior, um blefe). Assim que o debate termina, o suplemento de força oferecido pela Natureza se transforma na explicação do motivo da cessão do debate (e do motivo de os blefes, as fraudes e os erros terem sido finalmente desmascarados).

Assim, estamos diante de duas suposições quase simultâneas:

A Natureza é a causa final da resolução de todas as controvérsias, *uma vez que as controvérsias estejam resolvidas.*

Enquanto durarem as controvérsias, *a Natureza aparecerá simplesmente como consequência final delas.*

Quando alguém quer atacar a alegação de um colega, criticar uma visão de mundo, modalizar uma afirmação, não pode *simplesmente* dizer que a Natureza está do seu lado; "simplesmente" nunca será suficiente. Será obrigatório o uso de outros aliados além da Natureza. Se houver sucesso, então a Natureza será suficiente, e todos os outros aliados e recursos serão redundantes. Uma analogia com a política pode ajudar um pouco nesse ponto. A Natureza, nas mãos dos cientistas, é um monarca constitucional, muito parecido com a rainha Elizabeth II. Do trono, ela lê com o mesmo tom, a mesma majestade e convicção um discurso escrito por um primeiro-ministro conservador ou trabalhista, dependendo do resultado da eleição. Na verdade ela *acrescenta* alguma coisa à disputa, mas só depois que a disputa terminou; enquanto a eleição está em curso, ela não faz nada além de esperar.

Essa súbita reversão das relações dos cientistas com a Natureza e com os outros cientistas é um dos fenômenos mais intrigantes que já encontrei ao seguir seus passos. Acredito que seja a dificuldade de entender essa simples reversão que tenha feito da tecnociência algo de sondagem tão difícil até agora.

As duas faces de Jano, falando juntas, constituem – convenhamos – um espetáculo surpreendente. No lado esquerdo, a Natureza é causa; no lado direito, é consequência do fim da controvérsia. No lado esquerdo, os cientistas são *realistas*, ou seja, acreditam que os representantes sejam selecionados por aquilo que realmente está do lado de fora, pelo único árbitro independente que existe: a Natureza.

No lado direito, os mesmos cientistas são *relativistas*, ou seja, acreditam que os representantes sejam selecionados entre eles mesmos e os actantes que representam, sem que árbitros independentes e imparciais emprestem seu peso a qualquer um deles. Sabemos por que falam duas línguas ao mesmo tempo: a boca esquerda fala sobre as partes resolvidas da ciência, enquanto a boca direita fala sobre as partes não resolvidas. No lado esquerdo, o polônio foi descoberto há muito tempo pelos Curie; no lado direito, há uma longa lista de ações realizadas por um actante desconhecido em Paris, na École de Chimie, actante que os Curie propõem chamar "polônio". No lado esquerdo, todos os cientistas concordam, e só ouvimos a voz da Natureza, singela e clara; no lado direito, os cientistas discordam, e nenhuma voz pode ser ouvida acima das vozes deles.

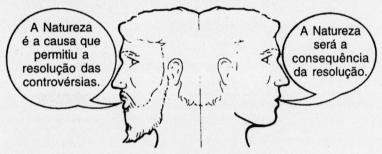

FIGURA 2.5

(3) Terceira regra metodológica

Se quisermos continuar nossa jornada pela construção dos fatos, teremos de adaptar nosso método ao discurso duplo dos cientistas. Se não, estaremos sempre em descompasso: incapazes de resistir à primeira objeção deles (realista) ou à segunda (relativista). Precisaremos então ter dois discursos diferentes, um se considerarmos uma parte resolvida da tecnociência, e outro se considerarmos uma parte não resolvida. Nós também seremos relativistas no segundo caso e realistas no primeiro. Quando estudamos uma

CIÊNCIA EM AÇÃO   **153**

controvérsia – como até agora –, não podemos ser menos relativistas que os cientistas e engenheiros que acompanhamos; eles não *usam* a Natureza como árbitro externo, e não temos razões para imaginar que somos mais inteligentes que eles. Para essas partes da ciência nossa *terceira regra metodológica* será a seguinte: uma vez que a resolução de uma controvérsia é *a causa* da representação da Natureza, e não a consequência, *nunca poderemos usar o resultado – Natureza – para explicar como e por que uma controvérsia foi resolvida*.

É fácil aplicar esse princípio enquanto dura a disputa, mas é difícil tê-lo em mente depois que ela acabou, visto que a outra face de Jano passa a prevalecer e tem a palavra. É isso que torna tão difícil e ingrato o estudo da tecnociência passada. Temos de agarrar-nos às palavras da face direita de Jano – agora pouco audíveis – e ignorar os clamores do lado esquerdo. Ocorreu, por exemplo, que os raios N foram lentamente transformados em artefatos, de modo muito parecido com o que aconteceu com o GHRH de Schally. Como estudar essa inocente expressão "ocorreu"?

Com base na física atual, todos são unânimes em dizer que Blondlot estava redondamente enganado. Seria bem fácil para os historiadores dizer que Blondlot falhou porque "nada havia de fato por trás de seus raios N" que apoiassem sua afirmação. Esse modo de analisar o passado chama-se *história whig*, ou seja, uma história que abençoa os vencedores, dizendo que são os melhores e os mais brilhantes, história segundo a qual perdedores como Blondlot foram derrotados simplesmente *porque* estavam errados. Reconhecemos aqui um modo de falar do lado esquerdo de Jano, em que a própria Natureza separa os maus dos bonzinhos. Mas será mesmo possível ver nisso o motivo pelo qual em Paris, em Londres e nos Estados Unidos os raios N se transformaram em ficção? Claro que não, pois é óbvio que naquela época a física de hoje não podia ser usada como parâmetro, ou melhor, o estado atual das coisas é, em parte, *consequência* da resolução de muitas controvérsias como as do raios N!

Os *"historiadores whig"* tinham vida fácil. Apareceram depois da batalha e só precisaram de uma razão para explicar a deposição de Blondlot. Ele estava errado o tempo todo. Essa é precisamente

154 BRUNO LATOUR

a razão que não faz a menor diferença quando se está procurando a verdade no meio de uma polêmica. Não precisamos de uma, mas de *muitas* razões para explicar como uma controvérsia cessou e uma caixa-preta se fechou.[17]

No entanto, quando falamos de uma parte fria da tecnociência, precisamos mudar de método, tal qual os próprios cientistas, que de relativistas radicais se transformam em realistas cabais. A Natureza agora é considerada causa das descrições precisas de si mesma. Não podemos ser mais relativistas do que os cientistas no que se refere a essas partes e continuar negando a evidência quando ninguém mais está fazendo isso. Por quê? Porque o custo da controvérsia é alto demais para um cidadão comum, ainda que se trate de um historiador ou sociólogo da ciência. Se não houver mais discordância entre os cientistas quanto à situação dos fatos, será inútil continuar falando em interpretação, representação, visão preconcebida ou distorcida do mundo, quadros fracos e frágeis do mundo, porta-vozes infiéis. A natureza fala claro, fatos são fatos. Ponto final. Não há nada que somar, nada que subtrair.

Essa divisão entre interpretação relativista e realista da ciência levou os analistas da ciência ao desequilíbrio. Ou continuavam sendo relativistas mesmo com relação às partes resolvidas da ciência – o que os fazia parecer ridículos –, ou continuavam sendo realistas mesmo com relação às partes quentes e incertas – e faziam papel de bobos. A terceira regra metodológica exposta anteriormente deve ajudar-nos nesse estudo porque possibilita bom equilíbrio. Não tentamos solapar a solidez das partes aceitas da ciência. Somos realistas tanto quanto nossos companheiros de jornada e tanto quanto o lado esquerdo de Jano. Mas assim que tem início uma controvérsia nos tornamos tão relativistas quanto nossos informantes. No entanto, não os seguimos passivamente porque nosso método nos permite documentar tanto a construção do fato quanto da ficção, do frio e do quente, das afirmações desmodalizadas e modalizadas, e, em

---

17 Essa questão básica do relativismo foi muito bem sintetizada em muitos artigos de Collins. Ver, em especial, seu último livro (1985).

particular, permite-nos seguir com precisão as súbitas mudanças de uma face de Jano para outra. Esse método oferece-nos, por assim dizer, uma versão estereofônica da construção de fatos, em vez de suas predecessoras monofônicas!

PARTE II
DOS PONTOS FRACOS AOS FORTES

Capítulo 3
Máquinas

Introdução
As incertezas do construtor de fatos

Na Parte I deste livro vimos como podemos viajar pela tecnociência sem sermos intimidados pela literatura técnica nem pelos laboratórios. Quando qualquer controvérsia se acalora, sabemos como acompanhar o acúmulo de artigos e nos orientar nos laboratórios que estão por trás dos artigos. Para adquirir esse conhecimento, porém, tivemos de pagar um preço que pode ser sumariado pelos três princípios metodológicos que apresentei: primeiro, desistir de qualquer discurso ou opinião sobre a ciência feita e, em lugar disso, seguir os cientistas em ação; segundo, desistir de qualquer decisão sobre a subjetividade ou a objetividade de uma afirmação com base simplesmente no exame dessa afirmação e, em vez disso, acompanhar sua história tortuosa, de mão em mão, durante a qual cada um a transforma mais em fato ou mais em artefato; finalmente, abandonar a suficiência da Natureza como principal explicação para o encerramento das controvérsias e, em vez disso, contabilizar a longa e heterogênea lista de recursos e aliados que os cientistas estavam reunindo para tornar a discordância impossível.

160 BRUNO LATOUR

O quadro da tecnociência revelado por este método é o de uma retórica fraca tornando-se cada vez mais forte à medida que o tempo passa, à medida que os laboratórios vão sendo equipados, os artigos publicados e novos recursos arregimentados para apoiar controvérsias cada vez mais acerbas. Leitores, escritores e colegas são forçados a desistir, a aceitar as proposições ou a discuti-las por meio da reexecução de tudo o que foi feito em laboratório. Esses três possíveis resultados poderiam ser explorados com mais detalhes por outros estudos da literatura científica e dos laboratórios.[1] Esses estudos, porém, por mais necessários que sejam, não resolveriam uma das principais limitações da Parte I deste livro: os discordantes rarissimamente se empenham numa confrontação como essa; *permanecendo todo o resto igual*, o vencedor é quem tem o laboratório maior ou o melhor artigo. Para maior clareza, comecei com os três resultados expostos antes, como se a tecnociência fosse semelhante a uma luta de boxe. Na prática, há um quarto conjunto de resultados, que é muito mais comum: *não sendo tudo igual*, é possível ganhar com muitos outros recursos que não só artigos e laboratórios. É possível, por exemplo, jamais encontrar algum discordante, jamais despertar o interesse de alguém, jamais aceitar a superioridade de forças dos outros. Em outras palavras, é preciso garantir primeiro a posse de muitos baluartes para que a retórica mais forte da ciência adquira toda a força de uma vez por todas.

Para traçar esse fundamento preliminar, precisamos lembrar nosso primeiro princípio: o destino de uma afirmação depende do comportamento dos outros. Você pode ter escrito um artigo definitivo provando que a Terra é oca e que a Lua é feita de queijo fresco, mas esse artigo não será definitivo se outras pessoas não o tomarem e usarem como fato mais tarde. Você precisa delas para que seu artigo seja decisivo. Se elas rirem de você, se ficarem indiferentes, se descartarem o artigo, ele está liquidado. Portanto, uma afirmação está sempre em situação de risco, de modo muito semelhante ao

---

1 Para uma apresentação dos estudos de laboratório, ver Knorr (1981), Knorr e Mulkay (1983) e Lynch (1985).

que acontece com uma bola de rúgbi. Se nenhum jogador a pegar, ela simplesmente ficará pousada no gramado. Para que ela volte a mover-se, é preciso que haja uma ação, que alguém a pegue e atire-a; mas o arremesso depende, por sua vez, da hostilidade, da velocidade, da perícia ou da tática dos outros. Em qualquer ponto, a trajetória da bola pode ser interrompida, defletida ou desviada pelo outro time – que aqui desempenha o papel dos discordantes – e interrompida, defletida ou desviada pelos jogadores de seu próprio time. O movimento total da bola, de uma afirmação, de um artefato, dependerá até certo ponto da ação do autor, mas em muito maior grau da ação de uma multidão sobre a qual o autor tem pouco controle. A construção de fatos, como um jogo de rúgbi, é um processo coletivo.

Cada elemento da cadeia de indivíduos necessários para passar a caixa-preta adiante pode agir de maneiras multifárias: as pessoas em questão podem simplesmente largá-la, ou aceitá-la como é, ou mudar as modalidades que a acompanham, ou modificar a afirmação, ou apropriar-se dela e colocá-la em contexto completamente diferente. Em vez de agirem como condutores, ou semicondutores, serão *multicondutores* e imprevisíveis. Para ter uma ideia do trabalho de alguém que queira estabelecer um fato, é preciso imaginar a cadeia das milhares de pessoas necessárias para transformar a primeira afirmação numa caixa-preta e o ponto em que cada uma delas pode ou não, de maneira imprevisível, transmitir a afirmação, modificá-la, alterá-la ou transformá-la em artefato. Como é possível ter domínio sobre o destino futuro de uma afirmação que é resultado do comportamento de todos esses aliados infiéis?

Essa questão é a mais difícil de todas, pois todos os atores estão fazendo alguma coisa com a caixa-preta. Mesmo na melhor das hipóteses, eles não a transmitem pura e simplesmente, mas acrescentam elementos seus ao modificarem o argumento, fortalecê-lo e incorporá-lo em novos contextos. A metáfora do jogo de rúgbi logo deixa de valer, pois a bola permanece a mesma o tempo todo – a não ser por alguns arranhões –, ao passo que, nesse jogo da tecnociência a que estamos assistindo, o objeto é modificado à medida que vai passando de mão em mão. Ele não só é coletivamente transmitido

162   BRUNO LATOUR

de um ator para o próximo, como também é coletivamente *composto* pelos atores. Essa ação coletiva suscita então mais duas perguntas. A quem se pode atribuir a responsabilidade pelo jogo? Que objeto foi passado de mão em mão? Um exemplo facilitará o entendimento do problema do construtor de fatos. Diesel é conhecido como o pai do motor a diesel.[2] Essa paternidade, porém, não é tão imediata quanto a saída de Atená da cabeça de Zeus. O motor não emergiu certa manhã da cabeça de Diesel. O que emergiu foi a ideia de um motor perfeito que funcionasse de acordo com os princípios termodinâmicos de Carnot. Seria um motor cuja ignição poderia ocorrer sem aumento de temperatura, paradoxo que Diesel resolveu inventando novas maneiras de injetar e queimar o combustível. Nesse ponto da história, temos um livro publicado e uma patente registrada por ele; portanto, temos um mundo de papel semelhante ao estudado antes aqui. Alguns estudiosos, entre os quais Lord Kelvin, ficaram convencidos, enquanto outros acharam a ideia impraticável.

Diesel está agora diante de um problema. Precisa dos outros para transformar o projeto bidimensional e a patente na forma de um protótipo tridimensional em funcionamento. Atrai umas empresas novas, montadoras de máquinas – a Maschinenfabrik Augsburg-Nürnberg, conhecida como MAN, e a Krupp –, que estão interessadas, na esperança de aumentar eficiência e versatilidade com uma máquina Carnot perfeita, já que a eficiência das máquinas a vapor nos anos 1890 era baixíssima. Como veremos, a realidade tem muitos matizes, como a objetividade, e depende inteiramente do número de elementos amarrados à alegação feita. Durante quatro anos, Diesel tentou conseguir um motor que funcionasse, construindo-o com a ajuda de alguns engenheiros e máquinas da MAN. A *realização* progressiva do motor foi possibilitada pela importação de todos os recursos disponíveis para a oficina, como acontece em qualquer laboratório. As habilidades técnicas e as ferramentas para

---

2 Nesta introdução, baseio-me no artigo de Bryant (1976); ver também seu artigo de 1969.

CIÊNCIA EM AÇÃO **163**

a construção dos pistões e das válvulas eram resultado de trinta anos de experiência da MAN e estavam disponíveis no local como parte da rotina. A questão da combustão logo se mostrou mais problemática, uma vez que o ar e o combustível precisam ser misturados numa fração de segundo. Foi encontrada uma solução que utilizava injeção de ar comprimido, mas isso exigia bombas enormes e novos cilindros para o ar; o motor ficou grande e caro, incapaz de competir no mercado de motores pequenos e versáteis. Modificando todo o projeto do motor muitas vezes, Diesel acabou por afastar-se da patente original e dos princípios apresentados em seu livro.

O número de elementos agora amarrados ao motor de Diesel está aumentando. Primeiro, tínhamos a termodinâmica de Carnot mais um livro mais uma patente mais os comentários animadores de Lord Kelvin. Agora temos também a MAN mais a Krupp mais alguns protótipos mais dois engenheiros que ajudam Diesel mais o *know-how* local mais algumas firmas interessadas mais um novo sistema de injeção de ar, e assim por diante. A segunda série é um pouco maior, mas o motor perfeito da primeira foi transformado no processo; em particular, a temperatura constante foi abandonada. Ele agora é um motor de pressão constante e, em nova edição de seu livro, Diesel precisa lutar para conciliar o afastamento do primeiro motor, mais "teórico", com o que vai sendo lentamente construído.

Mas em que grau o real é real? Em junho de 1897 o motor é solenemente apresentado ao público. As preocupações de um construtor de caixa-preta agora assumem nova dimensão. Diesel precisa que outros tomem seu motor e o transformem numa caixa-preta que funcione bem em milhares de cópias por todo o mundo, incorporado como elemento não problemático em fábricas, navios e caminhões. Mas o que farão com ele essas outras pessoas? Até que ponto o protótipo deverá ser *transformado* antes de ser *transferido* de Augsburg para Newcastle, Paris ou Chicago? Inicialmente, Diesel acha que ele não deve sofrer transformação alguma: funciona. Basta comprar a licença, pagar o *royalty*, e nós mandaremos projetos, alguns engenheiros para ajudar, alguns mecânicos para cuidar do motor e, se você não ficar satisfeito, receberá seu dinheiro de volta!

164 BRUNO LATOUR

Nas mãos de Diesel o motor é uma caixa-preta fechada, exatamente da mesma maneira como o GRF era um fato indiscutível para Schally, simplesmente à espera de ser adotado por artigos científicos ulteriores (ver Capítulo 1).

Contudo, essa não era a opinião da firma que comprou os protótipos. Esperava-se que ele não fosse problemático, mas o motor continuava falhando, morrendo, desconjuntando-se. Em vez de continuar fechada, a caixa-preta se abriu e teve de ser examinada todos os dias por mecânicos e engenheiros intrigados que viviam discutindo uns com os outros, exatamente como os leitores de Schally toda vez que tentavam obter o seu GRF para aumentar o comprimento de tíbias em seus próprios laboratórios. Uma após a outra, as empresas que haviam comprado licenças de fabricação devolviam os protótipos a Diesel e pediam o dinheiro de volta. Diesel faliu e teve um esgotamento nervoso. Em 1899, o número de elementos amarrados ao motor de Diesel *havia diminuído*, em vez de aumentar. A realidade do motor regredira em vez de progredir. O motor, de modo muito semelhante ao GRF de Schally, tornou-se menos real. De artefato factual, se me permitem usar os dois significados ao mesmo tempo, ele se transformou em artefato fictício, num desses sonhos de que está cheia a história da técnica.

Alguns engenheiros da MAN, porém, continuam trabalhando num novo protótipo. Diesel não está mais no comando das ações. Grande número de modificações é feito em um exemplar que funciona durante o dia numa fábrica de fósforos e é vistoriado todas as noites. Cada engenheiro acrescenta alguma coisa ao projeto e o aperfeiçoa um pouco. O motor não é mais uma caixa-preta, porém, pode ser levado, por meio de um número maior de cópias, para muitos outros lugares, e vão se somando modificações. Vai sendo transferido de um lugar para outro sem ter de ser reprojetado. Mais ou menos em 1908, quando a patente de Diesel vence e cai em domínio público, a MAN já consegue pôr à venda um motor diesel que pode ser comprado como equipamento não problemático, embora novo, e incorporado na indústria como uma peça a mais. Entrementes, as firmas que haviam desistido retomam o projeto,

CIÊNCIA EM AÇÃO **165**

acrescentando sua contribuição ao construírem motores para finalidades específicas.

Um pouco antes de Diesel se suicidar pulando do navio que o levava à Inglaterra, os motores diesel já se haviam finalmente disseminado; mas seriam o motor *de Diesel*? Tantas pessoas o haviam modificado desde a patente de 1887 que nasceu uma polêmica em torno da responsabilidade por aquela ação coletiva que tornou real o motor. Num encontro de 1912 da Sociedade Alemã de Arquitetos Navais, Diesel afirmou que outros apenas desenvolveram seu motor original. Porém, vários de seus colegas argumentaram, no mesmo encontro, que entre o novo motor real e a patente inicial havia, na melhor das hipóteses, ligeira relação, e que a maior parte do crédito cabia à centena de engenheiros que haviam sido capazes de transformar uma ideia inexequível num produto comercializável. Argumentavam que Diesel poderia ser o *epônimo* para a ação coletiva, mas que não era a causa da ação; era no máximo a inspiração, e não, digamos, o motor do seu motor.

Como deveremos seguir esses objetos móveis que se transformam de mão em mão e vão sendo feitos por um grande número de diferentes atores, antes de terminarem como caixa-preta bem escondida debaixo de um capô de carro, acionada por um giro de chave de um motorista que não precisa saber nada sobre a termodinâmica de Carnot? Pelo *know-how* da MAN ou pelo suicídio de Diesel?

Uma série de termos é tradicionalmente usada para contar essas histórias. Primeiro, pode-se considerar que todos os motores diesel se situam numa *trajetória* que passa por diferentes fases, das ideias ao mercado. Essas fases, que todos admitem ser pouco claras, recebem diferentes nomes. A ideia de um motor perfeito, que Diesel tinha em mente, é chamada *invenção*. Mas quando, como vimos, a ideia precisa ser desenvolvida para se transformar num protótipo praticável, entra-se numa nova fase que se chama *desenvolvimento* – donde a expressão Pesquisa e Desenvolvimento, que veremos no Capítulo 4. *Inovação* muitas vezes é a palavra usada para a fase seguinte, na qual alguns protótipos são preparados para serem copiados em milhares de exemplares que serão vendidos mundo afora.

166 BRUNO LATOUR

Esses termos, porém, não são de grande utilidade. Desde o início, Diesel tinha uma noção geral não só de seu motor, mas também do mundo econômico no qual devia trabalhar, do modo como as licenças eram concedidas, da organização da pesquisa, das companhias que deveriam ser preparadas para construí-lo. Em outro livro, Diesel chegava a designar, com base na solidariedade, o tipo de sociedade que estaria mais ajustada para o tipo de novidade técnica que ele desejava introduzir. Por isso, não se pode fazer uma distinção nítida entre invenção e inovação. Em 1897, o gerente da MAN, Diesel e os primeiros investidores acharam que o desenvolvimento havia terminado e que a inovação estava começando, e, no entanto, passaram-se mais de dez anos para ser atingido tal estágio, período em que Diesel foi à bancarrota. Portanto, essa distinção entre fases não é dada de imediato. Ao contrário, fazer separações entre as fases e impô-las é um dos problemas do inventor: será que a caixa-preta é realmente preta? Quando é que a discordância vai acabar? Será que agora vou achar quem acredite e compre? Finalmente, nem mesmo é indubitável que a primeira invenção deva ser buscada na mente de Diesel. Milhares de engenheiros estavam ao mesmo tempo à procura de um motor de combustão mais eficiente. O primeiro lampejo de intuição poderia não estar em uma mente apenas, mas em muitas.

Se a noção de fases separadas é inútil, também o é a de trajetória. Não descreve nada, porque é mais um problema que deve ser solucionado. Diesel realmente afirmava haver uma só trajetória a ligar sua patente originária aos motores reais. Essa seria a única maneira de falar em termos de "paternidade" do projeto. Mas isso foi discutido por centenas de engenheiros, que afirmavam ser diferente a genealogia do motor. De qualquer modo, se Diesel estava tão certo de sua progênie, por que não o chamar motor Carnot, porquanto foi de Carnot que ele tomou a ideia original? Mas como a patente original nunca funcionou, por que não chamá-lo motor MAN, ou motor de injeção de ar com pressão constante? Veremos que falar de fases numa trajetória é como tirar fatias de um patê feito de centenas de nacos de carne. Ainda que palatável, ele não tem relação nenhuma com as articulações naturais do animal. Para usar outra metáfora, empregar esses termos seria como assistir a um jogo de rúgbi no televisor, em que só se mostrasse uma bola fosforescente. Toda a correria, os lances e o entusiasmo dos jogadores seriam substituídos por um ponto sem sentido, a ziguezaguear.

Por mais ineptos que sejam na descrição da construção de fatos, esses termos tradicionais são úteis para a contabilidade, ou seja, para calcular quanto dinheiro e quantas pessoas são investidos (como veremos no próximo capítulo). Da invenção ao desenvolvimento e deste à inovação e à venda, o *dinheiro* que deve ser investido aumenta exponencialmente, assim como o *tempo* que deve ser despendido em cada fase e o *número de pessoas* que participam da construção. A propagação das caixas-pretas no tempo e no espaço é paga por um fantástico aumento no número de elementos que devem ser interligados. Bragg, Diesel ou West (ver Introdução) podem ter ideias rápidas e baratas, que mantêm alguns colaboradores ocupados durante alguns meses. Mas para construir um motor ou um computador para venda é preciso mais pessoas, mais tempo, mais dinheiro. Este capítulo pretende acompanhar esse drástico aumento dos números.

Esse aumento nos números está necessariamente ligado ao problema do construtor do fato: como propagar-se no tempo e no espaço. Se Schally for a única pessoa que acredita no GRF, então o GRF permanecerá num lugar de Nova Orleans, com a aparência de um monte de palavras numa velha separata. Se Diesel for a única pessoa que acredita em seu motor perfeito, o motor ficará para sempre numa gaveta de escritório, em Augsburg. Para propagarem-se no espaço e tornarem-se duradouros, eles todos precisam (nós todos precisamos) das ações dos outros. Mas como serão essas ações? Muitas, na maioria das vezes imprevisíveis, transformarão o objeto ou a afirmação transportada. Portanto, estamos diante de uma incerteza: ou os outros não tomam a afirmação em suas mãos ou a tomam. Se não tomarem, a afirmação ficará limitada a um ponto no tempo e no espaço: eu, meus sonhos, minhas fantasias... Mas se a tomarem nas mãos, poderão transformá-la tanto que ficará irreconhecível.

Para sair dessa incerteza precisamos fazer duas coisas ao mesmo tempo:

- *alistar outras pessoas* para que elas participem da construção do fato;
- *controlar o comportamento delas* para tornar previsíveis suas ações.

À primeira vista, essa solução parece tão contraditória que dá a impressão de ser inexequível. Se outras pessoas forem alistadas, transformarão tanto as alegações que elas se tornarão irreconhecíveis. Portanto, a própria ação de envolvê-las provavelmente dificultará o controle. A solução para essa contradição é a noção básica de *translação*. Chamarei de translação a interpretação dada pelos construtores de fatos aos seus interesses e aos das pessoas que eles alistam. Examinemos essas estratégias com mais detalhes.

Parte A
Translação de interesses

(1) Translação um: Eu quero o que você quer

Precisamos de outras pessoas que nos ajudem a transformar uma afirmação em fato. O primeiro modo, o mais fácil, de encontrar pessoas que acreditem imediatamente na afirmação, que invistam no projeto ou que comprem o protótipo é adaptar o objeto de tal maneira que ele atenda aos *inter-esses explícitos* dessas pessoas. Como indica a expressão latina *"inter-esse"*, "interesse" é aquilo que *está entre* os atores e seus objetivos, criando assim uma tensão que fará os atores selecionarem apenas aquilo que, em sua opinião, os ajude a alcançar esses objetivos entre as muitas possibilidades existentes. Nos capítulos precedentes, por exemplo, vimos muitos contendores empenhados em polêmicas. Para resistir aos desafios de seus oponentes, precisaram firmar posições em torno de argumentos

CIÊNCIA EM AÇÃO **169**

menos controvertíveis, de caixas-pretas mais simples, de assuntos menos discutíveis, reunindo em torno de si laboratórios grandes e eficientes. Se alguém desse a um dos contendores uma dessas caixas--pretas, é provável que ela fosse agarrada com mais avidez e mais rapidamente transformada em fato. Suponhamos, por exemplo, que, enquanto Diesel estava às voltas com seu protótipo, alguém chegasse com um novo instrumento que mostrasse, num diagrama traçado por um indicador simples, de que maneira a pressão muda com a mudança do volume à medida que o pistão entra no cilindro, de tal forma que a área do diagrama medisse o trabalho feito. Diesel o agarraria no ato, porque essa seria uma maneira mais nítida de "enxergar" o modo como o pistão invisível se move, e porque essa seria uma ilustração gráfica, para todos verem, de que o seu motor cobre uma área maior que qualquer outro. O ponto essencial é que, ao adotar o indicador para promover seus objetivos, Diesel empresta sua força ao inventor, atendendo aos objetivos deste. Quanto maior o número de elementos desse tipo a que Diesel conseguir se ligar, maior será sua probabilidade de transformar seu próprio protótipo num motor que funcione. Mas esse movimento também serve para o indicador, que então passa a ser um componente corriqueiro da bancada de testes. Os dois interesses estão se movendo na mesma direção.

Suponhamos, para tomar outro exemplo, que Boas, o antro-pólogo norte-americano, esteja empenhado em feroz controvérsia contra os partidários da eugenia, que convenceram a tal ponto o Congresso dos Estados Unidos da existência do determinismo biológico que este barrou a imigração de quem tivesse genes "defeituosos".[3] Suponhamos, agora, que uma jovem antropóloga demonstre que, pelo menos em uma das ilhas Samoa, a biologia não pode ser a causa da crise das adolescentes, porque o determinismo cultural é forte demais. Será que Boas não terá "interesse" no rela-tório de Mead – sobretudo porque a mandou para lá? Todas as vezes

---

3 Sobre essa controvérsia, ver Freeman, op. cit.; sobre os fatos históricos que envolveram esse episódio, ver Kevles (1985).

170 BRUNO LATOUR

que os partidários da eugenia criticarem seu determinismo cultural, Boas reforçará sua posição periclitante com o contraexemplo de Mead. Mas sempre que Boas e outros antropólogos fizerem isso, estarão ajudando a empurrar mais para o lado do fato daquilo que é narrado por Mead. Imagine agora que o relatório de Mead não interesse a ninguém, não seja retomado por ninguém e permaneça para sempre em (pacífico) limbo. Unindo sua tese à luta de Boas, Mead força todos os outros partidários do determinismo cultural a se tornarem seus correligionários construtores: todos eles, de bom grado, transformam as afirmações dela nos fatos mais sólidos que apareceram em antropologia durante muitas décadas. Quando Freeman, outro antropólogo, quer solapar o fato Mead, também tem de vincular sua luta a outra mais ampla, a dos sociobiólogos. Até então, sempre que os sociobiólogos lutavam contra o determinismo cultural, tropeçavam no fato Mead, que se tornara formidável graças à ação coletiva de gerações sucessivas de antropólogos. Os sociobiólogos aderem então com avidez à tese de Freeman porque esta lhes permite libertarem-se desse irritante contraexemplo, e emprestam a ele suas formidáveis forças (firmas de publicidade, ligações com a mídia). Com essa ajuda, aquilo que poderia ter sido um "ataque ridículo" transforma-se em "corajosa revolução" que ameaça destruir a reputação de Mead.

Como enfatizo no Capítulo 2, nenhum desses empréstimos, sozinho, será suficiente para pôr fim à controvérsia: algumas pessoas podem contestar o indicador adotado por Diesel, ou o relatório de Mead, ou a "corajosa revolução" de Freeman. O importante aqui é que a maneira mais fácil de alistar pessoas na construção de fatos é deixar-se alistar por elas! Ao promovermos o interesse explícito delas, também favorecemos o nosso. A vantagem dessa estratégia da "carona" é que não precisamos de nenhuma outra força para transformar uma alegação em fato; um contendor fraco pode então tirar proveito de um outro, muitíssimo mais forte.

FIGURA 3.1

Também há desvantagens. Em primeiro lugar, como tantas pessoas estão ajudando a construir nosso fato, de que maneira a nossa própria contribuição será avaliada? Será que não vai ficar obscurecida? Ou pior, será que outras pessoas não se apossarão dela, dizendo que executaram a maior parte do trabalho, como aconteceu com Diesel? Em segundo lugar, como precisarão sair de seu caminho para seguir a direção dos outros (ver Figura 3.1, Translação 1), os contendores não terão controle sobre aquilo que será feito com o que eles disserem pela multidão que estão seguindo. Essa é uma grande dificuldade quando os outros se convencem tanto que transformam nossas afirmações titubeantes em asseverações de alcance gigantesco. Quando Pasteur elaborou uma vacina contra a cólera das aves, que curou algumas galinhas, despertou o interesse de tantos grupos poderosos, entre autoridades sanitárias, médicos veterinários e fazendeiros, que estes saltaram para a conclusão de que aquele seria "o começo do fim de todas as doenças infecciosas em homens e animais".[4] Essa nova alegação era uma *composição* feita, em pequena medida, do estudo de Pasteur com algumas galinhas e, em medida bem maior, de interesses dos grupos envolvidos. A prova de que essa amplitude não se devia ao estudo de Pasteur, mas sim a interesses estranhos, é que muitas outras profissões que Pasteur ainda não conseguira interessar – os médicos, por exemplo – acharam que aqueles

---

4 Baseio-me aqui no artigo de Geison sobre Pasteur (1974).

172 BRUNO LATOUR

mesmos experimentos eram deficientes, duvidosos, prematuros e inconcludentes.

Portanto, pegar carona é precário: às vezes é preciso vencer a indiferença dos outros grupos (que se recusam a acreditar e a emprestar suas próprias forças), e às vezes é preciso refrear seu entusiasmo súbito. Por exemplo, uma das pessoas que não foram convencidas por Pasteur foi Koch, seu rival alemão. Mais tarde, porém, em 1890, Koch teve de dar uma conferência no congresso da Associação Médica Internacional, em Berlim.[5] Ele despertara com tanto sucesso o interesse de todos em seu estudo sobre a tuberculose, fora tão sagaz ao vincular sua ciência ao nacionalismo do kaiser Guilherme, que todos estavam dispostos a acreditar nele. De fato tão dispostos que, quando ele aludiu, durante sua intervenção, a uma possível vacina contra a tuberculose, todos o ouviram dizer que ele *tinha* a tal vacina. Todos se puseram a seus pés e o aplaudiram freneticamente, e Koch, embaraçado com aquela transformação coletiva de sua afirmação num fato, não ousou dizer que não tinha chegado a vacina alguma. Quando os pacientes tuberculosos chegaram em bandos a Berlim à procura de injeções, ficaram amargamente decepcionados, pois Koch não pode cumprir sua promessa pública... Atender a outros interesses explícitos não é estratégia segura. Deve haver caminhos melhores.

(2) Translação dois:
– Eu quero; por que você não quer?

Seria bem melhor se as pessoas mobilizadas para construir nossas afirmações nos seguissem, em vez de percorrerem outros caminhos. Essa é de fato uma boa ideia, mas parece que não há motivo algum no planeta para que as pessoas saiam do caminho delas e sigam o nosso (Figura 3.1, Translação 2), especialmente se formos pequenos

---

5 Sobre esse dramático episódio, ver Dubos e Dubos (1953).

e impotentes, enquanto elas são fortes e poderosas. Na verdade, há só um motivo para isso: *o caminho delas estar bloqueado*.

Por exemplo, um rico comerciante, interessado por filosofia, deseja criar uma fundação para o estudo das origens das habilidades lógicas do homem. Seu sonho mais acalentado é que os cientistas descubram neurônios específicos para a indução e a dedução. Conversando com cientistas, ele logo percebe que estes consideram seu projeto prematuro, não podem ajudá-lo ainda a atingir esse objetivo, mas, apesar disso, pedem-lhe que invista o dinheiro – agora sem objetivo – na pesquisa que *eles* estão realizando. Ele então inaugura uma fundação onde as pessoas estudam neurônios, o comportamento das crianças, ratos em labirintos, macacos em florestas tropicais, e assim por diante... Os cientistas estão fazendo o que querem com o dinheiro dele, e não o que ele queria.

Essa estratégia, como se pode ver na Figura 3.1, é simétrica à precedente. O milionário, trocando de interesse, assume os dos cientistas. Esse deslocamento do interesse explícito não é muito exequível; é raro. Alguma coisa mais é necessária para torná-lo factível.

(3) Translação três:
Se você desviasse um pouquinho...

Como a segunda estratégia só raramente é possível, é preciso imaginar outra mais poderosa, tão irresistível quanto o conselho que a serpente deu a Eva: "Você não pode atingir seu objetivo indo em frente, mas se trilhar o meu caminho, vai chegar até ele *mais depressa*; seria um atalho". Nessa nova translação dos interesses dos outros, os contendores não tentam afastá-los de seus objetivos. Simplesmente se oferecem para guiá-los por um atalho. Isso é atraente desde que sejam atendidas três condições: o caminho principal está claramente bloqueado; o novo desvio está bem sinalizado; o desvio parece pequeno.

Os neurofisiologistas nunca teriam respondido do modo como indiquei anteriormente quando sondados pelo homem de negócios.

174 BRUNO LATOUR

Ao contrário, argumentariam que o objetivo do milionário é de fato atingível, mas não agora. É necessário um desviozinho de alguns anos pela neurologia *deles* antes que os neurônios da indução e da dedução, que ele tem em vista, sejam por fim descobertos. Se ele concordar em financiar os estudos que estão sendo feitos com o comportamento da acetilcolina em duas sinapses nervosas, logo será capaz de entender as habilidades lógicas do ser humano. É só seguir o guia e ter confiança.

No começo deste século, os arquitetos navais tinham aprendido a construir navios de guerra maiores e mais fortes usando cada vez mais aço. No entanto, as bússolas magnéticas daqueles encouraçados enlouqueciam com tanto ferro em volta. Embora fossem mais fortes e maiores, os navios de guerra, no todo, eram mais vulneráveis que antes, pois se perdiam no mar.[6] Foi nessa altura que um grupo, liderado por Sperry, apareceu com uma solução: sugeriram que os arquitetos navais desistissem da bússola magnética e, em seu lugar, usassem bússolas giroscópicas, que não dependiam de campos magnéticos. Mas eles tinham a bússola giroscópica? De jeito nenhum. Ela ainda não era uma caixa-preta à venda: por isso, era preciso que um desvio fosse negociado. A Marinha precisava investir nas pesquisas de Sperry para converter a ideia dele numa bússola giroscópica operante e, no fim, conseguir fazer que seus navios de guerra voltassem a navegar em linha reta. Sperry assumiu uma tal posição que agora a versão comum de seus interesses e os da Marinha pode ser assim expressa: "Você não consegue pilotar direito seus navios; eu não consigo transformar minha bússola giroscópica em coisa real; espere um pouco, venha pelo meu caminho, e daqui a pouco os seus navios poderão voltar a fazer uso pleno de seus terríficos poderes, e minha bússola giroscópica estará espalhada por navios e aviões na forma de caixas-pretas bem fechadas".

Essa comunhão de interesses é resultado de uma difícil e tensa negociação que pode desfazer-se em algum ponto. Em particular, ela se baseia numa espécie de contrato implícito: deve haver um retorno

---

6 Baseio-me aqui em Hughes (1971).

CIÊNCIA EM AÇÃO **175**

à estrada principal, e o desvio deve ser pequeno. O que acontecerá se ele for longo, tão longo que aos olhos dos grupos envolvidos ele se mostre como uma mudança de rota, e não como um atalho? Imagine-se o milionário, a ler durante dez anos artigos científicos sobre impulsos nervosos em sinapses, à espera da descoberta dos neurônios da indução e da dedução para qualquer dia. Morreria de tédio antes de concretizar seus sonhos. Poderia achar que aquele não era o desvio sobre o qual haviam concordado, mas sim uma nova rota. Poderia até perceber que fora posta em prática a *segunda estratégia*, e não a terceira, e então decidir encerrar as negociações, fechar as torneiras e demitir os cientistas que não só o faziam de bobo, como também usavam seu dinheiro.

Foi isso o que ocorreu com Diesel. A MAN estava pronta para esperar alguns anos, a emprestar engenheiros, com a ideia que eles logo voltariam às suas atividades costumeiras de fabricar motores, mas em maior escala. Se o retorno é adiado, a direção pode sentir-se lesada, como se estivesse lobrigando o segundo tipo de translação pelo véu do terceiro. Se todos começam a pensar dessa maneira, Diesel é visto como um parasita da MAN, desviando seus recursos para promover seus sonhos egotistas. Os interesses são elásticos, mas, assim como a borracha, há um ponto em que se rompem ou voltam para trás.

Assim, ainda que seja melhor que o segundo, esse terceiro modo de translacionar o interesse dos outros tem suas desvantagens. Está sempre aberto à acusação de trambique – *bootlegging*, para usar a expressão dos cientistas norte-americanos –, ou seja, diante da indefinição do tamanho do desvio e da sua duração, este poder ser visto como um cabal descaminho, ou mesmo como um sequestro. Portanto, o apoio pode ser negado *antes que* Watson e Crick descubram a estrutura de dupla hélice, que Diesel tenha tempo para fazer seu motor, que West possa construir seu computador Eagle, que Sperry chegue à sua bússola giroscópica, e que os neurofisiologistas descubram como uma sinapse dispara impulsos nervosos. Não há padrões aceitos para medir os desvios, pois a extensão "aceitável" é resultado de negociações. A MAN, por exemplo, começou a ficar preocupada depois de uns poucos anos, mas as fundações médicas privadas que investiram nos grandes aceleradores de Lawrence em Berkeley não se preocuparam, muito embora Lawrence estivesse trabalhando a favor da física das partículas enquanto alegava estar construindo fontes maiores de radiação para o tratamento do câncer![7] Dependendo das habilidades dos negociadores, algumas centenas de dólares podem parecer um desperdício intolerável de dinheiro, ao passo que construir cíclotrons pode parecer o único caminho certo para a cura do câncer.

Há duas outras limitações para essa terceira estratégia. Em primeiro lugar, sempre que o caminho costumeiro não estiver bloqueado, sempre que não estiver bem claro para determinado grupo que o caminho costumeiro não pode ser trilhado, é impossível convencer alguém a fazer um desvio. Em segundo lugar, feito o desvio e estando todos satisfeitos, é muito difícil definir quem é responsável pela mudança. Por ter ajudado Sperry, a Marinha pode reivindicar os méritos da adoção da bússola giroscópica que, não fosse ela, poderia ter permanecido como um vago croqui ou um projeto de um engenheiro. Mas como, sem a bússola giroscópica de Sperry, a Marinha temia que seus encouraçados se perdessem no mar, este poderia perfeitamente afirmar ser a força ativa por trás da Marinha. Pode haver acerba luta pela atribuição dos méritos, mesmo quando tudo corre bem.

(4) Translação quatro: Remanejando interesses e objetivos

É necessária uma quarta estratégia para superar as desvantagens da terceira:

(a) a extensão do desvio deve ser de impossível avaliação pelas pessoas alistadas;

---

7 Sobre isso, ver Kevles (1978) acerca das várias estratégias para interessar uma sociedade no desenvolvimento de uma profissão.

CIÊNCIA EM AÇÃO   **177**

(b) deve ser possível alistar outras pessoas, mesmo que seu percurso previsto não esteja claramente bloqueado;
(c) deve ser impossível definir quem é alistado e quem alista;
(d) não obstante, os construtores do fato devem aparecer como a única força propulsora.

Para realizar aquilo que pareceria tarefa impossível, há um obstáculo que de início se apresenta como intransponível: os interesses *explícitos* das pessoas. Até agora usei a expressão "interesse explícito" sem margem para controvérsia: a Marinha, o milionário, a MAN têm interesses, e isso acontece com todos os outros atores que temos acompanhado. Todos eles sabem mais ou menos o que querem, e, pelo menos em princípio, pode ser elaborada uma lista de seus objetivos por eles ou por observadores. Enquanto os objetivos de todos esses atores forem explícitos, o grau de liberdade do construtor do fato estará limitado ao estreito círculo delineado pelas três estratégias anteriores. Os grupos alistados sabem que são um grupo; sabem onde querem chegar; sabem se o caminho previsto está interrompido; sabem até que ponto estão dispostos a se afastar dele; sabem quando voltaram para ele; finalmente, sabem quanto mérito deve caber aos que os ajudaram por algum tempo. Sabem muito![8] Sabem demais porque esse conhecimento limita os movimentos dos contendores e paralisa as negociações. Enquanto um grupo possuir tanto conhecimento, será extremamente difícil alistá-lo na construção do fato, e ainda mais difícil controlar seu comportamento. Mas como evitar esse obstáculo? A resposta é simples e radical. Acompanhando os construtores do fato em ação, veremos um de seus mais extraordinários feitos: eles irão *abolir* os interesses explícitos, para aumentar sua margem de manobra.

---

8 Esse conhecimento parece excessivo a muitos sociólogos da ciência (ver Woolgar, 1981, Callon e Law, 1982, Hindess, 1986b), e parece razoável a Barnes (1974), fundador da teoria do interesse, a Bloor (1976) e a Shapin (1982).

(A) Tática um: deslocar objetivos

Ainda que seja explícito, o significado dos objetivos das pessoas pode ser interpretado de muitas maneiras. Um grupo que tem uma solução está à procura de um problema, mas ninguém tem o problema. Pois bem, por que não lhes arranjar o problema? Se um grupo sente que seu caminho habitual não está interrompido, não será possível mostrar-lhe outro cenário, no qual ele tome para si um grande problema?

Quando Leo Szilard começou a discutir com o Pentágono, no início dos anos 1940, sua proposta de construir uma arma atômica, os generais não estavam interessados nisso.[9] Alegavam que sempre demora uma geração para se inventar um novo sistema bélico, que aplicar dinheiro naquele projeto poderia ser bom para físicos fazerem física, mas não para soldados travarem guerras. Portanto, viam a proposta de Szilard como um típico caso de desvio de verba: a melhor ocupação para os físicos seria o aperfeiçoamento de sistemas bélicos já existentes. Como achavam que seu caminho costumeiro de inventar armas não estava bloqueado, os generais não viam motivos para encarar a proposta de Szilard como solução para um problema inexistente. Então Szilard começou a trabalhar os objetivos dos militares. "Já imaginaram se os alemães conseguem a bomba atômica primeiro? Como é que vocês vão fazer para ganhar a guerra – objetivo explícito – com todas essas armas antigas e obsoletas?" Os generais tinham de ganhar uma guerra; e "guerra", na sua versão usual, significa guerra clássica: depois da intervenção de Szilard eles ainda tinham de ganhar a guerra, só que agora significava uma guerra nova, atômica. A mudança de significado é ligeira, mas suficiente para mudar a posição dos físicos atômicos: inúteis na primeira versão, eles se tornam necessários na segunda. A máquina de guerra não está mais sendo invadida por físicos trambiqueiros. Agora, ela está correndo a toda velocidade em direção à transformação progressiva da vaga patente de Szilard numa bomba não tão vaga...

---

9 Ver Szilard (1978, p.85).

CIÊNCIA EM AÇÃO 179

(B) Tática dois: inventar novos objetivos

Deslocar os objetivos dos grupos que serão alistados, criando-se o problema para em seguida oferecer uma possível solução, é ótimo, mas ainda há as limitações impostas pelas metas originais. Assim, nesse exemplo, Szilard poderia convencer o Pentágono a travar uma guerra nuclear, mas não a perdê-la ou a financiar balé clássico. A margem de liberdade aumentaria muito se pudessem ser criados novos objetivos.

Quando George Eastman tentou entrar no negócio de venda de chapas fotográficas, logo percebeu que só conseguia convencer uns poucos amadores bem equipados a comprar sua chapa e seu papel.[10] Eles estavam acostumados a trabalhar em laboratórios semiprofissionais, em casa. Outras pessoas *não estavam interessadas* em fazer fotografias. Não queriam comprar desajeitadas e caras caixas-pretas (naquela época, no sentido literal da palavra!). Eastman então imaginou a noção de "fotografia amadora": todos, dos 6 aos 96 anos de idade, tinham a possibilidade, a capacidade, o dever, o desejo de tirar fotografia. Com essa ideia de mercado de massa, Eastman e seus amigos precisaram definir o objeto que convenceria todos a tirar fotografias. Poucas pessoas estavam prontas para um longo desvio por laboratórios caros. A Eastman Company teve de encurtar muito o desvio para alistar todo o mundo. Para que ninguém hesitasse em tirar fotografias, o objeto deveria ser barato e fácil, tão fácil que, como dizia Eastman: "Você aperta o botão e nós fazemos o resto", ou, como se diz na França, *"Clic, clac, merci Kodak"*. A máquina ainda não estava ali, mas Eastman já sentia os contornos do objeto que tornaria sua companhia indispensável. Antes, poucas pessoas haviam almejado tirar fotografias. Se Eastman tivesse sucesso, todos teriam esse objetivo, e a única maneira de atender a esse anseio seria comprar a máquina e os filmes no revendedor local da Eastman Company.

---

10 Baseio-me aqui no artigo de Jenkins (1975).

(C) Tática três: inventar novos grupos

É mais fácil dizer que fazer. Interesses são consequência daquilo que os grupos estiveram antes ocupados a fazer. A MAN constrói motores a vapor; pode ser convencida a construir motores diesel, mas não seria facilmente convencida a fazer iogurte. O Pentágono quer ganhar a guerra; poderia ser convencido a ganhar uma guerra atômica, mas não a dançar, e assim por diante. A capacidade de inventar novos objetivos é limitada pela existência de grupos já definidos. Seria bem melhor definir novos grupos, que poderiam então ser *dotados* com novos objetivos, os quais poderiam, por sua vez, ser atingidos apenas por meio da ajuda aos contendores na construção de seus fatos. À primeira vista, parece impossível inventar novos grupos; na prática, é a estratégia mais fácil e, sem sombra de dúvida, a mais eficiente. Por exemplo, Eastman não podia impor um novo objetivo – tirar fotografias – sem tirar do nada um novo grupo: o fotógrafo amador de 6 a 96 anos.

Em meados do século XIX, ricos e pobres, capitalistas e proletariado, eram alguns dos grupos mais solidamente definidos, em razão da luta de classes. As autoridades sanitárias que desejassem inspecionar as cidades europeias e norte-americanas, para torná-las seguras e higiênicas, eram constantemente obstadas pelas hostilidades entre pobres e ricos.[11] O mais simples dos regulamentos sanitários era considerado radical demais, ou, ao contrário, era visto como mais um açoite para que os ricos vergastassem os pobres. Quando falaram pela primeira vez de um micróbio como causa essencial das infecções, Pasteur e os sanitaristas não encararam a sociedade como um grupo constituído de ricos e pobres, mas como uma lista diversificada de grupos: doentes contagiosos, pessoas sadias mas perigosas portadoras dos micróbios, pessoas imunizadas, pessoas vacinadas, e assim por diante. Na verdade, também incluíram um bocado de atores *não humanos* na definição dos grupos: mosquitos, parasitas, ratos, pulgas, mais alguns milhões de leveduras, bactérias,

---

11 Ver Rozenkranz (1972) e Watkins (1984).

CIÊNCIA EM AÇÃO 181

micrococos e outros bichinhos. Depois desse remanejamento, os grupos pertinentes não eram os mesmos: o filho de um riquíssimo senhor poderia morrer simplesmente porque a paupérrima criada era portadora do bacilo da febre tifoide. Consequentemente, emergiu um tipo diferente de solidariedade. Enquanto a sociedade era constituída apenas por classes, os sanitaristas não sabiam como se tornar indispensáveis. Seus conselhos não eram seguidos, suas soluções não eram aplicadas. Assim que os grupos recém-formados se sentiram ameaçados pelo inimigo recém-inventado, criou-se um interesse comum e, com isso, grande expectativa em torno das soluções dos biólogos; os sanitaristas, aliados aos microbiólogos, foram colocados no centro de todas as regulamentações. Vacinas, filtros, antissépticos, conhecimentos que até então haviam permanecido restritos a alguns laboratórios disseminaram-se por todos os lares.

(D) Tática quatro: tornar invisível o desvio

A terceira tática tem também suas desvantagens. Enquanto um grupo – mesmo artificialmente constituído – for capaz de detectar algum hiato crescente entre seus objetivos – mesmo deslocados – e os dos grupos alistadores, a margem de negociação destes últimos será muito restrita. As pessoas ainda poderão *enxergar* a diferença entre o que queriam e o que conseguiram; ainda poderão sentir que foram enganadas. É, pois, necessária uma quarta jogada que transforme o desvio numa derivação progressiva, de tal forma que o grupo alistado ainda acredite estar percorrendo uma linha *reta*, sem abandonar seus próprios interesses.

No Capítulo 1, estudei uma derivação dessas. Os dirigentes de uma grande empresa estavam à procura de novos carros, mais eficientes. Haviam sido convencidos por seu grupo de pesquisas de que os carros elétricos com células de combustível eram a chave do futuro. Essa foi a primeira translação: "carros mais eficientes" igual a "células de combustível". Mas, como nada se sabia sobre células de combustível, foram convencidos pelo diretor de pesquisas que

182 BRUNO LATOUR

o enigma crucial a ser atacado era o comportamento dos eletrodos na catálise.[12] Com isso, teve-se a segunda translação. O problema, conforme lhes disseram mais tarde os engenheiros, era o fato de o eletrodo ser tão complexo que eles deveriam estudar um único poro de um único eletrodo. A terceira translação agora é: "estudo da catálise" = "estudo de um poro" (ver Capítulo 1, sentença [8]). Mas, como a série de translações é uma relação *transitiva*, a versão final retida pelo Conselho de Administração foi: "carros novos e eficientes" = "pesquisa do modelo monoporo". Por mais distanciada que a derivação possa mostrar-se, não é sentida como um desvio. Ao contrário, passou a ser o único caminho *direto* para se chegar ao carro. Os interesses do Conselho têm de passar por esse poro do mesmo modo como o camelo pelo buraco da agulha!

Para citar outro exemplo, em 1871, após a guerra franco--prussiana, um colunista francês argumentava que, se os franceses haviam sido derrotados, era porque os soldados alemães eram mais saudáveis. Essa é a primeira translação, que dá uma nova versão do desastre militar. A seguir, ele continua, argumentando que o melhor estado de saúde dos alemães se devia à superioridade deles *em matéria de ciências básicas*. A translação dois expõe uma nova interpretação da utilidade das ciências básicas. Após o quê, ele explicava que a ciência era superior na Alemanha porque tinha bases mais sólidas. Terceira translação. E então contava ao leitor que a Assembleia Francesa, naquele momento, estava cortando verbas para as ciências básicas. Isso contribui para um quarto deslocamento: nenhuma desforra seria jamais possível se não houvesse dinheiro, visto que não há ciência sem dinheiro, não há soldados sadios sem ciência e não há desforra sem soldados. No fim, ele sugere ao leitor o que fazer: escreva ao seu deputado para levá-lo a mudar o voto. Todos os ligeiros deslocamentos vão sendo suavemente aninhados um no outro, de tal forma que o mesmo leitor, que antes estava pronto para pegar o rifle e marchar para a fronteira da Alsácia e combater os alemães, agora, com a mesma energia e sem

---

12 Ver Callon, op. cit.

se abster de seu objetivo, está escrevendo uma carta indignada ao seu deputado na Assembleia!

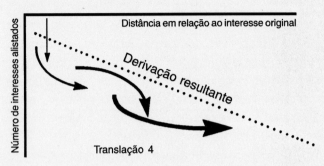

FIGURA 3.2

Agora deve estar claro por que usei a palavra translação. Além de seu significado linguístico de tradução (transposição de uma língua para outra), também tem um significado geométrico (transposição de um lugar para outro). Transladar interesses significa, ao mesmo tempo, oferecer novas interpretações desses interesses e canalizar as pessoas para direções diferentes. "Vá à desforra" passa a significar "escreva uma carta"; "construa um novo carro" passa realmente a significar "estude um poro de um eletrodo". Os resultados de tais translações são um movimento lento de um lugar para outro. A principal vantagem dessa mobilização lenta é que problemas de âmbito restrito (como o do orçamento para a ciência ou o do modelo monoporo) agora estão solidamente amarrados a problemas bem mais amplos (a sobrevivência do país, o futuro dos carros), na verdade tão bem amarrados que ameaçar os primeiros equivale a ameaçar os segundos. Sutilmente urdida e cuidadosamente atirada, essa finíssima rede pode ser muito útil para manter os grupos em suas malhas.

(E) Tática cinco: vencer as provas de atribuição

Todos os lances anteriores aumentam enormemente o espaço de manobra dos contendores, especialmente o último, que dissolve a

184 BRUNO LATOUR

noção de interesse explícito. Não é mais possível dizer quem é alistado e quem está alistando, quem está saindo do próprio caminho e quem não está. Mas esse sucesso traz problemas em seu bojo. Como poderemos saber quem fez a coisa, ou então, como os construtores do fato poderão dizer com segurança que os fatos finalmente construídos são seus? O tempo todo estivemos diante desse problema: com o motor de Diesel, com a vacina de Pasteur, com a bússola giroscópica de Sperry. Todo o processo de alistamento, por mais sagaz que seja sua gestão, poderá ser desperdiçado se a outras pessoas for atribuído o mérito por ele. Inversamente, podem ser enormes os ganhos provenientes da simples dissolução do mérito, mesmo que o processo de alistamento tenha sido mal gerido.

Depois da leitura de um famoso trabalho de Pasteur sobre a fermentação, um cirurgião inglês, Lister, "teve a ideia": as infecções em incisões – que matavam a maioria de seus pacientes, se não todos – podiam ser semelhantes à fermentação.[13] Imitando o modo como Pasteur manipulara o vinho em fermentação, Lister imaginou que, matando os germes das incisões e deixando que o oxigênio passasse através do curativo, a infecção seria debelada e a cicatrização da incisão ocorreria sem problemas. Depois de muitos anos de ensaios, inventou a assepsia e a antissepsia. Espere aí! Inventou? Começa uma nova discussão. Não, não inventou, porque muitos cirurgiões tiveram antes a ideia de vincular infecção e fermentação e de deixar o ar passar pelo curativo; muitos colegas trabalharam com ele e contra ele durante muitos anos antes que a assepsia se tornasse uma caixa-preta rotineira em todos os centros cirúrgicos. Além disso, em muitas conferências, Lister *atribuía* graciosamente suas ideias originais a Pasteur. Assim, em certo sentido, ele "simplesmente desenvolveu" o que estava em germe, digamos, na invenção de Pasteur. Mas Pasteur nunca fez da assepsia e da antissepsia uma prática aplicável em cirurgia; Lister fez. Por isso, em outro sentido, Lister fez tudo. Os historiadores, assim como os próprios atores, deleitam-se em definir quem influenciou quem, quem deu uma

---

13 Sobre essa noção de "ideia", ver a última parte deste capítulo.

CIÊNCIA EM AÇÃO **185**

contribuição de menor importância e a que se deve a contribuição mais importante. A cada novo testemunho, alguém mais, ou algum outro grupo, ganha os créditos de parte ou de todo o movimento.

Assim, para que não haja confusão, devemos distinguir, de um lado, o recrutamento de aliados para a construção coletiva de um fato ou de uma máquina e, de outro, as *atribuições de* àqueles que fizeram a maior parte do trabalho. Por definição, e de acordo com nosso primeiro princípio, visto que a construção dos fatos é coletiva, cada um é tão necessário quanto qualquer outro. Não obstante, é possível, apesar dessa necessidade, levar todos a aceitar umas poucas pessoas, ou mesmo uma só, como principal causa do trabalho coletivo. Pasteur, por exemplo, não só recrutou muitas fontes de apoio, como também se esforçou por manter seu laboratório como origem do movimento geral que era constituído por grande número de cientistas, autoridades públicas, engenheiros e empresas. Além de ele ter de aceitar os pontos de vista e seguir os movimentos de todos esses grupos – para ampliar seu laboratório –, tinha também de lutar para que todos aparecessem como simples "aplicadores" de suas ideias e seguidores de suas diretrizes. Os dois movimentos devem ser cuidadosamente distinguidos porque, embora sejam complementares na estratégia bem-sucedida, conduzem a direções opostas: o recrutamento de aliados supõe ir tão longe e fazer tantas concessões quanto for possível, ao passo que a atribuição de responsabilidade requer a maior limitação possível do número de atores. A questão de saber quem segue e quem é seguido não deve ser formulada de maneira nenhuma por quem quiser que o primeiro movimento tenha sucesso, e no entanto deve ser resolvida para que o segundo movimento se complete. Embora Diesel tivesse seguido muitas das pessoas que recrutara, translacionando o interesse delas numa mistura ambígua, no fim teve de levá-las a considerar sua própria ciência como a liderança que *elas haviam seguido*.

Chamarei *mecanismo primário* aquele que possibilita resolver o problema do alistamento e fazer uma ação coletiva passar de "germe" a assepsia, a bússolas giroscópicas, a GRF ou a motores

186   BRUNO LATOUR

diesel reais. A esse, deve ser acrescentado um *mecanismo secundário*, que poderia não ter relação alguma com o primeiro e que é tão controverso e acerbo quanto os outros.

Uma metáfora militar ajudará a lembrar esse ponto essencial. Quando um historiador diz que Napoleão *conduziu* o Grande Exército através da Rússia, todo leitor sabe que Napoleão, com seu próprio corpo, não era suficientemente forte para vencer, digamos, a batalha de Borodino.[14] Durante a batalha, meio milhão de pessoas estão tomando iniciativas, misturando comandos, ignorando ordens, fugindo ou morrendo corajosamente. Esse mecanismo gigantesco é muito maior do que aquilo que Napoleão pode manipular ou mesmo enxergar do topo de uma colina. Contudo, depois da batalha, seus soldados, o tsar, Kutuzov, que comanda o exército russo, o povo de Paris, os historiadores, todos atribuem a ele e só a ele a responsabilidade pela vitória – que, nesse caso, acabou mais tarde por ser uma derrota. Todos concordarão que deve haver *alguma* relação entre o que Napoleão fez durante a batalha e o que centenas de milhares de outras pessoas fizeram, mas também concordarão que essas relações não podem ser postas na sentença "Napoleão venceu porque tinha o poder e os outros obedeceram". Exatamente o mesmo se diz das relações entre um punhado de cientistas e milhões de outras pessoas. Suas complicadas e imprevisíveis relações não podem ser explicadas por uma simples ordem de comando que fosse das ciências básicas ao restante da sociedade por meio da ciência aplicada e do desenvolvimento.

Outras pessoas decidirão que Diesel foi um mero precursor ou que Pasteur realizou todo o trabalho básico no que se refere à assepsia, ou então que Sperry contribuiu de maneira pouco importante para a bússola giroscópica. Mesmo quando todas essas questões são depois tratadas por historiadores, a pesquisa que estes fazem *acrescenta* um importante laudo pericial ao processo de julgamento, mas não *põe fim* ao processo e não substitui o tribunal. Na prática, porém, as pessoas tornam algumas versões mais críveis que outras. Todos podem, no final, aceitar que Diesel "teve a ideia" do motor,

---

14 Esse exemplo é extraído da obra-prima de Tolstoi (1983).

que Lister "inventou" a assepsia com a ajuda das dissertações de Pasteur, ou que Napoleão "conduziu" o Grande Exército. Por uma razão que se tornará mais clara na Parte C, essa distribuição secundária de flâmulas e medalhas nunca deve ser confundida com o processo primário.

(5) Translação cinco:
Tornar-se indispensável

Os contendores agora têm bastante liberdade de movimento com essas cinco táticas, na tentativa de interessar as pessoas pelo resultado de suas alegações. Com astúcia e paciência, deveria ser possível ver todos contribuindo para a propagação de uma tese no tempo e no espaço – e ela logo se transformaria em caixa-preta comum nas mãos de todos. Se tal ponto fosse atingido, não seria necessária mais nenhuma estratégia: os contendores teriam simplesmente de se tornar *indispensáveis*. Não precisariam atender aos interesses dos outros – primeira translação – nem convencê-los de que os caminhos habitualmente trilhados estão bloqueados – segunda translação – nem atraí-los para um pequeno desvio – terceira translação; nem sequer seria mais necessário inventar novos grupos, novos objetivos, criar sub-repticiamente derivações nos interesses, ou travar ferozes batalhas pela atribuição das responsabilidades. Os contendores simplesmente se sentariam em seus lugares, e os outros passariam sem esforço por entre eles, adotando suas teses, comprando seus produtos, participando de bom grado da construção e da disseminação de caixas-pretas. As pessoas simplesmente correriam para comprar as máquinas fotográficas Eastman Kodak, tomar as injeções de Pasteur, experimentar os novos motores de Diesel, instalar novas bússolas giroscópicas; acreditariam nas afirmações de Schally sem nenhuma sombra de dúvida e reconheceriam respeitosamente os direitos de propriedade de Eastman, Pasteur, Diesel, Sperry e Schally.

As incertezas do construtor de fatos não teriam apenas soluções paliativas. Estariam inteiramente resolvidas. Nenhuma negociação e nenhum deslocamento seriam necessários, pois os outros fariam o movimento, a solicitação, a concessão e a negociação. Seriam eles que teriam de sair de seu caminho. Nas figuras 3.1 e 3.2 ilustrei as quatro translações. Todas levam à quinta, que, literalmente, as sumaria. No sentido geométrico de translação, parece que, seja lá o que se faça e para onde se vá, é preciso passar pela posição dos contendores e ajudá-los a promover seus interesses. No sentido linguístico da palavra translado, parece que uma versão traduz todas as outras, adquirindo uma espécie de hegemonia: seja lá o que se queira, também isso será desejado. O diagrama deixa claro que, do primeiro ao último, os contendores mudaram da mais extrema fraqueza – que os forçava a seguir os outros – à mais extrema força – que obriga todos os outros a segui-los.

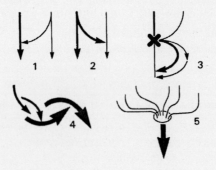

FIGURA 3.3

Tal estratégia é exequível? Seguindo de perto cientistas e engenheiros, veremos que é prática comum, mas, para que haja êxito, é preciso arregimentar outros aliados, e a maioria deles não tem cara de homem nem de mulher.

Parte B
Mantendo na linha os grupos interessados

Vimos na introdução a este capítulo que duas coisas são necessárias para construir uma caixa-preta: em primeiro lugar, é preciso

CIÊNCIA EM AÇÃO **189**

alistar outras pessoas para que elas acreditem na caixa-preta, para que a comprem e disseminem no tempo e no espaço; em segundo lugar, é preciso controlá-las, para que aquilo que elas adotam e disseminam permaneça mais ou menos inalterado. Se as pessoas não estiverem interessadas, ou se elas fizerem algo inteiramente diferente com a alegação feita, a propagação no tempo e no espaço de um fato ou de uma máquina não ocorrerá. Algumas pessoas se entretêm com uma ideia durante alguns dias, mas esta logo desaparece, sendo substituída por outra. Projetos que despertam grande entusiasmo logo são engavetados. Certas teorias, que ensaiaram infestar o mundo, encolheram e acabaram por se transformar na ideia fixa de algum lunático num asilo. Mesmo os colegas que tenham sido "firmemente" convencidos por alguma demonstração de laboratório podem mudar de ideia um mês depois. Fatos indubitáveis são rapidamente transformados em ficção, e as pessoas, espantadas, perguntam: "Como pudemos acreditar num absurdo desses?". Indústrias consolidadas, que pareciam ter a capacidade de durar para sempre, de repente se tornam obsoletas e começam a desintegrar-se, sendo substituídas por outras mais novas. Proliferam discordantes que interrompem a propagação de fatos ou artefatos.

Na Parte A, vimos como executar metade do serviço, ou seja, como interessar os outros. Agora precisamos tratar da outra metade: como tornar previsível o comportamento deles. É uma tarefa bem mais difícil.

(1) Uma cadeia é tão forte quanto seu elo mais fraco

Primeiro, convém avaliar a dificuldade da tarefa. Quando Diesel conseguiu interessar a MAN em seu projeto de motor perfeito, recebeu de empréstimo dinheiro, oficinas, assistentes, e foi-lhe concedido algum tempo. O problema dele era manter esses elementos unidos aos outros, que estava trazendo para o contrato: a termodinâmica de Carnot, o princípio da ignição a temperatura constante e suas próprias opiniões sobre o futuro mercado. De início, todos esses elementos são simplesmente *reunidos* num lugar de Augsburg. O que poderia atá-los com mais firmeza? Um protótipo que funcionasse e pudesse depois ser usado como *peça única* de um equipamento convencional em outras situações – um submarino ou um caminhão, por exemplo. O que acontecerá se Diesel não puder manter todos esses elementos juntos? A resposta é simples: eles *dispersar-se-ão* com a mesma facilidade com que foram reunidos. Cada um dos elementos seguirá seu próprio caminho: a MAN continuará construindo motores a vapor, os auxiliares se mudarão para outros empregos, o dinheiro escoará para outro lugar, a termodinâmica de Carnot continuará como ponto obscuro da física básica, a ignição a temperatura constante será lembrada como um beco sem saída da tecnologia e o próprio Diesel se dedicará a outras ocupações, deixando poucos vestígios nos livros de história.

Assim, o número de interesses alistados é grande, porém insuficiente, porque o trabalho de costurá-los e amarrá-los pode ser desfeito. Pasteur foi capaz de convencer os fazendeiros criadores de gado de que a única maneira de resolver a terrível praga do antraz passava por seus laboratórios da École Normale Supérieure, na Rue d'Ulm, em Paris. Batendo dentro do peito de Pasteur estavam milhares de interesses, embutidos uns nos outros, todos prontos para aceitar o atalho que ele propusesse via microscópio, cultura artificial de micróbios e vacina prometida. Porém, é considerável a derivação entre interessar-se pela pecuária e observar micróbios proliferar numa placa de Petri: a multidão que se juntara poderia debandar rapidamente. Depois de alguns meses de esperanças, todos poderiam ter ido embora decepcionados, acusando Pasteur de os ter ludibriado ao criar em seu laboratório artefatos pouco pertinentes para fazendas e gado. Pasteur se tornaria então um mero precursor da vacina contra o antraz, e seu papel na história diminuiria na mesma medida. Alguma coisa mais seria necessária para amarrar de maneira duradoura os recursos para ali desviados e os interesses envolvidos.

Eastman teve a brilhante ideia de inventar um novo grupo de pessoas de 6 a 96 anos, que foi dotado de um grande desejo de tirar fotografias. Esse alistamento dependia de uma máquina fotográfica que fosse de simples operação, o que significava uma câmara com filme, e não com as chapas de vidro então usadas, que eram caras, frágeis e desajeitadas. Mas o que aconteceria se o filme corresse tão frouxo que todas as fotos saíssem desfocadas? O que aconteceria se a emulsão que reveste a película formasse bolhas? Por mais que as pessoas achassem a fotografia fascinante, por maior que fosse a Eastman Company, por mais inteligente e interessado que Eastman fosse, os interesses agregados se desassociariam. Eastman, com seu sonho de mercado de massa, passaria a ser um dos muitos precursores na longa história da fotografia popular. Outros tomariam suas patentes e talvez até comprassem sua empresa.

Alguma coisa mais é necessária para que a justaposição de interesses deixe de ser temporária e passe a ser duradoura. Sem essa "coisinha", a reunião das pessoas necessárias para transformar uma alegação numa caixa-preta terá comportamento imprevisível: elas discordarão, abrirão a caixa-preta, mexerão nela; pior: perderão o interesse e simplesmente irão largá-la. Esse comportamento "perigoso" deve ser impossibilitado; ou melhor, deve-se fazer que seja considerado impensável.

Já conhecemos a resposta, pois vimos falando disso há três capítulos: a única maneira de manter os discordantes encurralados é atar o destino da alegação com tantos elementos congregados que ela resista a todas as tentativas de desagregação.

O primeiro protótipo montado por Diesel é muito parecido com o GRF de Schally ou com os malfadados raios N de Blodlot: a cada novo teste, ele vacila. No começo, Diesel amarra o destino de seu motor ao de *qualquer* combustível, achando que com todos eles ocorreria ignição a pressão altíssima. Para ele, era isso o que fazia seu motor ser tão versátil. Precisa de pressão elevadíssima para obter esse resultado, com pistões, cilindros e válvulas suficientemente fortes para resistir a mais de 33 atmosferas. A MAN foi capaz de fornecer-lhe excelentes máquinas operatrizes e ótimo *know-how* para que logo fosse possível obter pressão tão alta. Mas, então, nada aconteceu. Nem todos os combustíveis sofriam ignição. Foi traído por esse aliado, que esperava não ser problemático nem infiel. A ignição só ocorria com o querosene, e assim mesmo de vez em quando. Como manter "na linha" a ignição do querosene? Diesel descobriu que isso dependia da mistura correta de ar e combustível. Para manter constante essa mistura, ele precisava introduzir o combustível e o ar no cilindro sob pressão altíssima. Mas para obter esse resultado era preciso incorporar bombas potentíssimas, válvulas resistentes e grande quantidade de tubulações não previstas no projeto original. O motor podia funcionar, mas ia ficar grande e caro.

O que está então acontecendo? Diesel precisa *mudar de sistema de alianças*: com pressão elevada mais qualquer combustível mais injeção direta haveria motores de qualquer tamanho que interessariam a todos e se propagariam por toda parte. Mas essa série de associações é desmantelada na oficina de Augsburg tão logo experimentada. O motor não gira nem sequer um tempo. Por isso, tenta-se uma nova série de alianças: pressão elevada mais querosene mais injeção de ar, o que dá um motor grande e caro que gira em marcha lenta durante alguns segundos.

Estou ouvindo a objeção do leitor: "Mas será que temos mesmo de entrar nesses detalhes para entender como os outros devem ser controlados?". Sim, porque sem esses detalhezinhos *os outros não são controlados*! Assim como o discordante do Capítulo 2, eles pressionam o novo projeto, e a coisa toda se desagrega. Para resistir à discordância, ou seja, para resistir aos testes de força, Diesel precisa inventar uma bomba de injeção que mantenha o ar e o querosene juntos, permita que a pressão elevada ponha a mistura em ignição, faça o motor funcionar e, portanto, mantenha a MAN sob controle. Mas se o querosene, o ar e a MAN são mantidos sob controle, o mesmo não ocorre com o amplo mercado previsto por Diesel. Deste ele tem de desistir. Tateando no escuro da oficina, Diesel precisa optar por alianças. Precisa definir o que *mais* quer manter sob controle. De início, não há motor algum que possa ser aliado ao ar, a qualquer combustível e às necessidades de todos. *Alguma coisa precisa ceder*: um combustível, o querosene, a injeção direta, os princípios de Carnot, o mercado de massa, a perseverança de Diesel, a paciência da MAN, os direitos a patentes... Alguma coisa.

CIÊNCIA EM AÇÃO **193**

A mesma escolha acontece no laboratório de Pasteur. Haverá alguma coisa que possa ser usada para amarrar os interesses dos fazendeiros antes que eles todos partam, cheios de rancor e desdém? Um bacilozinho numa amostra de urina não vai adiantar, mesmo sendo visível ao microscópio. Despertará pouco interesse em pessoas que foram até o laboratório atraídas pela promessa de que logo estariam de volta às suas fazendas, ordenhando vacas mais saudáveis e tosquiando ovelhas mais robustas. Se Pasteur estava usando o seu bacilo para fazer bioquímica ou taxionomia, para definir se aquilo era um animal ou um líquen, outras pessoas, como bioquímicos ou taxiólogos, estariam interessadas, mas não fazendeiros. Quando Pasteur mostra que ovelhas inoculadas com culturas envelhecidas do bacilo resistem à doença mesmo se depois forem inoculadas com culturas virulentas, os bioquímicos e os taxiólogos se interessam um pouco, mas os fazendeiros se interessam muito. Em vez de perderem interesse, passam a ter mais. Essa é uma vacina para prevenir a infecção, alguma coisa fácil de relacionar com as condições da fazenda. Mas o que aconteceria se a vacina funcionasse de maneira imprevisível? Novamente, o interesse poderia fraquejar, e a decepção voltaria. Pasteur precisa então de um método novo e confiável para transformar a produção da vacina numa caixa-preta rotineira que possa ser injetada por qualquer veterinário. Seus colaboradores descobrem que tudo depende da temperatura da cultura: 44°C durante alguns dias, ótimo: a cultura envelhece e pode ser usada como vacina; a 45°C, o bacilo morre; a 41°C, ele muda de forma, esporula e se torna imprestável como vacina. São esses detalhezinhos que amarram os interesses dos fazendeiros alistados. Pasteur precisa achar as maneiras de tornar previsíveis fazendeiros e bacilos. E precisa continuar descobrindo novas maneiras, pelo menos enquanto quiser manter unidos fazendeiros e micróbios. Uma pontinha frouxa nesse *emaranhado* (*lash-up*)[15] e todos os esforços estão perdidos.

---

15 O termo *lash-up* foi proposto por Law (1986), relativamente à sua noção de "engenharia heterogênea".

A captação dos interesses das pessoas e sua translação para levá-las a atuar na construção de uma caixa-preta conduz – devo admitir – a ninharias. Por mais longa que seja, qualquer cadeia construída só será tão forte quanto seu elo mais fraco, ainda que alguns de seus elementos possam ser grandiosos. Pouco importa que Eastman tenha mobilizado toda a sua empresa para conquistar o mercado amador; pouco importa que ele tenha inventado uma nova caixa, um novo carretel, um novo filme, uma nova catraca para a nova mola que segurava os negativos; se a emulsão do filme formar bolhas, será o fim de todo o empreendimento. Haverá um elo a menos na longa cadeia.[16] Um aliado pequenino estará faltando. A troca do papel pelo celuloide permite que Eastman dê um basta às irritantes bolhas. Essa parte da máquina, pelo menos, se torna indiscutível. Ela anda agora de mão em mão como um objeto e pode começar a interessar as pessoas para as quais foi construída. A atenção se volta agora para outro elo faltante: é preciso inventar novas máquinas que façam longas fitas de celuloide. Para manter tudo na linha, é preciso arranjar e reunir outros aliados, e assim por diante.

(2) Associando-se a novos e inesperados aliados

Agora começamos a entender que não haverá como amarrar grupos interessados – mobilizados na parte A – se outros elementos não forem amarrados com eles: pistão, ar, querosene, urina como meio de cultura, micróbios, carretel, emulsão, celuloide etc. Mas também entendemos que não é possível amarrar elementos a esmo. É preciso fazer escolhas. A decisão de Diesel de adotar a injeção de ar significava que muitos compradores potenciais deveriam ser abandonados e que os princípios de Carnot talvez não fossem tão fáceis de aplicar. A busca de Pasteur por um novo meio para sua vacina implicava a renúncia a outros interesses em bioquímica e taxionomia.

---

16 A esse respeito, ver a noção de "saliente reverso" proposta por Hughes (1983).

CIÊNCIA EM AÇÃO   **195**

Os amadores podiam ser conquistados pela nova máquina Kodak de Eastman, mas os semiprofissionais que faziam suas próprias chapas e as revelavam seriam postos de lado, e esperava-se que a emulsão do novo filme não fizesse bolhas. Como em *O príncipe*, de Maquiavel, a construção progressiva de um império é uma série de decisões quanto a alianças: com quem posso colaborar? Quem devo excluir? Como posso obter a fidelidade deste? E aquele, será confiável? Esse porta-voz é digno de crédito? Mas o que não ocorreu a Maquiavel é que essas alianças podem transcender os limites existentes entre seres humanos e "coisas". Sempre que um aliado é abandonado, é preciso recrutar substitutos; sempre que um elo forte rompe uma aliança que seria útil, devem ser introduzidos novos elementos para desagregá-la e utilizar os elementos dissociados. Essas estratégias "maquiavélicas" se tornam mais visíveis quando acompanhamos cientistas e engenheiros. Ou melhor, chamamos "cientistas" e "engenheiros" aqueles que são suficientemente sutis para incluir no mesmo repertório de manobras recursos humanos e não humanos, aumentando assim sua margem de negociação.

Tomemos como exemplo a Bell Company.[17] As linhas telefônicas, em seus primórdios, só eram capazes de transmitir a voz humana por poucos quilômetros. Além de certo limite, a voz ficava truncada, sofria interferência da estática, era inaudível. A mensagem era deturpada, não era transmitida. Se os sinais fossem "reforçados" a cada treze quilômetros, a distância poderia aumentar. Em 1910, foram inventados repetidores mecânicos para retransmitir a mensagem. Mas esses repetidores, caros e pouco confiáveis, só podiam ser instalados em poucas linhas. A Bell Company foi capaz de expandir-se, mas não muito, e certamente não no deserto ou nas Grandes Planícies dos Estados Unidos, onde todas as espécies de pequenas companhias telefônicas vicejavam em meio a perfeito caos. Ma Bell, como é alcunhada pelos norte-americanos, realmente entendia de comunicação entre as pessoas mas, com aquele repetidor mecânico, muita gente que pudesse querer passar por sua rede não

---

17   Baseio-me aqui no artigo de Hoddeson (1981).

196   BRUNO LATOUR

conseguiria. Uma exposição, ocorrida em São Francisco em 1913, representou um desafio para a Bell. E se fosse possível interligar as costas Leste e Oeste com uma linha telefônica? Já imaginou? Uma linha transcontinental ligando os Estados Unidos e transformando a Bell no intermediário indispensável de cem milhões de pessoas, eliminando todas as pequenas companhias? Mas que pena! É impossível, pelo custo do repetidor. Esse era o elo que faltava naquela nova aliança planejada entre a Ma Bell e todos os norte-americanos. O projeto se desintegra, vira sonho. Nada de linha transcontinental por enquanto. É melhor mandar missivas pelo correio.

Jewett, um dos diretores da Bell, procura possíveis novas alianças que ajudem a companhia naquela dificuldade. Lembra-se de que fora aluno de Millikan, quando este era ainda um jovem professor. Agora, físico famoso, Millikan trabalha com o elétron, objeto novo na época, que está sendo lentamente construído em seu laboratório, assim como todos os outros actantes que vimos no Capítulo 2. Uma das características do elétron é que ele tem pouca inércia. Jewett, que era doutor em física, está pronto para um desviozinho. Por que não falar com Millikan sobre um possível novo repetidor? O laboratório deste, contudo, nada tem para oferecer. Nada pronto para venda. Nenhuma caixa-preta que repita mensagens a longas distâncias de maneira barata e segura. O que Millikan pode fazer, porém, é por à disposição de Jewett alguns de seus melhores alunos, aos quais a Bell ofereceria um laboratório bem equipado. Nessas alturas, a física de Millikan está parcialmente ligada ao destino da Bell, que, por sua vez, está parcialmente ligada ao desafio representado pela exposição de São Francisco, segundo uma cadeia de translações semelhantes às que estudamos antes. Por meio de uma série de pequenos deslocamentos, elétrons, Bell, Millikan e linha continental estão mais próximos um do outro do que jamais estiveram. Mas ainda é mera justaposição. Os dirigentes da Bell Company logo poderão perceber que a física é boa para os físicos, mas não para os homens de negócios; os elétrons podem recusar-se a pular de um dos eletrodos dos novos tríodos para o outro quando a tensão ficar alta demais, e encher o vácuo com uma nuvem azul; o

CIÊNCIA EM AÇÃO **197**

Conselho de Administração pode já não achar tão necessário assim obter a linha.

Essa mera justaposição sofre uma transformação quando Arnold, um dos físicos recrutados, transforma um tríodo patenteado por outro inventor. Em vácuo extremo, mesmo com tensão muito elevada, a menor vibração de uma das extremidades desencadeia forte vibração na outra. É então criado um objeto novo por meio de novos testes no laboratório recém-aberto: elétrons que amplificam muito os sinais. Esse novo repetidor eletrônico logo foi transformado numa caixa-preta pelo trabalho coletivo da Ma Bell e incorporado como peça comum de equipamento em seis locais ao longo dos 5.500 quilômetros de cabos que atravessavam o continente. Em 1914, a linha transcontinental, impossível com o outro repetidor, torna-se real. Alexander Bell chama Watson, que não está mais no andar de baixo, porém a milhares de quilômetros de distância. A Bell Company agora é capaz de expandir-se por todo o continente: consumidores que antes não haviam sentido o menor interesse em telefonar para a outra costa agora o fazem com frequência, passando pela rede da Bell e contribuindo para sua expansão – como previsto pela quinta translação descrita antes. Mas os limites da física também foram transformados, transferindo-se de laboratórios modestamente equipados em universidades para muitos laboratórios bem-dotados em indústrias; a partir daí, muitos estudantes podem seguir carreira em física industrial. E Millikan? Também mudou, visto que muitos dos efeitos estabilizados pela primeira vez em seu laboratório passaram a ser usados rotineiramente em linhas telefônicas de todos os lugares, o que possibilitou uma expansão fantástica de seu laboratório. Alguma coisa mais também mudou. Os elétrons. A lista de ações que definia seu ser aumentou drasticamente quando todos aqueles laboratórios o submeteram a novos e inauditos testes. Os elétrons domesticados passaram então a fazer parte da sinuosa aliança que permitiu à Bell Company vencer suas rivais. No fim, cada ator dessa historieta foi empurrado para fora de seu caminho habitual e transformado em algo diferente, em razão das novas alianças de que foram forçados a participar.

Nós, os leigos, distantes da prática da ciência e da lenta construção de artefatos, não temos ideia da versatilidade das alianças que os cientistas estão dispostos a fazer. Pensamos sempre em limites bem definidos que excluem elementos "irrelevantes": elétrons nada têm a ver com altos negócios; micróbios de laboratórios nada têm a ver com fazendas e gado; a termodinâmica de Carnot está infinitamente distante dos submarinos. E estamos certos. Há inicialmente uma enorme distância entre esses elementos; no começo, eles são de fato irrelevantes. Mas "relevância", como todo o resto, é coisa que se *faz*. Como? Pela série de translações que esbocei. Quando Jewett vai atrás de Millikan pela primeira vez, os elétrons são débeis demais para terem qualquer conexão fácil com a Ma Bell. No fim, dentro do tríodo reprojetado por Arnold, eles estão transmitindo de modo confiável a ordem de Alexander Bell a Watson. As companhias menores deveriam achar que a Ma Bell jamais as derrubaria, pois era impossível instalar uma linha transcontinental. Isso *sem* os elétrons. Ao acrescentar elétrons, Millikan, seus alunos e um novo laboratório à sua lista de aliados, a Ma Bell modifica as relações de força. Sendo antes fraca em longas distâncias, agora é mais forte em todas as distâncias.

Sempre achamos que é importante definir a natureza das alianças: os elementos são humanos ou não humanos? São técnicos ou científicos? São objetivos ou subjetivos? No entanto, a única questão que realmente importa é: *esta nova associação é mais fraca ou mais forte que aquela?* A ciência veterinária não tinha a menor relação com a biologia praticada em laboratórios quando Pasteur começou seu estudo. Isso não significa que essa conexão não possa ser construída. Por intermédio da formação de uma longa lista de aliados, o minúsculo bacilo atenuado pela cultura passa de repente a ter grande peso nos interesses dos fazendeiros. Na verdade, é isso que, definitivamente, inverte o equilíbrio de forças. Os veterinários, com toda a sua ciência, agora têm de passar pelo laboratório de Pasteur e adotar sua vacina como uma incontestável caixa-preta. Ele se tornou indispensável. O uso das estratégias apresentadas na Parte A depende inteiramente dos novos e inesperados aliados *que foram tornados relevantes*.

CIÊNCIA EM AÇÃO   **199**

A consequência desses lances ousados que alistam atores recém--formados (micróbios, elétrons) em nossos assuntos humanos é que não há como nos contrapor a eles senão atacando esses "detalhes técnicos". Assim como a corrida das provas descrita no Capítulo 1, depois de começar não há como evitar minudências, pois é isso que faz a diferença. Sem construir laboratórios caros, com que não podiam arcar, na tentativa de atrair a física e os elétrons para o seu campo, as pequenas companhias telefônicas eliminadas pela Bell não poderiam resistir. Os laboratórios estudados no Capítulo 2 agora ocupam o centro dessas estratégias por meio das quais são mobilizados novos atores que constituem um enorme reservatório de forças. Os porta--vozes capazes de falar em favor dos novos e invisíveis atores são agora o pivô sobre o qual repousa a balança do poder: uma nova característica dos elétrons, um grau a mais no meio de cultura, e toda a multidão agregada se desagrega ou se coliga irreversivelmente.

Os detalhes mais íntimos de uma ciência obscura podem transformar-se num campo de batalha, assim como um povoado modesto se transformou no cenário da batalha de Waterloo. Em Edimburgo, por exemplo, no início do século XIX, a classe média em ascensão se irritava com a superioridade social da classe alta.[18] Aplicando a estratégia aqui descrita, ela procurava aliados inesperados para reverter aquela situação. Foi assim que aderiu de imediato a um movimento científico chamado frenologia, graças ao qual praticamente qualquer pessoa podia ler as qualidades dos outros nas protuberâncias do crânio e na forma do rosto. Esse uso das características cranianas ameaçava reformular inteiramente a trama social escocesa, exatamente como os higienistas fizeram anteriormente com os micróbios (p.180-1). Para aquilatar o valor moral de alguém as perguntas não eram mais: quem são seus pais? Quão antiga é sua linhagem? Quantas são as suas propriedades? Mas apenas: seu crânio possui a forma que expressa virtude e honestidade? Aliando-se à frenologia, a classe média podia mudar sua posição em relação à classe alta – a princípio não interessada na ciência do crânio –, remanejando todos

---

18 Baseio-me aqui em Shapin (1979).

200 BRUNO LATOUR

para grupos que ganhariam nova importância. Para resistir aos estudiosos do crânio, *outros* cientistas precisavam entrar de cabeça na questão. Assim, teve início uma controvérsia que não versava sobre as classes sociais, mas sobre neurologia. À medida que essa controvérsia se aquecia, a discussão passava a ser travada dentro da própria ciência do crânio; na verdade, ela se transferiu literalmente para dentro do crânio. Imprimiram-se estampas, abriram-se crânios, realizaram-se dissecações, tudo para dizer com certeza se a estrutura interna do encéfalo podia ser prevista a partir da forma externa do crânio, como alegavam os frenologistas. Assim como os discordantes do Capítulo 2, os cientistas recém-recrutados submeteram à prova as conexões estabelecidas pelos frenologistas. E quanto mais experimentavam, mais se aprofundavam no encéfalo, queimando as pestanas para distinguir se o cerebelo, por exemplo, estava ligado ao resto do corpo por cima ou por baixo. Movendo-se lentamente pelas várias translações, os contendores foram dar no cerebelo; e isso porque este mostrou ser o elo fraco.

(3) Maquinações de forças

Os grupos interessados podem, portanto, ser controlados à medida que, movimentando-se por uma série de translações, acabam sendo capturados por um elemento completamente novo, tão fortemente amarrado que nada pode soltá-lo. Sem entender direito como tudo aquilo acontecia, as pessoas começaram a dar telefonemas transcontinentais, a bater fotografias, a vacinar gatos e filhos, a acreditar em frenologia. As incertezas do construtor de fatos estão assim resolvidas, visto que todas essas pessoas contribuem de bom grado para a maior expansão dessas muitas caixas-pretas. Surge, porém, um problema novo e mais profundo, causado exatamente pelo sucesso de todas as tramas vistas aqui. Esses novos e inesperados aliados, arregimentados para manter os primeiros grupos sob controle, *como poderão*, por sua vez, *ser mantidos sob controle*? Não constituirão eles outra justaposição provisória de mãos que se ajudam, mas estão prontas a separar-se? O frasco de vacina de Pasteur não poderá estragar-se? O que impede que os novos protótipos de tríodos se desliguem depois de poucas horas? E se acontecer de o cerebelo ser uma mistura informe de tecido encefálico? Quanto ao motor diesel, já sabemos que não é confiável; vai ter de ser corrigido por mais tempo que o computador Eagle. De que modo essas montagens desorganizadas deverão ser transformadas em um todo tão firmemente colado que posso ligar os grupos alistados de forma duradoura? Maquiavel sabia perfeitamente que as alianças que ligavam cidades e coroas são mutáveis e incertas. Mas nós estamos considerando alianças muito mais mutáveis e incertas, entre cérebros, micróbios, elétrons e combustíveis, do que as necessárias para unir cidades e coroas. Se não há como tornar os novos aliados mais confiáveis que os antigos, então todo o empreendimento arruinar-se-á, e tudo o que se alegar voltará a ser sobre um único lugar e um único momento.

A resposta nos parece tão óbvia que nem nos damos conta de sua simplicidade e originalidade. O meio mais simples de transformar o conjunto justaposto de aliados num todo que atue com unicidade é atar as forças reunidas uma à outra, ou seja, construir uma *máquina*. Máquina, como o nome indica, é, antes de tudo, maquinação, estratagema, um tipo de esperteza em que as forças usadas mantêm-se mutuamente sob controle, de tal modo que nenhuma delas possa escapar do grupo. Isso constitui uma máquina diferente da ferramenta, que é um elemento isolado, seguro *diretamente* pela mão de uma pessoa.[19] Por mais úteis que sejam, as ferramentas nunca transformam o Sr. Fulano de Tal em Sr. Fulano de Tais! O truque é cortar a ligação que cada ferramenta tem com cada corpo e interligá-los de outra maneira. O pilão é uma ferramenta nas mãos de uma mulher; com ele, ela é mais forte do que quando conta apenas com as mãos, pois é capaz de moer trigo. No entanto, se o pilão for preso a uma estrutura de madeira, e essa estrutura for presa às pás de uma moenda que utilize vento, tem-se uma máquina, um moinho

---

19 Quanto a isso e ao que vem a seguir, ver Leroi-Gourhan (1964).

de vento que põe nas mãos do moleiro um agregado de forças que nenhum ser humano poderá jamais igualar.

É essencial notar que as habilidades necessárias para ir do pilão ao moinho de vento são exatamente *simétricas* às que vimos na Parte A. Como se valer do vento? Como levá-lo a relacionar-se com o trigo e o pão? Como translacionar sua força de tal maneira que, seja lá o que ele faça ou deixe de fazer, o trigo fique sempre bem moído? Sim, podemos utilizar as palavras translação e interesse aqui também, porque não é nem mais nem menos difícil interessar um grupo na fabricação de uma vacina do que interessar o vento na fabricação do pão. Complicadas negociações precisam estar sendo feitas o tempo todo em ambos os casos para que as alianças provisórias não se rompam.

Por exemplo, os grupos de fazendeiros que foram reunidos podem, como mostrei, perder o interesse. Quanto ao vento, o que pode acontecer com ele? Simplesmente varrer com seu sopro moinhos frágeis, rasgando pás e asas. O que o mecânico deve fazer para manter o vento em seu sistema de alianças, apesar do modo como ele muda de direção e de força? Precisa negociar. Precisa criar uma máquina que seja receptiva ao vento, mas também imune a seus efeitos indesejáveis. O truque será cortar a associação entre o mecanismo das pás e a torre sobre a qual o moinho foi construído. Agora é o topo do moinho que gira. Naturalmente, há um preço para isso, pois agora é necessário ter um número maior de manivelas e um complicado sistema de rodas, mas o vento será transformado em aliado confiável. Por mais que ele sopre, seja qual for sua vontade, o moinho reagirá como uma só peça, resistindo à dissociação, apesar ou por causa do maior número de peças de que agora é constituído. O que acontece às pessoas que se reúnem em torno do moleiro? Elas também estão definitivamente "interessadas" no moinho. Queiram o que quiserem, por melhores que sejam no manejo do pilão, o caminho delas agora passa pelo moinho. Assim, elas são mantidas sob controle, *tanto quanto* o vento.[20] Se o vento tivesse derrubado o

---

20 A tradicional diferença entre os seres humanos – que são capazes de falar e são dotados de vontade – e os não humanos – supostamente mudos e desprovidos

CIÊNCIA EM AÇÃO **203**

moinho, elas poderiam ter abandonado o moleiro para seguir seus caminhos habituais. Agora que o topo do moinho gira, graças a um complicado sistema de castanhas e cavilhas, não podem competir com ele. Trata-se de uma maquinação inteligente, não? E *por causa disso* o moinho transformou-se em ponto de passagem obrigatória das pessoas, por causa do trigo e do vento. Se o moinho de vento, sozinho, não der conta do recado, então pode-se decretar a ilegalidade da moedura doméstica de trigo. Se a nova lei não funcionar imediatamente, use-se a moda ou o bom gosto, qualquer coisa que *habitue* as pessoas ao moinho e as leva a esquecer seus pilões. Eu disse que as alianças são "maquiavélicas"!

Ainda assim, é difícil entender como uma profusão de forças pode ser mantida sob controle por maquinações relativamente simples como os moinhos de vento. Um problema fica claro: o processo de recrutamento e manutenção dos aliados implica o aumento da complexidade da máquina. Até mesmo o melhor mecânico achará difícil regular a máquina – verificar o vento, consertar as pás, aplicar a lei – de tal forma que todos os aliados fiquem contentes. Quando se parte para máquinas mais complexas, é só uma questão de saber quem/o que se desagrega primeiro.

Seria melhor se as forças congregadas pudessem *controlar-se mutuamente*, se cada uma delas desempenhasse o papel de mecânico das outras; se isso fosse factível, o mecânico poderia sair de cena e ainda assim tirar proveito do trabalho coletivo de todos os elementos congregados, que estariam conspirando entre si para realizar o objetivo dele. Isso significaria que, na prática, as forças congregadas *se moveriam por si mesmas*! Isso, de início, parece risível, pois significaria que elementos não humanos desempenhariam o papel de inspetor, supervisor, conferente, analista e relator, a fim de manter na linha as forças congregadas. Significaria outra confusão de fronteiras, a extrapolação para a natureza de estratagemas sociais.

---

de vontade e desejos – não é essencial e tampouco suficiente aqui para romper a necessária simetria. A respeito, ver Callon (1986b).

Também nesse caso estamos tão habituados a aceitar essa solução que é difícil imaginar quão originais foram os estratagemas que geraram *autômatos*. Por exemplo, no primeiro motor a vapor de Newcomen, o pistão seguia o vapor em condensação, empurrado por pressão atmosférica, que, assim, emprestava sua força à bomba que extraía a água que inundava a mina de carvão e a tornava imprestável...[21] Foi feita uma longa série de associações, como as estudadas na Parte A, que uniam o destino das minas de carvão ao peso da atmosfera por meio da máquina a vapor. O ponto aqui é que, quando ele atingia o fim do cilindro, um novo fluxo de vapor precisava ser injetado através de uma válvula aberta por um trabalhador que, em seguida, a fechava de novo quando o pistão atingisse o topo de seu curso. Mas por que deixar a abertura e o fechamento da válvula por conta de um trabalhador cansado, mal pago e não confiável quando os movimentos ascendentes e descendentes do pistão poderiam ser *levados a dizer à* válvula quando abrir-se e quando fechar-se? Quanto ao mecânico que uniu o pistão com um excêntrico à válvula, este transformou o pistão em seu próprio inspetor; consta que antes era um garoto cansado e preguiçoso. O pistão é mais confiável que o garoto, pois, por intermédio do excêntrico, está *diretamente interessado*, digamos, na correta cronometragem do fluxo de vapor. Com certeza mais diretamente interessado que qualquer ser humano. Assim nasceu um automatismo, um dos primeiros de uma longa série.

A habilidade dos engenheiros está em multiplicar os artifícios que levam cada um dos elementos a ser interessado no funcionamento dos outros. Esses elementos podem ser livremente escolhidos entre atores humanos ou não humanos.[22] Por exemplo, nos primórdios da indústria da fiação do algodão na Inglaterra, um trabalhador estava "preso" à máquina de tal modo que qualquer falta de atenção acarretava não uma pequena deficiência no produto, que pudesse ser disfarçada, mas uma ruptura grosseira e óbvia, que redundava

---

21 Sobre o motor de Newcomen, ver Gille (1978).
22 Para um manual, bibliografia e uma introdução a essas estratégias, ver MacKenzie e Wajcman (1985).

CIÊNCIA EM AÇÃO **205**

na perda dos ganhos que pudessem advir do trabalho naquela peça. Nesse caso, parte da máquina era usada para supervisionar o trabalhador. Um sistema de pagamento, de detecção de erro, um trabalhador, uma máquina de fiar o algodão, tudo estava amarrado para transformar o emaranhado todo num autômato de funcionamento regular. A congregação de aliados desordenados e não confiáveis vai, pois, sendo transformada lentamente em alguma coisa muito parecida com um todo organizador. Quando tal coesão é obtida, temos finalmente uma *caixa-preta*.

Até agora venho usando essa expressão em excesso e de maneira demasiado ampla, com a significação de fato plenamente aceito ou de objeto não problemático. Não seria possível defini-la apropriadamente antes de vermos as maquinações finais que transformam uma reunião de forças num todo que pode ser usado para controlar o comportamento dos grupos alistados. Enquanto não puderem ser transformados em autômatos, os elementos que o construtor de fatos quer propagar no tempo e no espaço não constituem caixa-preta. Não atuam como tal. Podem ser dissociados, desmantelados, remanejados, transferidos. A câmera Kodak é feita de um pouco de tudo: madeira, aço, emulsão, celuloide. Os semiprofissionais da época abrem suas máquinas e fazem suas próprias emulsões e reveladores, fabricam seu próprio papel. O objeto é desmembrado toda vez que uma nova foto é tirada, de tal modo que não é uno, mas constitui um feixe de recursos desconexos de que outras pessoas podem apropriar-se. Agora, a nova Kodak automática não pode ser aberta sem problemas. É feita de muito mais peças e é manejada por uma rede comercial muito *mais* complexa, mas age como peça única. Para o usuário recentemente convencido, ela é um objeto, por mais peças que contenha e por mais complexo que seja o sistema comercial da Eastman Company. Por isso, não é simplesmente uma questão de número de aliados, mas de sua atuação como um todo unificado. Com o automatismo, grande número de elementos é levado a agir com unicidade, e a Eastman tira proveito do conjunto todo. Tem-se uma caixa-preta quando muitos elementos são levados a atuar como um só.

Agora é fácil entender por que, desde o começo deste livro, não foi feita nenhuma distinção entre o que é chamado fato "científico" e o que é chamado objeto "técnico" ou artefato. Essa divisão, embora tradicional e prática, desmembra artificialmente a questão de como formar alianças para resistir a controvérsias. O problema do construtor de "fatos" é o mesmo do construtor de "objetos": como convencer outras pessoas, como controlar o comportamento delas, como reunir recursos suficientes num único lugar, como conseguir que a alegação ou o objeto se disseminem no tempo e no espaço. Em ambos os casos, são os outros que têm o poder de transformar a alegação ou o objeto num todo duradouro. Na verdade, como vimos antes (Capítulo 7), sempre que um fato começa a ser indiscutível, os outros laboratórios passam a ser alimentados com ele o mais rapidamente possível. Mas a única maneira de novos fatos indiscutíveis passarem a alimentar outros laboratórios, a única maneira de todo um campo estável da ciência ser mobilizado para outros campos é ele ter se tornado um autômato, uma máquina, uma peça a mais do equipamento de um laboratório, outra caixa-preta. As técnicas e as ciências são fenômenos tão homólogos que me pareceu correto utilizar para ambas a expressão "caixa-preta", mesmo que de maneira pouco rigorosa para designar os seus resultados.

Contudo, apesar dessa impossibilidade de distinguir ciência e técnica, ainda é possível detectar, no processo de alistamento de aliados e de controle de seu comportamento, dois momentos que permitirão ao leitor não se afastar muito do senso comum, considerando alguma diferença entre "ciência" e "tecnologia". O primeiro momento é quando aliados novos e inesperados são recrutados – o que na maioria das vezes é mais visível em laboratórios, na literatura científica e técnica, nas discussões acaloradas; o segundo momento é quando todos os recursos reunidos são postos para atuar como um todo inquebrantável – e isso é, no mais das vezes, visível em motores, máquinas e aparelhos em geral. Essa é a única distinção que pode ser feita entre "ciências" e "técnicas" se quisermos continuar observando de perto cientistas e engenheiros, enquanto eles constroem suas sutis e versáteis alianças.

Parte C
Modelo de difusão *versus* modelo de translação

A tarefa do construtor de fatos está agora claramente definida: há um conjunto de estratégias para alistar e interessar os atores humanos e um segundo conjunto para alistar e interessar os atores não humanos a fim de conservar os primeiros. Quando essas estratégias têm sucesso, o fato construído se torna indispensável; é ponto de passagem obrigatório para todos os que quiserem promover seus próprios interesses. Pouco numerosas e indefesas no início, a ocuparem alguns pontos fracos, essas pessoas acabam depois controlando verdadeiras fortalezas. Todos adotam as afirmações ou os protótipos das mãos de contendores bem-sucedidos. Consequentemente, as alegações se transformam em fatos indiscutíveis, e os protótipos são transformados em peças de uso rotineiro. A cada nova pessoa que acredita na alegação, a cada novo consumidor que compra o produto, a cada artigo ou livro em que o argumento é incorporado, a cada motor em que a caixa-preta é embutida, a sua propagação vai ocorrendo no tempo e no espaço.

Se tudo corre bem, começa a parecer que as caixas-pretas deslizam facilmente pelo espaço em virtude de seu próprio ímpeto, que se estão tornando duradouras graças à sua própria força interna. No fim, se tudo correr muito bem mesmo, parecerá que fatos e máquinas se propagam pelas mentes, das fábricas e das casas, retardadas apenas num punhado de países muito grandes e por uns poucos sujeitos muito burros. O sucesso na construção de caixas-pretas tem como estranha consequência a geração dos seguintes OVNIs: "progresso irreversível da ciência", "irresistível poder da tecnologia", mais misteriosos que discos voadores que flutuam sem gasto de energia pelo espaço e duram para sempre, sem envelhecimento ou decadência! Será essa uma estranha consequência? Não para nós, visto que, em cada capítulo, aprendemos a identificar o hiato que separa a ciência pronta da ciência em construção. Mais uma vez, nosso velho amigo Jano está falando duas línguas ao mesmo tempo: o lado direito está

208 BRUNO LATOUR

falando em termos de *translações* sobre controvérsias ainda não decididas, ao passo que o lado esquerdo fala de fatos e máquinas consolidados com a linguagem da *difusão*. Se quisermos aproveitar nossas viagens pelos locais de construção da ciência, será crucial distinguir as duas vozes.

(1) Vis inertia...

Em nossos exemplos, observamos que a cadeia de pessoas que adotam as alegações varia com o tempo, em razão dos muitos elementos aos quais elas são amarradas. Se as pessoas quisessem abrir as caixas, discutir os fatos, apropriar-se deles, uma verdadeira massa de aliados organizados em estratos correria para resgatar as declarações feitas e forçar os discordantes a concordar; mas os aliados nem sequer pensarão em discutir as declarações, pois isso contraria seus próprios interesses, tão bem traduzidos pelos objetos novos. A discordância virou algo impensável. Nesse ponto, essas pessoas não fazem mais nada com os objetos senão passá-los adiante, reproduzi-los, comprá-los, acreditar neles. O resultado dessa adoção sem tropeços é a existência de um número maior de cópias do mesmo objeto. Foi isso o que aconteceu com a dupla hélice a partir de 1952, com o Eclipse MV/8000 a partir de 1982, com o motor de Diesel a partir de 1914, com o polônio dos Curie a partir de 1900, com a vacina de Pasteur a partir de 1881, com o GRF de Guillemin a partir de 1982. Passam a ser aceitos por tantas pessoas que parecem fluir tão facilmente quanto a voz de Alexander Bell através dos milhares de quilômetros da nova linha transcontinental, ainda que sua voz seja amplificada a cada 21 quilômetros e completamente decomposta e recomposta mais de seis vezes! Também parece que todo o trabalho agora está terminado. Vomitadas por alguns centros e laboratórios, coisas e crenças novas vão emergindo, flutuando livremente entre mentes e mãos, povoando o mundo com suas réplicas.

Chamarei essa descrição de fatos e máquinas em movimento *modelo de difusão*. Tem certo número de características estranhas que, se levadas a sério, dificultarão demais a compreensão do tema deste livro.

Em primeiro lugar, parece que, concordando as pessoas tão facilmente em transmitir o objeto, é o próprio objeto que as força a assentir. Parece então que o comportamento das pessoas é *causado* pela difusão dos fatos e das máquinas. Esquecemo-nos de que é o comportamento de obediência das pessoas que transforma declarações em fatos e máquinas; as elaboradas estratégias que conferem ao objeto os contornos que propiciarão o assentimento também são esquecidas. Ignorando as muitas estratégias maquiavélicas descritas neste capítulo, o modelo de difusão inventa um determinismo técnico, com paralelo no determinismo científico. O motor de Diesel, de moto próprio, salta à garganta do consumidor, impondo irresistivelmente seu próprio uso em caminhões e submarinos; quanto ao polônio dos Curie, poliniza à vontade as mentes abertas do mundo acadêmico. Os fatos agora têm uma *vis inertia* própria. Parecem mover-se sem a ajuda das pessoas. E o mais fantástico é que parecem poder até mesmo existir sem as pessoas.

A segunda consequência é tão bizarra quanto a primeira. Como os fatos agora são dotados de uma inércia que não depende da ação das pessoas ou de seus muitos aliados não humanos, o que os impele? Para resolver essa questão, os adeptos do modelo de difusão precisam inventar um novo sistema de acasalamento. Supõe-se que fatos se reproduzem! São esquecidas as muitas pessoas que os transportam de mão em mão, as inumeráveis entidades atuantes que conformam os fatos e são por eles conformadas, as complexas negociações para definir que associação é mais forte ou mais fraca; são esquecidos os três capítulos anteriores, pois de agora em diante estamos no reino das ideias que procriam ideias que procriam ideias. Apesar de ser difícil representar os motores de Diesel, bicicletas ou usinas atômicas reproduzindo por acasalamento, as trajetórias (ver p.165) são traçadas de tal modo que parecem linhagens e genealogias de "pura extração técnica". História das ideias, história conceitual da ciência, epistemologia, são esses os nomes da disciplina – que deveria ser considerada

210 BRUNO LATOUR

imprópria para menores – para a explicação dos obscuros hábitos de reprodução dessas raças puras.

O problema do sistema de acasalamento de fatos que se difundem com força própria é a inovação. Fatos e máquinas estão mudando constantemente, e não são simplesmente reproduzidos. Ninguém conforma a ciência e as tecnologias, a não ser no começo; assim, no modelo de difusão, a única explicação razoável para a inovação está com os iniciadores, os primeiros cientistas. Por isso, para conciliar inércia e inovação, foi inventada a noção de *descoberta*; aquilo que estava ali o tempo todo (micróbios, elétrons, motor de Diesel) precisa de algumas pessoas não para conformá-lo, mas para ajudá-lo a vir a público.[23] Essa nova e bizarra "reprodução sexual" é metade constituída por uma história das ideias e metade por uma história dos grandes inventores e descobridores, os Diesel, os Pasteur, os Curie. Mas então temos um novo problema. Os iniciadores, em todas as histórias que contei, são uns poucos elementos numa multidão. Não podem ser a causa de um movimento tão geral. De modo particular, não podem ser a causa das pessoas que acreditam neles e estão interessadas em suas alegações! Pasteur não tem força suficiente para propelir sua vacina mundo afora, nem Diesel seu motor, nem Eastman sua Kodak. Mas isso não é problema para os nossos "difusionistas". Desproporcionalmente inflados, os grandes homens de ciência são agora gênios de dimensões mitológicas. O que Pasteur e Diesel não podiam fazer, essas novas figuras, também chamadas "Pasteur" e "Diesel", podem. Com essa força fabulosa, é canja para esses Super-homens tornar indiscutíveis os fatos e eficientes as máquinas!

Os grandes iniciadores se tornaram tão importantes para o modelo de difusão que seus defensores, iludidos por sua própria lógica maníaca, precisam descobrir a qualquer custo quem realmente foi o primeiro. Essa questão, de fato secundária, passa a ser crucial aqui, pois o vencedor *leva tudo*. A questão da atribuição de influência, prioridade e originalidade entre os grandes cientistas é

---

23 Para uma introdução crítica à noção de descoberta, ver Branningan (1981).

CIÊNCIA EM AÇÃO **211**

levada tão a sério quanto a da descoberta do herdeiro legítimo de um império! Os rótulos de "precursor", "gênio desconhecido", "figura secundária", "catalisador", "força propulsora" constituem questão tão pontilhosa quanto a etiqueta de Versalhes no tempo de Luís XIV; os historiadores apressam-se em providenciar genealogias e brasões. O mecanismo secundário prevalece sobre o principal.

O mais engraçado nesse conto de fadas é que, por mais cuidado que haja na atribuição desses rótulos, os grandes cientistas são sempre uns poucos nomes numa multidão que não pode ser aniquilada nem mesmo pelos mais entusiastas defensores do modelo de difusão. Diesel, como vimos, não fez tudo no motor que leva seu nome. Não foi Pasteur quem fez da assepsia uma prática, quem impediu que milhões de pessoas ficassem escarrando, quem distribuiu as doses da vacina. Até mesmo os mais fanáticos difusionistas precisam concordar. Mas isso não os incomoda. Mergulhando cada vez mais em suas fantasias, inventam gênios que fizeram isso tudo, mas apenas "abstratamente", "como semente", só "na teoria". Eliminando numa penada multidões de atores, agora pintam gênios que *têm ideias*. O resto – argumentam – é mero desenvolvimento, simples desdobramento dos "princípios originais" que realmente contam. Milhares de pessoas trabalham, centenas de milhares de novos atores são mobilizados nesses trabalhos, mas só uns poucos são indicados como motores a moverem a coisa toda. Como é óbvio que eles não fizeram tanto, dotam-nos com "ideias originárias". Diesel "teve a ideia" de seu motor; Pasteur "teve a ideia da assepsia"... É irônico ver que as *"ideias"*, tão apreciadas quando se fala de ciência e tecnologia, são um ardil para escapar das absurdas consequências do modelo de difusão, e de explicar – ou justificar – o fato que as poucas pessoas que fizeram tudo, apesar de tudo, fizeram tão pouco.

O modelo de difusão seria mais uma esquisitice insignificante, não fosse por suas consequências finais serem levadas a sério mesmo por aqueles que estejam querendo estudar o trabalho interno da tecnociência.

Os leitores atentos que aceitarem o que vimos argumentando até aqui podem achar que é fácil questionar o modelo de difusão. Se a interpretação dada por ele é risível, a impressão da qual ele brota é genuína. Parece funcionar nos poucos casos em que fatos e artefatos convencem as pessoas e, por essa razão, parecem fluir. Portanto, os leitores podem achar que o modelo de difusão se desintegrará quando os fatos forem interrompidos, defletidos, ignorados ou deturpados. A ação das muitas pessoas irromperá necessariamente no quadro, pois não há mais ninguém à mão para "difundir" os fatos. Pois bem, quem assim pensar estará simplesmente demonstrando que ainda é ingênuo e que subestima a capacidade que tem uma interpretação de resistir a qualquer evidência em contrário. Quando um fato não ganha crédito, quando uma inovação não é adotada, quando uma teoria é usada de modo completamente diferente, o modelo de difusão simplesmente diz que "alguns grupos estão resistindo".

Na história de Pasteur, por exemplo, os adeptos do modelo de difusão precisam admitir que os médicos não estavam lá tão interessados em seus resultados; achavam que eram prematuros, não científicos e poucos úteis. Na verdade, eles não tinham muito uso para as vacinas porque a medicina *preventiva* era algo muito distante. Em vez de observar como o programa de pesquisas do Institut Pasteur estava sendo constantemente modificado por dezenas de pessoas para convencer quase todos os médicos, o modelo de difusão simplesmente diz que as ideias de Pasteur estavam sendo *bloqueadas* por certos grupos que não tinham esclarecimento ou que tinham "interesse direto" na manutenção de técnicas mais antigas. Pintam os médicos como um grupo corporativo, egoísta, atrasado e reacionário que retardou em uma geração a propagação da ideia de Pasteur. Assim, o modelo de difusão desenha uma linha tracejada ao longo do trajeto que a "ideia" deveria ter seguido, para depois, visto que a ideia não vai muito longe e nem muito depressa, criar os grupos resistentes. Com essa derradeira invenção, mantêm-se tanto o princípio de inércia como a fantástica força que o desencadeia no começo, e a gigantesca estatura dos grandes homens que deram *momentum* ao todo é amplificada. Os difusionistas simplesmente ·acrescentam ao quadro grupos sociais passivos que, pela sua própria inércia, podem retardar o trajeto da ideia ou absorver o impacto da

CIÊNCIA EM AÇÃO **213**

técnica. Em outras palavras, o modelo de difusão agora inventa uma sociedade para responsabilizá-la pela inconstância da difusão de ideias e máquinas. Segundo esse modelo, a sociedade é simplesmente um meio de diferentes resistências percorrido por ideias e máquinas. Por exemplo, o motor de Diesel que se disseminou nos países desenvolvidos em razão do *momentum* que lhe foi dado por Diesel poderia perder velocidade ou mesmo parar em algum país subdesenvolvido, onde ficaria enferrujando numa doca, sob chuva tropical. Segundo o modelo de difusão, isso seria explicado em termos de resistência, passividade ou ignorância da cultura local. A sociedade ou os "fatores sociais" apareceriam só no fim da trajetória, quando alguma coisa não desse certo. A isso se deu o nome de princípio de *assimetria*: só se apela para os fatores sociais quando o verdadeiro trajeto da razão "entorta", mas não quando vai em linha reta.[24]

A sociedade inventada para manter o modelo de difusão tem outra estranha característica. Os "grupos" que a compõem nem sempre interrompem ou defletem o trajeto normal e lógico das ideias; eles podem mudar repentinamente: de resistores ou semicondutores passam a ser condutores. Por exemplo, os mesmos médicos que não estavam lá muito felizes com Pasteur até 1894 de repente ficaram interessados em seu trabalho. Isso não é problema para o modelo de difusão: eles simplesmente comutaram sua posição. Ligaram-se. Os resistores começam a conduzir, os reacionários a progredir, e quem andava para trás de repente começa a andar para frente! Como se vê, não há limites para o conto de fadas. Esquecem-se da cuidadosa coprodução, entre os colaboradores de Pasteur e os médicos, de um objeto novo, um soro contra a difteria que, ao contrário da vacina preventiva, era finalmente uma ajuda para a *cura*. As longas translações necessárias para convencer cavalos, difteria, hospitais e médicos a se associarem nesse objeto novo são esquecidas. Passando batido por complicados sistemas de associações, o modelo de difusão

---

24 Definido por Bloor em seu livro clássico (1976), no qual ele opõe seu princípio de simetria, que requer que uma explicação se aplique nos mesmos termos tanto a vencedores como a perdedores.

214 BRUNO LATOUR

simplesmente extrai um soro – que estava ali o tempo todo, pelo menos "em princípio" – e depois inventa grupos que inicialmente resistiram, mas aos quais finalmente "ocorreu" aceitar a descoberta.

(2) Associações mais fracas e mais fortes

Voltemos a Diesel para entender as diferenças entre o modelo de difusão e o de translação. Vimos que o motor de Diesel era um esboço na patente, depois um projeto, depois um protótipo, depois alguns protótipos, depois nada, depois de novo um único novo protótipo, depois não mais um *protótipo* mas um *tipo* reproduzível em várias cópias, depois milhares de motores de diferentes subtipos. Assim, houve de fato uma proliferação. Primeiro, seguindo as translações, vimos que esse aumento no número de cópias teve de ser compensado com um aumento no número de pessoas interessadas em seu destino. Segundo, percebemos que esse aumento nas cópias e nas pessoas teve de ser obtido por meio de profunda transformação no projeto e nos princípios do motor; o motor mudou, já não era o mesmo. Terceiro, vimos que ele se transformara tanto durante a translação que houve uma discussão sobre a sua real autoria. Em quarto, vimos que, por volta de 1914, houve um momento em que as pessoas podiam aceitar o motor não como protótipo, mas como cópia, levando-o da oficina de Augsburg sem o transformar profundamente nem arrastar consigo dezenas de mecânicos e advogados especialistas em patentes; finalmente, o motor era uma caixa-preta à venda, capaz de interessar não só engenheiros e pesquisadores, mas também "simples consumidores". É nesse ponto que saímos da história, mas é também nesse ponto que o modelo de difusão parece melhor que o de translação, porque não há necessidade de mais ninguém para dar forma à caixa-preta. Existem apenas consumidores que compram.

Até que ponto o "simples consumidor" é simples? O consumidor é "simples" porque não precisa reprojetar o motor, abandonando a injeção por jato de ar para voltar à injeção direta, ou trocando válvulas,

CIÊNCIA EM AÇÃO   **215**

ou perfurando novos cilindros e pondo o motor para funcionar na bancada de testes. Mas o consumidor não pode ser tão "simples" que não faça a manutenção do motor, pondo óleo e combustível, cuidando de seu arrefecimento, fazendo uma revisão de vez em quando. Mesmo depois de passadas as fases de desenvolvimento e inovação, a existência da mais preta das caixas-pretas ainda tem de ser *mantida* por consumidores não tão simples. Podemos facilmente imaginar um sem-número de situações em que um consumidor mal informado ou mesmo tolo leve um motor a falhar, morrer ou fundir. Como dizem os engenheiros, nenhuma máquina é à prova de burrice. Essa cópia do motor, em particular, não funcionará mais, porém ficará exposta à ação lenta da ferrugem.

Há outro problema com os "simples" consumidores. Vale lembrar a máquina Kodak de Eastman. Sua operação era mais simples que tudo o que fora feito antes. "Aperte o botão, nós fazemos o resto", era o que diziam. Mas tinham de fazer *o resto*, e o resto era muita coisa. A simplificação da máquina fotográfica que possibilitou despertar o interesse de todos em sua disseminação por milhões de cópias precisou ser obtida com a ampliação e a complicação da rede comercial de Eastman. Quem aperta o botão não vê os vendedores e as máquinas que fazem as longas tiras de película de celuloide nem os técnicos que fazem a emulsão finalmente aderir de maneira apropriada; não os vê, mas nem por isso eles podem deixar de estar ali. Se não estiverem, o botão será apertado e nada mais acontecerá. Quanto mais automática e mais preta a caixa-preta, maior o número de pessoas que precisa *acompanhá-la*. Em muitas situações, como todos nós sabemos muito bem, a caixa-preta tem um triste fim porque não há vendedores, técnicos que a consertem, peças de reposição. Todo leitor que já viveu em países subdesenvolvidos ou usou alguma máquina recém-desenvolvida saberá avaliar o número antes desconhecido das pessoas necessárias para que os mais simples dos aparelhos funcione! Por isso, nos casos mais favoráveis, mesmo em se tratando de uma peça corriqueira do equipamento, para que continue existindo, a caixa-preta exige um consumidor ativo e precisa ser acompanhada por outras pessoas. Por si, ela não tem *inércia*.

216 BRUNO LATOUR

Entendido isso, podemos tirar as conclusões das duas primeiras partes deste capítulo: a caixa-preta se move no espaço e se torna duradoura somente por meio da ação de muitas pessoas; se não houver mais ninguém para adotá-la, ela acabará, desaparecerá, por maior que seja o número de pessoas que a tenham usado antes. Mas o tipo, o número e as qualificações das pessoas que compõem essa cadeia sofrerão modificações: inventores como Diesel ou Eastman, engenheiros, mecânicos, vendedores e também "consumidores ignorantes", no fim. Em suma, *há sempre muitas pessoas passando o objeto adiante, mas as pessoas não são sempre as mesmas.* Por que não? Porque as primeiras amarraram o destino do motor a outros elementos, para que o motor pudesse passar para mãos diferentes e disseminar-se mais facilmente. Será então possível ver umas poucas cópias do motor Diesel mudando devagar por meio de constantes modificações em seu projeto, na bancada de testes, e depois observar, de repente, muitas cópias do mesmo projeto sendo compradas e vendidas a muita gente. Sempre há gente, mas nem sempre a mesma. Portanto, a história do motor diesel pode ser analisada do ponto de vista da forma mutante do motor – ligado a diferentes pessoas – ou do ponto de vista do tipo mutante das pessoas – ligadas ao motor. É a *mesma história* vista da perspectiva das pessoas alistadas, da Parte A, ou das coisas alistadas, da Parte B.

Analogamente, o polônio dos Curie foi primeiro uma alegação, reformulada após cada ensaio feito num único laboratório de Paris, em 1898. Para convencer os discordantes de que aquela era de fato uma nova substância, os Curie precisaram modificar as provas e reformular a definição de seu objeto. Para cada suspeita de que ela pudesse ser um artefato, eles criavam uma prova que ligasse seu destino a alguma parte mais antiga e menos discutível da física. Há um momento nessa história em que a alegação passa a ser um objeto novo e até mesmo parte da natureza. Nesse ponto, o tipo de gente necessária para dotar o fato de durabilidade e amplitude precisa ser modificado. O polônio agora pode transferir-se das mãos dos Curie para outras mãos mais numerosas, porém muito menos informadas. Agora ele é um elemento radiativo corriqueiro

CIÊNCIA EM AÇÃO 217

num grande recipiente de chumbo, e uma nova casa é preenchida nas versões mais novas da tabela periódica. Já não mais apenas uns poucos luminares, num outro laboratório, que acreditam nele, mas também centenas de físicos entusiasmados. Logo ele será conhecido por "simples estudantes". É necessária uma cadeia contínua de pessoas que usem o polônio, que o testem e acreditem nele para que ele continue existindo; mas não são sempre as mesmas pessoas nem são as mesmas as suas qualificações. Assim, a história do polônio – como todas as que foram até agora contadas neste livro – pode ser narrada a partir da observação das pessoas convencidas ou das novas associações feitas para convencê-las. É a mesma análise de dois ângulos diferentes, visto que o tempo todo o polônio é constituído por *essas* pessoas convencidas de que *essas* associações são inabaláveis.

Agora podemos generalizar um pouco a partir do que aprendemos. Tome uma caixa-preta qualquer e congele a cena: você pode então considerar o sistema de alianças que ela une de duas formas diferentes. Em primeiro lugar, observando quem ela tem por finalidade alistar. Em segundo, considerando a que ela está ligada, a fim de tornar o alistamento inelutável. Por um lado, podemos traçar seu *sociograma*; por outro, o seu *tecnograma*. Para cada informação obtida num sistema há também uma informação no outro. Se alguém me disser que o motor de Diesel agora tem uma forma estável, eu direi quantas pessoas da MAN tiveram de trabalhar nele e falarei sobre o novo sistema de injeção direta que foi preciso criar para que o motor pudesse ser comprado por "meros consumidores". Se alguém me disser que acha que o polônio na verdade é bismuto (ver p.136), poderei dizer que essa pessoa trabalha no laboratório dos Curie, em Paris, por volta de 1900. Se alguém me mostrar um soro para difteria, perceberei a que distância essa pessoa está da pesquisa original que visava fazer vacinas e direi quais os médicos que estarão interessados. Se alguém me mostrar um veículo elétrico que funcione à base de células de combustível, saberei quem vai ter de ser persuadido na empresa. Se alguém propuser construir um computador de 16 bits para competir com o VAX 11/780 da DEC, saberei quem é essa pessoa, quando e onde ela está. Essa pessoa é West, está na Data

General, no fim da década de 1970. Sei disso porque são poucos os lugares no planeta onde alguém tem recursos e coragem para desagregar a caixa-preta que a DEC montou e produzir uma nova marca de computador. Também saberei um bocado sobre quem me disser que está à espera do técnico para consertar seu computador Apple, ou que acredita que a Lua é feita de queijo fresco, ou que não acha que o segundo aminoácido da estrutura do GHRH seja realmente a histidina.

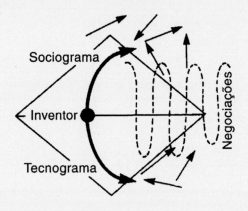

FIGURA 3.4

Não se deve deixar de notar que a caixa-preta fica entre esses dois sistemas de alianças, que ela é ponto de passagem obrigatório interligando os dois e que, quando é bem-sucedida, concentra em si o maior número possível de solidíssimas associações, especialmente se tiver sido transformada em autômato. É por isso que chamamos essas caixas-pretas "fatos inegáveis", ou "máquinas altamente sofisticadas", ou "teorias eficazes", ou "provas irrefutáveis". Todos esses adjetivos que aludem a força e solidez apontam corretamente para o número desproporcional de associações feitas em torno dessas caixas-pretas, tão desproporcional que realmente mantém no lugar a multidão de aliados. Porém, essa desproporção muitas vezes nos leva a esquecer que essas associações mantêm coisas e pessoas amarradas só enquanto todas as outras estratégias têm sucesso. Porventura esses produtos da ciência e da técnica escapariam ao sistema de

CIÊNCIA EM AÇÃO **219**

complicadas alianças com que se faz política, por exemplo? Seriam eles menos "sociais", como se diz ingenuamente? É pouco provável; se tivessem de ser qualificados nesses termos – que não são –, teriam de ser descritos como *mais*, muito mais "sociais".

Se agora deixarmos que a cena congelada se mova, observaremos uma caixa-preta mudando, simultaneamente, aquilo de que é feita e a pessoa a quem está convencendo. Cada modificação em um sistema de alianças é visível no outro. Cada alteração no tecnograma é feita para superar uma limitação no sociograma, ou vice-versa. Tudo acontece como se as pessoas cujos passos seguimos estivessem entre dois conjuntos de injunções, apelando de um para o outro sempre que as negociações emperravam. Num dos lados, há pessoas caminhando na mesma direção, ou então em direção contrária, ou indiferentes, ou então, embora indiferentes e hostis, passíveis de serem convencidas a mudar de opinião. No outro lado, há atores não humanos de todas as cores e matizes: alguns hostis, outros indiferentes, alguns já dóceis e acessíveis, outros, ainda, embora hostis e inúteis, passíveis de serem convencidos a seguir outro caminho. O inventor do Post-it, um papelzinho amarelo, aderente, para marcar livros, hoje tão amplamente usado, é um bom exemplo.[25] A descoberta de uma cola que *não* cola foi considerada um erro pela 3M, empresa cujo trabalho costuma ser o de fazer colas que colem muito bem. Essa não aderência transformou-se em vantagem quando o inventor percebeu que conseguia marcar os livros dos Salmos sem besuntar nem desgastar as páginas. Infelizmente, essa vantagem não foi admitida pelo departamento de marketing, para o qual aquela invenção não tinha mercado nem futuro. Situado exatamente no meio dos tecnogramas e dos sociogramas, o inventor tem de escolher: modificar a invenção ou modificar o departamento de marketing. Optando por manter a invenção como está, ele lança mão de táticas sutis para balançar o departamento de marketing, distribuindo protótipos de sua invenção para todas as secretárias e dizendo-lhes

---

25 Esse exemplo, e muitos outros, são apresentados no livro de divulgação escrito por Peters e Austin (1985).

que, quando quisessem mais, ligassem diretamente para o departamento de marketing! É idêntica a sutileza que se encontra em criar uma cola que não cola ou em fazer um departamento de marketing vender o que ele não quer vender. Aliás, o Post-it é formado pelos dois conjuntos de estratégias: uma para alistar os outros, a outra para controlar o comportamento deles.

Podemos ir um pouco além. Somos todos multicondutores e podemos largar, transferir, defletir, modificar, ignorar, deturpar ou adotar as alegações que precisem de nossa ajuda para se disseminar e durar. Quando – rarissimamente – os multicondutores, atuando como condutores, simplesmente transmitem uma crença sem demora e deturpação, o que significa? Que muitos elementos acompanham as alegações ou os objetos em movimento e, literalmente, *mantêm na linha* as sucessivas mãos necessárias à sua sobrevivência. Quando – no mais das vezes – *interrompem* a disseminação das alegações que até então passaram de mão em mão sem nenhum problema, os multicondutores também nos ensinam alguma coisa. Como são capazes de interromper, essas pessoas devem estar ligadas a novos interesses e novos recursos que contrabalancem os outros. E as mesmas lições podem ser tiradas quando – como ocorre quase sempre – as pessoas ignoram, defletem, modificam ou adotam as caixas-pretas. O leitor agora pode enxergar a conclusão? *Entender* o que são fatos e máquinas é o mesmo que entender quem são as pessoas. Quem descrever os elementos controladores que foram reunidos entenderá os grupos que são controlados. Inversamente, quem observar os novos grupos interligados verá como as máquinas funcionam e por que os fatos são duros. A única questão em comum é aprender *quais associações são mais fortes e quais são mais fracas*. Nunca estamos diante de "ciência, tecnologia e sociedade", mas sim de uma gama de associações mais fortes e mais fracas; portanto, entender *o que* são fatos e máquinas é o mesmo que entender *quem* são as pessoas. Esse preceito essencial constituirá nosso terceiro *princípio*.

CIÊNCIA EM AÇÃO 221

(3) Quarta regra metodológica

Entre todas as características que diferem nos dois modelos, uma é especialmente importante: a sociedade. No modelo de difusão, a sociedade é feita de grupos que têm interesses; esses grupos têm atitudes de resistência, aceitação ou indiferença com relação a fatos e máquinas, e estes têm sua própria inércia. Por conseguinte, temos ciência e técnica, de um lado, e sociedade, de outro. No modelo de translação, porém, não existe tal distinção, pois só há cadeias heterogêneas de associações que, de tempos em tempos, criam pontos de passagem obrigatórios. Podemos ir além: a *crença* na existência de uma sociedade separada da tecnociência *é resultado do modelo de difusão*. Uma vez que fatos e máquinas tenham sido dotados de inércia própria, e uma vez que a ação coletiva de atores humanos e não humanos associados tenha sido esquecida ou posta de lado, então é preciso inventar uma sociedade para explicar por que fatos e máquinas não se disseminam. Cria-se uma divisão artificial entre as associações mais fracas e mais fortes: fatos são amarrados a fatos; máquinas a máquinas; fatores sociais a fatores sociais. É assim que se acaba ficando com a ideia de que há três esferas: Ciência, Tecnologia e Sociedade, havendo necessidade de estudar as influências e os impactos que cada uma delas exerce sobre as outras!

Mas o pior está por vir. Agora que se inventou uma sociedade desmembrando artificialmente associações e translações e comprimindo os fatores sociais em minúsculos guetos, algumas pessoas tentam explicar ciência e tecnologia pela influência desses fatores sociais! Ao determinismo técnico anterior, acrescenta-se agora um determinismo social ou cultural ou econômico. Esse é o significado da palavra social em expressões como "estudos sociais da ciência" ou "interpretação social da tecnologia". Os analistas que, com base em grupos de interesses, explicam como se dissemina uma ideia, como uma teoria é aceita ou uma máquina é rejeitada não têm consciência de que os mesmos grupos, os mesmos interesses que eles veem como *causas* em suas explicações são *consequência* da extração e da purificação artificiais de um punhado de vínculos que provém dessas ideias, teorias ou máquinas. O determinismo social luta corajosamente contra o determinismo técnico, enquanto *nenhum dos dois existe* senão na fantasiosa descrição proposta pelo modelo de difusão.

Embora não se deva gastar tempo demais com o modelo de difusão, será crucial, se quisermos continuar nossa viagem pela tecnociência, estarmos imunizados contra a noção de que há uma sociedade e "fatores sociais" capazes de conformar, influenciar, dirigir ou retardar a trajetória da ciência e da técnica puras. No fim do Capítulo 2, apresentei nossa terceira regra metodológica: a Natureza não pode ser usada como explicação para a resolução das controvérsias, porque é só depois que as controvérsias foram resolvidas que sabemos de que lado ela está. "A Natureza só resolve questões resolvidas", diz o lado esquerdo do nosso Jano, que não sente a contradição. Quanto às não resolvidas, nas quais o lado direito de Jano está trabalhando, ainda não sabemos o que as resolve, mas não é a Natureza. Portanto, esta fica atrás dos fatos depois que eles são feitos, nunca quando estão sendo feitos.

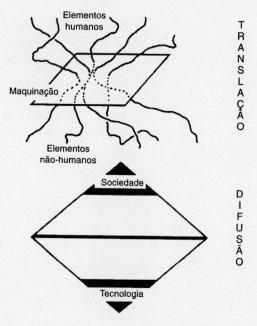

FIGURA 3.5

CIÊNCIA EM AÇÃO **223**

Se quisermos continuar sem sermos molestados pelo modelo de difusão, teremos de apresentar uma quarta regra metodológica, tão básica quanto a terceira e simétrica a ela, que se aplica *à sociedade*.

Já nas primeiras páginas deste livro, o leitor pode ter notado a chocante ausência das entidades que tradicionalmente constituem a sociedade, ausência que pode ser até mais chocante do que o aparecimento tardio da Natureza no fim do Capítulo 2. Depois de três capítulos, não se disse sequer uma palavra sobre classes sociais, capitalismo, infraestrutura econômica, grandes monopólios, diferenças entre sexos; não foi feito sequer um estudo sobre cultura, sequer uma alusão ao impacto social da tecnologia. Não é minha culpa. Minha sugestão foi seguir cientistas e engenheiros em trabalho, e ocorre que eles *não sabem do que é feita a sociedade*, tanto quanto não conhecem de antemão a natureza da Natureza. É por não saberem nada sobre ambas que estão tão ocupados *a experimentar* novas associações, a criar um mundo interno para trabalhar, a deslocar interesses, a negociar fatos, a remanejar grupos e a recrutar novos aliados.

Em seu trabalho de pesquisa, eles nunca sabem ao certo que associação vai resistir e qual vai ceder. No início, Diesel tinha certeza de que todos os combustíveis dariam ignição em altas temperaturas e que todos os grupos de consumidores ficariam interessados em seu motor mais eficiente. Mas a maioria dos combustíveis rejeitou o motor, e a maioria dos consumidores perdeu o interesse. Começando com um estado estável da Natureza e da sociedade, ele precisou lutar muito por outro motor, interligando querosene, injeção de ar e um número mínimo de consumidores. Os higienistas também começaram com um estado fixo da sociedade – a luta de classes – e com determinado estado da Natureza – as doenças miasmáticas. Quando os partidários de Pasteur lhes ofereceram os micróbios, isso representou uma definição nova e imprevisível da Natureza e da sociedade: um novo vínculo social, o micróbio, interligou homens e animais e os ligou de forma diferente. Não havia nada no estado estável da sociedade ou da Natureza que tornasse necessária ou previsível uma aliança entre as altas finanças da Bell e os elétrons. A Bell Company foi profundamente modificada por sua aliança com a física de Millikan; já não era a *mesma* Bell, mas também já não era a mesma física, o mesmo Millikan ou os mesmos elétrons. É precisamente graças à versatilidade e à heterogeneidade das alianças que os pesquisadores podem superar o dilema do construtor de fatos: como interessar as pessoas e como controlar o comportamento delas. Quando estudamos os cientistas e engenheiros trabalhando, as únicas duas perguntas que não devem ser feitas são: o que é realmente a Natureza? De que é realmente feita a sociedade?

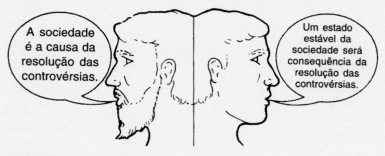

FIGURA 3.6

Para fazer essas perguntas, precisamos esperar até que os cientistas e seus aliados – entre os quais, evidentemente, devem ser incluídos os cientistas sociais – tenham terminado o trabalho! Findas as controvérsias, emergirá um estado estável da sociedade, juntamente com uma interpretação estável dos interesses de seus membros. Se estudarmos fatos e grupos prontos, então interesses e Natureza estarão claramente articulados pela face esquerda de Jano. Mas isso não acontece quando observamos os fatos em construção. Poderia parecer uma consequência estranha, mas é uma consequência necessária: para seguir cientistas e engenheiros, não precisamos saber do que é feita a sociedade e o que é a Natureza; mais exatamente, *não* precisamos conhecê-las. O estado estável da sociedade está distante três capítulos! A introdução prematura de uma sociedade plenamente amadurecida seria tão prejudicial à nossa viagem quanto desenhar um quadro completo da Natureza.

CIÊNCIA EM AÇÃO **225**

Mais exatamente, os mesmos argumentos usados com respeito à Natureza precisam ser *simetricamente* usados em relação à sociedade. Como poderíamos tomar tantas precauções, *não* acreditando *diretamente* no que os cientistas e engenheiros dizem sobre objetividade e subjetividade, e acreditar de pronto no que outros cientistas (sociais desta vez) dizem sobre sociedade, cultura e economia? Neste ponto, precisamos muito de uma regra de simetria que não conceda à sociedade privilégios negados à Natureza. Nossa *quarta regra metodológica*, portanto, é exatamente igual à terceira – com a substituição da palavra "natureza" pela palavra "sociedade" – e funde as duas: uma vez que a resolução de uma controvérsia é a causa da estabilidade da sociedade, não podemos usar a sociedade para explicar como e por que uma controvérsia foi resolvida. Devemos considerar *simetricamente* os esforços para alistar e controlar recursos humanos e não humanos.

Capítulo 4
Quando os de dentro saem

Agora temos uma ideia melhor da quantidade de trabalho preliminar necessária para garantir um número suficiente de posições seguras a fim de tornar relevantes as forças oferecidas pela soma de literatura técnica e laboratórios. Sem o alistamento de muitas outras pessoas, sem as sutis táticas que ajustam simetricamente recursos humanos e não humanos, a retórica da ciência é impotente. As pessoas escapam, perdem o interesse, fazem alguma outra coisa, ficam indiferentes. Entretanto, as histórias do capítulo anterior foram todas contadas do ponto de vista dos cientistas e engenheiros alistadores. Ainda que tivéssemos considerado muitos outros resultados além dos três com que começamos – desistência, adesão, reexecução –, poderíamos ter ficado com a impressão de que os cientistas e engenheiros estão no *centro* de tudo. Essa impressão poderia criar novas dificuldades. Nossa primeira regra metodológica implica seguir *como sombras* os cientistas empenhados em seu trabalho de fazer ciência. À primeira vista, parece fácil pôr em prática esse preceito; é por essa razão que, nos capítulos precedentes, fiz de conta que pelo menos sabíamos *onde* encontrar o protagonista de avental branco, para começar a investigação. Mas foi para simplificar nossa viagem que parti do pressuposto de que West, Crick e Watson, Guillemin, o Professor, Diesel, Mead ou Pasteur eram capazes de reunir recursos, falar com autoridade, convencer outras pessoas de sua força e equipar laboratórios ou departamentos, começando, portanto, as várias histórias com cientistas e engenheiros acabados, que outros levavam tão a sério a ponto de lhes darem atenção, dinheiro e crédito. Como um conveniente ponto de partida, inventei uma personagem a quem dei o nome de "discordante", personagem esta que deveria ajudar-nos a pôr em prática a difícil arte de seguir como sombra os cientistas em ação; e de fato, visto que esse discordante era facilmente detectável e que sua obstinação facilitava o trabalho de segui-lo, ficou mais fácil nossa peregrinação pela literatura técnica e pelos laboratórios. Mais tarde, a personagem "construtor de fatos" também foi muito cômoda para mapear os vários tipos de translação.

Nada prova, porém, que seguir cientistas e engenheiros de verdade seja tão fácil quanto seguir esses discordantes ou construtores de fatos de mentira, especialmente quando os princípios que mostramos sugerem o oposto. Cabe lembrar que o primeiro princípio básico afirma que os fatos são construídos coletivamente; o segundo, que os cientistas e engenheiros falam em nome de objetos novos formados por testes de força inesperados; e o terceiro, que descrever fatos e máquinas é a mesma coisa que descrever as pessoas que eles arrolam e controlam. Muitas novas indagações nascem desses princípios: como não há muita diferença entre os que alistam e os que são alistados, por que nos concentrarmos em cientistas? Quem são as pessoas que trabalham coletivamente na construção de fatos? São todas cientistas e engenheiros? Se não forem, que diabos estão fazendo? Se os cientistas são porta-vozes, a quem estão falando? Quem são os outros representantes? Como resolvem suas controvérsias?

Ao levantarmos essas questões, começamos a perceber que talvez não seja tão fácil dizer com certeza quem são os cientistas e os engenheiros e, portanto, definir, como exige nossa primeira regra metodológica, *quem* seguir. Não temos escolha, porém, e precisamos fincar pé com mais teimosia do que nunca em nossa tarefa, com o acréscimo de mais sutileza agora que nosso guia vai vestir muitas máscaras misturadas e seguir por caminhos vários simultaneamente.

CIÊNCIA EM AÇÃO   229

Parte A
Despertar o interesse
dos outros pelos laboratórios

(1) Quando todos passam muito bem sem cientistas e engenheiros

O que acontece aos cientistas e engenheiros que não garantiram suas posições de força? Qual será a força de sua retórica? Qual será sua capacidade de manter os grupos de interesse sob controle? Tomemos dois exemplos, o primeiro de um cientista do passado e o segundo de um engenheiro do presente. Nesses exemplos nenhum deles está preparado para oferecer qualquer coisa aos pesquisadores emergentes, e todos passam muito bem *sem* a ciência deles.

(A) Quando ser cientista ainda não é profissão

No fim dos anos 1820, Charles Lyell era lente em Oxford e vivia com uma mesada de quatrocentas libras por ano, que o pai, de classe média alta, lhe dava.[1] Lyell queria estudar a "história da Terra", mas não se conclua daí que ele desejava ser geólogo. A possibilidade de ser geólogo será *resultado* do trabalho de muitas pessoas como Lyell. Na época não existia, na Inglaterra, nada que fosse uma profissão segura e de dedicação integral chamada "geólogo". Na verdade, a "geologia" nem sequer existia. A história da Terra dizia respeito à teologia e à exegese bíblica, bem como à paleontologia e a outras matérias técnicas. Em outras palavras, não existiam nem a disciplina geologia nem a profissão geólogo. Uma das disciplinas relacionadas com o assunto, que estava fortemente consolidada, era a "história racional da criação", e uma das profissões correlatas datava do

---

1 Baseio-me aqui no relato de Porter (1982). Ver também seu livro de 1977 sobre a formação da nova disciplina da geologia.

·230 BRUNO LATOUR

século VI, a de professor religioso nas universidades – com celibato compulsório, pelo menos em Cambridge.

Quando Lyell começa, não há laboratório para ingressar, currículo para seguir, nem subvenções para pleitear. Embora precise de outras pessoas para ajudá-lo a construir fatos novos e sólidos, essas "outras pessoas" estão em caminhos diferentes. Será que pode contar com os professores seculares e religiosos de Oxford, que ensinam a história da Terra e têm bibliotecas, autoridade e vitaliciedade? De jeito nenhum, porque, se surgir alguma controvérsia sobre, digamos, a idade da Terra, os colegas de Lyell poderão perfeitamente *interromper* a argumentação dele apelando para a palavra de Deus e para os ensinamentos perenes da Igreja. Mesmo que aqueles a quem Lyell recorra estejam interessados numa história racional da Terra e concordem em falar de rochas e erosão sem tocar na localização do Jardim do Éden, no tamanho da arca de Noé ou na data do Dilúvio, o que acontecerá se a controvérsia esquentar um pouquinho? Não muita coisa, simplesmente porque esses colegas assumiram suas cátedras como primeiro passo para o episcopado ou para a carreira de professor de matéria mais prestigiosa, como Ética, por exemplo. Por mais argumentos que Lyell consiga reunir em defesa de sua posição, seus oponentes não se sentirão obrigados de modo algum a acatar seu ponto de vista. Podem simplesmente ignorá-lo, descartar seus argumentos, ou então ouvi-lo com perplexidade e continuar dando suas aulas habituais. Para que haja discordante é preciso trabalhar mais.

O mesmo poderá acontecer se Lyell encetar uma controvérsia com os heterogêneos grupos de pessoas que escrevem "teorias sobre a Terra" como bico, mas não vivem de geologia, ou seja, são *amadores*. Muitos amadores estavam ocupados na época colhendo rochas e fósseis, visitando locais remotos, oferecendo todo tipo de relato às muitas sociedades criadas para reunir novas coleções. Por definição, o amador, mesmo que dedicado e apaixonado, pode sair da discussão quando bem entender. Por isso, é muito difícil Lyell impor um argumento e obrigar o amador a adotar suas afirmações como caixa--preta, especialmente se elas contradisserem sentimentos, interesses e paixões. Não convencidos, os amadores poderão continuar como

CIÊNCIA EM AÇÃO **231**

sempre, não interessados e não ameaçados pelos muitos aliados que Lyell possa vir a reunir em apoio de sua posição. Embora sejam necessários para colher rochas e fósseis em muitos lugares onde os poucos geólogos talvez não possam ir, os amadores constituem uma multidão muito indisciplinada no que tange ao auxílio a Lyell para a produção de novos fatos.

A situação seria bem melhor para Lyell se os professores religiosos desistissem de suas cátedras nas universidades e as cedessem a pessoas que não tivessem outra ambição além de dedicar-se à geologia durante toda a vida. Então, a geologia se transformaria em carreira. Quando Lyell defendesse alguma coisa, seus colegas precisariam derrotá-lo ou aceitá-lo, porque não teriam outra maneira de agir. Não poderiam mais ignorá-lo ou fazer alguma outra coisa, como virar bispos. Também seria melhor se os amadores continuassem ocupados colhendo material e fazendo relatórios, mas não se intrometendo nos debates. Seriam obrigados a contribuir com suas amostras, a submeter o material colhido, mas ficariam *de fora*, sem acrescentar comentários e teorias. Uma multidão desorganizada de auxiliares se transformaria então numa força de trabalho disciplinada que ajudaria os geólogos a produzirem mais fatos documentados. Lentamente, a partir do mundo externo iria sendo escavado um bolsão de material puramente geológico, e poderia ocorrer o duelo autor-discordante dos capítulos 1 e 2.

Há outro problema: mesmo que Lyell conseguisse criar um grupo de colegas que não fizesse nada além de geologia, nenhum deles seria capaz de garantir um salário ou pelo menos de oferecer--lhes um. Assim, Lyell precisava ganhar a vida com outra coisa, pois o pouco dinheiro dado pelo pai não era suficiente para manter uma família e juntar uma coleção. Como é professor brilhante e gosta da vida folgada da classe alta, uma das soluções é recorrer à pequena fidalguia esclarecida. Mas isso o põe em novas dificuldades. Em primeiro lugar, poderá perder todo o seu tempo em círculos mundanos, explicando os mistérios das rochas pré-cambrianas ao Conde D'Isto e à Baronesa D'Aquilo. Mesmo que tenha sucesso e reúna um grande público de fidalgos pagantes, não lhe sobrará tempo

232 BRUNO LATOUR

para produzir fatos novos; por isso, acabará *ensinando* geologia como então se faz, e não fazendo geologia de um modo novo. Lyell na verdade estaria fora, coletando recursos, mas sem nunca os levar de volta para dentro!

A situação será ainda pior se, para tornar seu ensino aceitável e compreensível, ele precisar barganhar o próprio conteúdo de suas conferências com aquele auditório amigável porém frívolo e não profissional. Por exemplo, seus ouvintes poderão ficar chocados com a idade atribuída por Lyell à história da Terra, pois imaginam viver num mundo que conta poucos milhares de anos, ao passo que Lyell precisa de um contexto de, pelo menos, alguns milhões de anos para a sua geologia. Se permitir que seus ouvintes participem da produção dos fatos, Lyell estará diante de um novo dilema: rejuvenescer a Terra para não perder o público, ou envelhecer a Terra e ficar sem ninguém para assistir às suas aulas! Não, o ideal seria que os ouvintes interessados e ilustrados subsidiassem a geologia, mas ficassem *de fora*, para que Lyell e seus colegas a desenvolvessem como achassem conveniente e só depois viessem a tomar conhecimento da idade da Terra, sem tentativas de barganhar fatos. Mas nem isso seria suficiente, pois aqueles nobres poderiam ser frívolos demais para esperar o tempo necessário à coleta de milhares de fósseis. O interesse deles poderia dissipar-se rapidamente, substituído por uma nova moda em eletricidade, magnetismo ou antropologia. Não! Para que a situação seja ideal, o dinheiro deve fluir regular e irreversivelmente, sem depender de humores ou modas, como algo tão compulsório e regular quanto um *imposto*.

Para chegar a esse resultado, Lyell teria de interessar não só a pequena fidalguia, mas também os altos funcionários do Estado e convencer algumas repartições de que a geologia poderia ser importante e útil para seus objetivos. Como vimos no Capítulo 3, Parte A, essa translação de interesses será possível se a geologia for capaz de produzir um grande número de fatos novos e inesperados, que poderão ser vistos como recursos para alguns dos problemas do Estado – descobrir novas jazidas carboníferas, substituir minerais estratégicos, recuperar terras, mapear novos territórios, e assim por

CIÊNCIA EM AÇÃO **233**

diante. No entanto, os interesses assim agregados só terão estabilidade se Lyell for capaz de falar em nome de muitos objetos novos,
o que supõe uma ciência já existente. Inversamente, a produção de
fatos indiscutíveis é impossível sem o trabalho coletivo de muitos
cientistas em regime de dedicação integral e sem o emprego de
amadores dedicados na escavação de rochas, na visita de falhas
geológicas, na supervisão do terreno e na obtenção de uma grande
coleção de rochas e fósseis para os museus de história natural, como
faziam os geólogos franceses em Paris, na mesma época.

Nos primórdios dessa ciência, Lyell está num círculo vicioso:
uma geologia mal fundamentada não interessará ao Estado e, assim,
permanecerá fraca demais para resistir à competição de outras disciplinas e prioridades. Isto é o oposto de todos os pontos de partida
de nossas histórias até agora, pois nelas todos ajudam a fortalecer os
laboratórios de cientistas e engenheiros. Em vez de ser bem-acolhido
por autoridades, jornalistas, sacerdotes, estudantes e industriais,
Lyell pode simplesmente ser ignorado. Mesmo que tente, digamos,
"vender" a disciplina antes de "entregar" seus resultados, poderá
expor-se a um novo perigo. Organizar a profissão, impor padrões
rígidos para a formação de novos profissionais, criar novas maneiras
de resolver controvérsias, fundar novas revistas e novos museus, dar
um chute nos amadores, exercer ação de *lobby* sobre o Estado, fazer
propaganda dos futuros resultados da disciplina, tudo isso exige
tempo, tanto tempo que Lyell mais uma vez pode não ser capaz de
contribuir para a reconfiguração da Terra, que é seu objetivo.

Obviamente, ele poderia recorrer a um público maior escrevendo,
como fez, por exemplo, em seu *Princípios de geologia*. Se esse livro
se tornasse um *best-seller*, então Lyell teria dinheiro para angariar
novos recursos e produzir novos fatos. Mas esse é outro risco. Como
pode ele recorrer ao público? Se quiser que seus *Princípios* interessem
a todos, então talvez precise eliminar os detalhes técnicos, mas aí
acabará sendo um daqueles amadores, divulgadores ou panfletários
da geologia, não mais um geólogo. Mas, se o livro de Lyell ensejar
controvérsias e reformular as crenças de todos com a apresentação
de novos recursos, já sabemos o que vai acontecer (Capítulo 1); o

234 BRUNO LATOUR

livro se tornará técnico, tão técnico que não lhe sobrará leitor. Lyell continuará sem dinheiro para avançar em suas pesquisas.

Mesmo que Lyell seja inteligente o bastante para resolver esse problema, poderá tropeçar em outro. Se a geologia tiver sucesso na reformulação da história, do tamanho, da composição e da idade da Terra, então, por tabela, será extremamente chocante e insólita. O livro começará num mundo criado pela vontade de Deus há seis mil anos e terminará com alguns pobres ingleses perdidos em remotíssimas eras, precedidos por centenas de dilúvios e centenas de milhares de espécies diferentes. O choque poderia ser tão violento que toda a Inglaterra pegaria em armas contra os geólogos, e a disciplina como um todo cairia em descrédito. Entretanto, se Lyell dourar demais a pílula, o livro não estará tratando de fatos novos, mas será um meio-termo entre o senso comum e a opinião dos geólogos. Essa negociação será dificílima se a nova disciplina contrariar não só os ensinamentos da Igreja, como também as próprias crenças de Lyell, como ocorre com o advento da humanidade na história da Terra, que Lyell preferiu manter como fato recente e miraculoso, a despeito de suas outras teorias. Como é possível dizer ao mesmo tempo que uma coisa é útil a todos, mas contrária às crenças de todos? Como é possível convencer a pequena fidalguia e, ao mesmo tempo, destruir a autoridade do senso comum? Como é possível alguém asseverar a necessidade moral de desenvolver a geologia ao mesmo tempo em que se angustia com a posição da humanidade na Natureza?

Não é fácil o ofício de cientista antes de existir o tal ofício! Antes que outras pessoas possam entrar no campo da geologia, Lyell tem de lutar fora dele, em todos os *fronts* ao mesmo tempo. Precisa eliminar os amadores, porém mantê-los como força de trabalho disciplinada; agradar à pequena fidalguia e angariar a sua fortuna, mas mantê-la a certa distância para não perder tempo discutindo suas opiniões; provar ao Estado que geologia é a coisa mais importante da Terra, ponto de passagem obrigatório para as coisas que ele, Estado, quer fazer, e que, por essa razão, é preciso criar empregos bem pagos, mas ao mesmo tempo adiar a realização das expectativas desse mesmo Estado, impossibilitar suas inspeções, evitar quaisquer incursões

CIÊNCIA EM AÇÃO **235**

suas e forçá-lo a não pedir demais em troca; Lyell precisará lutar sem trégua contra autoridades eclesiásticas a laicas, mas também encontrar um meio de introduzir geólogos nas velhas universidades, onde é possível obter cargos vitalícios; finalmente, precisará recorrer às massas para obter apoio entusiástico, mas isso deve ser feito sem chocá-las, mesmo destruindo a visão de mundo que elas têm! Sim, e há outra coisa que ele precisa fazer além de todas essas brigas: pesquisa em Geologia. Mas só quando tais batalhas estiverem parcialmente ganhas ele obterá o apoio de colegas para a construção coletiva de alguns novos argumentos sobre a Terra.[2]

(B) Um ponto de passagem não obrigatório

Lyell precisava criar, simultaneamente, a parte de fora e a de dentro da geologia. No começo todos podiam passar muito bem sem ele; no fim do século, a geologia se tornara indispensável a muitas outras ciências, indústrias e empreendimentos estatais. Os geólogos em atividade um século depois de Lyell se pareceriam muito com os discordantes e construtores de fatos dos outros capítulos; como eles, teriam de atender aos interesses alheios. Embora precisassem ser inteligentes e capazes de despertar interesse, não mais seria questionada a importância básica de sua disciplina. A maior parte do trabalho básico necessário à criação da indispensabilidade já estaria feita.

Parece infinita a distância e duvidosa a pertinência que há entre isso e a oficina de aparelhos eletrônicos de João da Cruz em São Paulo:[3] ele se sente sozinho e dispensável, e sua situação é muito pior que a de Lyell. Há oito anos, vem trabalhando no projeto de um novo *chip* MOS.[4] Tirando proveito de uma *joint venture* constituída pela

---

2 Ver Kevles (1978), como excelente exemplo de estudo histórico de uma profissão científica.

3 Este exemplo é uma colagem.

4 MOS: *Metal Oxide Semiconductor*, método de produção de certos circuitos integrados (*chips*) em que padrões de condutores de metal e óxidos são depositados sobre os semicondutores. (N. T.)

indústria, o governo militar e as universidades, todos desejosos de alcançar autossuficiência em termos de construção de computadores no Brasil, João e seu chefe afirmavam na época ser também necessário que o Brasil se tornasse independente na fabricação de circuitos integrados, e que era melhor começar com os projetos mais avançados para queimar etapas e evitar repetir antigas gerações. Receberam pequena quantia em dinheiro para equipar uma oficina e explorar a arquitetura de outros *chips* MOS concebidos nas universidades 'norte-americanas e japonesas.

Durante um ano ou dois, acreditaram que um dia estariam no centro de um grande movimento nacionalista para a criação de um computador cem por cento brasileiro. A oficina deles tornar-se-ia ponto de passagem obrigatório para técnicos, estudantes, militares, engenheiros eletrônicos. "Quem controlar os *chips* – costumavam eles brincar – vai mandar na indústria de computadores". Infelizmente, eles eram os únicos convencidos dessa prioridade. Os militares vacilaram, e não foi imposta nenhuma limitação à importação de circuitos integrados estrangeiros – só à importação de computadores. O laboratório de João não era mais o centro de um possível empreendimento industrial. Os *chips* importados eram mais baratos e melhores do que aqueles que eles podiam projetar. Além disso, eram comprados e vendidos aos milhares, enquanto João e o chefe, agora privados de uma possível aliança com a indústria, só podiam criar alguns protótipos e não tinham consumidores para ajudá-los no seu aperfeiçoamento.

Os dois engenheiros eletrônicos tentaram então tornar-se centro não de uma indústria, mas de alguma pesquisa acadêmica. João trocou de objetivos e decidiu tornar-se Ph.D. O problema é que não havia outros professores trabalhando com *chips* MOS no Brasil. Felizmente, ele obteve uma bolsa de estudos na Bélgica, onde seu chefe havia estudado. João trabalhou muito, com baixíssimo estipêndio, tão baixo que depois de dois anos precisou voltar para São Paulo. Ali, as coisas ficaram realmente ruins. Os instrumentos com que estudara em Lovain eram de qualidade tão superior aos que ele tinha na oficina que nenhum dos resultados obtidos na

Bélgica foi reproduzido em São Paulo. O intricado circuito era simplesmente invisível. Para piorar as coisas, ele ficou sabendo que o chefe – também orientador de sua tese – estava tão desgostoso com a situação da pesquisa brasileira que decidira partir para a Bélgica, onde assumiria um cargo melhor. Cinco anos depois do início de seus estudos, João não tinha escrito nenhuma página de sua tese. Seu único tesouro consistia em alguns preciosos tabletes feitos de acordo com o processo MOS. "Com isso – pensava ele – sempre serei capaz de montar uma pequena indústria, se a sorte ajudar". Nesse ínterim, os japoneses estavam vendendo *chips* MOS centenas de vezes mais potentes. Além disso, a agência financiadora havia rejeitado seu pedido de subvenção para um novo projeto de *chips* automatizados, alegando que não havia pesquisadores suficientes nesse campo para justificar o gasto. O leitor terá uma ideia do estado de desespero de João quando souber que a taxa de inflação era de 300%, enquanto seu pequeno salário era reajustado só uma vez por semestre! João estava ficando tão pobre que já pensava num terceiro emprego – além da pesquisa e de suas muitas aulas particulares. Agora era tão raramente encontrado na oficina que seu equipamento – obsoleto, de qualquer forma – era usado por uma universidade dos arredores para fins didáticos. Mesmo assim, ele se sentiu orgulhoso ao ser escolhido pelo governo como consultor na seleção da empresa japonesa que deveria montar uma fábrica de *chips* MOS em algum ponto do norte do Brasil...

Essa é, realmente, uma história triste, porém mais frequente que as histórias de sucesso contadas nos primeiros capítulos. João não consegue criar uma especialidade, por mais concessões que faça. Sua oficina não está no centro de coisa alguma, transforma-se em anexo de uma instituição de ensino. Sua tese não é o texto que todos os outros pesquisadores devem citar e considerar; nem sequer foi escrita. Seus *chips* não constituem o único projeto que consegue manter unidos os interesses da indústria, do governo, dos militares, dos consumidores e dos jornalistas; transformou-se numa peça obsoleta, num protótipo sem significado, que ninguém usará. Em vez de ser capaz de estabelecer-se como um laboratório que se torne

238 BRUNO LATOUR

ponto de passagem obrigatório para um sem-número de outras pessoas, a oficina de João é um lugar por onde ninguém precisa passar. Não está estrategicamente colocada entre os objetivos de alguém e a realização desses objetivos; e isso significa, como vimos no último capítulo, que João não interessa a ninguém.

Uma conversa com João revela uma história ainda mais triste. Todas as pessoas que até agora apresentei tiveram de resistir a discordantes. Para isso, precisaram escrever mais artigos técnicos, construir laboratórios maiores, ou alinhar muitos auxiliares. Mas quem são as pessoas que João pode desafiar, quais as que podem contestar suas demonstrações? O governo? Os militares? A agência estatal? Não, porque nenhum deles toma conhecimento do trabalho de João, e todos estão situados *fora* do complicado desenho do circuito dos *chips* MOS. Por acaso seus colegas? Não, porque ele não os tem, e os que existem, no Japão e nos Estados Unidos, estão adiantados demais em relação a ele para se interessarem por seu trabalho. Aquele que poderia continuar interessado, o orientador de sua tese, agora se foi, deixando João como a única pessoa do país com aquela especialidade.

O que acontece com a parte interna de uma especialidade feita de uma só pessoa? É essa a questão que torna João tão desesperançado; a parte interna desaparece. Como não há ninguém com quem discutir o rascunho de seus artigos, ninguém para pôr à prova as ligações que faz entre as várias partes da arquitetura do *chip*, ninguém a quem possa apresentar propostas para provas de força, ninguém para corrigir seus protótipos, João termina por *não saber* o que é real e o que é ficção na tecnologia MOS. Usando os termos que defini no Capítulo 2, direi que João não sabe o que é objetivo ou subjetivo. Como aconteceu com Robinson Crusoé em sua ilha, os limites entre devaneios e percepções se tornam indefinidos, pois não há ninguém que dele discorde e, assim, crie alguma diferença entre fatos e artefatos. João sente que a retórica da ciência mostrada na Parte I deste livro está seguindo o outro caminho: seus artigos se tornam cada vez menos técnicos – agora só escreve para revistas, seus argumentos são cada vez menos valorizados –, e ele evita discutir com outros especialistas estrangeiros. João sente que está fora da corrida probatória, e mais fora a cada dia que passa. Começar nova pesquisa é quase impossível. Seu equipamento é antigo demais, o dos japoneses é avançado demais, e seus conhecimentos ficaram ociosos por tempo demasiado. A especialidade, constituída por um único membro, em breve nada terá de especial. João será um "ex-engenheiro" sobrevivendo de aulas particulares e de artigos de ciência popular. Ele teme que sua especialidade em breve deixe de ter – pelo menos no Brasil – sustentação externa e existência interna.

A primeira lição que devemos tirar desse exemplo infeliz é que há uma relação direta entre as dimensões do recrutamento externo de recursos e a quantidade de trabalho que pode ser executado internamente. Quanto menos pessoas se interessam pela oficina de João, menos conhecimentos ele adquire, menos aprende. Portanto, em vez de testar objetos novos, capazes de manter unidos os grupos interessados, João encolhe e sai do laboratório de mãos vazias.

A segunda lição é que um especialista isolado é uma contradição em termos. Ou você está isolado e logo deixa de ser especialista, ou continua sendo especialista, mas isso significa que não está isolado. Outras pessoas, *tão especializadas quanto você*, estarão testando o seu material com tanta ferocidade que poderão levar a corrida probatória a tal ponto que todos os recursos de que você dispõe mal bastarão para vencer a prova. Um especialista é um contraespecialista da mesma maneira que um artigo técnico é um contra-artigo (Capítulo 1) ou um laboratório é um contralaboratório (Capítulo 2). Só quando a quantidade de recursos é suficientemente grande é que podem ser recrutados muitos contraespecialistas, que serão colocados um contra o outro. Essa discordância, por sua vez, eleva o custo da corrida probatória, multiplica os testes de força, redesenha os objetos novos, que, por sua vez, podem ser usados para trasladar mais interesses externos, e assim por diante. Mas enquanto a pesquisa em motores de combustão interna, neuroendocrinologia, geologia ou projeto de *chips* ainda não existir como profissão, não haverá especialistas do lado de dentro, nem grupos interessados do lado de fora.

(2) Tornando indispensáveis os laboratórios

Agora que começamos a perceber o que acontece à ciência em construção quando o trabalho preliminar de assentamento das bases não é feito, vamos dar uma olhada no diário de um leigo dedicado que decidiu seguir como sombra o chefe de um laboratório – daqui por diante denominado "chefe" – situado na Califórnia.[5]

13 de março: tudo certo, o chefe pode ser facilmente localizado em sua bancada, fazendo experiências com pandorina.

14 de março: o chefe ficou a maior parte do tempo no escritório atendendo telefonemas de doze colegas, aos quais escrevera sobre a nova pandorina (quatro em São Francisco, dois na Escócia, cinco na França, um na Suíça) – não consegui ouvir o que ele dizia.

15 de março: quase perdi o avião. O chefe voou para Aberdeen, a fim de encontrar um colega que nega que a pandorina seja uma substância real, independente e com qualquer significado fisiológico. Em Aberdeen, ficou telefonando para toda a Europa.

16 de março: pela manhã: novo avião para o sul da França; o chefe é bem recebido pelos dirigentes de uma grande indústria farmacêutica; quase não consegui um táxi; discutiram o dia todo como obter a patente, produzir e começar os testes clínicos com a pandorina e uma infinidade de outras substâncias.

– à noite: descemos em Paris para discutir com o ministro da Saúde a criação de um novo laboratório na França para a realização de pesquisas com os peptídios encefálicos; o chefe se queixa da política francesa para as ciências e da burocracia que precisa enfrentar; faz uma lista das pessoas que talvez pudessem ser atraídas para esse novo laboratório; discutem sobre o espaço, salários e licença de funcionamento; o ministro promete abrandar os regulamentos para esse projeto.

---

5 Embora todos os elementos sejam precisos, trata-se de um tipo ideal, e não de um exemplo real.

CIÊNCIA EM AÇÃO **241**

17 de março: o chefe toma o café da manhã com um cientista que voou de Estocolmo para mostrar que seu novo instrumento é capaz de localizar vestígios de pandorina no encéfalo de ratos; as fotos são bonitas; o chefe fala em comprar o instrumento; o outro homem diz que ainda é um protótipo; ambos fazem planos para despertar o interesse de uma indústria na sua fabricação; o chefe promete fazer propaganda do instrumento; entrega algumas amostras de pandorina ao outro cientista para que ele faça mais testes.

– à tarde: exausto, perdi a cerimônia na Sorbonne, em que o chefe recebe um título honorífico da universidade. Cheguei a tempo de assistir à entrevista coletiva que ele deu depois; os jornalistas ficaram surpresos porque o chefe baixou a lenha na política francesa para a ciência; diz que todos devem estar preparados para uma nova revolução no estudo do encéfalo, e que o seu arauto é a pandorina; ataca os jornalistas que passam uma imagem negativa da ciência e estão sempre atrás de sensacionalismo e de descobertas revolucionárias; num drinque, depois disso, propõe a alguns colegas a formação de um comitê científico que obriguem os jornalistas a comportarem-se bem e a não divulgarem livremente afirmações fantásticas.

– à noite: chegamos a Washington; fico contente ao ver que o chefe também parece cansado.

18 de março: pela manhã: uma grande reunião na Sala Oval com o presidente e os representantes dos diabéticos; o chefe faz um discurso comovente, em que explica que a pesquisa logo vai dar certo, que essas coisas sempre são lentas, que a burocracia é um dos principais problemas, e que é preciso muito mais dinheiro para formar pesquisadores; os pais dos diabéticos respondem e cobram do presidente que dê prioridade a essa pesquisa e facilite o máximo possível os testes dos novos medicamentos do laboratório do chefe; o presidente promete que fará tudo o que puder.

– almoço: o chefe almoça na Academia Nacional de Ciência; tenta convencer os colegas a criarem uma nova subseção; explica que, sem isso, todos os cientistas que participam dessa nova disciplina ficarão perdidos em fisiologia ou neurologia, e que a contribuição deles não será recompensada como deveria; "precisamos ganhar espaço", diz ele; discutem a eleição de outro colega, mas como estou distante três mesas não consigo ouvir quem é.

– à tarde: um pouco atrasado para a reunião do conselho da revista *Endocrinologia*, não consigo entrar na surdina; acabo de saber pela secretária que o chefe se queixa de que a disciplina está mal representada na Academia e de que maus revisores devolvem enorme quantidade de bons textos por não entenderem nada da nova disciplina; "deveria ser maior a participação de especialistas em encéfalo".

– no avião: o chefe corrige um artigo que um amigo jesuíta lhe pediu sobre as relações entre a ciência do encéfalo e o misticismo; o chefe explica que a pandorina provavelmente era a causa do "estalo" de São João da Cruz; também acrescenta, de passagem, que a psicanálise está morta.

– fim de tarde: chegamos à universidade em cima da hora para a aula; ele a encerra com uma reflexão sobre as novas descobertas e sobre a grande importância do ingresso de jovens brilhantes nesse campo, que se apresenta em rápida expansão e oferece grandes oportunidades; depois da aula, participa de breve reunião com seus assistentes, na qual se discute um novo currículo que inclua mais biologia molecular, menos matemática, mais ciência da computação; "é crucial – diz ele – conseguirmos pessoas com formação adequada; as que temos agora não servem".

– à noite: (em branco, cansado demais para segui-lo.)

19 de março: quando chego, o chefe já está lá! Eu havia esquecido que era dia de visita às instalações para uma de suas subvenções, negócio de um milhão de dólares; os visitantes estão discutindo com todos, sondando cada projeto; o chefe se mantém à parte, no escritório, para não influenciar os visitantes nem sua equipe. Perco o jantar oficial.

20 de março: pela manhã: o chefe está num hospital psiquiátrico tentando convencer os médicos de que devem realizar um primeiro ensaio clínico da pandorina em esquizofrênicos; infelizmente, os pacientes estão todos de tal forma encharcados de drogas que será

difícil isolar o efeito da pandorina; ele sugere que os médicos e ele escrevam um artigo em coautoria.

– à tarde: estamos dando voltas num abatedouro; o chefe tenta convencer o cabeça da "turma da machadinha" – não conheço o termo técnico – a tentar outro modo de arrancar a cabeça dos carneiros para não danificar o hipotálamo; a discussão parece acalorada; estou tão nauseado que não ouço palavra.

– fim de tarde: o chefe passa uma bela raspança num jovem pós-doutorando que não rascunhou, como esperado, o artigo sobre a pandorina em sua ausência; decide com seus colaboradores qual cromatógrafo líquido de alta pressão da próxima geração deve ser comprado; observa atentamente os novos dados obtidos à tarde com uma amostra mais purificada de pandorina.

Podemos interromper a leitura do diário neste ponto. Apesar da agenda lotada, a semana não foi nada atípica. Seguir um cientista pode revelar-se trabalho cansativo, obrigando o perseguidor a *visitar* muitos lugares do mundo e um número muito maior que o previsto de grupos da sociedade: autoridades de alto escalão, corporações, universidades, jornalistas, religiosos, outros cientistas, e assim por diante.

Como poderíamos definir a maneira como o chefe fez pesquisa de 13 a 18 de março? Para responder a essa pergunta, devemos considerar outro leigo dedicado que, durante a mesma semana, seguiu como sombra não o chefe, mas uma colaboradora sua. Ao contrário do chefe, ela não saiu do laboratório; ficou ali a semana toda, doze horas por dia junto à bancada ou no escritório, submetendo a pandorina aos tipos de testes que descrevemos no Capítulo 2. Se atendeu a alguns telefonemas, estes foram do chefe ou de colegas empenhados na mesma tarefa em outras instituições, ou então de fornecedores. Indagada sobre a viagem do chefe, mostrou-se um bocado condescendente. Quer manter-se à distância de advogados, da indústria e mesmo do governo. "Só estou fazendo ciência" – diz ela. "Ciência básica, ciência no duro". Enquanto fica no laboratório, o chefe percorre o mundo. Será que o chefe está cansado do trabalho

244 BRUNO LATOUR

de laboratório? Ou velho demais para fazer pesquisa de verdade? (É o que muitas vezes se comenta à boca pequena na hora do cafezinho.) Os mesmos murmúrios saúdam a constante politicagem de West na história de Kidder.[6] West está sempre circulando dos centros de decisão para as empresas de marketing e destas para as feiras de eletrônica. Enquanto ele está fora, os *microkids* estão trabalhando como loucos, completamente isolados de qualquer agito econômico ou político. Cada um deles trabalha com um microcódigo apenas.

Esse caso mostra como é importante definir quais são as pessoas que devem ser estudadas. Dependendo do cientista seguido, emergirão quadros completamente diferentes da tecnociência. Se seguirmos West ou o chefe, teremos a visão empresarial da ciência (mistura de política, negociação de contratos, relações públicas); se acompanharmos os *microkids* ou a colaboradora do chefe, teremos a visão clássica do cientista que se veste de branco e trabalha duro, absorto em suas experiências. No primeiro caso, estaríamos em constante movimento *fora* do laboratório; no segundo, estaríamos indo mais para *dentro* do laboratório. Quem está realmente fazendo pesquisa? Onde é que a pesquisa está de fato sendo feita?

A primeira resposta aparece quando os dois observadores enviados para estudar o laboratório do chefe comparam seus diários após um ano de observação. Notam que um artigo escrito pela colaboradora foi aceito numa nova seção da revista *Endocrinologia* – seção esta criada pelo chefe –; que ela conseguiu empregar um novo técnico graças a uma bolsa especial concedida pela Associação dos Diabéticos – depois do discurso do chefe na Casa Branca –; que agora ela obtém do matadouro hipotálamos frescos muito mais limpos que antes – resultado das reclamações do chefe –; que com ela estão atuando dois ex-alunos do chefe, atraídos por seu trabalho após o curso que fizeram na universidade; que agora ela está pensando em assumir um cargo oferecido pelo Ministério da Saúde da França, para montar um novo laboratório naquele país – graças às longas negociações do chefe com as autoridades francesas –; que ela

---

6 Ver Kidder, op. cit.

CIÊNCIA EM AÇÃO **245**

comprou um novo instrumento de uma firma sueca para mapear quantidades ínfimas de peptídios no encéfalo – em parte pela colaboração do chefe na implantação da empresa.

Para resumir, ela é capaz de se dedicar inteiramente ao trabalho de laboratório *porque* o chefe está sempre fora, trazendo para dentro recursos e subsídios novos. Quanto mais ela quer "só fazer ciência", mais caras e mais demoradas se tornam suas experiências, mais o chefe precisa rodar o mundo, explicando a todos que a coisa mais importante do planeta é o trabalho dela. A mesma divisão de trabalho acontece com West e sua equipe. É *porque* West foi capaz de convencer a empresa a deixá-los tentar o projeto Eagle que os jovens são capazes de, pela primeira vez em sua vida profissional, criar uma nova marca de computador. Quanto mais eles querem trabalhar "só em assuntos técnicos", mais gente West precisa seduzir.

A consequência desse duplo movimento é uma troca entre a intensidade das providências para interessar as pessoas "de fora" e a intensidade do trabalho realizado "dentro". Como vimos no último capítulo, essa troca decorre do fato de que o interesse de todas as pessoas "interessadas" só será duradouro caso, por exemplo, elas sejam amarradas pelo novo computador e pela nova pandorina, que se tornarão ponto de passagem obrigatório para o prosseguimento do seu trabalho habitual. Para isso, o Eagle *precisa* estar totalmente depurado e a pandorina *precisa* ser um fato indiscutível; quando West e o chefe forem interpelados, todos os dados que apresentarem deverão resistir às provas de força. Em razão dessa troca entre o que foi prometido lá fora e o que se cumpre lá dentro, os colaboradores acabam sofrendo uma pressão enorme. Todos eles precisam trabalhar duro e submeter o Eagle e a pandorina a todos os testes possíveis, comprando o melhor equipamento e recrutando os melhores alunos formados pelas universidades. É enquanto estão sendo submetidos a essa enorme pressão que eles dizem: "estamos só fazendo ciência".

A primeira lição que devemos tirar desses exemplos parece relativamente inócua: a tecnociência tem um lado de dentro porque tem um lado de fora. Mas há uma retroalimentação positiva nessa definição inócua: quanto maior, mais sólida, mais pura a ciência é lá dentro, *maior a distância que outros cientistas precisam percorrer lá fora*. É por causa dessa retroalimentação que quem entra num laboratório não vê relações públicas, políticos, problemas éticos, luta de classes, advogados; vê ciência isolada da sociedade. Mas esse isolamento existe só porque outros cientistas estão sempre ocupados recrutando investidores, interessando e convencendo outras pessoas. Os cientistas puros são como filhotes indefesos que ficam no ninho enquanto os adultos se ocupam construindo abrigo e trazendo alimento. É porque West e o chefe são tão ativos lá fora que os *microkids* ou a colaboradora podem ficar tão entrincheirados na ciência pura. Se separarmos o lado de dentro do lado de fora, nossa viagem pela tecnociência se tornará inteiramente impossível. A cada encruzilhada, não saberemos quem seguir. Ao contrário, está claro que precisamos fazer como Kidder e, de agora em diante, dividir nossas atenções e seguir tanto o pessoal puramente técnico – como fizemos nos Capítulos 1, 2 e 3 – como, digamos, o pessoal "impuramente" técnico. Nosso velho amigo discordante dos Capítulos 1 e 2 e o construtor de fatos foram tão obstinados só porque outras pessoas estavam trabalhando lá fora; no entanto, precisamos seguir essas pessoas.

(3) Do que é feita a tecnociência

Retratei três situações contrastantes: no caso anterior, a ciência estudada estava claramente dividida em um amplo lado de dentro – os laboratórios – e um vasto lado de fora, que orquestrava o recrutamento; nos primeiros dois casos os cientistas estavam lutando para *criar alguma diferença* entre uma especialidade lá dentro – na qual poderiam então trabalhar – e uma mistura de interesses contraditórios lá fora – que atravessavam a especialidade e ameaçavam destruí-la por inteiro. Embora diferentes os três exemplos, duas características foram sempre constantes. Primeiro, a capacidade de trabalhar num laboratório com colegas dedicados depende

CIÊNCIA EM AÇÃO **247**

do grau de sucesso que os outros cientistas têm na obtenção de recursos. Segundo, esse sucesso, por sua vez, depende do número de pessoas já convencidas pelos cientistas de que o desvio pelo laboratório é necessário para promover seus próprios objetivos.

(A) "Afinal, quem está realmente fazendo ciência?"

O que significam as palavras "seus objetivos"? Como sabemos, designam uma translação *ambígua* entre os interesses dos cientistas e os de outras pessoas. Por exemplo, se o chefe tem tanto sucesso quando fala com o ministro, o presidente, a Associação dos Diabéticos, seus alunos, os advogados, o dirigente de uma indústria farmacêutica, jornalistas e colegas acadêmicos, é porque *eles* acham que estão favorecendo *seus próprios* objetivos ao ajudar a ampliar o laboratório *dele*. A mesma coisa por certo se aplica a West. Seu grupo está entusiasmado com a construção de um novo computador e com a possibilidade de derrotar o centro de pesquisa da Carolina do Norte; por isso estão todos dispostos a trabalhar doze horas por dia, sete dias por semana. Mesmo assim, no fim das contas, o que aumenta é a participação da Data General no mercado, e a pessoa mais satisfeita de todas é de Castro, o chefão. Os interesses da rapaziada, de West, de Castro e do Conselho de Administração da Data General, estavam todos alinhados, pelo menos durante alguns meses. Esse *alinhamento* é precisamente o que faltava nos outros dois exemplos. A Igreja, as universidades, a pequena fidalguia, o Estado, o público, os amadores, os colegas geólogos, todos têm sentimentos mistos a respeito do desenvolvimento de uma geologia independente por parte de Lyell; quando este fala dos interesses dele, ninguém vê como "seus próprios" esses mesmos interesses. Negociações difíceis são ainda necessárias para manter unidas e controladas todas essas vontades contraditórias. No caso de João, está claro que os interesses estão todos em conflito: quando ele fala de seus objetivos, ninguém mais no mundo os considera seus também: nem os militares, nem a indústria, nem os colegas.

248 BRUNO LATOUR

A relação entre João e os outros é tão *inambígua* que não é possível nenhuma comunhão de interesses.

Por isso, para resumir, quando os cientistas e engenheiros conseguem criar um vasto mundo lá dentro, significa que *outras pessoas* estão trabalhando mais ou menos em favor do mesmo objetivo; quando não têm sucesso, significa que estão seguindo *sozinhos* o seu caminho. Isso dá a impressão de paradoxo: quando os cientistas parecem ser totalmente independentes, estar rodeados apenas por colegas, pensando obsessivamente em sua ciência, significa que estão inteiramente dependentes, alinhados com o interesse de muito mais gente; inversamente, quando são realmente independentes, não conseguem os recursos com que equipar um laboratório, ganhar a vida ou recrutar outro colega que poderia entender o que eles estão fazendo. Esse paradoxo é simplesmente consequência do mecanismo de retroalimentação que apresentei dois parágrafos antes: quanto mais *esotérica* uma parte da tecnociência, mais *exotérico* precisa ser o recrutamento de pessoas. Parece paradoxo só porque separamos os dois aspectos; por isso, tendemos a achar que uma oficina pobre está mais amarrada a interesses externos do que uma bem equipada, mas na verdade ela é pobre porque menos amarrada; ao contrário, quando visitamos um gigantesco cíclotron tendemos a achar que ele está mais distante do interesse imediato de qualquer pessoa, mas na verdade ele está distante somente em virtude de seus vínculos estreitos com milhões de pessoas. Esse erro ocorre porque nos esquecemos de acompanhar simultaneamente os cientistas de dentro e de fora; esquecemo-nos das muitas negociações que os de fora precisam realizar para que os de dentro existam.

Vamos pensar um pouco sobre essa relação inversa. Será que, ao perguntarmos *quem está realmente fazendo ciência*, não estamos abordando uma questão espinhosa, capaz de interromper nossa viagem pela tecnociência? Se respondermos "o pessoal que trabalha nos laboratórios, é claro", logo veremos, pelo exemplo de Lyell ou de João, que essa resposta é incompleta, pois sozinhos eles não podiam sequer ganhar a vida nem armar uma controvérsia. Por isso, precisamos *completar* a lista das pessoas que estão fazendo

CIÊNCIA EM AÇÃO   **249**

ciência. Mas se incluirmos nessa lista todos os apoios necessários para transformar cientistas isolados e indefesos em gente como West ou o chefe, cairemos em flagrante absurdo: será possível dizer que de Castro, o ministro da Saúde, o Conselho de Administração, o presidente *estão fazendo ciência?* Claro que sim, pois foi para convencê-los que West e o chefe trabalharam tanto por seus laboratórios; claro que não, pois nenhum desses apoiadores convictos trabalha em laboratório. Assim, estamos num dilema, diante de duas respostas que parecem igualmente ridículas. Uma vez que nosso objetivo é seguir quem está fazendo tecnociência, nossa inquirição será sustada se não pudermos mais definir quem realmente está realizando o trabalho.

Está claro que, se seguirmos a lógica da primeira resposta, poderemos sair da enrascada. Esse método, aceito pela maioria dos analistas, é justamente o que não podemos usar. Implica dizer que a longa lista de pessoas que apoiam os laboratórios constitui uma *pré-condição* necessária para a tecnociência existir como bolsão de conhecimento puro. Em outras palavras, embora necessárias para proporcionar recursos, todas aquelas pessoas não estão configurando o conteúdo propriamente dito da ciência que se faz. De acordo com esse ponto de vista, há uma fronteira real que deve ser traçada entre a parte de dentro e a de fora. Se seguirmos quem está fora, encontraremos uma série de políticos, homens de negócios, professores, advogados, e assim por diante. Se ficarmos lá dentro, só teremos o miolo da ciência. De acordo com essa divisão, o primeiro grupo deve ser considerado uma espécie de mal necessário para que o segundo trabalhe tranquilamente. A consequência é que o conhecimento obtido sobre um deles *nada* ensina sobre o outro: o elenco de personagens e os enredos em que estão envolvidos serão totalmente diferentes. Esse divórcio entre contexto e conteúdo é muitas vezes chamado divisão interior/exterior. Os cientistas ficam dentro, esquecidos do mundo de fora, o qual pode apenas influenciar suas condições de trabalho e sua velocidade de desenvolvimento.

Espero ter ficado claro que, ao ser aceita essa divisão, nossa viagem acaba. Todos os nossos exemplos traçaram um constante circuito de ida e volta entre o mundo de fora e o laboratório; agora está lançada uma barreira intransponível entre os dois. Tenho sugerido implicitamente aquilo que seria o esqueleto de uma anatomia diferente da tecnociência e agora direi como é ele: nele, a divisão interior/exterior é resultado provisório de uma relação inversa entre o recrutamento "externo" de interesses – o sociograma – e o recrutamento "interno" de novos aliados – o tecnograma. A cada passo do caminho, altera-se a constituição daquilo que é "interno" e daquilo que é "externo".

Há duas soluções para o problema da definição visivelmente incompleta de ciência, em comparação com sua incrível amplitude: ou lançar uma barreira teórica e intransponível entre o "de dentro" e o "de fora", ou traçar um limite empírico e variável entre eles. A primeira solução vai dar em *duas histórias diferentes*, dependendo de onde se comece – o que encerra este livro; a segunda solução, no fim, vai dar na *mesma história*, seja lá de onde se comece (de dentro ou de fora) – o que permite que este livro continue!

(B) Todo o mundo é levado a dar uma mãozinha

Para decidir entre as duas versões, voltemos ao segundo parágrafo, traçando um mapa simplificado das viagens do chefe. É preciso lembrar que "fazer ciência" significava duas coisas diferentes para a colaboradora, que trabalhava dentro do laboratório, e para o chefe, que viajava fora dele. No entanto, do exemplo se infere que ambos estavam fazendo ciência, visto que os recursos direcionados pelo chefe eram acionados pela colaboradora; inversamente, cada novo objeto que a colaboradora fazia brotar do laboratório era imediatamente convertido em recursos pelo chefe, para garantir fontes mais novas e frescas de apoio. Esse processo, vivenciado pela colaboradora e pelo chefe ao mesmo tempo, tem forma circular, é um ciclo. Contudo, como vimos na primeira parte, esse movimento circular pode estar dirigido *para dentro* ou *para fora*: a ciência poderá encolher tanto que não haja distinção entre colaborador e chefe, e em breve não haverá objeto novo nem apoios; ou então poderá ir na direção do *crescimento*. O que significa isso? Como se vê na Figura 4.1, significa que cada vez mais elementos fazem parte do ciclo. Dividi artificialmente esses elementos em dinheiro, força de trabalho, instrumentos, objetos novos, argumentos e inovações, esboçando apenas três ciclos completos.

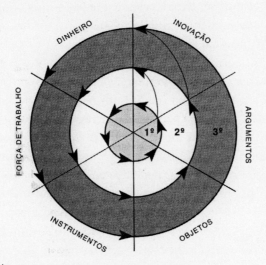

FIGURA 4.1

Vamos começar com o pessoal que comparece com o dinheiro. No começo, o chefe está simplesmente recebendo fundos; no círculo do meio, ele está encabeçando vários comitês nacionais que decidem quem deve receber dinheiro; no fim, ele é parte de uma instituição governamental que legisla sobre a quantia em dinheiro que deve ser dada e a que ciência, bem como sobre o sistema por meio do qual os fundos devem ser alocados e controlados. No começo, o destino de poucas pessoas está ligado ao empreendimento do chefe; no fim, o de muitas.

Indo em direção anti-horária, encontramos a força de trabalho que o chefe precisa recrutar, uma vez recebido o dinheiro. No começo, ele faz todo o serviço pessoalmente; no meio, recruta jovens já formados pelas universidades ou pelas escolas técnicas; no fim,

252 BRUNO LATOUR

está liderando novos departamentos, novas universidades, e preconizando mudanças importantes na formação e nas prioridades de todo o sistema educacional. Ele pode até ir além, escrevendo livros didáticos, dando conferências, incutindo nos ouvintes entusiasmo por sua ciência. Do começo ao fim, o chefe tem de ir cada vez mais longe, recrutando cada vez mais pessoas e vinculando seu empreendimento ao de um número cada vez maior de escolas.

Avançando no círculo, encontramos os instrumentos, tão importantes para configurar objetos novos. Enquanto o processo todo é de reduzidíssima escala, o chefe utiliza só os instrumentos existentes ou aqueles que consegue montar; no meio, ele pode estar concebendo novos instrumentos e dando consultoria para a indústria, a respeito de protótipos; no fim, já pertence ao Conselho de várias empresas que constroem instrumentos, recomendando o uso deles em hospitais, lutando contra a legislação que limita sua disseminação; ou, no caso de outras ciências, podemos encontrá-lo em audiências, insistindo para que o Congresso colabore no planejamento de instrumentos gigantescos. Também nesse caso, começamos com poucas pessoas interessadas no ciclo do chefe e podemos terminar com todo um ramo da indústria amarrado ao destino dele.

Um pouco mais adiante, encontramos as experiências produzidas pelos colaboradores com o uso dos instrumentos. Inicialmente, são arregimentados poucos aliados; no meio, entram no quadro outros aliados inesperados; no fim, dentro de enormes laboratórios, passando por terríveis e inesperados testes, objetos novos são formados aos milhares. Como vimos no Capítulo 2, quanto mais o laboratório cresce, mais amplo é o processo de mobilização de elementos não humanos em nome dos quais os cientistas falam.

A seguir, encontramos os argumentos. Como já vimos nos capítulos 2 e 3, o chefe inicialmente só prefere declarações fracas e não técnicas, difíceis de publicar; no meio, seus artigos técnicos, cada vez mais numerosos, são aceitos com rapidez cada vez maior por um número bem maior de revistas técnicas de melhor categoria; no fim, o chefe cria novas revistas, dá consultoria para editoras, preconiza a criação de novos bancos de dados e exorta os colegas a

CIÊNCIA EM AÇÃO **253**

criarem associações profissionais, academias ou organizações internacionais. O que começou como alegações tímidas e controversas termina como um corpo não sujeito a controvérsia e consolidado de conhecimento ou com uma respeitável profissão.

Encontramos depois as inovações. No começo, o chefe mal consegue convencer alguém a usar seus argumentos, suas substâncias ou seus protótipos. Eles permanecem num laboratório pequeno, como os *chips* de João. No meio, o chefe já interessou suficientemente um número bem maior de pessoas, que estão emprestando forças aos seus projetos: muitos hospitais, muitas outras disciplinas estão fazendo bom uso dos argumentos, divulgando ainda mais as inovações. No fim, o chefe está no Conselho de Administração de várias empresas, comandando muitos comitês, e é fundador de várias associações que facilitam ao máximo a disseminação da inovação. O que era limitado ao laboratório de um homem agora circula por uma extensa rede mundial.

Finalmente, completamos o círculo e chegamos ao começo do diagrama. Inicialmente, o chefe é fraco demais pra obter mais subvenções, mais espaço e mais crédito simplesmente com base em suas atividades anteriores. No meio, seu trabalho passa a ser reconhecido, seus artigos e os de seus colaboradores são lidos e citados, suas patentes aplicadas; subvenções, espaço e prestígio podem ser obtidos com mais facilidade. No fim, todas as forças alistadas no processo estão prontas para atribuir a responsabilidade do movimento geral a ele e a seu laboratório ou sua disciplina. O que no início era um lugar isolado passou no fim a ser um ponto de passagem obrigatório. Nessas alturas, seja lá o que os outros façam ou queiram, o laboratório do chefe cresce – ver translação 5 no Capítulo 3.

Não importa o quanto esse quadro seja simplificado, uma coisa nele está clara: o crescimento ocorre porque um número cada vez maior de elementos que chegam de fontes cada vez menos esperadas *vai sendo atado um ao outro*. Em algum ponto do segundo parágrafo, vimos as influências mútuas entre matadouros, o ministro da Saúde da França, o Salão Oval e os peptídios encefálicos. É absolutamente impossível delinear uma margem externa no quadro – na qual só se encontraria o "contexto" da ciência – e um núcleo interno – no qual só o "conteúdo técnico" seria produzido. Ao contrário, é fácil ver que o laboratório precisa tornar-se cada vez mais técnico a fim de interligar tantos e tão díspares elementos. O que está claramente separado na primeira versão – isto é, o interno e o externo – é precisamente o que precisa ser amarrado com tanta firmeza na segunda.

Se concordarmos quanto à superioridade da segunda versão sobre a primeira, então poderemos tirar outra lição desse exemplo. Quando escrevo que muitas pessoas, instituições, instrumentos, indústrias e objetos novos estão atados ao empreendimento do chefe, isso quer dizer simultaneamente duas coisas: primeiro, que essas pessoas e coisas estão atadas ao chefe, cujo laboratório se tornou ponto de passagem obrigatório para elas, mas também que *ele está atado a elas*. Ele precisou afastar-se bastante do seu caminho para ir buscá-las; precisou fazer das tripas coração para recrutá-las. Se não, não teria subido. Por isso, quando olhamos para a Figura 4.1, não vemos a história do chefe ou a história dos elementos alistados; vemos a história de todos eles *quando se juntam e têm sorte comum*. As pessoas que estão realmente fazendo ciência não estão todas no laboratório; ao contrário, há pessoas no laboratório porque muitas mais estão fazendo ciência em outros lugares. Chegou a hora de voltarmos nossas atenções para essas outras pessoas.

Parte B
Contando aliados e recursos

Na parte anterior resolvemos duas dificuldades. Primeiro, ficamos sabendo que, em nossa viagem pela tecnociência, precisamos seguir simultaneamente quem fica dentro dos laboratórios e quem vai para fora, por mais diferentes que se mostrem os dois grupos. Segundo, ficamos sabendo que, na construção da tecnociência, precisamos incluir todas as pessoas e todos os elementos que foram

CIÊNCIA EM AÇÃO **255**

recrutados ou estão fazendo o recrutamento, por mais estranhos e inesperados que pareçam à primeira vista. Será possível ter uma ideia de quem são as pessoas que estão fazendo tecnociência e de como são distribuídos os vários papéis entre elas?

Para responder a essa pergunta usaremos as estatísticas que as corporações profissionais levantam em vários países – mas especialmente nos Estados Unidos – para controlar ou fomentar o que chamam Pesquisa e Desenvolvimento.[7] Por mais toscas, tendenciosas ou imprecisas que essas estatísticas sejam, dão-nos pelo menos uma ordem de magnitude. Mapeiam os pontos fortes e fracos da tecnociência. Em vez de apresentarmos casos individuais, como fizemos até agora, vamos ter uma ideia da *escala* da tecnociência simplesmente com o uso das estatísticas das muitas instituições que lidam com cientistas.

(1) Contando com cientistas e engenheiros

Os números mais surpreendentes encontram-se nas estatísticas mais gerais: aqueles que se autodenominam cientistas e engenheiros no censo são muito menos numerosos do que aqueles que se interessam por eles ou os arrolam na construção de fatos e máquinas. Nos Estados Unidos, são apenas 3,3 milhões de pessoas (*Science Indicators* 1982, [*SI*] 1983, p.249), independentemente do título que ostentam e do trabalho que executam. Somente 3,3 milhões dizem que têm alguma familiaridade com quaisquer caixas-pretas. Quanto aos outros 250 milhões, supõe-se que tenham um conhecimento escasso, proporcionado pela escola primária ou secundária.

---

7 A maioria dos números utilizados nesta parte foi colhida nos *Science Indicators* da National Science Foundation, publicados em Washington a cada dois anos.

Tabela 4.1

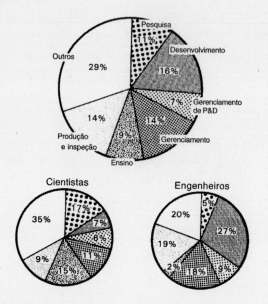

Science Indicators, Figura 3.6, p.66.

Se quisermos considerar aqueles que dizem participar da definição e da negociação de algumas caixas-pretas, o número diminuirá drasticamente. A maioria das pessoas com formação científica e em engenharia não faz pesquisa nem desenvolvimento. Nos Estados Unidos, por exemplo – país para o qual temos o maior número de dados –, pouco mais de um quarto dos cientistas e engenheiros participa de P&D.

A Tabela 4.1 é do tipo que mostra o absurdo do modelo de difusão criticado no fim do Capítulo 3. Se acreditássemos serem os trabalhadores de laboratório os únicos que "realmente fazem ciência", teríamos de levar em conta apenas 900 mil pessoas nos Estados Unidos (ou seja, as duas primeiras áreas escuras das pizzas da Tabela 4.1); todas as outras, ou seja, três quartos dos cientistas e engenheiros, podem ser esquecidas! Para o modelo de translação, porém, está claro que os pesquisadores são a ponta do *iceberg*; é necessário um número muito maior de pessoas trabalhando fora do laboratório para

CIÊNCIA EM AÇÃO **257**

que haja a parte de dentro do laboratório, e aqueles que ajudam na definição, na negociação, na gestão, na regulamentação, na inspeção, no ensino, na venda, em reparos, na crença e na propagação dos fatos são parte integrante da "pesquisa".

A impossibilidade de limitar a tecnociência a pesquisadores com dedicação plena é demonstrada com clareza na Tabela 4.2:

Tabela 4.2 – Número de cientistas e engenheiros que participam de P&D proporcionalmente à força de trabalho

	Número de cientistas e engenheiros	Número de cientistas e engenheiros/ força de trabalho
EUA (1981)	890.000	0,59%
Inglaterra (1978)	104.000	0,4%
França (1979)	73.000	0,32%
Alemanha (1977)	122.000	0,46%
Japão (1981)	363.000	0,65%
URSS (estimativa 1981)	1.200.000	0,90%

Science Indicators 1982, Tabela 1.3, p.193.

Dois milhões e meio de cientistas e engenheiros não conseguem fazer 700 milhões de pessoas acreditarem em todos os fatos da tecnociência e aceitá-los. Embora essa desproporção seja aceitável no modelo de difusão, não faz sentido no de translação. E esse número ridiculamente pequeno foi obtido no caso mais favorável. Só consideramos os países mais ricos e industrializados do Hemisfério Norte, somando *todas as disciplinas*, sem distinção entre Pesquisa e Desenvolvimento. Além disso, como os países desenvolvidos respondem por cerca de 90% da P&D do mundo todo (94% do dinheiro e 89% da força de trabalho, segundo a Organização de Cooperação Econômica e Desenvolvimento),[8] isso significa que, viajando por esse vasto mundo afora, não teríamos nem uma chance em 1.500 de encontrar alguém que desempenhasse papel ativo na formação de crenças e técnicas. Significaria que

---

8 Ver OEOD (1984).

só três milhões de pessoas estão disseminando crenças e máquinas, alistando os cinco bilhões de pessoas do planeta! Extraordinária façanha, com o significado de que ou essas poucas pessoas são sobre--humanas ou estamos errados ao limitar a construção de fatos aos cientistas. Um número muito maior de pessoas do que os poucos cientistas oficialmente reconhecidos como tais deve estar engajado na conformação da tecnociência.

É possível ir bem além no evidente paradoxo criado pelo pequeno número de cientistas. Estar nas estatísticas como participante de P&D não significa ter o tipo de experiência que retratei nos capítulos 1 e 2, ou seja, ter familiaridade com o processo de escrever artigos técnicos, com a criação de controvérsias, com a formação de novos aliados, com o planejamento de novos laboratórios. Se considerarmos um título de Ph.D. como indício de íntima e prolongada convivência com a tecnociência *em construção*, e se limitarmos o número de cientistas e engenheiros ao número de doutores empregados em P&D, os números a que chegaremos serão muito menores ainda.[9] Se a construção de fatos for limitada à pesquisa feita por doutores, teremos que, nos Estados Unidos, apenas 120 mil pessoas determinam as crenças e o comportamento dos outros 250 milhões de pessoas, arrolando-as e controlando-as na aceitação de fatos sempre mais novos e indiscutíveis. Uma só pessoa seria capaz de arrolar e controlar outras duas mil! E, também neste caso, esse número foi obtido com a soma de todas as ciências e de todas as técnicas, sem nenhuma distinção entre pesquisa e desenvolvimento.

O paradoxo criado pelo modelo de difusão atinge proporções gigantescas quando tentamos distinguir ocupações e disciplinas nos números restantes. Deve-se lembrar que, na Tabela 4.1, vimos que só 34% dos cientistas e engenheiros nos Estados Unidos estão empregados em P&D ou no seu gerenciamento; porém, mais de 70% da totalidade dos cientistas e engenheiros empregados em

---

9 Número de doutores nos Estados Unidos: total: 360 mil; na pesquisa: 100 mil; em desenvolvimento: 18 mil (*SI*, 1983, p.254).

CIÊNCIA EM AÇÃO   **259**

P&D trabalham na indústria.[10] Assim, nem mesmo a ponta do *iceberg* é feita daquilo que normalmente se chama "ciência". Se quisermos chegar mais perto do estereótipo da ciência pura e desinteressada, teremos de considerar somente os doutores empregados por universidades ou outras instituições públicas na realização de pesquisa, o que é limitar a tecnociência aos acadêmicos. Se fizermos isso, os números encolherão ainda mais.[11] O número de pessoas que mais se aproximam daquilo que é normalmente chamado "cientista" – pesquisa básica em instituições sem fins lucrativos –, nos Estados Unidos, representa algo em torno de 50 mil (dedicação integral). Esse número é obtido pela soma de todas as ciências. Já não é mais uma ponta de *iceberg*; é uma ponta de agulha.

Quando falamos de "ciência", os leitores devem pensar nos famosos cientistas de disciplinas extremamente prestigiadas, de universidades que produziram ideias novas e revolucionárias, bem como produtos hoje acreditados, usados e comprados por milhões de pessoas. Devem pensar em pessoas como Lyell, Diesel, Watson e Crick. Porém, considerar a tecnociência algo constituído por essas pessoas é tão impossível quanto virar a pirâmide de Quéops de cabeça para baixo. O número de grandes nomes da ciência, agraciados pelo prestígio, simplesmente é pequeno demais para explicar os gigantescos efeitos que lhes são imputados.

---

10 Número de cientistas e engenheiros empregados em P&D por tipo de ocupação e empregador nos Estados Unidos:
Na pesquisa: 355 mil; destes, 98 mil na indústria, o restante em universidades ou em laboratórios federais;
No desenvolvimento: 515 mil; destes, 443 mil na indústria, o restante em universidades ou em laboratórios federais;
Em gerenciamento de P&D: 224 mil; destes, 144 mil na indústria, o restante em universidades ou em laboratórios federais.
(*SI*, 1982, 1983, p.277)
11 Número de doutores empregados em P&D fora da indústria:
Ciências básicas: 48.000
Pesquisa aplicada: 24.500
Desenvolvimento: 2.900
Gerenciamento de P&D: 13.800
(*SI*, 1983, p.3)

260 BRUNO LATOUR

Além disso, escolhemos as melhores condições para medir a escala da tecnociência. Se tivéssemos feito menos assunções *ad hoc*, essa escala seria bem menor. Por exemplo, todos os nossos números foram gerados *depois* de um longo período de crescimento exponencial nos gastos com P&D e na formação de cientistas e engenheiros.[12] As dimensões oficiais da tecnociência ficariam reduzidas a números bem menores se as tivéssemos medido *antes* desse *boom*. Por mais prestígio que tivessem, os Galileu, Newton, Pasteur e Edison estavam muito mais isolados e dispersos na época e na sociedade em que viveram do que ocorre hoje em dia com os exércitos relativamente grandes de pesquisadores profissionais. As ciências, que parecem tão pequenas em comparação com o número de pessoas que afirmam alistar e controlar, apesar disso apequenam seu próprio passado a tal ponto que se poderia dizer que quase *não têm passado*. Em termos de números, a tecnociência conta umas poucas décadas. Os famosos cientistas tão estudados por historiadores da ciência podem ser todos encontrados numa minúscula ponta de curva exponencial. Parodiando Newton, diríamos que a tecnociência é um gigante sobre ombros de anões!

Há uma segunda suposição que nos dá uma visão exagerada da tecnociência. Supus que todos os cientistas acadêmicos, mais próximos do estereótipo, eram *igualmente bons*. Ainda que a ciência seja um mosaico de pequenos agregados, parti do pressuposto de que todos os agregados são iguais. Mas não é realmente isso o que acontece. Há enormes desigualdades mesmo no seio do pequeno número de cientistas acadêmicos. Há o que se chama *estratificação* entre os cientistas.[13] Essa assimetria modifica aquilo a que se dá o nome de visibilidade de um cientista ou de uma afirmação.[14] No estudo de controvérsias e discordâncias, testes de força e

---

12 Quanto a essa tendência de logo termo e de grande escala, ver Price (1975); ver também Rescher (1978).

13 Sobre a noção de estratificação, ver o clássico estudo de Cole e Cole (1973).

14 Sobre a visibilidade e as muitas outras noções desenvolvidas pela escola norte--americana de sociologia dos cientistas e engenheiros – contrapostas à sociologia da ciência e da tecnologia, mais usada neste livro –, ver a obra clássica de Merton (1973).

CIÊNCIA EM AÇÃO **261**

translações, sempre parti do pressuposto de que as alegações e contra-alegações são claramente visíveis e estimulam o debate. Foi uma apresentação favorável demais. Em sua grande maioria, alegações, artigos e cientistas são simplesmente *invisíveis*. Ninguém os capta. Nem sequer discorda. No mais das vezes parece que o processo nem mesmo começou.

A estratificação ocorre não só em termos de produtividade dos cientistas, como também de meios para a construção da ciência. A partir do que vimos no Capítulo 2 e do exemplo de João, ficamos sabendo que nem todos os laboratórios agregados são iguais perante Deus. A capacidade de levar adiante uma controvérsia depende crucialmente dos recursos que cada um é capaz de reunir do seu lado. Esses recursos estão concentrados em pouquíssimas mãos. Primeiro, isso é visível num mesmo país.[15] Discutir um fato, lançar uma controvérsia, propor um artigo *fora* das grandes instituições é muito mais difícil, e a dificuldade aumenta quanto mais longe delas se está. Nos capítulos 2 e 3, ficamos sabendo por quê: o custo da prova aumenta a cada rodada da controvérsia; quem não é capaz de acompanhar a prova de força em seu próprio laboratório, mas ainda quer argumentar, precisa dar um jeito de passar a fazer parte dessas instituições ou sair do jogo, pura e simplesmente.

Essa estratificação é visível dentro de um mesmo país, porém muito mais entre países desenvolvidos.[16] Metade da tecnociência é negócio norte-americano. Todos os outros países desenvolvidos

---

15 Participação relativa das instituições de pesquisa no orçamento de P&D nos Estados Unidos:
10 principais: 20%
100 principais: 85%.
(*SI*, 1982, 1983, p.125)

16 Participação relativa dos seis principais países ocidentais em termos de orçamento, literatura, patentes e citações de P&D:
Participação dos Estados Unidos no mundo em termos de artigos sobre ciência e tecnologia: 37% (menor participação da química, com 21%; maior, da biomedicina, 43%) (*SI*, 1982, p.11).
Participação dos Estados Unidos no mundo em termos de orçamento com P&D: 48% em 1979 (Japão: 15%; Comunidade Europeia: 30%) (OEOD, 1984, p.21).

262 BRUNO LATOUR

trabalham com fatias menores da ciência. Uma vez que os fatos novos e incontestáveis são criados pela reunião de recursos e pela manutenção dos aliados sob controle, a estratificação em termos de potencial humano, dinheiro e revistas significa que alguns países alistam e outros são alistados. Se um país pequeno quiser duvidar de uma teoria, rejeitar uma patente, interromper a propagação de um argumento, desenvolver seus próprios laboratórios, escolher suas próprias prioridades, decidir que controvérsia deve ser iniciada, formar seu próprio pessoal, publicar suas próprias revistas, criar seu próprio banco de dados, falar sua própria língua, achará que é impossível. A mesma situação que descrevi no Capítulo 1 entre os Srs. Sicrano de Tal e Fulano de Tais pode ser observada entre países com grande participação em P&D e os países com pequena atividade nesse campo. Assim como o Sr. Sicrano de Tal, o país que tenha um sistema científico pequeno pode acreditar nos fatos, comprar as patentes, importar conhecimentos, exportar pessoal e recursos, mas não poderá questionar, discordar ou discutir e ser levado a sério. No que se refere à construção de fatos, um país desses não tem *autonomia*.[17]

Depois de um exame rápido dos números que esboçam a escala da tecnociência, entendemos que limitá-la a quem fica "dentro" do laboratório seria incidir em cabal absurdo. Logo ficaríamos com algumas centenas de cientistas produtivos e visíveis situados num punhado de laboratórios ricos, gerando a totalidade dos fatos aceitos e todas as máquinas usadas pelos cinco bilhões de habitantes deste

---

Participação dos Estados Unidos no mundo ocidental em termos de força de trabalho empregada em P&D: 43% em 1979 (Japão: 26%; Comunidade Europeia: 27%) (ibid.).

17 Essa situação de dependência é muito pior se considerarmos não só os principais países industrializados, mas também os menores ou os subdesenvolvidos. Quando consideramos os países mais pobres do planeta, aquilo que é oficialmente definido como tecnociência se perde de vista: já não se pode mais falar em determinar sua escala; é mais apropriado falar em vestígios. Uns poucos institutos, cujo pessoal é constituído, em sua maior parte, por cientistas vindos dos países desenvolvidos, são quase invisíveis, perdidos em meio a milhões de pessoas que nada sabem sobre o interior dos fatos científicos e máquinas. Ver os números da Unesco (1983).

planeta. A distribuição dos papéis feita pelo modelo de difusão realmente é desigual: aos poucos bem-aventurados reservam-se a invenção, a discussão e a negociação das alegações, enquanto os outros bilhões ficam sem nada mais para fazer, a não ser acatá-las como caixas-pretas ou permanecer na ignorância crassa. Os cientistas e engenheiros são pouquíssimos e dispersos demais, e sua distribuição é demasiado desigual para que eles possam alistar e controlar todas as outras pessoas. Limitados à sua própria força, não poderiam manter as fortalezas tão indispensáveis para conferir força à sua retórica. Para os difusionistas, essa conclusão não é problema, como vimos no Capítulo 3: "ao contrário" – argumentam eles – "se os cientistas são tão poucos e fazem coisas tão extraordinárias, é só porque são os melhores e mais brilhantes; essas poucas mentes isoladas entendem o que é a natureza, e todos acreditam neles porque eles estão certos". Portanto, para os difusionistas, os números apresentados não criam problemas, pois simplesmente contribuem para aumentar o prestígio de um punhado de cientistas isolados em meio a tanta obscuridade e ignorância!

(2) Não contando apenas com cientistas e engenheiros

A primeira seção nos apresentou um quadro que pode ser interpretado de duas maneiras opostas; ou os poucos cientistas realmente bons são dotados dos poderes demiúrgicos de determinar crenças e comportamentos de milhões de pessoas, ou estão espalhados por pontos de importância secundária, perdidos em meio a multidões que não se importam com isso. No entanto, na Parte A, ficamos sabendo que essa alternativa *também* é a dos próprios cientistas. West, Diesel, o chefe ou João, dependendo do que fazem e de quem recrutam, podem ser investidos de poderes demiúrgicos – visto que todos passam por seus laboratórios –, ou permanecer com figuras subalternas, incapazes de influenciar o trabalho de quem quer que seja. Também ficamos sabendo na primeira parte que, para decidir

264 BRUNO LATOUR

entre a interpretação demiúrgica e a subalterna, não devemos considerar apenas aqueles que se autodenominam cientistas – a ponta do *iceberg* –, mas também aqueles que, embora fiquem do lado de fora, estão conformando a ciência e formando o grosso do *iceberg*. Agora que vencemos em seu próprio campo o modelo de difusão, segundo o qual cientistas, ideias e protótipos constituem a única parte importante da ciência, não devemos mais hesitar em reintroduzir no quadro todos os participantes excluídos da definição oficial de pesquisa genuína. Mas como fazer isso se, por definição, as estatísticas só incluem as pessoas que estão oficialmente fazendo ciência? Felizmente, porém, nas mesmas estatísticas, há uma maneira simples de medir as multidões que alistam os cientistas; elas não aparecem sob o título "efetivo humano", mas sim *"dinheiro"*. Ainda que deturpados nas estatísticas, os orçamentos dão uma boa estimativa do grau de interesse que os cientistas conseguiram despertar em seu trabalho.

Se considerarmos a maior parte dos números disponíveis, não em pessoal, mas em dinheiro, ganharemos uma ordem de magnitude (Tabela 4.3).

Tabela 4.3

Porcentagem do PNB aplicada em P&D	
Estados Unidos (1981)	2,6%
Inglaterra (1978)	2,2%
França (1978)	2,6%
Alemanha (1981)	2%
Japão (1981)	2,4%
URSS (estimativa média)	3,6%

Science Indicators 1982 (*SI*, 1983, p.7)

A precisão das estimativas da Tabela 4.3 não é absoluta, mas sua escala geral é interessante: significa que umas poucas centenas de milhares de cientistas foram capazes de influenciar algo em torno de 2,5% do PNB dos países industrializados mais ricos.

Será que esse número relativamente substancial significa que todo esse dinheiro é destinado às poucas pessoas que uma versão oficial da

CIÊNCIA EM AÇÃO **265**

ciência consideraria "cientistas genuínos"? De jeito nenhum, porque na Tabela 4.3 estão agrupados todos os tipos de pesquisa. As tradicionais classificações em que as estatísticas devem ser decompostas são as de pesquisa básica, pesquisa aplicada e desenvolvimento. Embora seja possível discutir interminavelmente os precisos limites existentes entre esses termos, o que aprendemos neste livro nos leva a defini-los para nossos propósitos. Como mostrei no Capítulo 3, obter novos aliados é bom, mas só quando esses muitos aliados são capazes de se comportar como um todo disciplinado. Portanto, podemos distinguir dois momentos no recrutamento de novos aliados: um, em que seu número se multiplica, e outro, em que eles se tornam um todo. Podemos chamar o primeiro momento pesquisa, e desenvolvimento todo o trabalho necessário para tornar preta uma caixa-preta, ou seja, para transformá-la num autômato que funcione como peça rotineira do equipamento. Se falarmos de pesquisa, entraremos mais no tipo de situação descrita nos capítulos 1 e 2, com artigos técnicos, discussões, controvérsias, objetos novos indisciplinados; se falarmos de desenvolvimento, estaremos atacando os problemas do Capítulo 3, dando maior ênfase a máquinas e à questão de como disciplinar os objetos novos e as pessoas que os transferem. Mas essa distinção muitas vezes é só acadêmica e deve ser vista como dois aspectos de um único problema estratégico.

Por mais imprecisas que sejam todas essas distinções, as estatísticas obtidas com o seu uso são suficientemente claras, como se mostra na Tabela 4.4.

Tabela 4.4

PESQUISA E DESENVOLVIMENTO EM SUA TOTALIDADE

DESENVOLVIMENTO	PESQUISA	
	APLICADA	BÁSICA

Science Indicators 1982 (SI, 1985, p.40)

266 BRUNO LATOUR

Embora o modelo de difusão considere que só a ciência básica é digna de atenção – o restante flui naturalmente dela –, percebemos que, no todo, os cientistas e engenheiros são capazes de obter apoio só quando não estão fazendo pesquisa básica. De cada nove dólares gastos, só um vai para aquilo classicamente denominado "ciência". No geral, tecnociência é uma questão de desenvolvimento.

Será possível ir além e verificar quem dá sustentação à tecnociência quando ela é bem-sucedida? Cabe lembrar que, por um lado, de acordo com nosso primeiro princípio, os cientistas e engenheiros precisam de muita gente para construir todas as suas caixas-pretas, mas que, por outro, seu número é pequeno demais para mantê-la sob controle, especialmente se quiserem determinar crenças e comportamentos de milhões de pessoas. A única maneira que os cientistas têm de resolver esse problema é unir seu destino ao de outros grupos muito mais poderosos, que já tenham resolvido o mesmo problema em escala maior, ou seja, a grupos que aprenderam como interessar a todos em algumas questões, como mantê-los sob controle, disciplinados, como obter sua obediência; grupos para os quais dinheiro não é problema e que estão o tempo todo de olho em novos e inesperados aliados que possam provocar alguma mudança significativa naquilo que exercem. Que grupos são esses? Mais um exame das estatísticas levantadas nos Estados Unidos nos dirá.

Por refletirem uma escala muito ampla, esses números podem dar-nos uma ideia das transferências mais importantes de dinheiro, portanto um esboço das principais translações de interesses (Tabela 4.5). Essencialmente, P&D é uma atividade industrial (três quartos são realizados em empresas), financiada por dinheiro de impostos (47% nos Estados Unidos [SI, 1983, p.44]). Essa é a primeira transferência maciça de interesses: os cientistas só têm sucesso quando casam seu destino com o da indústria e/ou quando essa indústria casa seu destino com o do Estado. Sem esse movimento duplo a tecnociência encolhe para dimensões minúsculas, como vimos quando só consideramos a ciência básica. Aí passa a ser um negócio entre as universidades e o Estado: aquelas realizam nove décimos da pesquisa básica, que é quase totalmente paga pelo orçamento federal. Como é de prever, a ciência aplicada ocupa uma posição intermediária; 50% pago pelo governo e 50% pela indústria, sendo realizada pelas universidades.

Tabela 4.5

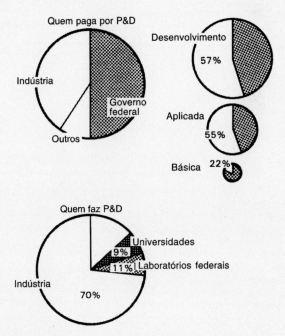

Science Indicators, 1982 (83, p.49)

Que tipo de atividade drena tanto dinheiro dos contribuintes para a indústria e para as universidades? A resposta é encontrada na Tabela 4.6.

Quem estava fora começa a entrar no quadro. Para a Defesa vai algo em torno de 70% dos gastos públicos com P&D. A tecnociência é um assunto militar. As únicas exceções são a Alemanha e o Japão, mas assim mesmo por outras vicissitudes científico-militares: o lançamento das bombas atômicas em 1945, que obrigou o Japão a render-se e a abandonar a maioria das pesquisas militares.

Tabela 4.6 (a)

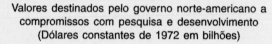

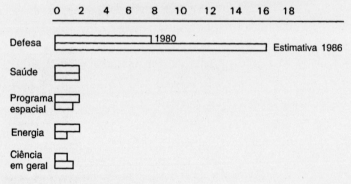

Science Indicators, 1984 (SI, 1985, p.40)

Tabela 4.6 (b) – Distribuição orçamentária destinada a P&D por meta nacional e por país (%) em 1980

	EUA	Japão	Alemanha Ocidental	França	Grã--Bretanha
Defesa	63,7	16,8	24,4	49,3	64,8
Saúde	15,2	11,2	15,3	7,5	3,9
Fomento à educação	3,0	4,1	14,2	15,0	12,9
Energia e infraestrutura	14,2	34,4	30,9	16,0	10,1
Agricultura	2,7	25,4	2,9	4,3	4,5
Crescimento industrial	0,3	12,2	12,4	7,9	3,8

Science Indicators 1982 (SI, 1982, p.199 e OCED, 1982, p.202)

O que vincula tão firmemente o desenvolvimento das forças armadas à tecnociência não é nenhuma incrível coincidência nem qualquer evolução indesejada. Os militares obviamente sempre quitaram seus débitos. Durante séculos, alistaram gente e despertaram grande interesse por suas ações, a tal ponto que a maioria das pessoas está pronta a obedecê-los cegamente e a entregar-lhes a própria vida, se necessário. Em tudo o que diz respeito a alistar, disciplinar, adestrar e controlar, eles provaram ser mestres, e em escala muito mais ampla do que os cientistas jamais tentaram.[18] O interessado e obediente leigo de que os cientistas precisam para disseminar seus fatos é muito mais fácil de treinar do que o soldado disciplinado pronto para o sacrifício da vida. Além disso, os militares sempre estiveram interessados em mudar inesperadamente o equilíbrio do poder com novos recursos e novas armas. Não é de surpreender que os poucos aliados com capacidade para mudar o equilíbrio do poder se tenham frequentemente encontrado com militares ao longo da história, para promover a produção de novas armas.

A semelhança entre a corrida probatória e a corrida armamentista não é metáfora; literalmente, o problema é *vencer*. Hoje em dia nenhum exército é capaz de vencer sem cientistas, e pouquíssimos cientistas e engenheiros são capazes de vencer suas controvérsias sem o exército. Só agora o leitor pode entender por que tenho usado tantas expressões com conotações militares (provas de força, controvérsia, luta, vencer e perder, estratégia e táticas, equilíbrio de forças, força, contingente, aliado), expressões que, embora constantemente usadas por cientistas, raras vezes são empregadas por filósofos para descrever o pacífico mundo da ciência pura. Usei esses termos porque, no todo, a tecnociência faz parte de uma máquina de guerra e deve ser estudada como tal.

Esse vínculo entre guerra e tecnociência não deve ser limitado ao desenvolvimento de sistemas bélicos. Para entendê-lo bem, é necessário considerar de modo mais geral a *mobilização* de recursos, com o que expresso a capacidade de levar um número máximo de aliados a agir como um só todo num só lugar. A pesquisa em novos armamentos é um modo óbvio de ver as coisas, mas ela também pode ocorrer em novos aviões e meios de transporte, como pesquisa espacial, eletrônica, de fontes de energia e, claro, em comunicações.

---

18 Quanto a essa noção de mobilização, ver o importante livro de McNeill (1982) e o Capítulo 6 deste.

270 BRUNO LATOUR

A maior parte da tecnociência atua com a finalidade de facilitar essa mobilização de recursos (ver Capítulo 6).

A única grande fatia pertencente à pesquisa civil, que se vê na Tabela 4.6, é a da saúde. Por que os cientistas vincularam com tanto sucesso o seu trabalho a esse tópico? Embora não salde seus débitos tão bem quanto o exército, o sistema de saúde tem realizado trabalho de fundação semelhante. Assim como a sobrevivência do organismo político, a do organismo físico é um assunto em que todos estão direta e vitalmente interessados. Como em ambos os casos dinheiro não é problema, o orçamento da Saúde, assim como o da Defesa, é um gigantesco cofre de onde se tira dinheiro ilimitadamente. Em ambos os casos, interesse e gastos são compulsórios, por meio de impostos ou do sistema de seguridade social, sendo este último tão grande quanto o orçamento estatal, na maioria dos países industrializados. O papel desempenhado pelos militares ao recrutar, treinar e obrigar todo o mundo a estar simultaneamente interessado e obediente tem sido desempenhado há séculos por médicos, cirurgiões e trabalhadores da saúde. Os amadores foram excluídos, os curandeiros e charlatães foram proibidos de atuar, todos são levados a interessar-se por problemas de saúde, e votam-se leis. A maior parte do trabalho já tinha sido feita quando os biocientistas ligaram seu destino ao da saúde. Por isso, não é de surpreender que tanta pesquisa seja feita no sistema de saúde. Quando os cientistas e engenheiros são incapazes de amarrar seu trabalho a qualquer um desses dois orçamentos, já não passam tão bem. O restante de toda a P&D financiada com dinheiro público constitui porcentagem muito pequena do total.

Os cientistas emergentes têm resolvido o problema de encontrar recursos para prosseguir a corrida probatória ligando seu próprio destino ao de pessoas cujos objetivos gerais eram considerados aproximadamente os mesmos: mobilização de outras pessoas, alinhamento das pessoas mobilizadas, utilização de meios para discipliná-las e mantê-las interessadas. Quando essas condições não são preenchidas, podem existir grupos de cientistas, mas estes nunca serão capazes de aumentar consideravelmente o custo da prova ou de multiplicar o contingente formado por seus pares. Em qualquer caso nunca lhes serão atribuídos os poderes demiúrgicos de reformular o mundo (que, por exemplo, os físicos atômicos têm). Estarão mais próximos do antigo papel profissional desempenhado pelos acadêmicos. Quando os cientistas se instalam em posições seguras, já lá terão encontrado muitas outras pessoas que realizaram a maior parte do trabalho de base.

(3) Quinta regra metodológica

Começamos este capítulo perguntando quem são os cientistas e engenheiros; prosseguimos *trazendo de fora* um número cada vez maior de pessoas para o mundo da construção da ciência; tropeçamos numa relação inversa ligando os aspectos esotéricos e exotéricos da ciência; depois, precisamos entender que as poucas pessoas oficialmente chamadas "cientistas acadêmicos" constituem um grupo ínfimo em meio ao exército de pessoas que fazem ciência; finalmente, percebemos que, quando os grandes exércitos – no sentido literal – defensores do corpo político ou do corpo físico não estão por trás deles, os cientistas costumam ser invisíveis. A derivação que ocorreu desde o início do capítulo até esse ponto agora está clara, espero, aos olhos do leitor atento: o cientista *que alista* e é dotado com o poder demiúrgico de arrolar e controlar milhões de pessoas agora pode aparecer como empregado *alistado* trabalhando na indústria em assuntos militares. Qual dos dois quadros é mais preciso, e qual nos permite aprender mais sobre a tecnociência?

A única resposta possível a essa pergunta é que nenhum dos dois é correto, porque a questão não está suficientemente precisa. Alguns dos casos que estudamos deram a impressão de que os cientistas detêm enormes poderes, como West ou o chefe; outros casos levam a crer no oposto, como o de Lyell, no começo da carreira, e o de João. De que dependeu essa impressão de força ou fraqueza? Da presença ou da ausência de grupos de interesse *já* alinhados. Embora isso pareça tão paradoxal agora tanto no momento em que tratamos do assunto pela primeira vez na Parte A, precisamos encarar os fatos com coragem. As poucas pessoas oficialmente chamadas cientistas e engenheiros só parecem triunfar quando a maior parte do trabalho de preparação do terreno já foi feita *por outras pessoas*. Prova disso é que, se os outros não estiverem lá, ou se estiverem muito longe, os poucos cientistas e engenheiros passam a ser ainda menos numerosos, tornam-se menos poderosos, menos interessantes e menos importantes. Por isso, em todos os casos, deve-se estudar a presença ou a ausência de um número muito maior de pessoas do que aquelas que estão fazendo ciência no laboratório para se entender *quem* está ali e, como vimos no Capítulo 3, o *que está fazendo*.

Como se explica que as muitas outras pessoas que contam tanto na hora de dar poderes aos laboratórios *deixem de contar* na hora de fazer a lista do pessoal que trabalha com ciência? Se elas constituem a parte mais importante da tecnociência em todas as histórias que contei, como podem ser tão facilmente empurradas para fora do quadro? Para responder a isso, devemos lembrar os julgamentos de responsabilidade definidos antes. Para acompanhar tais julgamentos, foi preciso fazer uma distinção entre o mecanismo primário de alistamento das pessoas e o mecanismo secundário de designação de uns poucos elementos entre os aliados alistados como causa do movimento geral.

O resultado daqueles julgamentos em termos de responsabilidade é poder reformar completamente o quadro da tecnociência. Em meio ao milhão de pessoas alistadas pelos cientistas ou que os alistam, e em meio às centenas de cientistas que fazem pesquisa aplicada e desenvolvimento para a defesa nacional e a indústria, são consideradas apenas algumas centenas, às quais, e somente às quais, é atribuído o poder de determinar as crenças e os comportamentos de todas as outras pessoas. Embora os cientistas só tenham sucesso quando acompanham a multidão, esta só parece ter sucesso quando acompanha esse punhado de cientistas! Essa é a razão por que os cientistas e engenheiros podem aparecer, alternadamente, como dotados de poderes demiúrgicos – para o bem ou para o mal – ou desprovidos de qualquer poder de influência.

CIÊNCIA EM AÇÃO **273**

Agora que podemos enxergar através dessa confusão de dois diferentes mecanismos, entendemos que a "ciência e tecnologia" com que começamos na introdução é fruto de nossa imaginação, ou, mais precisamente, *resultado* de se atribuir toda a responsabilidade pela produção de fatos a um punhado de bem-aventurados. Os limites da ciência são traçados não em termos do mecanismo primário, mas apenas em termos dos secundários. A ação de recrutar permanece invisível. Então, quando aceitamos a noção de "ciência e tecnologia", aceitamos um pacote feito por alguns cientistas para definir responsabilidades, excluir o trabalho do pessoal de fora e manter alguns líderes. Felizmente decidimos, desde o início, estudar a *atividade* de fazer ciência, e não a definição de ciência dada por cientistas ou filósofos. A difícil ação de recrutamento de Diesel, Pasteur, Lyell e do chefe, bem como os muitos malogros de João, teria escapado completamente à nossa atenção. Teríamos acreditado na existência de uma ciência, por um lado, e de uma sociedade, por outro, o que teria deixado escapar o ponto crucial! Aqui também, Jano fala duas línguas opostas ao mesmo tempo. No lado esquerdo, diz que os cientistas são a causa de todos os projetos da ciência e da tecnologia, enquanto no lado direito os cientistas estão empenhados em assumir posições em projetos executados por muitos outros.

Para lembrar essa importante distinção, a partir de agora usarei a palavra *tecnociência* para descrever todos os elementos amarrados ao conteúdo científico, por mais sujos, insólitos ou estranhos que pareçam, e a expressão *"ciência e tecnologia"*, entre aspas, para designar *o que ficou da tecnociência* depois de resolvidos todos os julgamentos de responsabilidade. Quanto mais esotérico o conteúdo da "ciência e tecnologia", maior sua expansão externa. Assim, "ciência e tecnologia" é apenas um subconjunto que só parece ter precedência por uma ilusão óptica. Isso constituirá nosso quarto princípio.

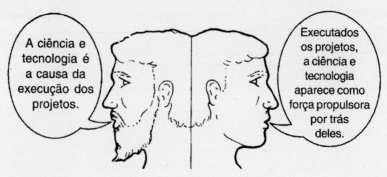

FIGURA 4.2

Parece haver, porém, um perigo em se ampliarem as dimensões da tecnociência de tal modo que ela inclua apoiadores, aliados, empregadores, auxiliares, crentes, patronos e consumidores, porque estes, por sua vez, poderiam parecer estar comandando os cientistas. Seria possível chegar à conclusão de que, não sendo a ciência feita de ciência e comandada por cientistas, é feita e comandada por todos os grupos de interesse. Esse perigo é muito grande, visto que essa alternativa é exatamente a defendida pelos chamados "estudos sociais da ciência". Quando a "ciência e tecnologia" não é explicada por seu empuxo interno, é explicada por impulsos ou demandas externas. Nossa viagem pela tecnociência não deverá então estar cheia de micróbios, substâncias radioativas, células de combustível e medicamentos, mas de generais malvados, multinacionais trapaceiras, consumidores ávidos, mulheres exploradas, crianças famintas e ideologias deturpadas. Teremos feito todo esse trajeto para escapar ao Caríbdis da "ciência" e ir bater na Cila da "sociedade"?

Felizmente, esse perigo não será real se pudermos ver que todos os julgamentos de atribuição devem desaparecer, inclusive os que atribuem o dinamismo da ciência a fatores sociais. Se estamos prontos a duvidar do que os cientistas dizem sobre sua ciência, não estaremos dispostos a acreditar no que generais, banqueiros, políticos, jornalistas, sociólogos, filósofos ou dirigentes empresariais dizem sobre os limites, a forma, a utilidade ou a causa do crescimento da ciência. Segundo nossa quarta regra metodológica,

CIÊNCIA EM AÇÃO **275**

devemos agir simetricamente e duvidar das fronteiras das profissões científicas tanto quanto das fronteiras da "ciência e tecnologia", nem mais nem menos.

Doravante, a jogada será deixar as fronteiras abertas e fechá-las só quando as pessoas que seguimos as fecharem. Assim, teremos de ser tão pouco categóricos quanto possível a respeito dos elementos que serão interligados, do momento em que eles começam a ter um destino comum, dos interesses que sobrepujarão no final e dos que serão sobrepujados. Em outras palavras, precisamos ser tão *indefinidos* quanto os atores que seguimos. Por exemplo, antes que o chefe entre em seu gabinete, o ministro da Saúde ainda não sabe ao certo se vale ou não a pena investir em neuroendocrinologia; o chefe também não tem certeza se o ministro cumprirá a promessa feita por seus assessores de prover fundos para um novo laboratório em folha; também não sabe ao certo se a pandorina é uma substância tão revolucionária que justifique promessas firmes ao ministro sobre a cura de dependentes de drogas; a colaboradora, do fundo do laboratório e do seu coração, não sabe ao certo se pode afirmar em seu artigo que a pandorina é biologicamente diferente de outra substância sobre a qual se escreveu antes; os ratos em que ela experimentou as duas substâncias podem morrer com as elevadas doses aplicadas, antes de darem qualquer resposta. É possível que os ratos da colaboradora, os dependentes de drogas, o chefe, os assessores, o ministro e os congressistas se alinhem todos de tal modo que, no fim, o trabalho do laboratório influencie a política nacional de saúde. Mas também é possível que qualquer um desses vínculos ou todos eles se quebrem, e que os ratos morram, a pandorina se transforme em artefato, os congressistas votem contrariamente ao orçamento, o chefe irrite o ministro, que passará por cima de seus assessores...

A questão, para nós que seguimos os passos dos cientistas, não é *definir* qual desses elos é "social" e qual é "científico"; a questão para nós, tanto quanto para aqueles que estamos seguindo, é só esta: "qual desses elos aguentará e qual se soltará?". Nossa *quinta regra metodológica* será então a seguinte: devemos ser tão indefinidos quanto os vários atores que seguimos, no que se refere àquilo de que é feita a tecnociência; para isso, sempre que for erigida uma divisão interior/exterior, devemos acompanhar os dois lados simultaneamente, criando uma lista – pouco importa se longa e heterogênea – de todos aqueles que realizam o trabalho.

Depois de termos estudado de que modo uma retórica fraca pode tornar-se mais forte, e como um grande número de posições seguras precisa primeiro ser conquistado para tornar relevante esse acréscimo de força, chegou a hora de estudar aqueles que não estão alistando ou não são alistados por cientistas e engenheiros – ou seja, todos aqueles que *não* participam do trabalho da tecnociência.

PARTE III
DE PEQUENAS A GRANDES REDES

Capítulo 5
Tribunais da razão

Na Parte I deste livro, estudamos como ir da retórica fraca à forte e, na Parte II, acompanhamos os cientistas e engenheiros em suas muitas estratégias na trajetória que vai das posições fracas à ocupação de cidadelas. Se quiséssemos resumir os primeiros quatro capítulos, poderíamos dizer que eles mostraram um aumento fantástico no número de elementos amarrados ao destino de uma alegação – artigos, laboratórios, objetos novos, profissões, grupos de interesse, aliados não humanos; na verdade, tantos que, se quiséssemos questionar um fato ou rechaçar um artefato, poderíamos ser postos diante de tantas caixas-pretas que a tarefa se tornaria impossível: a afirmação tem de ser aceita como fato, e a máquina ou o instrumento devem ser usados sem mais delongas. A realidade, ou seja, o que resiste a todos os esforços de modificação, foi definida, pelo menos por ora, e o comportamento de algumas pessoas se tornou previsível, em certos casos pelo menos.

Outra maneira de resumir os mesmos quatro capítulos é mostrar o outro lado da moeda: um tal aumento no número de elementos amarrados a uma alegação *tem seu preço*, e isso transforma em negócio oneroso a produção de fatos críveis e de artefatos eficientes. Esse preço não deve ser avaliado só em termos de dinheiro, mas também pelo número de pessoas que devem ser alistadas, pelas dimensões

280 BRUNO LATOUR

dos laboratórios e dos instrumentos, pelo número de instituições que colhem os dados, pelo tempo gasto para ir das "ideias originárias" a produtos praticáveis, e pela complicação dos mecanismos que, acumulam caixas umas sobre as outras. Isso significa que, conformar a realidade dessa maneira não está ao alcance de todos, como vimos à saciedade no Capítulo 4.

Como a corrida probatória é tão cara que só um pequeno número de pessoas, nações, instituições ou profissões é capaz de custeá-la, isso quer dizer que a produção de fatos e artefatos não ocorrerá em qualquer lugar e gratuitamente, mas sim em lugares restritos e em certos momentos. Isso leva a um terceiro modo de resumir o que aprendemos até agora neste livro, uma maneira que funde os dois primeiros aspectos: a tecnociência é feita em lugares relativamente novos, raros, caros e frágeis que reúnem uma quantidade enorme de recursos; esses lugares podem vir a ocupar posições estratégicas e a ter relações uns com os outros. Portanto, a tecnociência pode ser descrita simultaneamente como empreendimento demiúrgico que multiplica o número de aliados e como uma realização rara e frágil da qual ouvimos falar só quando todos os outros aliados estão presentes. Se a tecnociência pode ser descrita como algo tão poderoso apesar de tão pequeno, tão concentrado e tão diluído, significa que tem as características de uma *rede*. A palavra rede indica que os recursos estão concentrados em poucos locais – nas laçadas e nos nós – interligados – fios e malhas. Essas conexões transformam os recursos esparsos numa teia que parece se estender por toda parte. As linhas telefônicas, por exemplo, são pequenas e frágeis, tão pequenas que invisíveis num mapa, e tão frágeis que é possível cortá-las facilmente; no entanto, a rede telefônica "cobre" o mundo inteiro. A noção de rede nos ajudará a conciliar os dois aspectos contraditórios da tecnociência e entender como tão poucas pessoas podem parecer "cobrir" o mundo.

Nossa tarefa na última parte deste livro é explorar todas as consequências implicadas nessa definição de tecnociência como rede. A primeira questão de que cuidarei diz respeito a pessoas que não fazem parte da rede, que caem por entre suas malhas. Até agora,

CIÊNCIA EM AÇÃO **281**

seguimos cientistas e engenheiros em ação; é necessário por ora voltarmos nossas atenções para as multidões que não fazem ciência, para avaliar a dificuldade que os cientistas têm para alistá-las. Em vista das minúsculas dimensões da produção de fatos, como será que o resto da humanidade lida com a "realidade"? Uma vez que, para a maior parte da história, esse sistema peculiar de convencimento não existe, como foi que a espécie humana se virou durante tanto tempo sem ele? Uma vez que, até mesmo nas modernas sociedades industrializadas, a grande maioria das pessoas fica longe do processo de negociação de fatos e artefatos, de que modo acreditam, provam e discutem? Uma vez que, na maioria das iniciativas, não há cientista ou engenheiro ocupando pontos de passagem obrigatórios, como é que a gente comum cuida de seus afazeres diários *sem* a ciência? Em suma, a questão que precisamos estudar neste capítulo é aquilo que está entre as malhas da rede; depois, no Capítulo 6, veremos como as redes se sustentam.

Parte A
Os julgamentos de racionalidade

(1) Povoando o mundo com mentes irracionais

Como é que as multidões que estão fora da rede veem os cientistas e engenheiros, e de que modo julgam a parte de fora dessas redes?

Tomemos como exemplo o caso das previsões do tempo. Todos os dias, e até várias vezes por dia, muitos milhões de pessoas falam do tempo, fazem previsões, citam provérbios, examinam o céu. Destas, grande parte ouve previsões do tempo ou vê de passagem, na TV ou nos jornais, os mapas meteorológicos enviados por satélites; com grande frequência, fazem piadas sobre os meteorologistas que, conforme dizem, "nunca acertam"; muitas outras pessoas, cujo destino foi *antes* ligado ao dos meteorologistas, esperam ansiosamente pelas previsões antes de tomarem decisões sobre semeaduras, voos, batalhas ou piqueniques. Nas estações meteorológicas, rodando os enormes bancos de dados alimentados por sinais de satélite, controlando os relatórios dos muitos meteorologistas espalhados por todo o planeta, enviando balões para sondar as nuvens, submetendo a novas provas os modelos computadorizados do clima, alguns milhares de meteorologistas estão trabalhando na definição do que são, foram e serão as condições meteorológicas. Diante da pergunta "como vai ser o tempo amanhã?", obtêm-se, por um lado, bilhões de comentários esparsos e, por outro, algumas afirmações que são confrontadas por meio dos telex da Associação Internacional de Meteorologia. Esses dois conjuntos de comentários terão alguma base comum? De fato não, porque, por um lado, as poucas afirmações dos meteorologistas ficam absolutamente perdidas entre bilhões de piadas, provérbios, avaliações, sensações íntimas e leituras de indícios sutis. E também porque, por outro, quando chega a hora de definir o clima, os bilhões de outros enunciados a respeito não contam nada. Só alguns milhares de pessoas são capazes de definir o clima; apenas suas opiniões literalmente *contam* quando a questão é alocar os enormes fundos necessários ao funcionamento da rede de computadores, instrumentos, satélites, sondas, aviões e navios que fornecem os dados necessários.

Essa situação produz um equilíbrio muito estranho: as condições climáticas e sua evolução são definidas por todos os habitantes do planeta e, em meio a essa multidão de opiniões, os poucos meteorologistas emitem apenas algumas opiniões esparsas que são levadas a sério por pequenos setores do público – militares, empresas aéreas e de navegação, agricultores, turistas. No entanto, quando todas aquelas opiniões são postas num dos pratos da balança, colocando-se no outro as poucas afirmações dos meteorologistas, o fiel da balança pende para o lado destes últimos. Por mais que se fale sobre o tempo, por mais que se façam piadas sobre os meteorologistas, o tempo deles é forte o bastante para pesar mais que todos os outros tempos. Se alguém perguntar: "este verão foi normal ou excepcionalmente quente?", embora todos digam e sintam que foi um verão muito quente, as opiniões vivas das multidões poderão ser desconsideradas *no interior* da rede da Associação Internacional de Meteorologia.

"Não" – dirão eles – "neste verão tivemos apenas 0,01 grau acima da média". As certezas de bilhões de pessoas passaram a ser meras opiniões sobre o tempo, cuja essência é definida pelos poucos milhares de meteorologistas. "Você *achou* que o verão foi quente demais, mas *na realidade* ele foi normal".

No equilíbrio de forças, o fiel da balança pode pender para um lado ou para outro, dependendo de se estar dentro ou fora da rede desenvolvida por meteorologistas. Um punhado de homens de ciência bem posicionados pode pôr em debandada bilhões de outros. Mas isso só acontecerá enquanto eles estiverem *dentro de suas próprias redes*, porque, seja lá o que os meteorologistas pensem e façam, todos continuaremos achando que o verão foi muito quente e, na manhã seguinte, estaremos fazendo piadas sobre as previsões do tempo, que estavam "erradas como sempre". É nisso que a noção de rede é útil: a meteorologia "cobre" o tempo do mundo inteiro, e mesmo assim quase todos nós somos deixados para fora de suas malhas. O problema para os meteorologistas será então *expandir* a sua rede, tornar suas previsões indiscutíveis, tornar obrigatória a passagem por suas estações meteorológicas a todos que quiserem informações sobre o tempo. Se tiverem sucesso, passarão a ser os únicos porta-vozes oficiais do clima da Terra, os únicos representantes fiéis de seus caprichos e de sua evolução. Por maior que seja o número de pessoas do lado de fora, elas nunca terão tanto crédito quanto os meteorologistas. Como obter esse resultado é algo que não nos interessa neste ponto – ver próximo capítulo –, porque o que queremos entender é o que acontece com a opinião de todos sobre o tempo quando os meteorologistas passam a ser os únicos porta-vozes do clima.

Para os cientistas, todas as outras previsões passam a ser alegações ilegítimas sobre o tempo. Antes que a meteorologia se tornasse ciência, dizem eles, todos tateavam no escuro, disseminando meias-verdades sobre a forma das nuvens ou sobre o voo dos pardais, acreditando numa mistura de todos os tipos de mitos absurdos, felizmente com pouquíssimos preceitos práticos sólidos. Segundo uma interpretação um pouco mais complacente, aquelas pessoas não tinham uma visão geral do quadro e reagiam a sinais locais e passageiros. Agora temos, por um lado, *crenças* sobre o tempo e, por outro, *conhecimentos* sobre o tempo. Esta é a primeira vez neste livro que prestamos atenção a essas palavras, e é importante perceber por que elas chegaram tão tarde, e só para caracterizar o modo como os cientistas que estão dentro de uma rede poderosa veem o que está fora dela. Segundo o ponto de vista deles, as crenças são mais subjetivas, ou seja, falam mais sobre quem as sustenta do que sobre o tempo propriamente dito; o conhecimento, ao contrário, é objetivo, ou pelo menos tende a ser sempre mais objetivo, e fala sobre o que o tempo é, e não sobre o que os meteorologistas são. Mesmo que às vezes, por acaso, as crenças estejam de acordo com os conhecimentos, isso não passa de acidente, o que não as torna menos subjetivas. Do ponto de vista das pessoas que estão dentro da rede, a única maneira de alguém saber sobre o clima e sua evolução é aprender o que os climatologistas descobriram. As pessoas que ainda mantiverem crenças sobre o clima serão simplesmente ignorantes.

Nessa versão das opiniões dos não cientistas, ocorre uma sutil, porém radical, transformação. Não estamos mais diante de nossa original assimetria entre o lado de dentro e o lado de fora de uma rede, entre o acesso aos mapas enviados pelo satélite, aos bancos de dados, aos medidores sondas e o acesso a indícios sutis no jardim, ao folclore e a provérbios. Os recursos necessários para tornar críveis as alegações sobre o tempo são lentamente empurrados para fora do quadro. Na verdade, há ainda uma assimetria, mas que progressivamente passou a ter uma natureza inteiramente diferente: agora é uma assimetria entre pessoas que detêm crenças mais ou menos distorcidas sobre alguma coisa e pessoas que *conhecem* a verdade sobre a matéria (ou logo conhecerão). Faz-se uma divisão entre os que têm acesso à natureza dos fenômenos e aqueles que, por não terem aprendido o suficiente, têm acesso apenas a visões distorcidas desses fenômenos.

Para os cientistas, a pergunta a ser feita não é aquela com que comecei: como podem tão poucos meteorologistas estender sua rede a ponto de controlar a definição do clima, a despeito de uma infinidade de definições contrárias? A pergunta que deve ser feita agora

CIÊNCIA EM AÇÃO   285

é: como é que *ainda* há gente que acredita em todo tipo de absurdo sobre o tempo e sua evolução, quando é tão fácil aprender conosco aquilo que o tempo realmente é? O surpreendente não é mais o fato de tão poucos laboratórios bem equipados poderem chegar a depreciar e suplantar bilhões de outros, mas o fato de haver gente que *acredite* em coisas que, em lugar disso, poderiam *conhecer*.

Agora, o que devemos estudar, o que nos deve espantar, mudou drasticamente. Muitas das questões levantadas por cientistas de várias disciplinas ao pensarem no lado de fora de suas respectivas redes agora têm forma diferente: como alguém *ainda* pode acreditar nisso? Ou, como pode alguém ter levado tanto tempo para perceber que aquilo estava tão errado? Por exemplo, um astrônomo se perguntará por que "os norte-americanos modernos e instruídos ainda acreditam em discos voadores, embora estes, obviamente, não existam". Um sociobiólogo moderno estará "interessado em saber por que demorou tanto para que os biólogos aceitassem a teoria de Darwin". Um psicólogo gostaria de saber "por que há pessoas tão tolas que ainda acreditam em parapsicologia, algo já há décadas refutado". Um geólogo ficará furioso diante do fato de que, "em 1985, há pessoas que ainda acreditam mais no Dilúvio de Noé do que na geologia". Um engenheiro vai querer que lhe expliquem por que "os camponeses africanos até hoje se recusam a usar bombas de água movidas a energia solar, que são tão mais eficientes e baratas". Um professor francês de física ficará desconcertado diante da descoberta de que "nove em dez dos pais de seus alunos acreditam que o Sol gira em torno da Terra". Em todos esses exemplos pressupõe-se, implicitamente, que as pessoas deveriam ter ido em uma só direção, a única racional, mas que, infelizmente, se extraviaram por algum motivo, e esse motivo precisa ser explicado. Dizem ser *racional* a linha reta que elas deveriam ter seguido e *irracional* a linha curva que, infelizmente, foram levadas a trilhar. Esses dois adjetivos, base do discurso sobre ciência, até agora não foram usados aqui. Só aparecem quando os cientistas fazem uma suposição sobre os motivos de haver não cientistas. Essa suposição está ilustrada na Figura 5.1.

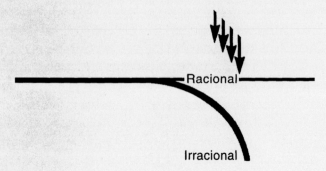

FIGURA 5.1

Muito surpresos com o modo como as pessoas são levadas a sair do caminho certo que deveriam estar trilhando, os cientistas precisam explicar essas distorções apelando para formas especiais (setas verticais no diagrama). As pessoas deveriam ter entendido de uma vez por todas o que é a realidade, não tivessem certos acontecimentos externos impedido que isso acontecesse. "Preconceitos", por exemplo: pode ser uma explicação para os "norte-americanos ainda acreditarem em discos voadores". "Diferenças culturais": pode ser esse o motivo de os "africanos não gostarem de usar bombas movidas a energia solar". "Burrice arrematada": isso pode servir para explicar por que um colega se comporta de modo tão irracional. Diferenças sexuais ou raciais também podem ter alguma utilidade. "Explicações sociais" também podem ser mobilizadas para dar conta da "resistência dos biólogos à teoria de Darwin": provavelmente tinham medo das consequências de uma tal teoria em termos de agitação social entre os trabalhadores do século XIX. Também é cômodo usar problemas psicológicos como explicação, porque as paixões podem deixar as pessoas cegas para a razão, e a mais honesta das pessoas pode sofrer distorções por motivações inconscientes. A gama de explicações que podem ser dadas é ampla, e não estamos interessados em montar uma lista, que de qualquer modo mais se pareceria com um desfile de monstros. O que nos interessa nesse apelo a forças externas é simplesmente que ele só ocorre quando se aceita a posição dos cientistas, que distingue crenças de conhecimento.

CIÊNCIA EM AÇÃO   **287**

Segundo esse argumento, o que precisa de explicação é apenas a parte da linha que se afasta da reta. O próprio caminho reto, que é o "conhecimento racional", não precisa de explicação alguma. Na verdade, poderíamos encontrar algumas razões para os meteorologistas saberem exatamente o que é o clima, ou para os biólogos finalmente terem aprendido evolução, ou para o modo como os geólogos descobriram a derivação continental, mas nenhuma dessas explicações tem a ver com o conteúdo do conhecimento; são simplesmente *condições* que levam a esse conteúdo ou que ajudam a chegar a ele. Como o conhecimento racional – a reta – é acerca daquilo que os fenômenos são, e não sobre as pessoas que os descrevem, as únicas explicações necessárias para dar conta da presença dessas afirmações são os fenômenos em si (ver Capítulo 2, Parte C). Essa feliz situação não é a mesma para as afirmações irracionais; estas nos dizem muito pouco sobre os fenômenos e muito sobre as pessoas que insistem em acreditar nelas. Portanto, são necessárias explicações especiais para entender sua persistência. É a isso que David Bloor dá o nome de explicação assimétrica.[1]

Uma versão mais assimétrica da Figura 5.1 é aquela dada pelos cientistas no interior de suas redes. Como os fenômenos em si são a única explicação do conhecimento racional, o que é preciso para descobri-los? Recursos? Aliados? Laboratórios? Grupos interessados? Não, porque esses elementos que estudamos ao longo de cinco capítulos, e que dão crédito às alegações, foram inteiramente postos para fora do quadro e não têm mais peso no conteúdo da ciência. O que é preciso para seguir o caminho reto é apenas uma mente sã e um método perfeito. O que é preciso, entretanto, para explicar o caminho torto tomado pelos crentes? Muitos fatores que podem ser escolhidos numa longa lista que comporta "cultura", "raça", "anomalias cerebrais", "fenômenos psicológicos" e, claro, "fatores sociais". Agora o quadro dos não cientistas pintado pelos cientistas

---

1 Ver Bloor, op. cit. Sobre esse debate, ver Hollis e Lukes (1982), bem como Mendelsohn e Elkana (1981). Os artigos mais interesses sobre o assunto são, sem dúvida, os de Horton (1967; 1982).

288 BRUNO LATOUR

fica desalentador: algumas mentes descobrem o que é a realidade, enquanto a grande maioria das pessoas tem ideias irracionais ou pelo menos é prisioneira de muitos fatores sociais, culturais e psicológicos que as levam a apegar-se obstinadamente a preconceitos obsoletos. O único aspecto que pode redimir esse quadro é que, se pelo menos fosse possível eliminar todos esses fatores que mantêm as pessoas prisioneiras de seus preconceitos, elas, imediatamente e sem custo, passariam a ter mente tão sã quanto a dos cientistas, entendendo os fenômenos sem mais demora. Em todos nós há um cientista adormecido, que não acordará enquanto as condições sociais e culturais são forem postas *de lado*.

O quadro da tecnociência que desvendamos até agora desapareceu inteiramente, sendo substituído por um mundo povoado de mentes irracionais, ou de mentes racionais mas vítimas de mestres mais poderosos. Desapareceram o custo de produção de argumentos e a corrida probatória. Olhar os fenômenos com coragem não custa nem um tostão; só é preciso ter "boa cabeça", liberta de preconceitos. Nada impede que o conhecimento seja estendido a todos os habitantes da Terra; é simplesmente uma questão de sumiço das crenças deturpadoras. Podemos entender por que até agora tentei evitar as noções de crença, conhecimento, racionalidade e irracionalidade. Sempre que usadas, subvertem totalmente o quadro da ciência em ação e o substituem por mentes, fenômenos e fatores deturpadores. Se quisermos continuar o estudo da rede da tecnociência, precisamos endireitar as crenças tortas e acabar com essa oposição entre ideias racionais e irracionais.

(2) Invertendo o resultado dos julgamentos de irracionalidade

Na última parte, afirmei que há uma série de perguntas a que não deveríamos tentar responder, como por exemplo "por que tais e tais pessoas acreditam em tais e tais afirmações?", visto que essas perguntas são consequência de um tratamento *assimétrico* dado pelos próprios cientistas à questão de saber que tipo de gente são os não cientistas. Tentar dar-lhes resposta não tem mais sentido do que ficar perguntando por que um amigo nosso não nos devolveu o dinheiro, se na verdade não lhe emprestamos dinheiro algum; ou ficar explicando como Hermes consegue voar com suas pequenas asas antes de termos certeza de que esse deus existe e voa! Perguntas acerca de causas não merecem resposta se a existência do efeito não for provada primeiro. Não haveria nenhum fator especial para descobrir *por que* as pessoas acreditam em coisas irracionais se essa irracionalidade fosse simplesmente consequência de se estar olhando do lado de dentro da rede para o seu lado de fora – depois de omitir todos os recursos necessários para a existência, a expansão e a manutenção dessa rede. Não há utilidade numa disciplina como a sociologia do conhecimento, que tenta explicar as crenças não científicas, se todos os julgamentos de irracionalidade são meros *artifícios* produzidos pelo próprio solo de onde brotam.

Uma das maneiras de evitar a assimetria é considerar que "uma crença irracional" ou um "comportamento irracional" é sempre resultado de uma *acusação*. Em vez de ir correndo procurar explicações bizarras para crenças ainda mais bizarras, vamos simplesmente perguntar quem são os acusadores, quais são as suas provas, quem são suas testemunhas, como é escolhido o júri, que tipo de prova é considerada legítima, e assim por diante, montando o cenário completo do tribunal em que ocorre a acusação de irracionalidade. Em vez de pôr a carroça na frente dos bois e condenar alguém sem o devido julgamento, vamos assistir ao julgamento da irracionalidade, e só se for inevitável o veredicto de culpa é que procuraremos razões especiais para explicar essas crenças.

O júri (geralmente pequeno) desse tribunal é constituído pelo público esclarecido do mundo ocidental. Promotores autodesignados desfilam diante desse júri, juntando acusações de transgressão das leis da racionalidade (linhas retas da Figura 5.1). Inicialmente, as acusações parecem tão terríveis que o júri se escandaliza e está pronto a condenar sem mais delonga.

290 BRUNO LATOUR

Caso 1: Há uma norma de hereditariedade na sociedade azande segundo a qual uma bruxa ou um bruxo sempre transmite essa característica à sua descendência.[2] Com isso, poderiam sempre ocorrer novas acusações que atingiriam famílias inteiras e poderiam levar a julgamento não só o primeiro bruxo, mas também seus filhos, netos, pais, e assim por diante. Nada disso, notou espantado o antropólogo Evans-Pritchard. Em vez de chegarem a essa conclusão lógica, os azandes simplesmente acham que há bruxos "frios" no clã – que são inocentes, não passíveis de acusação – e que os perigosos bruxos "quentes" podem ser isolados do restante do clã. Portanto, diante do júri é posta uma clara infração às leis da racionalidade. Os azandes aplicam duas regras opostas ao mesmo tempo: regra 1: a bruxaria é hereditária; regra 2: se um membro da família é acusado de bruxaria, isso não significa que o restante do clã seja constituído por bruxos. Em vez de enxergar essa contradição e combatê-la, os azandes simplesmente *nem ligam*. Essa indiferença é suficientemente chocante para justificar a acusação de irracionalidade feita por Evans-Pritchard aos azandes. Porém, juntamente com a ação penal, ele também postula o reconhecimento de circunstâncias atenuantes: se "os azandes considerassem bruxos todos os membros do clã de um bruxo, o clã desapareceria, o que ameaçaria toda a sociedade. Portanto, *para proteger a sua sociedade*, eles preferem abster-se de inferências racionais. Isso é ilógico, diz o promotor, mas *compreensível*: uma força social preponderou sobre a razão. A pena não deve ser severa demais, porque os azandes não são como nós, pois preferem proteger a estabilidade da sociedade em que vivem a comportar-se racionalmente. Como seria de esperar do que vimos na seção 1, foi encontrada uma explicação para o fato de algumas pessoas terem sido empurradas para fora do caminho reto.

Caso 2: A promotoria não é tão benevolente com os habitantes das ilhas Trobriand.[3] Essas tribos não só têm um sistema incrivelmente

---

2 Este exemplo, extraído do livro clássico de Evans-Pritchard (1937/1972), foi transformado em um tópico canônico da antropologia da ciência por Bloor, op. cit.

3 Este exemplo é extraído de Hutchins (1980).

complexo de posse da terra, mas também os litígios em torno da terra, que às vezes os levam à justiça, apresentam constantes falhas até mesmo dos mais básicos princípios da lógica. A linguagem deles é tão inarticulada que até mesmo lhes faltam palavras específicas para interligar orações. São incapazes de dizer coisas como "se... e se... então...". Não entendem a causalidade. Não têm sequer uma ideia do que vem antes e do que vem depois de determinada oração. Não são apenas ilógicos; nem sequer pré-lógicos; são simplesmente alógicos. O tribunal capta a discussão deles como um caótico divagar feito de afirmações desconexas, temperadas aqui e ali com expressões como "por isso", "porque" e "portanto", misturadas a palavras sem sentido em tiradas desconexas como esta:

> Por isso eu vim morar em Teyava e vi minha irmã numa varanda diferente. Eu tinha trabalhado duro com eles, pela nossa mãe. Mas como minha mãe não tinha ninguém, disse para mim mesmo: "Oh. isso não é bom. Vou fazer um pouco de kaivatam, é claro". Povo de Tukwaukwa, eu como o vosso excremento; em comparação com as vossas chácaras, as que eu plantei para ela eram tão pequenas. Fiz o que ela precisava, por assim dizer. Tive Wawawa. Tive Kapwalelamauna, onde eu hoje planto os inhames pequenos de Bodawiya. Tive Bwesakau. Tive Kuluboku. (Hutchins, op. cit., p.69.)

Descobrir circunstâncias atenuantes para os ilhéus de Trobriand é tarefa impossível, tanto quanto a procura de forças sociais que possam explicar um estado mental tão desorganizado. Deve ser severa a pena para essas pessoas, que deveriam ser extirpadas do restante da humanidade racional e aprisionadas para o resto da vida em suas ilhas, a menos que reneguem inteiramente seus erros e comecem a aprender a sério como pensar e comportar-se.

Caso 3: O caso seguinte é muito menos dramático, mas ainda demonstra um forte desvio em relação à via reta da razão. Nos anos 1870, Elisha Gray estava alcançando Alexander Graham Bell na corrida pela invenção do telefone, só que Gray na verdade estava

292 BRUNO LATOUR

atrás de um tipo multiplex de telégrafo, e não do telefone.[4] Gray quase descobriu o telefone muitas vezes ao longo de sua carreira, mas sempre que começava a rascunhar uma patente, suas preocupações mais sérias com a telegrafia acabavam por levá-lo para outro caminho, tanto para ele como para o pai, o sogro e os financiadores de Bell, no telégrafo estava a tecnologia do futuro, ao passo que o telefone era, na pior das hipóteses, um "brinquedo de criança" e, na melhor, "uma curiosidade científica". Algumas horas depois de Bell apresentar sua patente, em 1876, Gray depositou uma patente preliminar, uma espécie de notificação. Naquele momento, não pensava seriamente em ir aos tribunais contestar a prioridade de Bell. Mesmo quando Bell pôs suas patentes à venda por US$ 100.000, os dirigentes e consultores da Western Union – entre os quais Gray era o mais proeminente – declararam-se desinteressados. Decidiram travar uma batalha judicial contra a patente de Bell onze anos depois, quando, em 1877, todos da Western Union perceberam, um pouco tarde, que o telefone tinha futuro, e que esse futuro estaria sempre atropelando o desenvolvimento da Western Union. Está claro que Gray perdeu o bonde e perdeu os processos contra a prioridade de Bell, assim como os da história, contra a sensatez de Bell. A promotoria não deixa de ter uma explicação para isso. Gray – dizem eles – era uma autoridade em telegrafia, diretor da Western Union e conhecido inventor. Bell, por sua vez, era até certo ponto um forasteiro e completo amador nesse campo, visto que sua profissão era a reeducação de surdos-mudos. Bell enxergou o caminho reto porque não estava sendo ofuscado por preconceitos, ao passo que Gray, que poderia ter seguido o mesmo caminho e quase inventou o telefone, foi dele afastado pelo peso de seus interesses concretos. O veredicto final não é de irracionalidade, mas de falta de abertura – como se sabe, em termos de inovação, os forasteiros são melhores que os especialistas. A pena, embora leve de início, é pesada a longo prazo: todos se lembram do nome de Bell, mas pouquíssimos ouviram o de Elisha Gray, que tinha a "desvantagem de ser um especialista".

---

4 Baseio-me em Hounshell (1975).

CIÊNCIA EM AÇÃO   **293**

Histórias como essas estão sempre sendo contadas e recontadas, passadas adiante, enfeitadas com mais detalhes, levando as pessoas a rir ou a indignar-se. A irracionalidade parece estar por toda parte, nas mentes primitivas, nas das crianças, nas crenças populares das classes baixas, no passado das disciplinas científicas ou técnicas, ou no estranho comportamento de colegas de outras disciplinas, que perderam o bonde e acabaram desgarrados. Quando essas histórias são contadas, parece mesmo que o veredicto de irracionalidade é sem apelação e que a única questão é a pena que deve ser imposta, dependendo de eventuais circunstâncias atenuantes.

No entanto, é fácil *inverter* essa situação com as seguintes alegações de defesa.

Alegações da defesa, caso 1: Nas sociedades modernas, há uma lei que proíbe terminantemente o assassinato. Quem infringe essa lei é chamado "assassino". Também existe uma prática, nem tão infrequente, que consiste em despejar bombas, de aviões, sobre pessoas que são chamadas inimigas. Os pilotos dessas aeronaves deveriam, portanto, ser considerados "assassinos" e levados a julgamento. Nada disso – observa com certo espanto um antropólogo azande enviado à Inglaterra. Em vez de chegar a essa conclusão lógica, os ingleses simplesmente acham que esses pilotos "matam no cumprimento do dever" – são inocentes e não são levados a julgamento –, e que os outros assassinos, os "intencionais", são perigosos e devem ser julgados e presos. Portanto, diante do mesmo júri que precisava decidir sobre a falta de tino dos azandes, apresenta-se um claro caso de irracionalidade. Do ponto de vista do antropólogo africano, os ingleses aplicam duas regras ao mesmo tempo; regra 1: matar é crime; regra 2: matar não é crime. Em vez de verem essa contradição e tentar resolvê-la, os ingleses simplesmente *nem ligam*. Essa escandalosa indiferença fornece fundamentos suficientes para justificar um julgamento por irracionalidade chamado "Razão *versus* ingleses". Na verdade, é possível encontrar circunstâncias atenuantes para essa irracionalidade. Se os pilotos fossem levados a julgamento, seria a destruição da autoridade militar, o que ameaçaria toda a

294 BRUNO LATOUR

trama da sociedade inglesa. Portanto, para proteger suas instituições sociais, os ingleses preferem não extrair inferências lógicas. Também neste caso, apela-se para razões sociais a fim de explicar por que tal comportamento não está em conformidade com as leis da lógica.

Ao propor uma história que tem exatamente a mesma estrutura da acusação, porém *simétrica*, a defesa inverte a clara impressão de irracionalidade. Agora é o júri que se pergunta se os ingleses não são tão irracionais quanto os azandes ou, pelo menos, tão indiferentes à lógica, já que preferem proteger suas queridas instituições sociais.

Alegações da defesa, caso 2: O advogado Edwin Hutchins pronuncia-se em defesa dos habitantes das ilhas Trobriand e faz um comentário sobre a "tirada desconexa" tão ridicularizada pela promotoria.

Motabesi postula diante do tribunal seu direito de cultivar uma chácara que não é dele. Sua irmã possui uma chácara, mas não tem ninguém para cultivá-la. Portanto, é de responsabilidade de Motabesi cuidar da chácara dela. Será que Motabesi realmente "come o excremento" do povo de Tukwaukwa? Será que a chácara que ele planta é assim tão pequena? Não, mas por uma questão de polidez para com as pessoas que ouvem suas alegações, ele se menoscaba e à sua horta. Em retórica forense, a isso se dá o nome de "*captatio benevolentiae*". Então Motabesi defende seus direitos sobre todas as chácaras que lhe deram para plantar. Aquela que é objeto da lide chama-se "Kuluboku". Uma delas, chamada "Kapwaleleamauna", foi-lhe dada pela mesma mulher, Ilawokuva, dona da chácara em litígio. Isso não configura uma presunção irrefutável, e o litigante nem sustenta que assim seja, mas é um bom ponto a seu favor. Motabesi fala irracionalmente? Não, ele apenas enuncia um conjunto de condições associadas em apoio de suas alegações. Isso é muito racional, em vista da extrema complexidade do sistema de posse fundiária, que não é escrito e tem pelo menos cinco diferentes graus daquilo que nós, ocidentais, chamamos simplesmente "propriedade" (Adaptado de Hutchins, op. cit., p.74.).

CIÊNCIA EM AÇÃO   295

No tribunal da racionalidade, o advogado de defesa modificou a opinião do júri sobre a natureza alógica da mente dos indígenas de Trobriand ao juntar aos autos do processo o contexto da discussão e o sistema de posse fundiária a que os arrazoado se refere. Assim que esses dados são repostos no quadro, todas as habilidades cognitivas negadas pela promotoria também são restituídas. Os indígenas nas ilhas Trobriand comportam-se em tribunais do mesmo modo que nós, mas têm um sistema diferente de posse da terra e falam uma linguagem que não nos é familiar. Só isso. Nada de extraordinário, e com certeza não há fundamento aqui para acusar ninguém de irracionalidade, muito menos para condenar ou propor penas.

Alegações da defesa, caso 3: A história de Bell, amador que passa à frente de Gray, conhecedor estabelecido, é comovente e tocante, mas foi interrompida cedo demais, diz o advogado de defesa. Se continuássemos a história, chegaríamos a uma conclusão completamente diferente. Pouco ouviríamos falar de Bell se, em 1881, a nascente Bell Company não tivesse comprado a Western Electric Company, transformando-a em sua exclusiva fabricante de aparelhos e peças de telefones, o que, no fim, possibilitou a padronização da rede de telefonia. Mas quem fundou a Western Electric Company? Gray em pessoa, autor de numerosas outras invenções no campo da telefonia e de equipamentos elétricos. Além disso, Bell, o imaginativo amador, logo teve de deixar sua própria companhia a ser substituído por grande número de *especialistas* em eletricidade, física, matemática, administração e finanças. Caso contrário, a Bell Company teria desaparecido na selva constituída por mais de seis mil companhias telefônicas que estavam misturando seus cabos e linhas por toda a América do Norte na virada do século. O amador ganhou uma batalha, mas perdeu a guerra. Portanto, se quisermos explicar por que Gray perdeu o bonde do telefone e Bell o pegou em 1876, será também justo explicar por que Bell perdeu o bonde do desenvolvimento de sua própria empresa dez anos depois, sendo posto de lado, gentil porém firmemente, por especialistas. A mesma cegueira para a lógica do sistema telefônico e de sua disseminação não pode ser

296   BRUNO LATOUR

usada para explicar por que Bell ganhou e também por que acabou perdendo. Por certo é impossível usar a "conhecida superioridade dos amadores em matéria de inovação", pois ela teria de ser usada positivamente em 1876 e negativamente dez anos depois; a mesma causa explicaria simultaneamente a aceleração e a desaceleração da Bell Company! Também é impossível explicar, pelo mesmo apego à tradição e por interesses concretos, por que Gray perdeu o bonde do telefone e por que conseguiu tornar a Western Electric Company tão útil ao desenvolvimento da telefonia. Aí também a mesma "causa" teria de ser usada para explicar ora a resistência à inovação ora a sua aceleração...

O júri reformou seu veredicto contra Gray simplesmente porque o advogado de defesa permitiu que a história prosseguisse um pouquinho, mostrando de que modo cada fator utilizado para "explicar" uma distorção da via reta da razão foi depois usado para "explicar" o seu oposto. Isso indica que todo o afã de encontrar "causas para as distorções" está fatalmente prejudicado.

Em vez de procurar explicações para o fato de as pessoas nutrirem crenças estranhas, a primeira coisa que deve ser feita, quando se ouve uma dessas muitas histórias sobre a irracionalidade de alguém, é tentar inverter a conclusão. Isso é sempre exequível por pelo menos uma das seguintes maneiras:

(1) Contar outra história construída em torno da mesma estrutura, mas que, ao contrário, se aplique *à sociedade de quem contou a história* (substituindo, por exemplo, o antropólogo inglês na África pelo antropólogo africano na Inglaterra).

(2) Recontar a mesma história, mas trazendo à baila o contexto sempre que parecer existir uma lacuna no raciocínio, e mostrar a que tipo de assunto pouco conhecido o raciocínio se aplica (acrescentar, por exemplo, à retórica do habitante de Trobriand o complexo sistema de posse da terra).

(3) Recontar a mesma história, mas enquadrando-a de modo diferente, permitindo que ela prossiga. Esse reenquadramento costuma tornar válida a maioria das "explicações"

CIÊNCIA EM AÇÃO **297**

porque, numa escala cronológica correta, essas explicações acabam sendo dadas para exemplos contrários também.

(4) Contar outra história, em que as regras da lógica também sejam infringidas, mas essa história não versará sobre crenças, porém sobre os conhecimentos de quem contou a história. O auditório perceberá então que o julgamento não se baseava na infração às regras, mas na estranheza das crenças.

Quando se emprega qualquer um desses truques, ou uma combinação deles, a acusação de irracionalidade é revertida. Parece não haver caso em que um advogado eloquente não consiga convencer o júri de que os outros não são tão ilógicos, mas simplesmente estão *distantes* de nós.

(3) Endireitando crenças tortas

A tarefa do júri, que precisa ouvir as provas de irracionalidade, é bastante difícil. À primeira vista, cada caso estava bem definido, pois não parecia haver dificuldade em se traçar uma *linha divisória* entre crença, no lado direito, e conhecimento, no esquerdo; nenhuma dificuldade em colocar adjetivos de sentido pejorativo no lado direito – como "irracional, crédulo, preconceituoso, absurdo, distorcido, obscuro, bitolado" etc. – e adjetivos de sentido laudatório no outro – como "racional, cético, fundamentado, crível, procedente, lógico, sem preconceitos", e assim por diante. No fim da primeira exposição, parecia não haver problemas na definição de ciência com um conjunto desses adjetivos e de não ciência com outro. Acrescentando-se aos adjetivos advérbios como "puramente", "completamente", "estritamente", "cabalmente "totalmente", a linha divisória se acentua ainda mais. Uma vez que os advogados de defesa passam à sua exposição, porém, a clareza da linha divisória vai ficando cada vez mais imprecisa. Cada um dos adjetivos de um dos lados pula para o outro lado da linha.

298 BRUNO LATOUR

Tomemos o adjetivo "cético". À primeira vista ele define perfei-tamente, por exemplo, a esmerada defesa de Jean Bodin[5] da aplicação de uma boa metodologia em ciência e matérias legais.[6] Se permitir-mos que a história prossiga, veremos, porém, que o ceticismo de Bodin se aplica àqueles que *duvidam* da bruxaria, de tal modo que, no fim, para Bodin, a livre investigação em ciência é uma maneira de *provar* definitivamente a existência de bruxaria, contrariando os céticos. Descartes, por sua vez, um dos criadores do método cientí-fico, opõe-se claramente a quaisquer crenças que não possam resistir àquilo que ele chama "dúvida metódica", sendo uma delas a crença em bruxaria. No entanto, mesmo Descartes não fica muito tempo do lado certo da linha divisória, porque se obstina em encher o espaço com vórtices e nega qualquer forma de ação a distância (como a gra-vitação), no que se opõe diretamente a Newton, cujo espaço vazio e cuja gravitação não mediada são por ele vistos com o mesmo horror com que vê a crença em bruxaria e em "qualidades ocultas". Por isso, afinal, talvez tenhamos de concluir que Newton, e só Newton, está do lado certo da linha divisória, e que todos os outros antes dele viveram na escuridão da não ciência. Mas isso é impossível também, porque Newton é ridicularizado pelos cientistas da parte continental da Europa, que o consideram reacionário por querer reinserir no quadro a sua atração misteriosa e por carecer dos mais básicos prin-cípios do método científico, que é a mente cética e sem preconceitos. Além disso, Newton acredita em alquimia exatamente na época em que está escrevendo os *Principia Mathematica*.[7] O único modo de evitar que os adjetivos continuem pulando a esmo de um lado para o outro da linha divisória seria acreditar que só os cientistas *deste ano* estão certos, são céticos, lógicos etc., e pedindo, portanto, ao júri que acredite nos que fizeram sua defesa *por último*. Mas essa seria uma crença bem ilógica porque, no ano seguinte, terão aparecido novos cientistas que, novamente, precisarão repreender seus predecessores

---

5 Jean Bodin – 1530-1596 – filósofo, magistrado e economista francês. (N. T.)

6 Sobre essa série de acusações e contraditas, ver Easlea (1980).

7 Ver, a respeito, Dobbs (1976).

CIÊNCIA EM AÇÃO   **299**

por terem sido infiéis às regras do método científico! A única conclusão lógica de tal crença ilógica é que, afinal, ninguém na Terra é racional o tempo todo.

O júri, por enquanto, está em estado de desespero. Para quem conseguir advogados suficientemente inteligentes, não haverá episódio absurdo na história da religião, da ciência, da tecnologia ou da política que não possa ter aparência de coisa lógica e compreensível, tanto quanto qualquer outro que esteja do lado certo da linha divisória e, inversamente, não haverá episódio lógico que não possa vir a parecer tão bizarro quanto o pior episódio do lado errado da linha divisória. Além dos quatro truques retóricos vistos na seção 2, a questão pode resumir-se escolher os advérbios e adjetivos certos. Bodin, por exemplo, é considerado obscurantista por acreditar fanaticamente em bruxaria por puro preconceito: para ele, o que provava a bruxaria das velhas era o fato de elas admitirem ser bruxas e confessarem por escrito seus voos para os sabás; tal "prova" era obtida sob tortura, contrariando os mais básicos princípios científicos, pois significava que os corpos daquelas velhas estavam, simultaneamente, deitados em seus catres e dançando com o diabo; um simples olhar para aquelas mulheres adormecidas teria convencido Bodin do absurdo de seus preconceitos. Galileu, por sua vez, rejeitando corajosamente os grilhões da autoridade, chegou à sua lei matemática da queda dos corpos a partir de dados puramente científicos, pondo de lado as chamadas "provas" dos físicos aristotélicos, e deduziu por teoria aquilo que suas experiências mostravam de modo imperfeito, subvertendo, assim, tudo aquilo em que a Igreja acreditava a respeito da constituição do universo. Está claro que Bodin deve ser colocado no lado mais escuro da linha divisória e Galileu no mais iluminado. Mas o que acontecerá se invertermos os advérbios e os adjetivos? Bodin, por exemplo, passa a ser um corajoso paladino da fé que deduzia a existência da bruxaria de bases puramente teóricas; ele fez uma elaborada extrapolação a partir das várias experiências a que foram submetidos os corpos das bruxas sob tortura, resistindo aos truques demoníacos destas na tentativa de evitar a confissão, e descobrindo um novo princípio científico segundo o qual os corpos podem simultaneamente estar voando e deitados. De outro modo, Galileu Galilei, um fanático simpatizante dos protestantes, deduz, da matemática abstrata, uma lei cabalmente anticientífica da queda dos corpos, que implica a absurda consequência de que todos os corpos, seja qual for sua natureza, caem ao chão com a mesma velocidade; um simples olhar à experiência diária convenceria Galileu desse absurdo, de seu preconceito, mas ele se apegou a isso obstinada e cegamente, contrariando a vetusta autoridade do senso comum, da experiência, da ciência e dos ensinamentos da Igreja! Quem está agora do lado escuro da linha divisória e quem está do lado iluminado? Qual dos leitores, se fizesse parte da Inquisição romana, teria soltado Galileu e posto Bodin em prisão domiciliar?

Há só duas maneiras de sair dessa situação. Uma é usar adjetivos pejorativos e laudatórios acompanhados dos devidos advérbios sempre que nos aprouver. Assim, "estritamente lógico", "totalmente absurdo", "puramente racional", "completamente ineficiente" passam a ser *cumprimentos* ou *xingamentos*. Não dizem nada mais sobre a natureza das alegações que estão sendo depreciadas ou saudadas. Simplesmente ajudam a favorecer argumentos tanto quanto palavras de incentivo ajudam trabalhadores a empurrar uma carga pesada, ou gritos de guerra ajudam lutadores de caratê a intimidar o adversário. É desse modo que a maioria das pessoas emprega essas noções. A segunda maneira é reconhecer que esses objetivos são tão pouco confiáveis que *não produzem diferença* alguma na natureza da afirmação, e que cada um dos lados da linha divisória é tão racional e tão irracional quanto o outro.

Como vamos acabar com uma distinção tão clara e tão vaga ao mesmo tempo, entre mentes racionais e irracionais? Simplesmente voltando sobre nossos próprios passos. Cabe lembrar que foi só na primeira seção deste capítulo que inventamos a noção de mentes irracionais, tratando de modo diferente o que estava dentro da rede científica e o que estava fora. Essa invenção foi ilustrada na Figura 5.1, supondo-se, em primeiro lugar, uma linha reta; a seguir, por *comparação* com essa linha, notamos uma curva fora da linha reta da razão; finalmente, para explicar essa curva, que em nossa opinião não deveria ter ocorrido, procuramos fatores especiais e, consequentemente, fomos arrastados para esse tribunal da razão, onde nos enrascamos na sofística dos advogados. Toda essa sucessão de eventos dependeu apenas do primeiro movimento: *o traçado de uma linha reta* na Figura 5.1. Se a apagarmos, todo esse debate confuso e não proveitoso em torno da racionalidade e da irracionalidade acabará desaparecendo.

Voltemos ao primeiro caso e à sua refutação. O antropólogo inglês alegou que os azandes estavam diante de uma contradição e a evitavam para proteger a paz da sociedade. A isso, o antropólogo azande replicou que os ingleses também ignoravam contradições quando sustentavam, simultaneamente, que matar é crime e que os pilotos que despejam bombas não são criminosos. Na Figura 5.2, desenhei as duas alegações em cada um dos lados de uma linha divisória. As duas retas pontilhadas são traçadas pelos dois antropólogos, ambos apresentando fatores sociais *ad hoc* para explicar as crenças distorcidas da outra sociedade. Um plano de simetria divide o quadro. De acordo com essa imagem, cada uma das duas alegações é tão ilógica quanto a outra.[8]

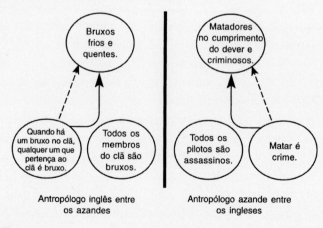

FIGURA 5.2

---

8   Essa é uma adaptação do desenho de Bloor (op. cit., p.126).

302 BRUNO LATOUR

O antropólogo azande, no entanto, cometeu um erro crasso com respeito à nossa cultura ocidental. Supôs que, quando aplicamos a regra "matar é crime", estamos incluindo, *implicitamente*, a situação de guerra na noção de "matar". Então, ao nos recusarmos a dizer isso *explicitamente*, o antropólogo argumenta, com ar de triunfo, que somos incapazes de raciocinar logicamente. Mas isso não é verdade, porque nossa noção de crime nunca implicou a situação de guerra — exceto em raríssimos casos, como os do julgamento de Nuremberg, em que se viu como é difícil julgar soldados que "só cumpriram ordens". Assim, não podemos ser acusados de nos negarmos a extrair conclusões lógicas se as premissas do raciocínio estão na cabeça do antropólogo, e não na nossa. Não é culpa nossa se o antropólogo não entende o significado da palavra "crime" e não conhece sua definição no Ocidente. O que está errado no lado direito da Figura 5.2 não é a nossa "crença torta", mas, ao contrário, a reta pontilhada traçada pelo antropólogo azande.

Se achamos que isso se aplica a nós, somos obrigados a desconfiar de que também se aplica ao outro lado do plano de simetria. É bem provável que os azandes nunca tenham contado com a possibilidade de contaminação de todo o clã na definição de transmissão da bruxaria. Também neste caso, o erro não é dos azandes, que não entendem de lógica, mas de Evans-Pritchard, que não entende a definição azande de bruxaria.[9] A acusação feita por ambos os antropólogos à cultura alheia acaba valendo para eles mesmos: nenhum deles conhece a fundo a cultura que estuda. A falha na lógica, de que as sociedades inteiras são acusadas, foi substituída por uma falta de conhecimento por parte de alguns antropólogos isolados, enviados a um país estrangeiro. Afinal, isso é muito mais razoável. É menos surpreendente supor que a ignorância tenha levado dois antropólogos a distorcer as crenças alheias do que supor que toda uma sociedade seja desprovida de razão.

Que forma terá a Figura 5.2 se apagarmos o erro dos antropólogos?

---

9 Naturalmente, baseio-me aqui no clássico exemplo apresentado por Bloor, e não nas sutis interpretações feitas por Evans-Pritchard.

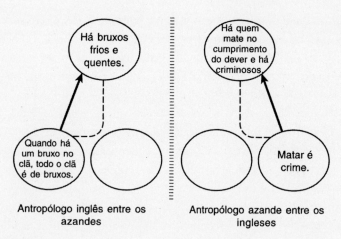

FIGURA 5.3

As crenças tortas agora foram endireitadas. As retas pontilhadas, inventadas pelos antropólogos, por ignorância, foram riscadas do quadro, o mesmo acontecendo com a "falta de lógica", a "acusação de irracionalidade" e os "fatores sociais" que explicavam as curvas. Quando os azandes definem a contaminação do bruxo, também definem bruxos "frios" e "quentes". Quando definimos crime, distinguimos matar "no cumprimento do dever" e matar "premeditadamente". Ponto final. Ninguém é ilógico nisso; foi traçada a definição de uma palavra ou de uma prática, e acabou. Com isso, não se dá motivo algum para a acusação de irracionalidade.

A mesma retificação pode ser feita para cada um dos casos que ouvimos até agora. Que diferença há entre a lógica do habitante de Trobriand e a nossa (ver o segundo caso e sua refutação)? Nenhuma, mas o sistema legal deles é diferente, e o sistema de posse da terra que eles têm é estranho para nós. Que diferença há entre a mente de Gray e a de Bell (ver o terceiro caso)? Nenhuma, mas eles não estão interessados no mesmo artefato; um trabalha pelo telégrafo, o outro pelo telefone. Que diferença pode ser encontrada entre a metodologia de Bodin e a de Galileu? Provavelmente nenhuma, visto que ambas implicam elaboradas "condições de laboratório", mas eles não acreditam na mesma coisa e não unem os mesmos elementos num só todo. Habilidades cognitivas, métodos, adjetivos e advérbios não fazem distinção entre crenças e conhecimentos, porque qualquer um na Terra é tão lógico ou ilógico quanto qualquer outro. O tribunal declara-se incompetente para julgar o caso e decide pôr em liberdade todas as pessoas que prendeu. Saem os juízes, o júri, as testemunhas e a polícia. Todos são inocentes do crime de irracionalidade, ou, mais exatamente, ninguém pode provar a culpa de tal crime. Depois de povoar o mundo com mentes irracionais, visto que perguntávamos ingenuamente por que há tantas pessoas que não são cientistas, agora entendemos que era a nossa pergunta que criava o problema. Em vez de viver num mundo feito de retas pontilhadas, que as pessoas raramente seguem, e de caminhos tortos que na maioria das vezes elas trilham porque são carregadas por preconceitos e paixões, vivemos num *mundo suficientemente lógico*. Cada um cuida dos seus assuntos e vai indo...

Parte B
Sócio-lógica

Os advogados eloquentes, corajosos e inteligentes o bastante para convencer o tribunal de que (a) todos os casos de evidente irracionalidade têm um bocado de circunstâncias atenuantes, (b) a maioria dos casos de comportamento racional manifesta sinais de evidente irracionalidade, e (c) o tribunal é incompetente e deve ser dissolvido porque não há código penal que propicie base legal para o veredicto são chamados relativistas, em oposição aos promotores, que são chamados racionalistas.[10] Sempre que se instaura um processo em que há acusação de irracionalidade, os relativistas argumentam tratar-se apenas de aparência, algo que depende do *ponto de vista* relativo do júri – daí o nome deles –, e apresentam uma nova perspectiva a partir da qual o raciocínio se mostra procedente. A posição deles é chamada simétrica, distinguindo-se claramente do princípio assimétrico de

---

10 Ver esse aspecto no clássico livro organizado por Wilson (1970).

CIÊNCIA EM AÇÃO **305**

explicação – ver antes –, que procura fatores sociais para "explicar" os desvios em relação ao caminho reto. Os relativistas ajudam--nos a entender o que cai por entre as malhas da rede científica e permitem-nos retomar nossa viagem sem sermos arrastados para os julgamentos da irracionalidade.

(1) Correndo de encontro às alegações dos outros

O problema desses relativistas é que, estando certos, precisaríamos interromper a viagem aqui e deleitar-nos na contemplação da inocência de todos. Realmente, poderíamos até atirar este livro ao fogo, junto com as grossas brochuras dos autos processuais. Por quê? Porque há quatro capítulos estamos seguindo os cientistas que, trabalhando, esforçam-se por tornar as suas alegações *mais críveis* que a dos outros. Assim, se esse enorme trabalho não faz diferença. Eles perderam tempo, eu perdi tempo, os leitores perderam tempo. Ao aceitar-se a perspectiva assimétrica, é verdade que são ignoradas as minúsculas dimensões da rede científica, supondo-se que a ciência e tecnologia se estenda por toda parte sem custo algum, deixando de lado apenas impressionantes bolsões de irracionalidade que precisariam ser eliminados com a melhoria da educação e com uma metodologia mais apropriada. Mas na perspectiva simétrica o que se ignora de todo é exatamente a existência da rede científica, de seus recursos, de sua capacidade de, às vezes, fazer propender para um dos lados o equilíbrio de forças. Não é porque os meteorologistas acusam injustamente bilhões de pessoas de apegar-se a crenças distorcidas sobre o clima (ver Parte A, seção 1) que deveremos negar que, chegada a hora de dizer como vai ser o tempo, apenas alguns milhares de pessoas *conseguem* alijar bilhões de opiniões. A perspectiva simétrica pode ser mais compassiva e parecer mais justa, porém para nós ela apresenta tantos perigos quanto a assimétrica, da Parte A, pois em ambos os casos nega-se justamente a natureza da tecnociência, que é engrandecida ou amesquinhada demais, tornando-se um sucesso total ou um total malogro.

306   BRUNO LATOUR

É verdade que o dever profissional dos advogados é acreditar na inocência de seus clientes e convencer o júri de que assim é, mas os advogados constituem uma parcela pequena do sistema jurídico. Não devemos acreditar nos relativistas mais do que acreditamos que não tenha havido crime algum só porque algum bom advogado obteve a absolvição do cliente. De qualquer modo, todos os advogados, todos os relativistas, todos os cientistas e engenheiros estão brigando o tempo todo para *criar* alguma assimetria entre alegações, uma assimetria que ninguém consiga inverter facilmente. É nisso que se baseia a retórica dos advogados. Na Parte A ficamos sabendo que, graças à defesa dos relativistas, essa assimetria não pode ser motivo de colocar a crença (ou irracionalidade) num dos lados, e o conhecimento (racionalidade) no outro. Mas, mesmo assim, continua sem resolução o problema de explicar a assimetria. Se não é mais a presença ou a ausência de regras formais de lógica que faz a diferença, então o que é? Negar que se criam diferenças seria tão sem sentido quanto dizer "Nunca direi 'não'".

Em suma, o aspecto positivo do relativismo é que, no que diz respeito às *formas*, não se deve reconhecer nenhuma assimetria entre raciocínios. Sua negação de culpa tem sempre a seguinte fórmula: "se você não compartilha as crenças de alguém, nem por isso *pressuponha* que essa pessoa é mais crédula que você". Mais ainda, deve ser explicado por que nem todos nós temos as mesmas crenças. A acusação muda da forma para o conteúdo.

Num conhecido estudo com agricultores analfabetos, feito na União Soviética, Luria testou a capacidade deles de perceberem silogismos simples como:[11]

— No extremo Norte todos os ursos são brancos; Novaya Zamyla fica no extremo Norte. De que cor são os ursos ali?

— Não sei. Você deve perguntar às pessoas que estiveram lá e viram os ursos — era uma resposta típica.

---

11 Baseio-me aqui em Cole e Scribner (1974); outros exemplos de Luria podem ser encontrados em seu livro de 1976, editado por Cole.

CIÊNCIA EM AÇÃO 307

Se ainda estivéssemos na Parte A, consideraríamos essa resposta como clara incapacidade de entender a natureza lógica da pergunta. Esse agricultor é incapaz de abstrair e de deduzir consequências a partir de premissas (o que em lógica é chamado *modus ponens*). Contudo, o estudo foi repetido por Cole e Scribner na Libéria, e o veredicto de Luria foi reformulado com o emprego das duas táticas que apresentei no fim da Parte A: eles permitiram que a história prosseguisse e acrescentaram o contexto. Imediatamente, os agricultores que não tinham passado em testes semelhantes explicaram seu raciocínio, argumentando, por exemplo, que, para saber a cor de alguma coisa, precisavam vê-la, e que para ver alguma coisa eles deveriam estar ali, com o animal. Como não estavam lá e não podiam ver o animal, não podiam responder. Essa cadeia de raciocínio implica aquilo que, em lógica, é chamado *modus tollendo tollens* (raciocínio a partir do consequente), considerado mais difícil que o outro (raciocínio a partir do antecedente)! Há ainda diferenças entre o que era esperado do teste e aquilo que os fazendeiros fizeram, mas não se encontra na *forma* da lógica usada. Cole e Scribner argumentam que esses agricultores não frequentaram escolas, e que isso realmente faz uma grande diferença, pois a maior parte do ensino baseia-se na capacidade de responder a perguntas não relacionadas com contextos externos à sala de aula. "Não pensar nas mesmas coisas" não equivale a "não ser lógico". Nesse exemplo, as diferenças que devem ser buscadas mudaram da forma das afirmações – "capacidade de deduzir silogismos" – para seu conteúdo – "número de anos na escola". Os agricultores não podem ser acusados de ilógicos – pois usam um complexo *modus tollendo tollens* –, mas podem ser acusados de não usarem a lógica aprendida na escola; em resumo, podem ser acusados de não terem ido à escola. Você não pode acusar-me de ser ilógico, mas pode pertencer a outro grupo e querer que eu caia fora do seu caminho.

De questões sobre "mentes" e "formas" mudamos agora para questões de choques entre pessoas que vivem em mundos diferentes. Volta à tona uma das características de todos os episódios que estudei: todas as acusações foram feitas sempre que ocorria intersecção entre o caminho dos acusadores e o dos acusados. Agora podemos ver como deixar os relativistas com seu dever profissional de advogados de defesa e continuar nosso caminho, para entender, simultaneamente, o que a rede científica captura em suas malhas e o que lhe escapa. Os prognósticos sobre o tempo em toda a região implicam contínuos choques com os habitantes do lugar, que querem previsões sobre o clima local. Donde as acusações recíprocas entre meteorologistas e habitantes (Parte A, seção 1). Os dois antropólogos – ver o primeiro caso e sua refutação – estavam vivendo em culturas estranhas e faziam um diário de viagem que visava aos colegas de sua terra natal, a fim de resolver importantes debates sobre a racionalidade. Os litigantes da ilha Trobriand estavam empenhados numa luta para reaver a posse de suas chácaras; suas discussões foram gravadas e estudadas por Hutchins, antropólogo californiano especializado em cognição, que queria voltar para casa com uma tese de Ph.D. capaz de mudar a opinião dos antropólogos sobre o modo de pensar dos povos primitivos – ver o segundo caso e sua refutação. Gray e Bell estavam estendendo redes diferentes, que competiam entre si, e a história deles foi contada por historiadores da tecnologia que não estavam interessados em expandir o telégrafo ou o telefone, mas desejavam refutar argumentos sobre o modo como as inovações são favorecidas ou impedidas por fatores sociais (caso 3).

Como ressaltei na Parte A, nenhum desses episódios poderia demonstrar nada de irrefutável sobre a racionalidade ou a irracionalidade da mente humana. Todos eles, porém, mostram que há muitas discussões acerca de previsões do tempo, posse de chácaras, sucesso de profecias, natureza da lógica e superioridade do telégrafo sobre o telefone. Essas disputas ocorrem no âmbito de uma profissão científica (meteorologistas, antropólogos, historiadores, sociólogos) ou fora dela (em torno de chácaras, tempestades etc.) e ocorrem também nas intersecções dos dois conjuntos (antropólogos e "primitivos", agricultores e meteorologistas, engenheiros e historiadores da tecnologia etc.). Os exemplos também mostram que às vezes a resolução de algumas dessas disputas é duradoura: Motabesi obteve a chácara, a definição de Evans-Pritchard sobre a bruxaria dos azandes ficou

CIÊNCIA EM AÇÃO **309**

sem contestação durante décadas, Hutchins ganhou seu Ph.D., Bell tornou-se o epônimo da Ma Bell... Agora mudamos: de debates sobre a razão vamos para disputas em torno daquilo de que é feito o mundo de diferentes pessoas, do modo como elas podem atingir seus objetivos, daquilo que se interpõe em seu caminho, dos recursos que podem ser buscados para abrir-lhes caminho. De fato, estamos de volta ao início do Capítulo 1: o que pode ser amarrado a uma afirmação para torná-la mais forte? Como podem ser desatadas as afirmações que a contradizem? Ninguém está acusando ninguém de irracionalidade, mas ainda estamos lutando para viver em mundos diferentes.

(2) O que está amarrado a quê?

Não podemos dizer nada sobre a razão ou a lógica, mas sempre que vamos de encontro ao que outras pessoas alegam, percebemos que outras coisas estão amarradas às suas afirmações e submetemos esses elos à prova. Tomemos três exemplos clássicos de conflitos sobre classificação quando se tenta responder de modos diferentes à pergunta: que elemento pertence a qual conjunto?

Classificação 1: Uma mãe está andando pelo campo com a filha. A menina chama "fiufiu" alguma coisa que, num movimento muito rápido, some de vista. Portanto, "fiufiu" é um pombo, mas também uma lebre fugindo de medo, ou mesmo a bola da menina, quando alguém a movimenta com um chute, sem que ela veja. Olhando para uma lagoa, a menina nota um peixe fugindo e diz "fiufiu". "Não", diz a mãe, "aquilo não é 'fiufiu', é peixe; aquilo *ali* é um 'fiufiu'", e aponta para um pardal que sai voando. Mãe e filha estão na intersecção de duas cadeias de associações: uma que liga uma bola, uma lebre, um pombo, um peixe à palavra "fiufiu"; a outra que distingue um verbo "fugiu", que realmente poderia ser aplicado a vários destes casos – mas não à bola –, e o substantivo passarinho, que se aplicaria apenas ao pombo e ao pardal. A mãe, não sendo

310 BRUNO LATOUR

relativista, não hesita em qualificar de "incorreto" o uso que a filha faz da palavra "fiufiu". "É uma coisa ou a outra", diz ela, "ou um verbo ou um substantivo". "Fiufiu" lembra um conjunto de coisas que não estão habitualmente associadas, na linguagem da mãe. A menina precisa reclassificar os casos até agora reunidos sob o título "fiufiu", colocando-os sob novos títulos: "passarinho", "peixe", "bola" e "fugiu".

Classificação 2: Os karans da Nova Guiné chamam "kobtiy" um animal que não é nem "yakt", nem "kayn", nem "kaj", nem qualquer dos outros nomes que eles têm para animais.[12] Esse animal, único em sua categoria, é muito estranho. Não é domesticável e vive na floresta; é bípede, tem pelos, mas põe ovos; tem crânio grande. Quando caçado, não se deve derramar seu sangue. É irmã e prima-irmã do karam que a caçar. O que é então? Essa enumeração parece um enigma para o antropólogo Ralph Bulmer na sua intersecção temporária com a cultura karam. Ele próprio chama esse animal "casuar", e, como este põe ovos, é bípede e tem asas, Bulmer o classifica como ave, embora não tenha penas, não voe e seja muito grande. De um modo tipicamente assimétrico, Bulmer procura explicações para o fato de os karans fazerem distinção entre casuares e aves, se, na verdade, os casuares *são* aves. Se apagarmos essa injusta acusação, porém, o que veremos serão duas taxionomias em conflito: uma dos karans, a outra do neozelandês; uma que é chamada *etno*taxionomia ou etnozoologia, porque peculiar aos karans; outra que é simplesmente chamada taxionomia ou zoologia, peculiar a todos os naturalistas que estão dentro da rede em que suas coleções são reunidas e denominadas.[13] Bulmer nunca caçou o casuar, nem corre o risco de "cruzar" com sua prima-irmã – pelo menos enquanto ficar na Nova Guiné. Esse não é o caso dos karans.

---

12 Este outro exemplo clássico é extraído de Bulmer (1967) e foi estudado longamente por Barnes (1983).

13 O trabalho mais completo sobre tecnociência encontra-se em Conklin (1980). Infelizmente, não se encontra algo equivalente para a comunidade ocidental industrializada.

CIÊNCIA EM AÇÃO **311**

Eles estão muito interessados no tal bichão e preocupadíssimos com o incesto. Portanto, Bulmer se aferra à sua taxionomia (o casuar é ave) e ao seu programa de pesquisa (explicar aos colegas por que, para os karans, casuar não é ave); os karans também se aferram à sua taxionomia (um kobtiy não pode ser um yakt, e acabou) e aos seus hábitos venatórios e matrimoniais (a selva é perigosa, e o incesto também). As associações feitas entre tipos de pássaros são tão sólidas quanto os dois mundos aos quais Bulmer e os karans estão atados: a Associação de Antropologia, a revista *Man* e a Auckland University [Universidade de Auckland], na Nova Zelândia, por um lado, e o vale superior do Kaironk, nas montanhas Schrader da Nova Guiné, por outro.

Classificação 3: Ostrom, conhecido paleontólogo, quer saber se o *Archeopteryx*, famosíssimo fóssil, é ou não é pássaro.[14] Penas ele tinha, mas voava? O problema da evolução réptil-pássaro está no longo estágio intermediário em que o animal precisa desenvolver penas, asas, músculos para o voo e osso esterno, características estas que não têm utilidade antes que ele saiba voar; a isso se dá o nome de pré-adaptação. De que serviriam asas e penas para um animal como o *Archeopteryx*, que, de acordo com os paleontólogos, era totalmente incapaz de voar ou mesmo de bater as asas, e que, se chegasse a planar, desabaria depois de alguns metros? Ostrom tem uma resposta, mas esta é muito radical, porque significa remanejar grande parte da taxionomia dos fósseis e repensar a fisiologia dos famosos dinossauros. Retiradas as penas do *Archeopteryx*, ele é um dinossaurozinho perfeito e não se parece em nada com pássaro nenhum. Mas tinha asas. Para quê? A resposta de Ostrom é que serviam para impedir que aquele pequeno animal perdesse calor demais. Mas os dinossauros tinham sangue frio, e uma proteção espessa os mataria, porque eles não poderiam captar com rapidez suficiente o calor externo! Nada disso, diz Ostrom, os dinossauros tinham sangue quente, e o *Archeopteryx* é a melhor prova disso. As penas não estavam lá para

---

14 Baseio-me aqui no belo livro de Desmond, op. cit., especialmente no Capítulo 6.

voar, mas para proteger um dinossauro de sangue quente da perda de calor, permitindo que ele continuasse pequeno. Como o *Archeopteryx* não é pássaro, mas sim um dinossaurozinho emplumado, apenas pré-adaptado ao voo, isso prova que os dinossauros tinham sangue quente. Não é mais necessário procurar o ancestral do pássaro entre os pterodáctilos ou os crocodilos. É entre os dinossauros que os pássaros devem ser colocados! Dois outros paleontólogos, numa carta à *Nature*, chegaram a sugerir a simples eliminação da classe dos pássaros. Há agora mamíferos e dinossauros, e os representantes vivos desta última classe são os pássaros! O pardal é um dinossauro voador, não um pássaro; o *Archeopteryx* é um dinossauro terrestre, não um pássaro. Em meio à controvérsia entre paleontólogos sobre a fisiologia dos dinossauros, as penas do fóssil são levadas a ocupar posição crucial. Podem permitir que os defensores dos dinossauros de sangue frio empurrem o *Archeopteryx* para as árvores e para a classe dos pássaros, ou que os defensores dos dinossauros de sangue quente acabem com os pássaros e mantenham o *Archeopteryx* no chão.

Nos exemplos apresentados, cada conflito em torno de associações *vai traçando* aquilo de que é feito o mundo das outras pessoas. Não temos, de um lado, "conhecimento" e, do outro, "sociedade". Temos muitas provas de força por meio das quais são revelados os elos fortes e os fracos.

A criança de nossa primeira história não sabe de antemão com que força a mãe se aferra à definição de "passarinho" e de "fugir". Ela tenta criar uma categoria que misture tudo o que some correndo e malogra todas as vezes no confronto com a mãe, que lhe desmonta a categoria. A menina está começando a saber do que é feita uma parte do mundo de sua mãe; pardais, bolas e peixes não podem ser todos "fiufiu"; quanto a isso não há negociação. A opção da filha é então desistir de sua categoria ou viver num mundo feito de pelo menos um elemento diferente do mundo da mãe. Quem se mantém fiel ao "fiufiu" não vive a mesma vida de quem faz questão de dizer "passarinho" e "fugiu". A menina, portanto, aprende parte da *estrutura* linguística, pondo à prova aquilo a que sua mãe se apega. Mais exatamente, aquilo que chamamos "estrutura" é a forma que

CIÊNCIA EM AÇÃO   313

vai lentamente sendo traçada pelas experiências da menina: isto é negociável, aquilo não, está amarrado a isso, e assim por diante. Um dos elementos indubitáveis dessa estrutura é que "fiufiu" não terá chance de sobreviver se a menina quiser viver com gente que fale a língua de sua mãe.

Bulmer, na segunda história, está fazendo exatamente o mesmo que a menina. Está começando a conhecer a língua e a sociedade dos karans, pondo à prova a força das associações que os levam a achar impossível considerar ave um casuar. Será que eles se importam se Bulmer disser que o casuar é ave? Sim, parecem importar-se muito. Erguem as mãos, desgostosos. Dizem que é absurdo. Se Bulmer insiste, muitos argumentos são apresentados para o fato de o casuar não ser ave: não pode ser caçado com flechas, é uma prima-irmã, vive em estado selvagem... Quanto mais Bulmer sonda, maior é o número de razões que seus informantes apresentam para o kobtiy não ser yakt. No fim, Bulmer percebe que sua opção é desistir da associação entre casuar e ave ou ficar para sempre fora da sociedade dos karans. Na prática, o que ficamos conhecendo com esses testes é parte da forma da *cultura* dos karans. Mais exatamente, o que chamamos "cultura" é o conjunto de elementos que se mostra inter-ligado quando, e somente quando, tentamos refutar uma alegação ou abalar uma associação. Bulmer não conhecia de antemão a força das razões pelas quais o kobtiy é distinto de todas as aves – especialmente porque outras tribos da Nova Guiné o punham na categoria das aves, exatamente como todos os taxiólogos ocidentais. Mas devagar ele foi aprendendo que os karans ligavam tantas coisas a esse animal que não podiam mudar de taxionomia sem violenta perturbação em seu modo de vida.

Quando Ostrom, na terceira história, se propõe enfraquecer os elos entre o *Archeopteryx* e os pássaros atuais, não sabe de antemão quantos elementos seus oponentes apresentarão para resgatar essa famosíssima linha evolutiva e evitar sua ruptura. Quanto mais ele tenta mostrar que o *Archeopteryx* é, na verdade, um dinossauro de sangue quente com um manto protetor, mais absurdo isso parece aos outros. Para que seus argumentos fossem aceitos seria necessária

314 BRUNO LATOUR

uma grande subversão na paleontologia, na taxionomia e na organização da profissão. Ostrom está então diante de uma escolha: desistir do argumento ou *deixar de pertencer à profissão de paleontólogo*; uma terceira possibilidade é redefinir o que é ser paleontólogo, para que seu argumento passe a enquadrar-se. Na prática, as tentativas de Ostrom traçam os limites de um paradigma, que é o conjunto de elementos que precisam ser modificados para que alguma associação seja rompida ou para que alguma nova associação seja criada. Ostrom não sabe de antemão que forma o paradigma tem. Mas está aprendendo, por meio da sondagem daquilo que está mais firme e daquilo que cede facilmente, daquilo que é passível de acordo e do que não é.

As frequentes designações "estrutura da linguagem", "taxionomia", "cultura", "paradigma" e "sociedade" podem ser usadas para definir-se reciprocamente: essas são algumas das palavras usadas para resumir o conjunto de elementos que aparecem ligados a uma alegação em debate. Esses termos sempre têm definição vaga, porque só quando há controvérsia, *e enquanto ela durar* e *dependendo da força exercida pelos discordantes*, é que palavras como "cultura", "paradigma" ou "sociedade" podem receber uma definição precisa. Nem a menina nem Bulmer e Ostrom teriam revelado parte dos sistemas de associações dos outros se não tivessem discordado ou chegado de fora, precisando optar pelo grupo a que queriam pertencer ou pelo mundo em que queriam viver. Em outras palavras, ninguém vive numa "cultura", ninguém tem "paradigmas" em comum com outros nem pertence a uma "sociedade" sem que antes se choque com os outros. A emergência dessas palavras é uma das consequências de se construírem redes maiores e de se cruzar o caminho de outras pessoas.

Se não nos interessa mais aumentar alguns pequenos choques entre crenças, criar alguma dicotomia grandiosa – criança *versus* adulto, primitivos *versus* civilizados, pré-científicos *versus* científicos, teoria antiga *versus* teoria revolucionária –, então o que nos resta para explicar as muitas pequenas diferenças entre cadeias de associações? Só isto: o número de pontos ligados, a força e a extensão da

CIÊNCIA EM AÇÃO **315**

ligação, a natureza dos obstáculos. Cada uma dessas cadeias é *lógica*, ou seja, vai de um ponto ao outro, mas algumas cadeias não associam tantos elementos ou não conduzem aos mesmos deslocamentos. Na verdade, fomos da *lógica* (esse caminho é reto ou torto?) para a *sócio--lógica* (esta associação é mais fraca ou mais forte?).

(3) Mapeamento das associações

Já vimos como nos livrar da crença na irracionalidade de certas alegações (Parte A) e da crença simétrica de que todas as alegações merecem o mesmo crédito (seções 1 e 2). Agora podemos continuar seguindo as pessoas que se esforçam por tornar suas alegações mais aceitáveis do que as dos outros. Enquanto fazem isso, *vão mapeando para nós e para si mesmas as cadeias de associações que constituem a sua sócio-lógica*. A principal característica dessas cadeias é a imprevisibilidade – para o observador –, porque elas são totalmente heterogêneas (de acordo com a classificação do próprio observador). Bulmer persegue aquilo que acredita ser uma questão puramente taxionômica e é arrastado para uma história abstrusa sobre primas-irmãs. Ostrom ataca aquilo que, para ele, é simplesmente uma questão de paleontologia e é levado para um colossal deslocamento de paradigmas que dificulta a sua reinterpretação do *Archeopteryx*. Como deveremos estudar essas associações imprevisíveis e heterogêneas que são reveladas pela crescente intensidade das controvérsias? Certamente não por meio de sua separação em "primitivas" ou "modernas", ou então por atribuição de graus, indo das "mais racionais" às "mais absurdas". Todas as ações do tipo "separar", "classificar" ou "atribuir graus" nos fazem justiça à natureza imprevisível e heterogênea das associações. A única coisa que podemos fazer é observar tudo o que está atado às afirmações. Para simplificar, podemos estudar:

(a) como são feitas as atribuições de causas e efeitos;
(b) que pontos estão interligados;

316 BRUNO LATOUR

(c) que dimensões e que força têm essas ligações;
(d) quais são os mais legítimos porta-vozes;
(e) como todos esses elementos são modificados durante a controvérsia.

Chamo sócio-lógica a resposta a essas questões. Vejamos três novos exemplos daquilo que chamarei "associação livre" – livre do ponto de vista do observador.

Associação livre 1: na véspera do Natal de 1976, na baía de Saint-Brieuc, na Bretanha, milhares de vieiras de uma reserva criada em águas profundas por oceanógrafos foram brutalmente dragadas por pescadores que não resistiram à tentação do saque.[15] Os gastrônomos franceses adoram vieiras, especialmente no Natal. Os pescadores também gostam de vieiras, especialmente as de corais, que lhes dão uma remuneração semelhante à de um professor universitário (seis meses de trabalho e boa paga). As estrelas-do-mar gostam de vieiras com igual cupidez, e disso os outros não gostam nada. Três cientistazinhos enviados à baía de Saint-Brieuc para criar algum conhecimento sobre esses animais amam as vieiras, não gostam de estrelas-do-mar e têm sentimentos confusos sobre pescadores. Ameaçados pela instituição para a qual trabalham, pelos colegas oceanógrafos que os acham tolos e pelos pescadores que veem neles um perigo, os três cientistazinhos foram lentamente dragados da baía e enviados de volta para seus escritórios, em Brest. A quem eles deveriam aliar-se para resistir à ameaça de se tornarem inúteis? Quanto aos pescadores, atacados pelas cientistas, competindo com estrelas-do-mar, situados entre consumidores ávidos e outros novos pescadores que não param de afluir e minguar os estoques, nada sabendo do animal que só recentemente começaram a capturar, eles vão sendo lentamente alijados. A quem poderiam recorrer para resistir? E as vieiras? Ameaçadas por estrelas-do-mar e por pescadores, ignoradas durante anos pelos oceanógrafos que nem sequer sabem

---

15 Este exemplo é extraído de Callon (1986b).

CIÊNCIA EM AÇÃO   **317**

se elas são semoventes ou não, as vieiras estão lentamente desaparecendo da baía. A quem as larvas das vieiras poderiam ligar-se para resistir aos inimigos?

Resposta a essas três perguntas: a cientistas japoneses. Sim, foi no Japão que os três cientistas viram com seus próprios olhos como as larvas de vieira se ligam a coletores e crescem aos milhares num abrigo parcialmente protegido. Por isso, os cientistas voltam levando na bagagem a ideia do coletor e a vontade de experimentá-lo na baía de Saint-Brieuc. Mas será que as larvas bretãs se interessam por coletores tanto quanto as japonesas? Serão da mesma espécie? Frágeis elos, de fato, os que ligam os destinos da ciência, das pescarias, das vieiras, das estrelas-do-mar e do Japão ao destino da baía de Saint-Brieuc. Além disso, os coletores, feitos de todos os tipos de materiais que porventura agradem às larvas, são caros, sendo, portanto, necessário convencer colegas e autoridades a custeá-los. Mas – convencida a administração – quando as larvas começam a vicejar nos coletores, os pescadores não conseguem resistir à tentação de uma captura miraculosa e pescam as vieiras dos cientistas! Assim, é preciso organizar novas reuniões, encetar novas negociações, desta vez não com as larvas, mas com os pescadores. Quem fala em nome deles? Existem alguns representantes, mas sem muito poder. Seus reais porta-vozes, que concordaram em deixar os cientistas trabalhar, foram exatamente os pescadores que dragaram a reserva pela primeira vez, na véspera do Natal de 1976!

Associação livre 2: Em junho de 1974, estive presente numa festa em honra do doutoramento de Marc Augé, antropólogo francês, promovida por aquele que fora sua principal fonte de informação, Boniface, na região litorânea de Allada, na Costa do Marfim.[16] Comíamos e bebíamos em cabanas de sapé de frente para o oceano, mas sem nadar, pois Boniface avisara que a corrente submarina era

---

16 Os testemunhos constituem o grosso do livro de Augé (1975). Por razões óbvias, Augé nunca publicou o resultado do interrogatório do cadáver do amigo.

318 BRUNO LATOUR

perigosa demais. Um de nossos amigos, ligeiramente embriagado, resolveu nadar, apesar do aviso. Logo foi tragado pela arrebentação. Todos nós, negros e brancos, ficamos olhando, impotentes. Boniface, homem idoso, sentindo-se responsável por seus convidados, foi para o mar com uns amigos mais jovens. Algum tempo depois a arrebentação trouxe nosso amigo de volta para a praia, mas durante muitas horas ficamos observando o corpo de Boniface boiando nas ondas. Toda a aldeia, seu clã familiar, reuniu-se ali, chorando e gritando, mas impotente. Como branco, senti-me responsável, e odiei meu amigo, outro branco, que causara o trágico afogamento de nosso anfitrião. Também temi que os habitantes do lugar, levados pela mesma interpretação coletiva, se voltassem contra nós e nos linchassem. Num gesto protetor, agarrei-me à minha filhinha. Mas ninguém olhava para nós nem nos ameaçava. Os mais idosos queriam simplesmente saber *quem* causara a morte de Boniface e deram início a um atento interrogatório. Em momento algum chegaram a pensar em nós. A responsabilidade tinha de ser alguém da linhagem de Boniface. Quando, de madrugada, o mar depositou o corpo na praia, começou um interrogatório do cadáver, ao qual Marc Augé assistiu. Foram tentadas muitas interpretações de sua morte, por meio de longas discussões que passaram em revista dívidas, doenças, propriedades, o clã e a biografia de Boniface, até ficar claro para todos que uma das tias dele fora a causadora da morte. Ela era o elo fraco daquelas longas cadeias que atavam Boniface a seu destino; e meu amigo, que não obedecera às recomendações do anfitrião, literalmente não tinha que ver com a morte dele. Eu distribuíra causas e efeitos, atribuíra opróbrio, culpa e responsabilidade, definira elos entre as pessoas reunidas na praia, mas a distribuição, a atribuição e a definição dos velhos reunidos em torno do cadáver foram inteiramente diferentes. Entre as duas redes circulavam, em idênticos graus, ansiedade, ódio, raiva, ceticismo, vigilância e crenças, mas seus fios não passavam pelos mesmos pontos.

Associação livre 3: Quem mata cerca de 40 mil pessoas por ano em acidentes de carro nos Estados Unidos? Os carros? O sistema viário?

CIÊNCIA EM AÇÃO   **319**

O Ministério do Interior? Não, os motoristas bêbados.[17] Quem é responsável pelo excesso de consumo de álcool? Os comerciantes de bebidas? Os fabricantes? O Ministério da Saúde? A Associação dos Donos de Bares? Não, o indivíduo que bebe tanto. Entre todas as possibilidades, só uma é sociologicamente admitida: os indivíduos que bebem demais são a causa da maioria dos acidentes de trânsito. Esse nexo causal é uma premissa, ou uma caixa-preta para quaisquer outros raciocínios no assunto. Admitido isto, a controvérsia ulterior é em torno das razões que levam os motoristas a beberem tanto. São *doentes* que devem ser tratados e mandados para um hospital, ou *criminosos* que devem ser punidos e mandados para a cadeia? Depende da definição que se dê ao livre-arbítrio, do modo como se interpreta o funcionamento cerebral, da força que se atribui à lei. Os porta-vozes oficiais dos departamentos de sociologia das universidades, das associações de voluntários, de profissionais da lei, de sociedades de fisiologistas tomam posições e apresentam números que provam a primeira ou a segunda possibilidade. Em defesa de suas posições, mobilizam estatísticas, ensinamentos religiosos, senso comum, motoristas arrependidos, princípios legais, ou a neurologia, qualquer coisa que respalde suas alegações de tal modo que, se um oponente a negar, terá de ser ver com seus complexos esteios também. Quanto ao elo entre indivíduos que bebem e infrações do trânsito, visto que ninguém o discute, permanece como algo tão objetivo e necessário quanto a atribuição da responsabilidade pela morte de Boniface a alguém de sua linhagem.

O ponto a que quero chegar com essas "associações livres" é que elas não se limitam de modo algum a certos tipos de pessoas – o que limitaria a antropologia às "mentes primitivas" –, nem a certos períodos – o que limitaria a antropologia ao estudo de nosso passado –, nem a certos tipos de associações – o que limitaria a antropologia ao estudo de visões de mundo ou ideologias. As mesmas questões sobre causas, efeitos, elos e porta-vozes podem

---

17 Este exemplo é extraído do livro de Gusfield (1981), único caso de antropologia de crenças e conhecimentos numa sociedade ocidental moderna.

320 BRUNO LATOUR

ser levantadas em todos os lugares, abrindo assim um campo ilimitado de estudo para a antropologia, que pode incluir Bulmer e seu casuar, os karans e seu Kobtiy, Ostrom e seus dinossauros voadores, os parentes de Boniface e seu clã, as larvas de vieira e seus cientistas, Gray e Bell e a rede deles, motoristas bêbados e respectivos miolos cheios de culpa e álcool, Motabesi e sua chácara, Hutchins e seus lógicos habitantes de Trobriand. Não precisamos partir de nenhum pressuposto sobre visões distorcidas do mundo, nem precisamos pressupor que todas essas associações sejam iguais, visto que elas lutam tanto para interligar elementos heterogêneos e tornar-se desiguais.

Do ponto de vista do observador, nenhuma dessas pessoas nunca pensa ilógica ou logicamente, mas sempre sociologicamente; ou seja, elas vão direto de elementos a elementos, até que se inicie uma controvérsia. Quando isso acontece, procuram aliados mais fortes e mais resistentes, e, para isso, podem acabar mobilizando os elementos mais heterogêneos e distantes, portanto mapeando para si mesmas, para seus oponentes e para os observadores aquilo a que atribuem mais valor, aquilo a que mais se apegam. "Onde estiver o vosso tesouro, ali também estará o vosso coração" (*Lucas*, 12.34). A principal dificuldade ao se mapear o sistema de associações heterogêneas está em *não* fazer nenhuma suposição adicional sobre sua *realidade*. Isso não significa que elas sejam fictícias, mas simplesmente que resistem a certas provas, e que outras provas poderiam desagregá-las. Uma metáfora ajudaria aqui a dar ao observador liberdade suficiente para mapear as associações sem distorcê-las, classificando-as em "boas" e "más": a sócio-lógica é muito semelhante aos mapas rodoviários; todos os caminhos vão a algum lugar, sejam eles trilhas, estradas vicinais, rodovias ou autopistas, mas nem todos vão para o mesmo lugar, suportam o mesmo tráfego, custam o mesmo preço de abertura e manutenção. Dizer que uma alegação é "absurda" ou que um conhecimento é "acurado" não tem mais sentido do que chamar "ilógica" uma trilha de contrabandistas e de "lógica" uma autopista. As únicas coisas que queremos saber sobre essas vias sócio-lógicas é aonde elas levam, quantas pessoas as

CIÊNCIA EM AÇÃO   321

percorrem com que tipo de veículo e que facilidades oferecem para a viagem, e não se estão certas ou erradas.

Parte C
Quem precisa de fatos duros?

Na Parte A apresentamos a simetria entre alegações por meio da distribuição por igual, entre todos os atores, de qualidades – abertura, precisão, lógica, racionalidade – e de defeitos – fechamento, vaguidade, absurdeza, irracionalidade. A seguir, na Parte B, mostramos que essa distribuição não impede que os atores, em discordando, acusem alguns outros de estarem "totalmente errados", de serem "imprecisos", "absurdos", e assim por diante. Na verdade, essas alegações não dizem coisa alguma sobre a *forma* das afirmações que são atacadas – visto que qualquer pessoa é, por ora, tão lógica quanto qualquer outra –, mas revelam, gradualmente, o *conteúdo* de diferentes associações que se entrechocam.

Em outras palavras, toda essa história de racionalidade e irracionalidade é resultado de um ataque por parte de alguém a associações que lhe entravam o caminho. Revelam o alcance de uma rede e o conflito entre o que ficará dentro de suas malhas e o que cairá por entre elas. A consequência importante é a mesma que traçamos no fim do Capítulo 2 sobre o término das controvérsias: não há por que ser relativista acerca de afirmações que não são atacadas; a Natureza fala de modo direto, sem interferências ou sinuosidades, exatamente como a água flui de modo regular por um sistema constituído por milhares de dutos se não houver lacuna entre eles. Esse resultado pode ser estendido a toda alegação: se não é atacada, as pessoas sabem exatamente o que a Natureza é; são objetivas, dizem a verdade, não vivem numa sociedade ou numa cultura que influenciaria sua percepção das coisas; simplesmente *percebem* as coisas em si e seus porta-vozes não estão "interpretando" fenômenos, pois a Natureza fala diretamente por eles. Desde que considerem bem vedadas todas as caixas-pretas, as pessoas não vivem mais, tanto

'322 BRUNO LATOUR

quanto os cientistas, num mundo de ficção, representação, símbolo, aproximação, convenção: elas simplesmente estão *certas*.

O que se deve perguntar é quando e por que é possível um ataque *cruzar* o caminho de outra pessoa, gerando, na intersecção, toda a gama de acusações (Parte A), revelando, passo a passo, a que outros elementos inesperados a alegação está atada (Parte B). Em outras palavras, agora temos de olhar mais de perto os choques entre o lado de dentro e o lado de fora das redes.

(1) Por que não fatos moles?

A primeira coisa que precisamos entender é que não são satisfeitas com frequência as condições para os choques entre alegações. Tomemos um exemplo.

> *"An apple a day keeps the doctor away"*,[18] diz a mãe norte-americana estendendo uma fulgente maçã vermelha ao filho, já prevendo um sorriso. "Mãe" – responde o menino indignado – "três estudos feitos pelo Instituto Nacional de Saúde mostraram que, numa amostra de 458 norte-americanos de todas as idades, não houve nenhuma diminuição estatisticamente significativa no número de consultas médicas domiciliares; não, eu não vou comer essa maçã".

O que está em descompasso nessa história? A resposta da criança, porque mobiliza elementos demais numa situação que não exige tanto. O que seria de esperar? Um sorriso, nenhuma resposta, um gracejo, a repetição do provérbio, ou, ainda melhor, que quando a mãe começasse com *"An apple a day..."*, o filho completasse *"keeps the doctor away"*. Por que parece tão fora de propósito a intrusão das estatísticas do Instituto Nacional de Saúde na conversa? Porque o filho se comporta como se houvesse uma controvérsia semelhante às estudadas no Capítulo 1; briga com a mãe, esperando que ela

---

18 "Uma maçã por dia mantém o médico distante". (N. T.)

CIÊNCIA EM AÇÃO   **323**

responda com mais estatísticas, para realimentar a corrida probatória! O que a mãe esperava, por sua vez? Nem mesmo uma resposta, nada sequer vagamente parecido com uma discussão, com provas e contraprovas. Não entenderemos nada de tecnociência se não aquilatarmos a enorme distância entre o filho e a mãe, entre *fatos* duros e *fatos* moles.

No começo do Capítulo 3, apresentei o problema que os construtores de fatos devem resolver. Precisam alistar muitas outras pessoas que participem do esforço de continuação da construção do fato (transformando suas alegações em caixas-pretas), mas também precisam controlar cada uma dessas pessoas para que elas passem a alegação adiante sem transformá-la em outra alegação ou na alegação de outra pessoa. Disse que era difícil, pois cada um dos potenciais auxiliares, em vez de ser um "condutor", poderia atuar de várias maneiras, comportando-se como "multicondutor": as pessoas podem não ter interesse algum na alegação, podem transportá-la para algum outro assunto não correlato, transformá-la em artefato ou em alguma outra coisa, simplesmente não ligar para ela, atribuí-la a algum outro autor, passá-la adiante como está, confirmá-la, e assim por diante. Como o leitor pode lembrar, no cerne desse processo está o primeiro princípio deste livro, sobre o qual todo o resto se constrói. O paradoxo dos construtores de fatos é ter de, simultaneamente, *aumentar* o número de pessoas que participam da ação – para que sua alegação da ação – para que ela se dissemine *como está*. Nos capítulos 3 e 4, observei com certa minúcia alguns casos em que esse paradoxo foi solucionado por meio da translação de interesses e pela vinculação destes a recursos não humanos, produzindo-se assim máquinas e mecanismos. Agora, atingida a última parte do presente capítulo, podemos entender que essas características da tecnociência, que são regra no interior da rede, são *exceção* entre suas malhas.

Qual então seria a regra? As alegações serão ao mesmo tempo transferidas e transformadas. Pensemos no provérbio anterior que se disseminou durante séculos de boca em boca. Quem é o autor? É incógnito, é a sabedoria popular, ninguém se preocupa com isso, não vem ao caso. Será ele objetivo, quer dizer, refere-se a maçãs,

324 BRUNO LATOUR

saúde e médicos, ou às pessoas que o enunciam? Não vem ao caso, ele nunca se choca com outras alegações – exceto nesta historieta, que por essa razão parece esquisita. Então ele é falso? Talvez não, mas quem se preocupa com isso? Então é verdadeiro? Provavelmente, se já vem sendo transmitido há gerações sem nenhuma palavra de crítica. "Mas, se é verdadeiro, por que não passou no teste do contra--argumento do menino?", perguntaria um racionalista. Exatamente, ele foi transmitido sem tropeços durante tanto tempo porque todos os que participaram de sua cadeia o *adaptaram* a seu próprio contexto especial. Em nenhum ponto da longa história desse provérbio houve qualquer argumento lutando com um contra-argumento. Não se ajusta ao uso numa controvérsia entre dois estranhos; só serve para nos lembrar, delicadamente, a que grupos pertencem as pessoas que citam provérbios e as que os ouvem – além de induzir as crianças a comerem maçãs (sendo, talvez, bom para a saúde também).

A ruptura praticada pelo menino modifica o *ângulo* de encontro entre alegações e dispara a irracionalidade como efeito do choque. Essa ruptura pode ser repetida com qualquer um dos inúmeros exemplos que se encontram na conversa fiada, no papo-furado, no bláblá em bares, festas, em casa ou no trabalho. Sempre que, a uma sentença como o provérbio, se responde com um contra-argumento como o do menino, abre-se a mesma fenda na comunicação; amigos, parentes, namorados, colegas, festeiros, todos se *estranham* e se olham com espanto. Se, num ônibus, o sujeito ao lado disser "Bonito dia hoje, não?", e você responder "Essa sua afirmação é ridícula, porque a temperatura média hoje está quatro graus abaixo da média normal, calculada com base num estudo de cem anos feito no Observatório de Greenwich pelo Professor Collen e colegas a partir de dados de pelo menos 55 postos de observação. Verifique a metodologia que eles usam na *Acta Meterologica*, seu bobo"; se sua resposta for essa, o sujeito vai achar que *você* é estranho e provavelmente vai mudar de assunto. "Bonito dia hoje, não?" não é frase adequada a qualquer coisa de semelhante ao que vimos até agora neste livro. Seu *regime* de circulação, seu modo de passar de mão em mão, os efeitos que ela gera parecem absolutamente diferentes dos da afirmação que chamamos "científica". O exercício da ruptura repete o que aconteceu na história recente com muitas afirmações subitamente atacadas por alegações que circulavam segundo um regime totalmente diferente. Quase tudo o que as pessoas dizem e costumavam dizer de repente começa a ser considerado insuficiente do ponto de vista de quem está dentro da rede científica.

Por isso, não haverá, afinal, uma diferença radical entre ciência e o resto, a despeito daquilo que eu disse nas outras duas partes?

(2) Endurecendo os fatos

Sim, há uma diferença, como indica claramente o exercício da ruptura, mas precisamos entender isso sem criar outra linha divisória. Para entender, devemos voltar ao primeiro princípio e aos problemas do construtor de fatos. A maneira mais simples de disseminar uma afirmação é deixar uma margem de negociação para que cada um dos atores a transforme da maneira como achar mais adequada e a adapte às circunstâncias locais. A partir daí será mais fácil interessar mais pessoas na alegação, visto ser menor o controle exercido sobre elas. Assim, ela irá de boca em boca. No entanto, há um preço para essa solução. Nesses casos, a afirmação é acomodada, incorporada, negociada, adotada e adaptada por todos, o que implica várias consequências:

- primeira: a afirmação será transformada por todos, mas essas transformações não serão observáveis, porque o seu sucesso depende da ausência de comparações com a afirmação original;
- segunda: ela não terá um autor, mas tantos autores quantos forem os membros da cadeia;
- terceira: não será uma afirmação *nova*, mas aparecerá necessariamente como uma mais antiga, uma vez que todos a adaptarão à sua experiência anterior, a seu gosto e ao contexto;

326 BRUNO LATOUR

- quarta: mesmo que a cadeia toda esteja mudando de opinião ao adotar uma nova afirmação – nova para o observador de fora que se comporta de acordo com o outro regime, a seguir –, essa mudança nunca será observável, pois não haverá uma base mensurável em comparação com a qual se possa notar a diferença entre alegações mais antigas e mais novas;
- finalmente, uma vez que a negociação é contínua ao longo da cadeia e ignora choques, seja qual for o número de recursos trazidos para reforçá-la, ela sempre parecerá uma afirmação *mais mole*, incapaz de romper os habituais modos de comportamento.[19]

Tal é o regime segundo o qual a imensa maioria das alegações circula fora da nova rede. É uma solução perfeitamente razoável para o problema do construtor de fatos, mas produz apenas fatos mais moles, ao contrário da segunda solução. Essa outra solução para o problema, como vimos nos capítulos anteriores, é a escolhida por pessoas chamadas cientistas e engenheiros. Estes preferem aumentar o controle e diminuir a margem de negociação. Em vez de alistar outras pessoas, deixando-as transformar a afirmação, tentam forçá-las e adotá-la tal qual está. Mas, como vimos, isso tem um preço: poucas pessoas se interessarão, e um número muito maior de recursos terá de ser buscado para tornar os fatos menos moles. Consequentemente:

- primeiro: a afirmação pode ser transferida sem ser transformada; é quando tudo funciona de acordo com o plano;
- segundo: é designado o autor da alegação original; caso alguém se sinta lesado, segue-se acerba disputa em torno da atribuição de créditos;
- terceiro: a alegação é *nova* e não se ajusta à trama da experiência passada de todos; isso é causa e consequência da

---

19 Por essa razão as "culturas orais" foram consideradas rígidas e não inovadoras. A respeito, ver o trabalho pioneiro de Goody (1977).

CIÊNCIA EM AÇÃO 327

diminuição da margem de negociação, e causa e consequência das brigas acirradas pela atribuição do mérito;
- quarto: como cada afirmação é medida por comparação com outras, anteriores, cada nova alegação cria um contraste nítido com o pano de fundo; assim, parece estar em ação um *processo histórico* caracterizado pelo fato de novas crenças estarem sempre abalando crenças mais antigas;
- finalmente: todos os recursos reunidos para obrigar as pessoas a concordar são explicitamente assestados, o que transforma a alegação num fato mais duro que parece poder destroçar as maneiras mais moles de comportar-se e acreditar.

É crucial entender que essas são duas soluções opostas para o *mesmo* paradoxo; os fatos "mais duros" não são naturalmente melhores que os "mais moles"; são a única solução para quem quer levar os outros a acreditar em alguma coisa que seja incomum. Nada deve ser indevidamente acrescentado a essas diferenças, ainda que algumas das palavras usadas nas duas listas pareçam adequar-se a divisões frequentemente usadas para opor "raciocínio cotidiano", "mente primitiva", "crenças populares", "ciências antigas e tradicionais" a raciocínio moderno, civilizado e científico. Neste argumento, não se parte de nenhuma pressuposição sobre mentes ou métodos. Não se pressupõe que a primeira solução propicie crenças fechadas, intemporais, imprecisas, rígidas e repetitivas, enquanto a segunda oferece um conhecimento exato, duro e novo. Assevera-se simplesmente que o mesmo paradoxo pode ser resolvido de duas maneiras diferentes: uma que estende amplas redes, outra que não faz isso. Se a primeira solução é escolhida, o construtor de fatos imediatamente *aparece* como um estranho a abrir fendas naquilo que imediatamente *parece* ser velho, intemporal, estável e tradicional. A acusação de irracionalidade é sempre feita por alguém que está construindo uma rede sobre outra pessoa que se mantém em seu caminho; portanto, não há linha divisória entre mentes, mas apenas redes maiores ou menores. Os fatos duros não são regra, porém exceção, visto serem necessários apenas nos poucos casos em que é preciso alijar grande

328 BRUNO LATOUR

número de outras pessoas dos seus caminhos habituais. Essa será nosso *quinto princípio*.

Já deve estar claro agora que é impossível dizer que todos neste mundo, fundamentalmente, deveriam ou poderiam ser cientistas se as forças do preconceito, da superstição e da paixão fossem sobrepujadas (ver Parte A). Essa proposição é tão despropositada quanto dizer que todos os cinco bilhões de habitantes deste planeta deveriam ter um Rolls Royce. Os fatos duros são, segundo todas as avaliações, ocorrências raras e caras, só encontradas nos poucos casos em que alguém tenta fazer outras pessoas saírem de seu caminho normal e ainda participarem fielmente do empreendimento. Há uma relação direta entre o *número* de pessoas que se quer convencer, o *ângulo* com que uma alegação se choca com outra e o endurecimento dos fatos, ou seja, o *número* de aliados que se precisa arranjar. Diante de fatos mais duros, não os dotaremos com alguma superioridade inata e misteriosa; simplesmente perguntaremos quem vai ser atacado e alijado por eles, relacionando a qualidade dos fatos com o número de pessoas alijadas, exatamente como poderíamos fazer quando comparamos um estilingue com uma espada e um tanque de guerra, ou então uma pequena barragem de terra de um riacho com alguma outra, enorme e de concreto, no rio Tennessee.

(3) Sexta regra metodológica: só uma questão de escala...

Chegados ao fim deste capítulo, estamos em condições de entender as muitas diferenças provocadas pelo processo de acusação entre as chamadas culturas "tradicionais" – acusadas de *acreditar* em coisas – e a estreita rede científica que, para expandir-se, precisa descobrir que todas as afirmações usadas até então pelas pessoas são moles, imprecisas, duvidosas ou erradas. Para isso, precisamos simplesmente observar os cientistas enquanto trabalham.

Para fortalecer suas alegações, alguns deles precisam sair de *seu* caminho para depois *voltar* com recursos novos e inesperados a fim

CIÊNCIA EM AÇÃO   **329**

de vencer os embates que deverão ter em sua terra, com as pessoas que queiram convencer. O que acontecerá durante essa movimentação? Quem assim se move cruzará o caminho de muitas outras pessoas. Ficamos sabendo, nas Partes A e B, que é esse cruzamento que irá disparar as acusações de irracionalidade. A cada intersecção revelam-se associações novas e inesperadas entre coisas, palavras, costumes e pessoas. Porém, isso ainda não é suficiente para gerar grandes diferenças entre culturas. Piratas, mercadores, soldados, diplomatas, missionários, aventureiros de todo tipo viajaram pelo mundo durante séculos e acostumaram-se à diversidade de culturas, religião e crenças.

Mas examinemos a natureza peculiar de cruzar-se o caminho de alguém quando estão em jogo fatos mais duros. Consideremos Bulmer, enviado à Nova Guiné, ou Evans-Pritchard, à África, ou Hutchins, às ilhas Trobriand. Consideremos os paleontólogos a viajarem penosamente pelo deserto de Nevada à procura de ossos de fósseis. Consideremos os geógrafos que saem com a missão de fazer o mapa da costa do Pacífico. Consideremos os botânicos mandados em busca de todo tipo de planta, fruta e erva. Esses viajantes estarão interessados no povo, na paisagem, nos costumes, nas florestas, nos oceanos dos lugares por onde passam? Em certo sentido sim, porque querem usá-los para voltar com mais recursos. Em outro sentido não, porque não desejam estabelecer-se em todos aqueles lugares estranhos. Se Bulmer ficar para sempre na Nova Guiné, tornando-se um karam, sua viagem será desperdiçada no que se refere à obtenção de fatos duros. Mas se ele voltar de mãos vazias, sem nenhuma informação que possa ser usada em teses ou em artigos para consolidar seus pontos de vista, a viagem também será em vão, por mais que ele tenha aprendido, entendido e sofrido. Por estarem "interessados", todos esses viajantes aprenderão tudo o que puderem em caminho; mas, por não estarem interessados em ficar em lugar nenhum, mas só em voltar para casa, ouvirão com ceticismo todas as histórias que lhes forem contadas. Em razão desse paradoxo, desenrola-se o drama do *Grande Divisor*: o sumário de todos os processos de acusação movidos de dentro da rede científica contra o que está fora dela. A sócio-lógica de todas as pessoas com que cruzaram esses peculiares viajantes enviados com a missão de voltar vai mostrar-se, *por comparação*, "local", "fechada", "estável", "culturalmente determinada". Uma vez apagado do quadro o movimento do observador, parece que há uma linha divisória absoluta entre, por um lado, todas as culturas que "acreditam" em coisas e, por outro, a única cultura, a nossa, que "sabe" coisas (ou que logo as saberá) entre "Eles" e "Nós".

Tanto a crença dos racionalistas na existência do Grande Divisor como a negação de sua existência por parte dos relativistas dependem do esquecimento do movimento do observador que se afasta de casa e depois volta pesadamente armado para fortalecer os fatos. O completo mal-entendido quanto às qualidades e os defeitos existentes n'Eles e em Nós é esboçado na Figura 5.4. Assim que o movimento do acusador é posto no quadro, aparece uma diferença, mas esta nada tem a ver com uma linha divisória entre crença e conhecimento; tem simplesmente a ver com a escala em que ocorre o alistamento e o controle das pessoas.

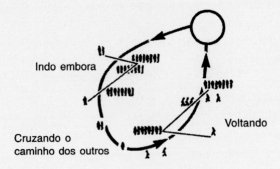

FIGURA 5.4

Poderíamos dizer, por exemplo, que os cientistas que saem mundo afora são mais "desinteressados", mais "racionais", mais preocupados com as coisas "em si", menos "determinados culturalmente", mais "conscientes" que as pessoas que encontram pelo caminho? Em certo sentido sim, claro, o seu interesse em manter as sociedades que percorrem é menor do que o dos membros dessas

CIÊNCIA EM AÇÃO 331

mesmas sociedades! Portanto, vão manter-se a certa distância, serão mais frios, descrentes. Mas em outro sentido estão tão interessados quanto qualquer outra pessoa em manter *sua própria* sociedade ao voltar para casa – e é por isso que tanto desejam enriquecer a ciência com mais uma informação precisa. Se estivessem totalmente desinteressados, não tomariam notas; ficariam flanando, permaneceriam alguns anos, iriam para outro lugar e nunca voltariam para casa.

Estão preenchidas todas as condições para um grande mal-entendido. Por estar tão interessado, Bulmer, por exemplo, ficará desvairadamente obcecado por seus cadernos de notas, confirmando todas as informações, enchendo caixas e caixas de material, recolhendo o máximo possível antes de sair correndo. No que se refere à crença dos karans na classificação, Bulmer é de uma frieza a toda prova, "entrevendo" nas soluções deles a influência da cultura local; mas quanto à crença de Bulmer na antropologia, a frieza é dos karans, que entreveem, na sua obsessão por notas e informações precisas, a influência da cultura estranha que ele tanto quer manter e expandir. "Fanáticos desinteressados" como Bulmer irão transformar todas as alegações de todas as pessoas que encontram em "crenças sobre" o mundo, que exigem uma explicação especial. Bulmer não pode acreditar que os karans estejam certos porque não vai ficar com eles para sempre, mas não pode ser tolerante, tampouco optar por algum tipo de relativismo ameno e despreocupado com o que as outras pessoas pensam, porque ele precisa voltar com um relatório sobre o sistema de crenças dos karans. Por isso, vai voltar para seu departamento, na universidade, com suas *crenças escritas* na forma de taxionomia.[20] Na Nova Zelândia, a taxionomia dos karans será comparada a todas as taxionomias trazidas por outros antropólogos. Nesse ponto o mal-entendido é completo: sobre os karans se dirá que têm só um modo de olhar o mundo, e que os antropólogos têm muitos. O modo peculiar de escolha de esquemas classificatórios por parte dos karans

---

20 Acerca dessa transformação e desse transporte das crenças de outros povos, ver Bourdieu (1972-1977), Fabian (1983) e o recente livro sobre estudos de campo organizado por Stocking (1983).

estará exigindo uma explicação a ser encontrada na sociedade deles; a visão dos antropólogos, que abrange todos os esquemas, não precisa ser explicada por sua própria sociedade: eles representam o caminho certo. Darão o nome de *etno*zoologia ao sistema de crenças dos karans, e de zoologia ao conhecimento da rede científica universal. Embora cada sócio-lógica esteja construindo seu mundo por meio da incorporação de pássaros, plantas, rochas e pessoas, ao fim de muitas viagens mundo afora ficará patente que "Eles" *sim* têm um sistema *antropomórfico* de crenças, enquanto "Nós" temos uma visão desinteressada do mundo, pouquíssimo influenciada por nossa "cultura". Na Figura 5.5 esbocei duas possíveis versões das diferenças: na primeira, traça-se uma linha divisória entre Eles e Nós; na segunda, medem-se as muitas variações nas dimensões das redes. O Grande Divisor parte da suposição de que há, no lado direito, um conhecimento incrustado na sociedade, e, no lado esquerdo, um conhecimento independente da sociedade. Não partimos dessa suposição. A fusão geral entre conhecimento e sociedade é a mesma em todos os casos – uma espiral no diagrama –, mas a extensão da curva varia entre um e outro caso.

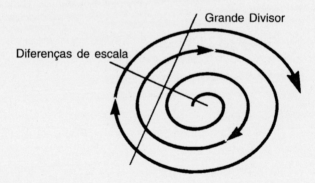

FIGURA 5.5

As palavras "interesse" e "desinteresse", assim como "racional" e "irracional", não têm sentido enquanto não considerarmos o movimento do cientista mundo afora. Isso constituirá nossa sexta *regra metodológica*: diante de uma acusação de irracionalidade, ou

CIÊNCIA EM AÇÃO   333

simplesmente de crenças em alguma coisa, nunca acharemos que as pessoas acreditam em coisas ou são irracionais, nunca procuraremos saber que regra da lógica foi infringida, mas simplesmente observaremos o ângulo, a direção, o movimento e a *escala* do deslocamento do observador.

Obviamente, agora que nos livramos de todos aqueles debates sobre "racionalidade", "relativismo", "cultura" e tamanho do Grande Divisor, temos mais uma pergunta para responder, e a mais difícil de todas: de onde vem a diferença de escala?

Capítulo 6
Centrais de Cálculo

Prólogo
Domesticação da mente selvagem

Na madrugada de 17 de julho de 1787, Lepérouse, capitão do L'Astrolabe, desembarcou num lugar desconhecido do leste do Pacífico, numa área chamada "Segalien" (Sacalina) nos velhos livros de viagem que levava consigo. Aquela terra seria uma península ou uma ilha? Ele não sabia, ou seja, ninguém em Versalhes, na corte de Luís XVI, ninguém em Londres, ninguém em Amsterdã, na sede da Companhia das Índias Ocidentais, poderia olhar um mapa do oceano Pacífico e dizer se a forma impressa daquilo que se chamava "Sacalina" estava ligada à Ásia ou dela separada por um estreito. Alguns mapas mostravam uma península, outros uma ilha, e seguiu-se feroz disputa entre os geógrafos europeus sobre a precisão e a credibilidade dos livros de viagem e a exatidão dos reconhecimentos feitos. Fora em parte em razão do grande número dessas disputas – note a semelhança com o que estudamos na Parte I – em torno de tantos aspectos do Oceano Pacífico que o rei dera aquele encargo a Lapérouse, equipara dois navios e ordenara que ele desenhasse um mapa completo do Pacífico.[1]

---

1 Sobre esse episódio, ver Lapérouse ([s.d.]) e Bellec (1985).

336 BRUNO LATOUR

Os dois navios, assim como os satélites científicos de hoje em dia, foram aprovisionados com todos os instrumentos e os conhecimentos científicos disponíveis; neles foram postos os melhores relógios para a leitura do tempo, portanto para a mensuração mais precisa da longitude, e bússolas para medir a latitude; foram contratados astrônomos para reparar os relógios, vigiá-los e manejar os instrumentos; botânicos, mineralogistas e naturalista foram levados a bordo para colher amostras; foram recrutados artistas para desenhar e pintar retratos das amostras que fossem pesadas ou frágeis demais para sobreviver à viagem de volta; na biblioteca do navio, foram postos todos os livros e relatórios de viagem que haviam sido escritos sobre o Pacífico, para cotejo com aquilo que os viajantes vissem; os dois navios foram lotados de mercadorias e tudo o que pudesse ser barganhado, com o fim de avaliar, pelo mundo todo, os preços relativos do ouro, da prata, de peles, peixes, pedras, espadas, tudo enfim que pudesse ser comprado e vendido com lucro, tentando-se assim estabelecer rotas comerciais para a navegação francesa.

Naquela manhã de julho, Lapérouse estava surpreso e feliz. Os poucos selvagens – todos homens – que haviam ficado na praia e trocado salmão por pedaços de ferro eram bem menos "selvagens" que muitos dos que ele havia visto naqueles dois anos de viagem. Eles não só pareciam seguros de que Sacalina era uma ilha como também demonstravam entender o interesse dos navegadores pela questão e saber o que era desenhar um mapa da Terra vista de cima. Um velho chinês desenhou na areia o país dos "Mantchéoux", ou seja, a China, e sua ilha; então, indicou com gestos o tamanho do estreito que separava as duas terras. A escala do mapa, porém, era duvidosa, e a maré montante logo ameaçou apagar o precioso traçado. Por isso, um chinês mais jovem pegou o caderno de notas de Lapérouse, um lápis e desenhou outro mapa, anotando a escala com pequenas marcas, das quais cada uma significava um dia de viagem de canoa. Não tiveram tanto sucesso na indicação da escala da profundidade do estreito; como os chineses tivessem poucas noções sobre calado d'água, os navegadores não puderam saber ao certo se os ilhéus estavam falando em medidas relativas ou absolutas. Por

CIÊNCIA EM AÇÃO   **337**

causa dessa incerteza, Lapérouse, depois de agradecer e recompensar os informantes mais prestativos, decidiu partir na manhã seguinte para observar o estreito pessoalmente, e – oxalá – cruzá-lo e chegar a Kamchatka. Mas o nevoeiro, a adversidade dos ventos e o mau tempo impossibilitaram a observação. Muitos meses depois, quando eles finalmente chegaram a Kamchatka, não tinham visto o estreito, mas confiaram nos chineses e afirmaram que Sacalina era de fato uma ilha. Lapérouse pediu então a De Lesseps, jovem oficial, que levasse para Versalhes todos os mapas, cadernos de notas e dados astronômicos que haviam coligido ao longo daqueles dois anos. De Lesseps fez a viagem a pé e a cavalo, sob a proteção dos russos, carregando consigo aqueles preciosos caderninhos de viagem; um dos milhares de itens nele consignados afirmava que a questão da ilha Sacalina estava resolvida e indicava a provável posição do estreito.

Esse seria o tipo de episódio que poderia ter sido utilizado, no começo do Capítulo 5, para manifestar o Grande Divisor. À primeira vista, parece que as diferenças entre o empreendimento de Lapérouse e o dos nativos é tão colossal que justifica uma profunda distinção nas habilidades cognitivas. Em menos de três séculos de viagens como aquela, a nascente ciência da geografia reunira mais conhecimentos sobre a forma da Terra do que obtivera em milênios. A geografia *implícita* dos nativos e *explicitada* pelos geógrafos; o conhecimento *local* dos selvagens se transforma em conhecimento *universal* dos cartógrafos; as *crenças imprecisas*, aproximadas e infundadas dos autóctones se transformam em *conhecimento* preciso, certeiro e fundamentado. Para os partidários do Grande Divisor, parece que ir da etnogeografia à geografia é como ir da infância à idade adulta, da paixão à razão, da selvageria à civilização, ou de intuições de primeiro grau para a reflexão de segundo grau. Contudo, assim que aplicamos a sexta regra metodológica, o Grande Divisor desaparece, e tornam-se visíveis outras pequenas diferenças. Como mostrei no último capítulo, essa regra exige que não tomemos nenhuma posição a respeito de racionalidade, mas que simplesmente consideremos o movimento do observador: ângulo, direção e escala.

Lapérouse cruza o caminho dos pescadores chineses *em ângulo reto*; nunca se viram antes, e os grandes navios não estão lá para ficar. Os chineses vivem ali desde tempos imemoriais, ao passo que a frota francesa fica ali durante um dia. Aquelas famílias de chineses, pelo que se sabe, ficarão por lá durante anos, talvez séculos; os navios L'Astrolabe e La Boussole têm de chegar à Rússia antes do fim do verão. Apesar da brevidade do prazo, Lapérouse não cruza simplesmente o caminho dos chineses, ignorando o povo que está na praia. Ao contrário, aprende com eles o máximo que pode, descrevendo sua cultura, seu sistema político e sua economia – depois de um dia de observação! –, enviando seus naturalistas à floresta para colher amostras, fazer anotações, observar a posição de estrelas e planetas. Por que têm tanta pressa? Se estivessem interessados na ilha, não poderiam ficar mais? Não, porque o interesse que têm pelo lugar é menor que o interesse em levá-lo *de volta*, primeiro para o navio, depois para Versalhes.

Mas não só têm pressa como também estão sofrendo enorme pressão para conseguirem traçados de certa qualidade. Por que não é suficiente levar de volta para a França diários pessoais, lembranças e troféus? Por que estão sendo todos tão instados a tomar notas precisas, a confirmar o vocabulário de seus informantes, a ficar despertos até tarde da noite anotando tudo o que virem e ouvirem, rotulando amostras, verificando mil vezes o funcionamento de seus relógios astronômicos? Por que não relaxam, aproveitam o verão e a carne tenra de salmão que pescam com tanta facilidade e cozinham na praia? Porque o pessoal que os mandou para tão longe não está tão interessado na volta deles quanto na possibilidade de mandar *outras* frotas *depois*. Se Lapérouse tiver sucesso em sua missão, o próximo navio saberá, *antes* de avistar terra, se Sacalina é uma península ou uma ilha, a profundidade do estreito, quais os ventos dominantes, quais os costumes, os recursos e a cultura dos nativos. Em 17 de julho de 1787, Lapérouse é *mais fraco* que seus informantes; não sabe qual a forma da terra, não sabe aonde ir; está à mercê de seus guias. Dez anos depois, em 5 de novembro de 1797, o navio inglês Neptuna, aportando de novo na mesma baía, estará muito *mais forte*

CIÊNCIA EM AÇÃO 339

que os nativos, pois a bordo terão mapas, descrições, livros de bordo, instruções náuticas – graças aos quais, só para começar, eles já saberão que aquela é a "mesma" baía. Para o novo navegador que entrar na baía, as características mais importantes da terra estarão sendo vistas pela *segunda* vez – a primeira vez foi quando, em Londres, ele leu os cadernos de notas de Lapérouse e estudou os mapas traçados a partir dos dados trazidos por De Lesseps a Versalhes.

O que acontecerá se a missão de Lapérouse não tiver sucesso? Se De Lesseps for morto e se o precioso tesouro ficar espalhado em algum lugar da tundra siberiana? Ou se alguma mola dos relógios náuticos funcionar mal, tornando não fidedigna a maioria das longitudes? A expedição estará perdida. Ainda por muitos anos certo ponto do mapa do Estado Maior da Armada continuará duvidoso. O navio mandado em seguida será *tão fraco* quanto L'Astrolabe, observando a ilha (ou será península?) de Segalien (ou Sacalina?) pela *primeira* vez, procurando novamente informantes e guias nativos; a linha divisória continuará como está, bem pequena, pois a fraca e incerta tripulação do Neptuna terá de confiar em nativos tão pobres e fracos quanto eles. Entretanto, se a missão tiver sucesso, aquilo que foi inicialmente uma pequena linha divisória entre o navegador europeu e os pescadores chineses ficará maior e mais profunda, pois a tripulação do Neptuna terá menos para aprender com os nativos. Embora não seja tão grande no começo, a diferença entre as habilidades dos franceses e as dos navegadores chineses crescerá se Lapérouse for parte de uma rede por meio da qual a etnogeografia do Pacífico acumula na Europa. Lentamente começará a tomar forma uma assimetria entre os chineses "parados" e o geógrafo "em movimento". Os chineses permanecerão selvagens (para os europeus) e tão fortes quanto a tripulação do Neptuna se os cadernos de notas de Lapérouse não chegarem a Versalhes. Se chegarem, o Neptuna terá mais condições de *domesticar* os chineses, pois a terra, a cultura, a língua e os recursos deles serão conhecidos a bordo do navio inglês antes que se diga uma palavra sequer. Vão se obtendo graus relativos de selvageria e domesticação por meio de grande número de pequenos instrumentos que tornam a selvageria conhecida de antemão, previsível.

340 BRUNO LATOUR

Nada revela com mais clareza os campos opostos, digamos, em que estão os dois grupos de navegadores do que o tipo de interesse que eles têm por inscrições. A acumulação que dará origem à assimetria dependerá inteiramente da possibilidade de levar de volta, para o lugar de onde a expedição foi enviada, alguns traçados obtidos na viagem. É por isso que os europeus estão tão obcecados por posições, relógios, diários, rótulos, dicionários, amostras, herbários. Tudo depende disso: o navio L'Astrolabe pode até afundar, mas que as inscrições sobrevivam e cheguem a Versalhes. Esse navio a atravessar o Pacífico é um instrumento, de acordo com a definição do Capítulo 2. Os chineses, porém, não estão assim tão interessados em mapas e inscrições – não porque sejam incapazes de traçá-los (ao contrário, suas habilidades surpreendem muito Lapérouse), mas simplesmente porque as inscrições não são o *objetivo final* da viagem deles. Os desenhos não passam de *intermediários* nos intercâmbios entre eles, intermediários que são gastos nessas trocas, e não considerados importantes em si. Os pescadores são capazes de criar essas inscrições à vontade em qualquer superfície, como areia ou mesmo papel, quando encontram alguém suficientemente tolo para ficar só um dia em Sacalina, querendo saber tudo bem depressa para que algum outro estrangeiro desconhecido vá para lá depois, com mais segurança. Não há por que falar em diferença cognitiva entre os navegadores chineses e os franceses; o mal-entendido entre eles é tão completo quanto entre a mãe e a criança no Capítulo 5 e pelo mesmo motivo: o que é intermediário e sem importância transformou-se em começo e fim de um ciclo de capitalização. A diferença no movimento dos dois grupos é suficiente para produzir a diferença de ênfase nas inscrições. O mapa desenhado na areia não tem valor para o chinês, que não se importa que a maré o apague; é um tesouro para Lapérouse, seu principal tesouro. Duas vezes, em suas longas viagens, o capitão teve a felicidade de contar com um mensageiro fiel para levar suas notas de volta para casa. De Lesseps foi o primeiro; o capitão Phillip, que ele conheceu em Botany Bay, na Austrália, em janeiro de 1788, foi o segundo. Não houve terceira vez. Os dois navios desapareceram, e os únicos traços seus encontrados, entrado já o século XIX, não foram mapas e herbários, mas um punho de espada e um pedaço da popa que ostentava uma flor-de-lis e se transformara em porta de cabana de um selvagem. Na terceira parte da jornada, os navegadores franceses não tinham sido capazes de domesticar terras e povos selvagens; consequentemente, nada se sabe ao certo sobre esse trecho da viagem.

Parte A
Ação a distância

1) Ciclos de acumulação

Acaso poderíamos dizer que os marinheiros chineses que Lapérouse encontrou não conheciam a forma de suas costas? Não, eles a conheciam muito bem; e tinham de conhecer, pois haviam nascido ali. Acaso poderíamos dizer que aqueles chineses não conheciam a forma do Atlântico, do Canal da Mancha, do rio Sena, do parque de Versalhes? Sim, permitimo-nos dizer que eles não tinham a menor ideia sobre essas coisas e que, provavelmente, nem estavam ligando. Acaso poderíamos dizer que Lapérouse conhecia aquela parte de Sacalina antes de aportar? Não, aquele foi seu primeiro encontro com aquelas terras; ele precisava tatear no escuro, ir sondando o fundo ao longo da costa. Poderíamos dizer que a tripulação do Neptuna conhecia aquela costa? Sim, podemos; eles tinham acesso às notas de Lapérouse, cujos desenhos podiam comparar com aquilo que estavam vendo pessoalmente; menos sondagens, menos tateios no escuro. Portanto, o conhecimento que os pescadores chineses tinham, e que Lapérouse *não* possuía, havia sido, de alguma misteriosa maneira, passado para a tripulação do navio inglês. Assim, graças a essa pequena vinheta, talvez sejamos capazes de definir a palavra conhecimento.

Na primeira vez em que um evento nos ocorre, nada sabemos sobre ele; começamos a saber alguma coisa pelo menos na *segunda* vez em que ele ocorre, ou seja, quando nos é familiar. Diz-se que

342 BRUNO LATOUR

alguém tem muitos conhecimentos quando tudo o que acontece é apenas um caso dos outros eventos já dominados, um membro da mesma família. Essa definição, porém, é demasiado geral e dá vantagens demais aos pescadores chineses. Eles não viram Sacalina só duas vezes, mas centenas e até milhares de vezes, no caso dos mais idosos. Assim, sempre conhecerão mais que aqueles estrangeiros brancos, barbudos e caprichosos que chegaram de madrugada e saíram ao entardecer. Os estrangeiros morrerão no caminho, destroçados por tufões, traídos por guias, destruídos por algum navio espanhol ou português, mortos pela febre amarela, ou simplesmente devorados por alguns canibais vorazes... o que provavelmente aconteceu a Lapérouse. Em outras palavras, os estrangeiros serão sempre mais fracos que qualquer povo, terra, clima, recife que encontrem pelo mundo; estarão sempre à mercê deles. Aqueles que saem das terras onde nasceram e cruzam o caminho de outras pessoas desaparecem sem deixar traços. Nesse caso, não há sequer tempo para criar-se um Grande Divisor; não ocorre processo de acusação, nenhuma prova de força entre as diferentes sócio-lógicas, visto que o elemento em movimento nesse jogo, que é o estrangeiro, desaparece no primeiro encontro.

Se definirmos conhecimento como familiaridade com eventos, lugares e pessoas, que são vistos e revistos muitas vezes, então o estrangeiro será sempre o mais fraco, exceto se, por algum extraordinário artifício, tudo o que lhe acontecer estiver acontecendo ao menos pela segunda vez; se as ilhas onde ele nunca aportou já tiverem sido vistas e atentamente estudadas, como aconteceu com o navegador do Neptuna, então, e só então, o estrangeiro em movimento poderá ser mais forte que o povo do local. Qual poderia ser esse "extraordinário artifício"? Sabemos, pelo Prólogo, que não basta ao estrangeiro ter sido precedido por um, por dois ou por centenas de outros se esses predecessores tiverem perecido sem deixar traços, voltado com histórias obscuras, ou então conservar para si rotas que *só eles* sabem ler, porque, nesses três casos, o novo marinheiro nada terá ganho com as viagens de seus predecessores; para ele, tudo estará acontecendo pela primeira vez. Não, ele só tirará algum proveito se os outros navegadores tiverem encontrado uma maneira de *trazer* aquelas terras *de volta consigo*, de tal maneira que o novo navegante possa *ver* a ilha de Sacalina pela primeira vez sossegadamente, em casa ou no Estado Maior da Armada, fumando o seu cachimbo...

Como vemos, o que se chama "conhecimento" não pode ser definido sem que se entenda o que significa a aquisição do conhecimento. Em outras palavras, "conhecimento" não é algo que possa ser descrito por si mesmo ou por oposição a "ignorância" ou "crença", mas apenas por meio do exame de todo um ciclo de acumulação: como trazer as coisas de volta a um lugar para que alguém as veja pela primeira vez e outros possam ser enviados para trazer mais outras coisas de volta. Como familiarizar-se com coisas, pessoas e eventos distantes? Na Figura 6.1 esbocei o mesmo movimento da Figura 5.1, mas, em vez de centrar-me na acusação que ocorre na intersecção, centrei-me no processo de acumulação.

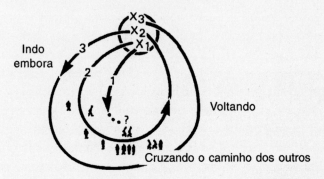

FIGURA 6.1

A expedição número um desaparece sem deixar traços, e por isso não há diferença no "conhecimento" entre a primeira e a segunda, que vai tateando no escuro sempre à mercê de cada um dos povos cujo caminho cruza. Mais feliz que a primeira, essa segunda expedição não só volta como também traz alguma coisa (X2 no desenho) que possibilita à terceira familiarizar-se tanto com a costa que logo é possível ir para outras terras, levando de volta para casa partes do

344 BRUNO LATOUR

mapa de um novo território (X3). A cada volta desse ciclo de acumulação, mais elementos vão sendo reunidos no centro (representado por um círculo, no alto); a cada volta, cresce a assimetria (embaixo) entre os estrangeiros e os nativos, terminando hoje em alguma coisa que de fato se parece com um Grande Divisor, ou pelo menos com uma relação desproporcional entre os que estão equipados com satélites capazes de detectar "locais" em mapas de computador sem nem mesmo saírem do ar condicionado de suas salas em Houston e os inermes nativos que nem sequer veem os satélites a passar-lhes por cima da cabeça.

Não cabe pressa na definição de quais são esses "extraordinários artifícios", de o que são essas coisas representadas pelo "X" no desenho, trazidas pelos navegadores. Primeiro precisamos entender em que condições um navegador pode ir além-mar e *voltar*, que é o modo como se pode traçar um ciclo. Para isso, precisamos tomar um exemplo bem anterior, quando essas viagens além-mar eram ainda muito arriscadas. Três séculos antes de Lapérouse, em 1484, o rei Dom João II de Portugal convocou uma pequena delegação científica para ajudar os navegadores a encontrar o caminho para as Índias.[2]

Na ocasião, uma primeira condição já estava preenchida: as pesadas e robustas caravelas projetadas pelos portugueses não se desintegravam mais nas tempestades ou nas longas permanências em alto-mar; graças à madeira de que eram feitas e à maneira como suas carenas eram beneficiadas, aquelas embarcações eram mais fortes que as ondas e as correntes. Na definição do termo que apresentei no Capítulo 3, atuavam como um *elemento*; haviam-se transformado em maquinação inteligente para controlar as muitas forças que punham à prova a sua resistência. Por exemplo, todos os tipos de direção dos ventos, em vez de diminuírem a velocidade dos navios, eram transformados em aliados por uma combinação inusitada de velas latinas e quadradas. Com essa combinação, precisava-se de

---

2 Baseio-me aqui no relato de Law, op. cit.. Em toda essa redefinição do capitalismo em termos de redes de longa distância, o trabalho essencial é, obviamente, o de Braudel (1979-1985).

CIÊNCIA EM AÇÃO   **345**

uma tripulação menor para manejar um navio maior, o que tornava seus homens menos vulneráveis à desnutrição e às pragas, e os capitães menos expostos a motins. Por serem maiores as caravelas, era possível embarcar canhões maiores, o que, por sua vez, tornava mais previsível o resultado de quaisquer recontros militares com as inúmeras, porém pequenas, pirogas dos nativos. As dimensões maiores também facilitavam a tarefa de trazer de volta uma carga maior (se houvesse viagem de volta).

Quando a delegação científica foi reunida, as caravelas já eram ferramentas muito móveis e versáteis, capazes de impor obediência a ondas, ventos, tripulações, canhões e nativos, mas não ainda a recifes e linhas de costas submarinas. Estes continuavam mais poderosos que as caravelas, pois apareciam inesperadamente, destroçando um navio após outro. Como localizar de antemão todas as rochas em vez de ser, digamos, *localizado* por elas sem aviso prévio? A solução da delegação consistiu em usar todos os meios auxiliares mais improváveis, como o sol e as estrelas, cuja lenta declinação poderia ser transformada, com a ajuda de instrumentos para determinação de ângulo, de tabelas de cálculo, de treinamento dos pilotos, numa aproximação não lá muito precisa de latitude. Depois de anos de compilação, a delegação escreveu o *Regimento do astrolábio e do quadrante*. Esse livro, a bordo de cada navio, dava orientações práticas sobre o modo de usar o quadrante e de medir a latitude, com a introdução de dados como data, hora e ângulo do Sol com o horizonte; além disso, a delegação compilou todas as marcações de boa qualidade que haviam sido feitas em várias latitudes, acrescentando sistematicamente cada uma que fosse confiável. Antes dessa delegação, cabos, recifes e baixios eram mais fortes que todas as embarcações; depois dela, porém, as caravelas, mais a delegação, mais os quadrantes, mais o Sol tinham inclinado o equilíbrio de forças a favor das caravelas portuguesas: as perigosas linhas de costa não podiam mais erguer-se traiçoeiramente e interromper o movimento do navio.

Além disso, mesmo com a disciplina e o controle de ventos, madeiras, linhas de costa, tripulações e Sol, todos claramente

346 BRUNO LATOUR

alinhados ao lado do rei Dom João, não havia garantias de que seria traçado um ciclo de acumulação que começasse com o rei e terminasse no rei, em Lisboa. Por exemplo, os navios espanhóis podiam tirar as caravelas do rumo; os capitães, com navios cheios de especiarias preciosas, podiam trair o rei e vendê-las em outro lugar, para seu próprio proveito; os investidores lisboetas podiam ficar com a maior parte do lucro e frustrar as tentativas de equipar uma nova frota e assim continuar o ciclo. Portanto, além de todos os esforços em termos de projetos navais, cartografia e instruções náuticas, o rei precisava inventar outras novas maneiras de obter a obediência de investidores, capitães, inspetores de alfândega; precisava insistir em contratos legais que pudessem, na medida do possível, por meio de assinaturas, testemunhas e juramentos solenes, comprometer pilotos e almirantes; precisava ser inflexível quanto à feitura de livros contábeis, quanto a novos esquemas de levantar dinheiro e repartir proventos; precisava insistir para que os diários de bordo fossem bem escritos, mantidos fora do alcance dos inimigos e trazidos de volta a seus escritórios para que as informações neles contidas fossem devidamente compiladas.

Juntamente com os do Prólogo, este exemplo nos introduz no estágio mais difícil dessa longa viagem, não por oceanos, mas pela tecnociência. Esse caráter cumulativo da ciência foi sempre o que mais impressionou cientistas e epistemologistas. Mas, para entendê--lo, precisamos ter em mente todas as condições que possibilitam a ocorrência de um ciclo de acumulação. Nesse ponto, as dificuldades parecem enormes, porque essas condições *transcendem* em muito as divisões geralmente feitas entre história econômica, história da ciência, história da tecnologia, política, administração ou legislação, pois o ciclo traçado pelo rei Dom João pode sofrer solução de continuidade: um contrato legal pode ser anulado por um tribunal, uma aliança política pode mudar tudo e pôr a Espanha em situação de vantagem, a madeira dos navios pode não resistir a um tufão, um cálculo malfeito no *Regimento* pode fazer toda uma frota dar à costa, um erro de apreçamento pode tornar vã uma compra, um micróbio pode trazer a praga de volta com as especiarias... Não há nenhuma

CIÊNCIA EM AÇÃO   **347**

maneira de organizar com clareza esses elos em categorias, pois eles foram todos urdidos juntos, como os muitos fios de um macramê, para que um compensasse a fraqueza do outro. Todas as distinções que poderíamos desejar fazer entre domínios (economia, política, ciência, tecnologia, lei) são menos importantes que o movimento sem-par que leva todos esses domínios a conspirar pelo mesmo objetivo: um ciclo de acumulação graças ao qual um ponto se transforma em *centro*, agindo a distância sobre muitos outros pontos.

Se quisermos concluir nossa jornada, teremos de definir as palavras que nos ajudarão a acompanhar essa heterogênea mistura, sem sermos interrompidos e frustrados sempre que os construtores de ciclos engatam outra marcha e mudam de um domínio para o outro. Chamaremos "conhecimento" aquilo que se acumula no centro? Obviamente essa não é uma boa escolha terminológica, pois a familiarização com acontecimentos longínquos, como os dos exemplos apresentados, implica reis, ofícios, marinheiros, tipos de madeira, velas latinas, comércio de especiarias, todo um feixe de coisas que normalmente não se incluem no termo "conhecimento". Chamaremos então "poder"? Também poderia ser um erro, porque não deixa de ser absurdo classificar sob esse título coisas como estimativa de terras, preenchimento de diários de bordo, preparação da carena, mastreação. Talvez pudéssemos falar em "dinheiro" ou, mais abstratamente, em "lucro", pois isso é o que o ciclo vem a ser. Mais uma vez, poderia ser uma escolha errada, porque não há como chamar lucro o punhadinho de números que De Lesseps levou de volta a Versalhes ou o que os navegadores puseram nas mãos do rei Dom João; tampouco é o lucro a maior motivação de Lapérouse e de seus naturalistas, geógrafos e linguistas. Por isso, como devemos chamar aquilo que se traz de volta? Evidentemente, podemos falar em "capital", que é alguma coisa (dinheiro, conhecimento, crédito, poder) sem outra função além do reinvestimento instantâneo em outro ciclo de acumulação. Não seria ruim essa palavra, especialmente porque vem de *caput*, cabeça, chefe, centro, capital de um país, e essa é realmente uma caracterização de Lisboa, Versalhes, de todos os lugares capazes de reunir o começo e o fim de um tal

348 BRUNO LATOUR

ciclo. Porém, com o uso dessa expressão incorre-se numa petição de princípio: o que é capitalizado é necessariamente transformado em capital, e não nos diz o que é; além disso, a palavra "capitalismo" teve uma história cheia de confusões...

Não, temos de nos desfazer de todas as categorias como essas de poder, conhecimento, lucro ou capital, porque elas dividem um tecido que desejamos íntegro, para estudá-lo da maneira que escolhemos. Felizmente, ao nos libertarmos da confusão criada por todos esses termos tradicionais, a questão fica bem simples: como atuar a distância sobre eventos, lugares e pessoas pouco conhecidos? Resposta: trazendo para casa esses acontecimentos, lugares e pessoas. Como fazer isso se estão distantes? Inventando meios que (a) os tornem *móveis* para que possam se trazidos, (b) os mantenham *estáveis* para que possam ser trazidos e levados sem distorções, decomposição ou deterioração, e (c) sejam *combináveis* de tal modo que, seja qual for a matéria de que são feitos, possam ser acumulados, agregados ou embaralhados como um maço de cartas. Se essas condições forem atendidas, então uma cidadezinha provinciana, um obscuro laboratório ou uma empresa de fundo de quintal, inicialmente tão fracos quanto qualquer outro lugar, se transformarão em centros capazes de dominar a distância muitos outros lugares.

(2) A mobilização dos mundos

Consideremos agora alguns dos meios que possibilitam mobilidade, estabilidade ou combinabilidade para melhorar e tornar exequível a dominação a distância. A cartografia é um exemplo tão decisivo que a escolhi para introduzir o assunto. Não há como trazer as próprias terras para a Europa, nem é possível reunir em Lisboa ou em Versalhes milhares de pilotos nativos dizendo em todas as suas línguas aonde os navegadores devem ir e o que fazer. Contudo, todas as viagens serão desperdiçadas se delas nada voltar além de fábulas e troféus. Um dos "meios extraordinários" que precisam ser maquinados é o uso de navios como instrumentos, ou seja, como

CIÊNCIA EM AÇÃO   349

tira-linhas que, enquanto navegam, vão desenhando numa folha de papel a forma da terra encontrada. Para obter esse resultado, é preciso disciplinar os capitães de tal maneira que, aconteça o que acontecer, eles tomem as posições, descrevam os baixios e mandem tudo de volta. Nem isso é suficiente, porém, porque o centro que reúne todos esses cadernos de notas, escritos de maneiras diferentes, de acordo com as diferentes horas e locais em que é feita a anotação, produzirão nos mapas rascunhados um caos de formas conflitantes que mesmo os capitães e pilotos experientes terão dificuldade para interpretar. Consequentemente, será preciso colocar um número muito maior de elementos a bordo dos navios, para que eles possam ajustar e disciplinar a extração de latitudes e longitudes (relógios náuticos, quadrantes, sextantes, especialistas, diários de bordo já impressos, mapas anteriores). Os navios passam a ser instrumentos caros, mas o que trazem ou mandam de volta pode ser transcrito no mapa quase imediatamente. Ao codificarem tudo o que veem das terras em termos de longitude e latitude (dois números) e ao mandarem esse código de volta, a forma das terras por eles vistas pode ser redesenhada por aqueles que não as viram. Entendemos agora a importância crucial desses punhados de números carregados mundo afora por De Lesseps e pelo capitão Martin, do Neptuna: eles eram alguns desses elementos estáveis, móveis e combináveis, graças aos quais um centro se tornava capaz de dominar terras distantes.

Nesse ponto, os que são mais fracos, porque no centro, sem visão, começam a ser os mais fortes, a conhecer *mais* lugares, não só mais que os nativos, como também mais que qualquer capitão navegador; ocorreu uma "revolução copernicana". Essa expressão foi cunhada pelo filósofo Kant para descrever o que acontece quando uma disciplina antiga, duvidosa e trôpega se torna cumulativa e "ingressa no seguro caminho da ciência". Em vez de a mente dos cientistas ficar dando voltas em torno das coisas – explica Kant –, são as coisas que dão voltas em torno da mente, donde uma revolução tão radical quanto a que se diz ter sido desencadeada por Copérnico. Em vez de serem dominados pelos nativos e pela natureza, como o infeliz Lapérouse, que punha a vida em risco todos os dias, os cartógrafos da Europa começam a reunir em seus estúdios – os laboratórios mais importantes e caros de todos até o fim do século XVIII – as posições geográficas de todas as terras. De que tamanho a Terra ficou nesses estúdios? Não maior que um *atlas* cujas pranchas podem ser aplanadas, combinadas, embaralhadas, sobrepostas, redesenhadas à vontade. Qual é a consequência dessa mudança de escala? O cartógrafo domina o mundo que domina Lapérouse. O equilíbrio de forças entre os cientistas e a Terra foi invertido; a cartografia ingressou no seguro caminho da ciência; foi constituído um centro (Europa) que começa a fazer o resto do mundo girar em torno de si.

Outra maneira de provocar a mesma revolução copernicana é fazer *coleções*. As formas das terras precisam ser codificadas e desenhadas para se tornarem móveis, mas não é isso o que se deve fazer com rochas, pássaros, plantas, artefatos, obras de arte. Estes podem ser retirados do contexto em que estão e levados embora durante as *expedições*. Portanto, a história da ciência é em grande parte a história da mobilização de qualquer coisa que possa ser levada a mover-se e embarcar numa viagem para casa, entrando no censo universal. O resultado, porém, é que em vários casos o problema é a estabilidade, pois muitos desses elementos morrem – como os "felizes selvagens" que os antropólogos nunca se cansavam de mandar para a Europa –, enchem-se de larvas – como os ursos pardos que os zoólogos empalhavam depressa demais –, ou secam – como os preciosos grãos que os naturalistas atiravam a esmo em solo demasiado pobre. Mesmo os elementos que conseguem aguentar a viagem – como fósseis, rochas ou esqueletos – podem deixar de ter significado nos porões dos museus que estão sendo construídos nos centros, porque não chegaram com contexto suficiente. Assim, muitas devem ser as invenções que aumentem a mobilidade, a estabilidade e a permutabilidade dos artigos colhidos e colecionados. Muitas instruções precisam ser dadas a quem é enviado mundo afora, sobre a maneira de empalhar animais, dessecar plantas, rotular amostras, dar-lhes nomes, espetar borboletas, pintar retratos dos animais e das árvores que não podem ser levados para casa ou domesticados. Feito isso, iniciadas e mantidas as grandes coleções, ocorre novamente a mesma revolução. Os

CIÊNCIA EM AÇÃO   351

zoólogos, em seus museus de história natural, sem andar mais que algumas centenas de metros e abrir mais que uma dezena de gavetas, viajam por todos os continentes, climas e períodos. Não precisam arriscar a vida nessas novas arcas de Noé; só precisam aguentar a poeira e a sujeira que o uso do gesso provoca. Não é de espantar que comecem a *dominar* a etnozoologia de todos os outros povos. O contrário é que deveria surpreender. Muitas características comuns, que não poderiam ser visíveis entre perigosos animais distantes no espaço e no tempo, podem mostrar-se facilmente entre uma caixa e outra! Os zoólogos *veem coisas novas*, pois essa é a primeira vez que tantas criaturas juntas são postas diante dos olhos de alguém; é isso o que acontece nesse misterioso início de uma ciência. Como eu disse no Capítulo 5, é simplesmente uma questão de escala. Não é com diferenças cognitivas que devemos nos admirar, mas com essa mobilização geral do mundo que dota alguns cientistas de casaca, em algum ponto de Kew Gardens, com a capacidade de dominar visualmente todas as plantas da Terra.[3]

Não há razão, porém, para limitar a mobilização de traços estáveis e combináveis aos lugares onde os seres humanos podem ir em carne e osso durante uma expedição. Em vez disso, é possível usar *sondas*. Por exemplo, quem quer abrir um poço petrolífero gostaria muito de saber quantos barris de petróleo tem debaixo dos pés. Mas não há como entrar no solo e ir ver. Foi por isso que, no início da década de 1920, Conrad Schlumberger, um engenheiro francês, teve a ideia de enviar uma corrente elétrica através do solo para medir a resistência elétrica dos estratos de rochas em vários lugares.[4] Inicialmente, os sinais devolviam formas desconcertantes a quem os mandava, tão desconcertantes quanto as que os primeiros navegadores trouxeram aos primeiros cartógrafos. No entanto, esses sinais eram suficientemente estáveis para permitir, depois, que os geólogos fossem dos novos mapas elétricos aos mapas dos

---

3 A literatura que trata das expedições e das coleções não é muito extensa, mas há alguns estudos interessantes. Entre eles estão Brockway (1979) e Pyenson (1985).

4 Esse exemplo é extraído de Allaud e Marttin (1976).

352 BRUNO LATOUR

sedimentos antes desenhados, e destes àqueles, *num movimento de ida e volta*. Em vez de simplesmente extrair petróleo, passou a ser possível acumular traços em mapas, o que, por sua vez, permitia que os engenheiros dirigissem a exploração menos cegamente. Foi iniciado um ciclo de acumulação em que petróleo, dinheiro, física e geologia ajudaram a acumular-se reciprocamente. Em algumas décadas, dezenas de diferentes instrumentos haviam sido concebidos e acumulados, transformando lentamente as invisíveis e inacessíveis reservas em registros de prospecção que alguns homens podiam dominar com um olhar. Hoje, as torres são usadas não só para extrair petróleo, mas também para levar sensores de todos os tipos para as profundezas do solo. Na superfície, os engenheiros da Schlumberger, num caminhão cheio de computadores, estarão lendo os resultados de todas essas medições inscritas em centenas de papéis milimetrados de centenas de metros.

A principal vantagem desse registro de prospecção não está só na mobilidade que confere à estrutura profunda do solo, não só nas relações estáveis que cria entre um mapa e essa estrutura, mas nas *combinações* que permite. De início, não há um nexo simples entre dinheiro, barris, petróleo, resistência, calor; não há um modo simples de amarrar um banqueiro de Wall Street a um gerente de prospecção da sede de Exxon, a um técnico especializado em sinais fracos de Clamart, perto de Paris, a um geofísico de Ridgefield. Todos esses elementos parecem pertencer a diferentes reinos da realidade: economia, física, tecnologia, informática. Se, em vez disso, considerarmos o ciclo de acumulação de móveis estáveis e combináveis, literalmente *veremos* como eles se combinam. Consideremos, por exemplo, o registro de prospecção que se lê "de relance" numa plataforma petrolífera do Mar do Norte: todas as leituras são primeiro codificadas em sinais binários e guardadas para cálculos futuros mais elaborados, quando são reinterpretadas e redesenhadas em computadores, cujas impressoras vomitam relatórios não mais expressos em ohms, microssegundos ou microeletrovolts, mas diretamente em quantidade de barris de petróleo. Nessas alturas, não é difícil entender como os gerentes que atuam na plataforma podem

CIÊNCIA EM AÇÃO **353**

planejar sua curva de produção, como os economistas podem acrescentar a esses mapas seus próprios cálculos, como os banqueiros podem usar depois esses gráficos para avaliar a empresa, como os gráficos podem ser arquivados para ajudar o governo a calcular as jazidas realmente existentes, problema este bastante controverso. Muitas coisas que não podem ser feitas com o mundo podem ser feitas com esse mundo de papel.

Para que ocorra uma revolução copernicana, não importa quais os meios usados, desde que seja alcançado este objetivo: uma troca entre o que conta como centro e o que conta como periferia. Por exemplo, nada nos domina mais que as estrelas. Parece não haver nenhuma maneira de inverter a escala para que nós, os astrônomos, passemos a ser capazes de dominar o céu que está sobre nossas cabeças. Mas a situação logo se inverte quando Tycho Brahe, dentro de um *observatório* bem equipado, construído para ele em Oranenbourg, começa não só a anotar nas mesmas cartas homogêneas as posições dos planetas, mas também a reunir as observações feitas por outros astrônomos da Europa, a quem pediu que usassem os formulários impressos que lhes mandava.[5] Mais uma vez começará a descortinar-se um virtual ciclo cumulativo se todas as observações feitas em lugares e momentos diferentes forem reunidas e expostas sinopticamente. O traçado desse círculo será ainda mais rápido se o mesmo Brahe for capaz de reunir no mesmo lugar não só observações recentes feitas por ele e pelos colegas, mas também todos os livros antigos de astronomia que o prelo põe à disposição a baixo custo. Sua mente não sofreu mutação alguma; seus olhos não se libertaram subitamente de velhos preconceitos; ele não está olhando para o céu de verão com mais atenção do que qualquer um antes dele. Mas ele é, sim, o primeiro que, num relance, considera o céu de verão, mais suas próprias observações, mais as de seus colaboradores, mais os livros de Copérnico, mais as muitas versões do *Almagesto*

---

5 Baseio-me aqui em Eisenstein (1979). Seu livro é essencial para todos os que queiram – como ela diz – "montar um cenário para uma nova revolução copernicana".

354 BRUNO LATOUR

de Ptolomeu; é o primeiro que se situa no começo e no fim de uma vasta rede que dá origem àquilo que chamarei *móveis imutáveis e combináveis*. Todos esses gráficos, essas tabelas e trajetórias estão sempre ao alcance da mão e são combináveis à vontade, tenham eles vinte séculos ou um dia de idade; cada um deles traz corpos celestes que pesam bilhões de toneladas e distam centenas de milhares de milhas para as dimensões de um ponto num pedaço de papel. Seria então de surpreender se Tycho Brahe impelisse a astronomia ainda mais para "o seguro caminho da ciência"? Não, mas devemos ficar admirados diante dos humilíssimos meios que transformam estrelas e planetas em pedaços de papel no interior de observatórios que logo serão construídos por toda a Europa.

A dificuldade da tarefa de dominar a Terra ou o céu quase se equipara à de dominar a situação econômica de um país. Não existe telescópio que a mostre, não há coleção para ser feita, expedição para colocá-la no mapa. Também no caso da economia, a história de uma ciência é a história dos meios inteligentes usados para transformar tudo o que se faz, se vende e se compra em algo que possa ser mobilizado, reunido, arquivado, codificado, recalculado e mostrado. Esse meio consiste em fazer *pesquisa*, espalhar pesquisadores pelo país, todos com o mesmo questionário predeterminado para ser preenchido, fazendo a todos os empresários as mesmas perguntas sobre suas empresas, suas perdas e ganhos, suas previsões sobre a futura saúde da economia. A seguir, reunidas todas as respostas, podem ser preenchidas outras tabelas que resumem, organizam, simplificam e classificam as empresas de uma nação. Alguém que olhe para os gráficos finais estará, de algum modo, contemplando a situação econômica. Evidentemente, como dissemos nos capítulos anteriores, surgirão controvérsias sobre a precisão desses gráficos e sobre quem deve ser considerado o porta-voz da economia. Mas como também sabemos, a controvérsia será realimentada com outros gráficos, acelerando o ciclo de acumulação. Os agentes alfandegários têm estatísticas que poderão ser acrescentadas aos questionários; agentes fiscais, sindicatos, geógrafos, jornalistas, todos produzem enorme quantidade de registros, pesquisas de opinião e gráficos.

CIÊNCIA EM AÇÃO   355

Aqueles que ficam nas agências de estatísticas podem combinar, reorganizar, sobrepor e recalcular esses números, que vão dar num "produto nacional bruto" ou numa "balança de pagamentos", exatamente como outros, em agências diferentes, vão dar em "ilha Sacalina", "taxionomia dos mamíferos", "jazidas petrolíferas" ou "novo sistema planetário".

Todos esses objetos ocupam o começo e o fim de um ciclo semelhante de acumulação; não importa se estão longe ou perto, se são infinitamente grandes ou pequenos, infinitamente velhos ou novos, todos terminam numa escala tal que possa ser dominada com o olhar; num ponto ou noutro, eles assumem a forma de uma superfície plana de papel que pode ser arquivada, presa a uma parede e combinada com outras; todos ajudam a inverter o equilíbrio de forças entre quem domina e quem é dominado.

Na verdade, expedições, coleções, sondas, observatórios e pesquisas são apenas alguns dos muitos meios graças aos quais um centro pode atuar a distância. Miríades de outros aparecem assim que começamos a seguir os cientistas em ação, mas todos obedecem à mesma pressão seletiva. Tudo o que puder aumentar a mobilidade, a estabilidade ou a permutabilidade dos elementos será bem-vindo e selecionado desde que acelere o ciclo de acumulação: um novo método de impressão que aumente a mobilidade e a confiabilidade na criação de várias cópias de um texto, um novo método para a criação de gravuras mais precisas para os livros científicos, um novo sistema de projeção que permita traçar mapas com menos deformação, uma nova taxionomia química que permita a Lavoisier anotar as combinações de mais elementos, mas também novos recipientes para conservar animais em clorofórmio, novos corantes para colorir micróbios em culturas, novos esquemas de classificação em bibliotecas para encontrar documentos mais depressa, novos computadores para amplificar sinais fracos dos telescópios, agulhas mais sensíveis para registrar mais parâmetros nos mesmos eletrocardiogramas.[6] Se

---

6 Para um estudo geral dessa questão, ver o volume por mim organizado em língua francesa, juntamente com de Noblet (Latour e de Noblet, 1985).

356 BRUNO LATOUR

surgirem invenções que transformem no mesmo código binário de computadores números, imagens e textos provenientes do mundo todo, então realmente a manipulação, a combinação, a mobilidade, a conservação e a apresentação gráfica serão fantasticamente facilitados. Quando se ouve dizer que alguém "domina" mais uma questão, com o significado de que sua *capacidade mental* é maior, primeiro é preciso observar que invenções estão por trás da mobilidade, da imutabilidade ou da versatilidade de seus gráficos; é só depois, se por algum extraordinário acaso algo ainda ficar sem explicação, que se pode pensar em *capacidade mental*. (No fim da Parte B, transformarei isso em regra metodológica, depois de acrescentar um elemento crucial.)

(3) Construindo o espaço e o tempo

O caráter cumulativo da ciência é o que tanto espanta os observadores, motivo por que criaram a noção de Grande Divisor entre nossa cultura científica e a de todos os outros. Comparada à cartografia, à zoologia, à astronomia e à economia, parece que cada etnogeografia, etnozoologia, etnoastronomia, etnoeconomia é peculiar a um só lugar e estranhamente não cumulativa, como se estivesse para sempre cravada num cantinho do espaço e do tempo. No entanto, uma vez observado o ciclo de acumulação, com a mobilização do mundo que ele desencadeia, a superioridade de alguns centros sobre aquilo que, por contraste, parece ser periferia pode ser documentada sem nenhuma linha divisória entre culturas, mentes ou lógicas. A maior parte das dificuldades que temos na compreensão da ciência e da tecnologia provém de nossa crença em que espaço e tempo existem independentemente como estruturas inflexíveis de referência *em cujo interior* ocorreriam acontecimentos e lugares. Essa crença impossibilita entender que diferentes espaços e diferentes tempos podem ser produzidos *no interior das redes* construídas para mobilizar, acumular e recombinar o mundo.

Por exemplo, se imaginarmos que o conhecimento que os pescadores chineses tinham da ilha Sacalina está *incluído* na cartografia

CIÊNCIA EM AÇÃO **357**

científica elaborada por Lapérouse, então de fato, por comparação, ele parecerá local, implícito, incerto e fraco. Mas ele não está incluído, assim como as opiniões sobre o clima não constituem um subconjunto de meteorologia (ver Capítulo 5, Parte A). A cartografia é uma das redes que acumulam traçados em alguns centros que, por si sós, são tão locais quanto cada um dos pontos que Lapérouse, Cook ou Magalhães cruzaram; a única diferença está na lenta construção de um mapa nesses centros, mapa que define um movimento de ida e volta entre a periferia e o centro. Em outras palavras, não precisamos opor o conhecimento local dos chineses ao conhecimento universal dos europeus, mas apenas dois conhecimentos locais, só que um tem forma de rede e transporta móveis imutáveis num trajeto de ida e volta para atuar a distância. Como dissemos no Prólogo, quem inclui e quem é incluído, quem localiza e quem é localizado não são coisas que constituam diferenças cognitivas ou culturais, mas que resultam de uma luta constante: Lapérouse foi capaz de pôr Sacalina no mapa, mas os canibais do sul do Pacífico que interromperam sua viagem o puseram no mapa *deles*!

A mesma linha divisória parece estar presente entre a etnotaxionomia local e as taxionomias "universais" quando as redes de acumulação são retiradas do quadro. Poderá a botânica, por exemplo, alijar todas as etnobotânicas, engolindo-as como subconjuntos? Poderá a botânica ser construída em toda parte, num espaço universal e abstrato? É certo que não, porque precisa de milhares de caixotes bem protegidos com plantas dessecadas, colecionadas, rotuladas; também precisa de instituições de grande porte, como Kew Gardens ou o Jardin des Plantes, onde as amostras vivas são semeadas, cultivadas e protegidas contra a fertilização cruzada. A maioria das etnobotânicas implica o conhecimento de algumas centenas e, às vezes, de alguns milhares de tipos (o que já é mais do que elas conseguem manejar), mas em Kew Gardens os novos conhecimentos constituídos pelas muitas páginas de herbários trazidas de todas as partes do mundo por expedições de todas as nações da Europa implicam o manejo de dezenas e às vezes de centenas de milhares de tipos (o que é demais para a possibilidade de manejo

358 BRUNO LATOUR

de qualquer um). Por isso, é preciso imaginar novos métodos de inscrição e rotulação para limitar esse número outra vez (ver Parte B). Botânica é o *conhecimento local* gerado *no* interior de instituições coligidoras como o Jardin des Plantes ou Kew Gardens. Não se estende muito além (ou, caso se estenda, como veremos na Parte C, será por meio da expansão da rede também).[7]

Para continuarmos nossa jornada precisamos empurrar de volta para suas redes essas imensas extensões de espaço e tempo geradas pela geologia, pela astronomia, pela microscopia etc.: esses fentogramas, bilhões de eletrovolts, zeros absolutos e éons de tempos; por mais infinitamente grandes, longas ou pequenas que sejam, essas escalas nunca são muito maiores do que os poucos metros quadrados de um mapa geológico ou astronômico e nunca muito mais difíceis de ler que um relógio. Nós, leitores, não vivemos *no interior* do espaço, que comporta bilhões de galáxias; ao contrário, esse espaço é gerado *no interior* do observatório quando, por exemplo, um computador conta pontinhos numa chapa fotográfica. Supor, por exemplo, que é possível juntar numa síntese os tempos da astronomia, da geologia, da biologia, da primatologia e da antropologia tem mais ou menos o mesmo sentido que haveria em fazer uma síntese entre tubulações e cabos de água, gás, eletricidade, telefone e televisão.

O leitor sentir-se-á envergonhado por não conseguir captar o significado de "milhões de anos-luz"? Bobagem, pois a segura compreensão que o astrônomo tem deles vem de uma *reguinha* que ele segura com firmeza sobre um *mapa* do céu, como o leitor faz com o mapa rodoviário quando sai para uma viagem de férias. Astronomia é o conhecimento local produzido dentro dos centros que reúnem fotografias, espectros, sinais de rádio, fotos infravermelhas, tudo o que produza um traçado que outras pessoas consigam dominar facilmente. O leitor fica sem jeito porque os nanômetros das células vivas lhe confundem as ideias? Mas não significam nada para ninguém, justamente porque confundem as ideias. Começam a significar alguma coisa quando se transformam em *centímetros*

---

7 Sobre essa comparação entre botânicos e etnobotânicos, ver Conklin (1980).

numa fotografia em escala da célula, feita em microscópio eletrônico, ou seja, quando o olho enxerga na escala e na distância que lhe são familiares. Nada é estranho, infinito, gigantesco ou distante nesses centros que acumulam traçados; exatamente o contrário: eles acumulam tantos traçados para que tudo se torne familiar, finito, próximo e útil.

Parece estranho, à primeira vista, afirmar que espaço e tempo podem ser construídos localmente, mas essas são as construções mais comuns de todas. O espaço é constituído por deslocamentos reversíveis, e o tempo, por deslocamentos irreversíveis. Como tudo depende de deslocar elementos, cada invenção de um novo móvel imutável vai traçar um espaço-tempo diferente.

Quando o fisiologista francês Marey, no fim do século XIX, inventou a metralhadora fotográfica, com a qual era possível capturar o movimento de uma pessoa e transformá-lo numa bela imagem, estava remanejando completamente uma parte do espaço--tempo. Antes, os fisiologistas nunca tinham conseguido dominar o movimento da corrida de uma pessoa, do galope dos cavalos, do voo dos pássaros, mas apenas formas humanas estáticas ou animais acorrentados. O novo dispositivo de inscrição levou os objetos vivos para as mesas dos estudiosos, mas com uma diferença crucial: o fluxo irreversível do tempo agora era sinopticamente *posto diante de seus olhos*. Na verdade, transformara-se num espaço ao qual, novamente, era possível aplicar réguas, geometria e matemática elementar. Cada uma das invenções semelhantes às de Marey colocou a fisiologia numa nova curva cumulativa.

Para citar um exemplo mais antigo, enquanto as caravelas portuguesas desapareciam em meio à viagem, não era possível retratar nenhum espaço além do Cabo Bojador. Assim que começaram a ir e voltar, um espaço crescente começou a desenhar-se em torno de Lisboa. Era um novo tempo: antes, nada distinguia facilmente um ano do outro naquela tranquila cidadezinha da ponta da Europa; nela, "nada acontecia", como se o tempo estivesse congelado. Mas quando as caravelas começaram a voltar com troféus, butim, ouro e especiarias, "aconteceram" coisas em Lisboa, transformando a

360 BRUNO LATOUR

cidadezinha provinciana em capital de um império maior que o romano. A mesma construção de uma nova história também foi sentida ao longo das costas da África, da Índia e das Molucas; nada seria como antes depois que uma nova rede cumulativa começou a levar as especiarias para Lisboa, e não para o Cairo. O único modo de limitar essa construção de um novo espaço-tempo seria interromper o movimento das caravelas, ou seja, construir outra rede com orientação diferente.

Vejamos outro exemplo dessa construção, menos grandioso que a expansão portuguesa. Quando o professor Bijker e seus colegas entram no laboratório hidráulico de Delft, na Holanda, estão preocupados com a futura forma de uma nova barragem que será construída no porto de Roterdã, o maior do mundo. O problema deles é estabelecer equilíbrio entre a água dos rios e a água do mar. Um número tão grande de barragens já havia diminuído o fluxo dos rios que o sal, perigoso para a preciosa cultura de flores, estava penetrando cada vez mais pelas terras. A nova barragem afetará a água salgada ou a doce? Como saber antes? A resposta do professor Bijker é radical. Os engenheiros constroem uma barragem, medem a água salgada e a doce que entra durante alguns anos, em diferentes condições de clima e maré, e depois destroem a barragem e constroem outra, recomeçam a medição, e assim por diante, uma dúzia de vezes até que tenham diminuído ao máximo possível a captação de águas marítimas. Vinte anos e muitos milhões de florins mais tarde, o Laboratório de Hidráulica será capaz de dizer às autoridades portuárias de Roterdã, com alto grau de confiabilidade, que forma a barragem deve ter. Será que as autoridades vão mesmo esperar vinte anos? Será que vão gastar milhões de florins com a construção e a demolição de cais, atrapalhando o tráfego de um porto tão movimentado?

Não precisam, porque os anos, os rios, a quantidade de florins, os cais e as marés foram postos em *escala reduzida* num galpão que o professor Bijker, como um Gulliver moderno, pode percorrer com algumas passadas. O Laboratório de Hidráulica encontrou modos de tornar o porto móvel, desconsiderando fatores julgados irrelevantes,

CIÊNCIA EM AÇÃO   **361**

como casas e gente, e criando nexos estáveis de dupla direção entre alguns elementos do *modelo em escala* e os do porto de tamanho real, como largura do canal, intensidade de fluxo, duração das marés. Outros fatores que não podem ser postos em escala reduzida, como a própria água ou a areia, foram simplesmente transferidos do mar e dos rios para as bacias de argamassa. A cada dois metros, foram instalados captores e sensores, todos ligados a um computador de grande porte que traça, sobre papel milimetrado, a quantidade de água salgada e doce de cada uma das partes daquele porto liliputiano. São criados nexos de dupla direção entre esses sensores e os outros, bem menos numerosos, maiores e mais caros que foram colocados no porto de verdade. Como o modelo em escala ainda é grande demais para ser abarcado num relance, foram instaladas câmeras de vídeo por meio das quais uma sala de controle pode verificar se o protótipo de marés, a máquina de fazer ondas e as várias comportas estão funcionando corretamente. Em seguida, o gigante professor Bijker toma um modelo em argamassa da nova barragem, com um metro de comprimento, fixa-o no lugar e lança uma primeira leva de marés a cada doze minutos; retira aquele, experimenta outro e continua.

Não há dúvida de que ocorreu outra "revolução copernicana". Não são muitas as maneiras de dominar uma situação. Ou você a domina fisicamente, ou põe do seu lado um grande número de aliados, ou então tenta chegar antes dos outros. Como fazer isso? Simplesmente invertendo o fluxo do tempo. O professor Bijker e seus colegas *dominam* o problema, *impõem-se* a ele muito mais facilmente que os funcionários do porto que estão lá, na chuva, como pontinhos na paisagem. Qualquer coisa que aconteça no espaço-tempo em escala real já terá sido vista pelos engenheiros. Lentamente, eles se foram familiarizando com todas as possibilidades, ensaiando todos os roteiros com calma, capitalizando no papel os possíveis resultados, com o que ganham muito mais anos de experiência que os outros. A ordem do tempo e do espaço foi completamente refeita. Será que eles falam com mais autoridade e mais certeza que os trabalhadores que estão construindo a barragem de verdade? Claro que sim, pois já cometeram todos os possíveis enganos e tolices,

362 BRUNO LATOUR

protegidos no galpão de madeira de Delft, consumindo apenas argamassa e alguns salários, inundando acidentalmente não milhões de laboriosos holandeses, mas algumas dezenas de metros de piso de concreto. Por mais surpreendente que seja, a superioridade obtida pelo professor Bijker sobre os funcionários, arquitetos e pedreiros em termos de forma da barragem não é mais sobrenatural que a de Marey, dos portugueses ou do astrônomo. Simplesmente depende da possibilidade de construir um espaço-tempo diferente.

Agora temos uma ideia muito mais clara do que é acompanhar cientistas e engenheiros em ação. Sabemos que eles não se estendem "por toda parte", como se existisse um Grande Divisor entre o conhecimento universal dos ocidentais e o conhecimento local de todo o resto, mas que transitam pelo interior de uma rede estreita e frágil, que reúne as galerias de um cupinzeiro, interligando ninhos a fontes de alimento. No interior dessas redes, eles aperfeiçoam a circulação de traçados de todo tipo, aumentando-lhes a mobilidade, a velocidade, a confiabilidade e a capacidade de combinar-se. Também sabemos que essas redes não são construídas com material homogêneo, mas que, ao contrário, exigem a urdidura de inúmeros elementos diferentes, o que torna sem sentido a questão de saber se elas são "científicas", "técnicas", "econômicas", "políticas" ou "administrativas". Finalmente, sabemos que os resultados da construção, da ampliação e da manutenção dessas redes é a possibilidade de agir a distância, ou seja, fazer nesses centros certas coisas que às vezes lhes possibilitam dominar espacial e cronologicamente a periferia. Agora que delineamos a capacidade geral que têm essas redes de atuar a distância e que retratamos a mobilização e o acúmulo de traçados, é preciso tratar de dois outros problemas: o que se faz *nos* centros *com* os traçados acumulados que confere vantagem decisiva a quem lá se situa (Parte B), e o que é preciso fazer para manter a existência da rede, para que as vantagens obtidas nos centros exerçam alguma influência sobre o que acontece a distância (Parte C).

Parte B
Centrais de cálculo

Agora, depois de seguir expedições, coleções e investigações e de acompanhar a instalação de novos observatórios, de novos dispositivos de inscrição e de novas sondas, somos conduzidos de volta aos centros onde esses ciclos começaram; dentro desses centros, amostras, mapas, diagramas, registros, questionários e formulários de todos os tipos são acumulados e usados por cientistas e engenheiros para acelerar a corrida probatória; todos os domínios ingressam no "seguro caminho da ciência" quando seus porta-vozes têm tantos aliados a seu lado. O pequeno número de cientistas é mais que compensado pelo grande número de recursos que eles são capazes de angariar. Os geólogos agora podem mobilizar não um pequeno número de rochas e de belas aquarelas de paisagens exóticas, mas centenas de metros quadrados de mapas geológicos de diferentes partes da Terra. Quando uma bióloga molecular fala de mutações no milho, não tem mais a seu lado uns sabuguinhos silvestres, mas sim livros de registro com milhares de resultados de fertilizações cruzadas. Os diretores dos órgãos censitários agora não têm em suas escrivaninhas apenas recortes de jornais com opiniões sobre a grandeza e a riqueza do país, mas uma verdadeira provisão de estatísticas que, extraídas de cada povoado, classificam o povo do país por idade, sexo, raça e condições financeiras. Quanto aos astrônomos, uma cadeia de radiotelescópios funcionando em conjunto transforma toda a Terra numa só antena que envia milhares de fontes de ondas de rádio através de catálogos computadorizados para seus escritórios. Sempre que um instrumento é ligado a alguma coisa, é despejada uma grande massa de inscrições que movimenta mais uma vez o fiel da balança porque leva o mundo para dentro desses centros – pelo menos no papel. Essa mobilização de tudo o que pode ser inscrito e levado de lá para cá é o elemento principal da tecnociência, e devemos tê-lo em mente se quisermos entender o que acontece dentro desses centros.

(1) Amarrando firmemente todos os aliados

Quando entramos nos lugares onde são reunidos traçados estáveis e móveis, o primeiro problema com que nos defrontamos é *como nos livrar deles*. Não é paradoxo, mas simplesmente resultado da organização dos instrumentos. Cada viagem de exploração, cada expedição, cada nova impressão, cada noite de observação do céu ou cada nova pesquisa de opinião pública vai contribuir para gerar milhares de engradados de amostras ou folhas de papel. É preciso lembrar que as poucas pessoas que ficam nos museus de história natural, nas divisões de estudo geológico e de levantamento censitário ou em outros laboratórios não têm um cérebro colossal. Assim que o número ou a escala dos elementos aumenta, elas se sentem perdidas como qualquer outra pessoa. A primeira consequência do próprio sucesso da mobilização e da boa qualidade dos instrumentos é que elas afogam numa enxurrada de inscrições e amostras. Por si só, a mobilização de recursos não é garantia de vitória; ao contrário, um geólogo rodeado por centenas de engradados cheios de fósseis não classificados não está em melhor posição para dominar a Terra do que se encontrava enquanto viajava pela Patagônia ou pelo Chile. Essa avalancha de inscrições é, digamos, uma vingança do mundo mobilizado. "Que a Terra venha a mim, e não eu à Terra", diz o geólogo que dá início a uma revolução copernicana. "Pois bem" – responde a Terra – "eis-me aqui!" O resultado é a cabal confusão nos porões do prédio da Divisão de Estudos Geológicos.

Em vista dessa situação, deve ser realizado um trabalho *complementar* nos centros, para circunscrever as inscrições e inverter o equilíbrio de forças mais uma vez. Defini antes a estabilidade dos traçados como a possibilidade de ir dos centros para a periferia e desta para os centros; essa característica é essencialíssima quando se vai dos traçados de primeiro grau para os de segundo, que possibilitam o manuseio dos primeiros.

CIÊNCIA EM AÇÃO 365

(A) Resolvendo alguns problemas logísticos

Por exemplo, o diretor do censo não consegue lidar ao mesmo tempo com os cem milhões de questionários levantados pelos pesquisadores de campo. Enxergaria apenas resmas de papel e, já para começar, nem saberia quantos questionários teriam sido feitos. Uma solução é fazer com os questionários aquilo que os questionários fizeram com as pessoas, ou seja, extrair deles alguns elementos e colocá-los em outro formulário mais imóvel, mais combinável. A operação de ticar a lápis linhas e colunas é humilde mas crucial; na verdade, é a mesma operação por meio da qual o que as pessoas disseram ao pesquisador foi transformado em itens do questionário ou por meio da qual a ilha Sacalina foi transformada por Lapérouse em latitude e longitude num mapa.

Em todos os casos, o mesmo problema é parcialmente resolvido: como manter os informantes ao nosso lado enquanto estão distantes. Não é possível levar as pessoas ao Instituto de Estatísticas, mas os questionários, sim; não é possível exibir todos os questionários, mas sim um cômputo em cada resposta é representado por um tique numa coluna correspondente a sexo, idade etc. Então, surgirá um novo problema se os cômputos estiverem benfeitos: haverá marcações demais em colunas demais para que a mente de qualquer um, por melhor que seja, abarque tudo ao mesmo tempo. Portanto, estamos novamente atolados em formulários, exatamente como na fase dos questionários e, antes, no contato com as pessoas. Agora é necessário um formulário de terceiro grau para registrar não mais marcações, mas os *totais* encontrados no fim de cada linha e de cada coluna. O *número* é uma das muitas maneiras de somar, sumariar, totalizar – como indica o nome "total" –, de juntar elementos que não estão ali. A expressão "2.456.239 bebês" não é mais constituída por bebês chorões tanto quanto a palavra "cão" não é um cão latindo. No entanto, uma vez computada no censo, a expressão estabelece *algumas* relações entre os escritórios dos demógrafos e os bebês que choram na região pesquisada.

366 BRUNO LATOUR

Contudo, a avalanche está sendo transferida para algum outro lugar do Instituto de Estatísticas, porque uma quantidade enorme de totais agora é despejada por milhares de marcações em colunas ou por buraquinhos dos cartões perfurados. É preciso criar novas inscrições de quarto grau (porcentagens, por exemplo, ou gráficos, ou diagramas setoriais) para enxugar os totais novamente, mobilizá-los num formulário apresentável, que conserve ainda algumas de suas características. Essa cascata de inscrições de quarta, quinta e enésima ordem nunca vai acabar, especialmente se a população, os computadores, a profissão de demógrafo, as estatísticas, a economia, o instituto censitário, tudo isso crescer junto. Em todos os casos, a inscrição de enésima ordem agora passa a *ocupar o lugar* dos formulários da ordem $n-1$ exatamente como estes, por sua vez, ocuparam o lugar dos formulários do nível abaixo. Já sabemos, pelos capítulos anteriores, que essas translações e representações podem ser discutidas, mas não é o que nos interessa aqui; o que nos interessa é que, em caso de discussão, outros cômputos, códigos, indicadores, parâmetros e métodos de cálculo permitirão que os discordantes voltem da enésima inscrição final aos questionários arquivados e, destes, às pessoas que moram na região pesquisada. Ou seja, foram estabelecidas algumas relações de duas direções entre a mesa do diretor e as pessoas entrevistadas, relações graças às quais o diretor, em não havendo discordante, poderá participar de algumas controvérsias falando em nome de seus milhões de aliados bem enfileirados e lindamente apresentados.

Esse exemplo é suficiente para definir o trabalho complementar necessário à transformação das inscrições. Que nome daremos a esse trabalho? Diremos que a tarefa consiste em fazer que muitos ajam como um só; ou em expandir a rede; ou em simplificar mais uma vez as inscrições; ou em construir uma sucessão de representantes; ou em "pontualizar" uma infinidade de traços; ou, simultaneamente, em mobilizar elementos, mantendo-os a distância. Seja qual for o nome, sua forma geral é facilmente detectada: as pessoas que ficam dentro dos centros estão ocupadas construindo elementos com propriedades tais que, quando alguém toma os elementos finais, também está

CIÊNCIA EM AÇÃO   **367**

tomando, de algum modo, todos os outros, construindo, portanto, *centros dentro de centros*.

Outro exemplo vai dar uma ideia mais precisa desse trabalho complementar, que não deve ser separado do restante da construção da rede. Quando organizaram seu primeiro encontro internacional em Karlsruhe, em 1860, os químicos europeus estavam num estado de confusão semelhante ao que delineei antes, pois cada nova escola de química, cada novo instrumento estava produzindo novos elementos químicos e centenas de novas reações.[8] Lavoisier arrolara 33 substâncias simples, mas, com a introdução da eletrólise e da análise espectral, a lista havia aumentado para setenta à época do encontro. Na verdade, a sucessão de transformações já estava em andamento; cada substância fora rebatizada e rotulada com uma unidade comum (o peso atômico, padronizado no encontro de Karlsruhe), o que permitia criar listas de substâncias e classificá-las de várias maneiras, mas não era suficiente para dominar a multiplicidade de reações. Consequentemente, os cursos introdutórios da nova profissão de químico eram constituídos por longas e relativamente caóticas listas de reações. Para solucionar essa confusão, dezenas de químicos estavam, na época, ocupados em classificar substâncias químicas, ou seja, em criar algum tipo de tabela com colunas, concebida de tal forma que, considerada sinopticamente, tornava possível abarcar a química do mesmo modo como a Terra podia ser avistada num mapa ou um país em estatísticas. Mendeleiev, que recebera a incumbência de escrever um livro didático de química, era um deles. Acreditando ser possível encontrar uma classificação real, e não criar mera filatelia, fez a distinção entre "substância" e "elemento". Escreveu cada elemento numa carta e abriu o baralho como num jogo de paciência, tentando encontrar algum parâmetro recorrente.

Não há razão para desistir de seguir os cientistas só porque eles estão lidando com papel e lápis em vez de trabalhar em laboratórios ou viajar pelo mundo. A construção do formulário de enésima

---

8 Baseio-me aqui no trabalho de Bensaude-Vincent (1986). Ver também sua tese (1981); sobre o trabalho de Mendeleiev, ver Dagognet (1969).

368 BRUNO LATOUR

ordem não é nada diferente do formulário de ordem *n-1*, embora às vezes mais evasivo e muito menos estudado. A dificuldade desse novo jogo de paciência inventado por Mendeleiev não é apenas procurar criar uma forma que utilize linhas e colunas para incluir todos os elementos – todo mundo havia feito isso antes –; a dificuldade está em decidir, nos casos em que alguns elementos não se encaixem ou em que não haja elemento para encher uma casa, se a tabela esboçada deve ser descartada ou se os elementos faltantes devem ser trazidos de outro lugar ou descobertos mais tarde. Depois de muito lutar com diferentes tabelas e muitos contraexemplos, Mendeleiev fixou-se, em março de 1869, numa solução que o satisfazia: uma tabela que, horizontalmente, arrolava os elementos por peso atômico e, verticalmente, segundo as valências, o que exigia a exclusão de alguns elementos e a descoberta de outros. Cada elemento estava agora situado num novo formulário, na intersecção de uma longitude e uma latitude; os que ficavam na mesma linha horizontal eram próximos em termos de peso atômico, embora distantes em termos de propriedades químicas; os que ficavam na mesma linha vertical eram semelhantes em termos de propriedades, embora cada vez mais distantes em termos de peso atômico. Criava-se, portanto, um novo espaço; criavam-se novas relações de distância e proximidade, novas vizinhanças, novas famílias: aparecia uma periodicidade (donde o nome da tabela) que estivera invisível até então no caos da química.

A cada translação de traçados para um novo traçado, alguma coisa é *ganha*. Luís XVI, em Versalhes, pode fazer coisas com o mapa (por exemplo, traçar fronteiras para repartir o Pacífico), o que nem os chineses nem Lapérouse podiam fazer; o professor Bijker pode ficar conhecendo o futuro do porto de Roterdã (por exemplo, verificando sua resistência a uma elevação do Mar do Norte) *antes* de seus funcionários, dos marinheiros e do próprio Mar do Norte; os demógrafos podem *ver* coisas na curva final que resume o censo (por exemplo, uma pirâmide etária) que nenhum pesquisador de campo, nenhum dos políticos, nenhuma das pessoas entrevistadas podia ver antes; Mendeleiev pode, antecipadamente, ter *algum*

CIÊNCIA EM AÇÃO **369**

conhecimento sobre as casas vazias de sua tabela antes mesmo das próprias pessoas que descobrirão os elementos faltantes (como Lecoq de Boisbaudran, com o gálio, que ocupava a casa vazia da tabela com o nome de eka-alumínio).[9]

É importante fazer justiça à inteligência desse trabalho complementar que ocorre nos centros, sem exagerá-lo e sem esquecer o que ele é exatamente: um trabalho *complementar*, uma ligeira intensificação de uma das três qualidades das inscrições, quais sejam, mobilidade, estabilidade e permutabilidade. Primeiro, o ganho nem sempre compensa as perdas implicadas na translação de uma forma para outra (ver Parte C): ter o mapa em Versalhes não impedia que as possessões de Luís XVI fossem tomadas pelos ingleses; não há garantia de que aquilo que acontece no modelo de Delft será imitado pelo porto de Roterdã no próximo século; planejar um índice de natalidade crescente nos escritórios do Instituto de Estatísticas não é exatamente o mesmo que conceber novos bebês; quanto à tabela de Mendeleiev, logo seria abalada pelo surgimento dos monstros da química radioativa, cujo lugar não podia definir. Segundo, quando há um ganho, este não consiste num poder sobrenatural conferido aos cientistas por algum anjo enviado diretamente do céu. O ganho está *no* próprio formulário. Por exemplo, a ajuda suplementar oferecida pelo mapa está *no* fato de a superfície do papel ser plana, portanto facilmente abarcada pelo olhar, podendo-se nela pintar, desenhar, sobrepor e inscrever muitos elementos diferentes. Calculou-se que o desenho de um mapa da Inglaterra com 200 cidades (o que significa incluir 400 longitudes e latitudes) permite traçar 20 mil itinerários de uma cidade à outra (o que produz um ganho de 50 para 1!).[10] De modo semelhante, as casas vazias da tabela de Mendeleiev são-lhe oferecidas pelo formato geométrico constituído por linhas e colunas. Na verdade, seu sucesso na previsão de que aquelas casas seriam preenchidas por elementos desconhecidos é

---

9 Na verdade, a tabela ganhou força depois, quando se observou a inesperada correspondência entre a classificação e a teoria atômica, que a explicava retrospectivamente.

10 Este exemplo é elaborado em Polanyi (1974, p.83).

370 BRUNO LATOUR

impressionante. Extraordinário também é o fato de reações químicas que ocorriam em boiões e destiladores de toda a Europa terem sido levadas a determinar um desenho simples de linhas e colunas através de uma longa cadeia de translações. Em outras palavras, é a *logística* dos móveis imutáveis que temos de admirar e estudar, e não o aparentemente miraculoso aumento de força obtido pelos cientistas que queimam as pestanas em seus gabinetes.

(B) Calculando, enfim...

Dentro dos centros, a logística exige a rápida mobilização do número máximo de elementos e sua maior fusão possível. Gabaritos, totais, gráficos, tabelas, listas, são essas algumas das ferramentas que possibilitam o tratamento complementar das inscrições. Existem algumas outras que receberam atenção insuficiente ou excessiva. Excessiva porque são objeto de culto; insuficiente porque pouquíssimas pessoas as estudaram desapaixonadamente. Por conseguinte, não é amplo o *corpus* de literatura empírica no qual possamos confiar como guia de nossa viagem, o que foi possível nos outros capítulos. Quando chegamos ao reino dos cálculos e das teorias, vemo-nos quase de mãos vazias. Até o fim desta parte, devo confessar que contamos apenas com um programa de pesquisa, e não com um acúmulo de resultados; o que nos sobra é obstinação, e não recursos.

O risco da cascata antes apresentada é terminar com alguns números controláveis, porém insignificantes, insuficientes de qualquer maneira em caso de controvérsia, visto que os aliados terão desertado nesse ínterim. Em vez de redundarem em capitalização, os centros terão acabado com prejuízo. O ideal seria reter o máximo possível de elementos e ainda ser capaz de controlá-los. A estatística é um bom exemplo de instrumento que, simultaneamente, resolve os dois problemas. Por exemplo, se apresento ao diretor do censo o aumento *médio* da população do lugar, ele ficará interessado, mas também decepcionado, porque nesse processo terá perdido a dispersão (a mesma média poderia ter sido obtida por umas poucas

CIÊNCIA EM AÇÃO   371

famílias com oito filhos ou por grande quantidade de famílias com dois filhos e meio). A simplificação terá sido tal que o diretor só disporá de uma versão empobrecida do censo. Se for inventado um novo cálculo que, mesmo passando pelas várias simplificações, mantenha tanto a média como a dispersão dos dados, então parte do problema estará resolvida. A invenção da variância é um desses dispositivos que continuam resolvendo os importantes problemas das inscrições: mobilidade, permutabilidade e fidedignidade. O mesmo se diga da invenção da amostragem. O que é a amostra mínima que permite representar o maior número de características? A estatística, como indicam o nome e a história, é a ciência por excelência dos porta--vozes e dos estadistas.[11]

Tomemos outro exemplo, o trabalho de Reynolds, engenheiro inglês especializado em mecânica dos fluidos que, na virada do século, estava estudando o complexo problema da turbulência.[12] Como é possível *relacionar* os muitos casos de turbulência observados em maquetes ou nos rios? Esses casos já estão resumidos em sentenças de forma "quanto mais... tanto mais", "quanto mais... tanto menos". Quanto maior o fluxo, tanto maior a turbulência; quanto maior o obstáculo encontrado pelo fluxo, tanto maior a turbulência; quanto mais denso um fluido, tanto mais propenso à turbulência; finalmente, quanto mais viscoso um fluido, menos turbulência ocorrerá (o óleo contorna mansamente um obstáculo que desencadearia turbilhões com água). Será que essas sentenças podem ser mais firmemente atadas umas às outras numa inscrição $n+1$? Em vez de ticar casas em tabelas, vamos atribuir um símbolo a cada uma das palavras pertinentes já citadas e substituir os comparativos "mais" e "menos" por multiplicação e divisão. O novo resumo terá agora a seguinte forma:

---

11 Para um estudo interessante, ver Fourquet (1980), acerca da construção do INSEE, o instituto nacional francês de estatísticas.

12 Ver Stevens (1978). Sobre essa questão das relações entre os modelos em escala e os cálculos, provavelmente o melhor livro ainda é o de Black (1961). Menos conhecido, porém muito útil, é o trabalho de Dagognet. Ver, em particular, seu livro recente (1984).

T(urbulência) é proporcional a V(elocidade)
T é proporcional a C(omprimento do obstáculo)
T é proporcional a D(ensidade)

T é inversamente proporcional a Vi(scosidade), ou $\quad T \dfrac{1}{V}$

Essa nova translação não parece acrescentar muita coisa; só que agora é possível exibi-la sinopticamente numa forma ainda mais curta:

T (relaciona-se com) $\quad T \dfrac{VCD}{Vi}$

Nem agora o ganho foi grande; o novo resumo simplesmente afirma que existem estreitas relações entre esses elementos e indica, *grosso modo*, qual o tipo de relação. Depois de fazer mais umas mexidas para que as unidades se compensem reciprocamente e produzam um número dimensional, Reynolds vai dar numa nova fórmula:

$$R = \dfrac{VCD}{Vi}$$

Alguma coisa foi ganha com a manutenção da fórmula de Reynolds ou trata-se simplesmente de um resumo abreviado de todas as possibilidades? Assim como ocorreu com a tabela de Mendeleiev e na verdade com todas as reformulações observadas nesta seção, alguma coisa foi ganha, porque cada translação recombina os nexos entre elementos (criando, assim, um novo espaço-tempo). Situações que pareciam tão divergentes quanto um riacho rápido correndo contra uma pedra e um grande rio remansoso interrompido por uma barragem, ou uma pena caindo no ar e um corpo nadando em melado, podem produzir turbulências muito parecidas se tiverem o "mesmo número de Reynolds" (como agora se chama). R é agora um coeficiente que pode marcar todas as possíveis turbulências, seja de galáxias no céu ou de nós numa árvore, e, realmente, como lembra o nome "coeficiente", leva todas as turbulências a agir

CIÊNCIA EM AÇÃO **373**

no laboratório do físico como se fossem uma só. Melhor ainda, o número de Reynolds permite que o professor Bijker em seu laboratório ou um engenheiro aeronáutico num túnel de vento definam o modo de pôr determinada situação em escala reduzida. Desde que o modelo reduzido apresente o mesmo número de Reynolds da situação real, poderemos trabalhar com ele, ainda que "pareça" inteiramente diferente. Diferenças e semelhanças são recombinadas tanto quanto os tipos de inscrições nas quais devemos acreditar *mais do* que em outras.

Embora essa seja de fato uma vantagem decisiva conferida por aquilo a que se dá, adequadamente, o nome de equação (porque inter-relaciona coisas diferentes e as torna equivalentes), não convém exagerá-la. Em primeiro lugar, uma equação não tem natureza diferente de todas as outras ferramentas que permitem reunir, mobilizar, organizar e apresentar elementos: não é diferente de uma tabela, de um questionário, de uma lista, de um gráfico, de uma coleção; é simplesmente, como ponto final de uma longa cadeia, um meio de acelerar ainda mais a mobilidade dos traçados; de fato, as equações são *subconjuntos de translação* e devem ser estudadas como todas as outras translações. Em segundo lugar, não devem ser apartadas de toda a construção da rede, da qual não passam de minúscula parte; por exemplo, graças ao número de Reynolds, os cientistas podem ir de um modelo em escala reduzida a outro, podem transitar rapidamente de um exemplo de turbulência a outro, distante no espaço e no tempo; muito bem, mas ele só funcionará enquanto houver centenas de engenheiros hidráulicos trabalhando com turbulências (e estes, por sua vez, trabalham com escala reduzida só quando os seus laboratórios têm capacidade para participar da construção de portos, barragens, condutos, aviões etc.). Só quando as redes estão instaladas é que a invenção do número de Reynolds pode fazer alguma diferença. Para usar uma metáfora, diremos que ele desempenha o mesmo papel da plataforma giratória no antigo sistema ferroviário; é importante, mas o sistema não se reduz a ela, pois seu papel só é assim tão importante enquanto a mobilização estiver em andamento (as plataformas giratórias, por exemplo, deixaram de ser importantes

374 BRUNO LATOUR

quando a tração elétrica passou a permitir que os motores se movimentassem em ambas as direções).

As equações não são boas apenas para aumentar a mobilidade dos traçados capitalizados; também são boas para intensificar sua permutabilidade, transformando certos centros naquilo que chamei centrais de cálculo. Uma central dessas foi construída por Edison em Menlo Park, onde foi inventada a famosa lâmpada incandescente no fim da década de 1870.[13] Graças aos cadernos de notas de Edison foi possível não só reconstruir sua estratégia, não só acompanhar o modo como seu laboratório foi construído, como também observar seu trabalho com papel e lápis nas inscrições de enésimo grau. Tanto quanto na história do rei Dom João (ver Parte A) ou em qualquer outro caso, o trabalho "intelectual" não deve ser separado da construção da rede em que Edison se inseria. A estratégia dele era levar sua empresa a substituir as companhias de gás, o que significava elaborar um sistema completo para produzir e distribuir eletricidade por todos os lugares pelo mesmo custo final do gás. Já em 1878, Edison começou a trabalhar com o mais clássico dos cálculos: contabilidade e economia básica. Quanto custaria o sistema por ele projetado, considerados os preços de motores a vapor, geradores, engenheiros, segurança, cobre, e assim por diante? Um dos resultados de sua primeira estimativa no papel mostrou que o item mais caro era o cobre necessário aos condutores. O preço do cobre era tão alto que, já de início, incapacitava a eletricidade de competir com o gás. Portanto, alguma coisa precisava ser feita com o cobre.

Aí entra a principal vantagem logística de se escreverem todas as inscrições na forma de equação. Para calcular a quantidade de cobre necessária, Edison não só usou a contabilidade, mas também uma das equações de Joule (criada antes por um processo semelhante ao da equação de Reynolds): a perda de energia é igual ao quadrado da corrente multiplicado pelo comprimento do condutor multiplicado por uma constante, tudo isso dividido pela seção transversal do condutor.

---

13 Baseio-me aqui no artigo exemplar de Hughes (1979).

CIÊNCIA EM AÇÃO **375**

Qual é a relação entre física e economia? Nenhuma, se considerarmos o laboratório de Joule, de um lado, e as instalações de uma usina, do outro. Nos cadernos de Edison, porém, elas se fundem aos poucos num tecido compacto porque são inscritas mais ou menos da mesma forma e apresentadas sinopticamente aos seus olhos. A malha de associações em que Edison trabalha está sendo *alinhavada* pelas equações. Ao manipular as equações, ele traz à tona sentenças como: quanto mais se aumenta a seção transversal para reduzir a perda de distribuição, mais cobre será necessário. Isso é física, economia ou tecnologia? Não importa, é uma só malha que traduz a pergunta "como reduzir o preço do cobre" em "como manipular as clássicas equações da física". Edison está agora rodeado por um conjunto de injunções heterogêneas; tenta descobrir o que é mais forte e o que é mais fraco (ver Capítulo 5). O preço ao consumidor tem de ser igual ao do gás: é ponto pacífico; o mesmo se diga do preço do cobre no mercado, da lei de Joule, da lei de Ohm que define a resistência como tensão elétrica dividida pela corrente:

$$\text{Resistência} = \frac{\text{Tensão}}{\text{Corrente}}$$

Evidentemente, se a corrente puder ser diminuída, também poderá haver diminuição na secção transversal e no gasto com o cobre. Mas, de acordo com a lei de Ohm, isso significaria aumentar a resistência do filamento, o que implica uma lâmpada de *alta* resistência quando todos estavam procurando uma de *baixa* resistência, pela dificuldade de se encontrar um filamento que não queimasse. Essa injunção será tão absoluta quanto as outras? Edison agora põe à prova essa cadeia de associações e avalia até que ponto ela é absoluta. A equação apresentada não escapa da rede em que Edison está localizado; não é por estar escrita em termos matemáticos que, de repente, ela nos leva para outro mundo. Bem pelo contrário, ela *concentra* num só ponto aquilo de que a rede é feita, seus pontos fortes e fracos. Comparada às outras injunções, a quantidade de resistência parece ser o elo mais fraco. Precisa ceder. Por mais difícil

376 BRUNO LATOUR

que pareça, Edison decide buscar uma lâmpada de alta resistência *porque* esse é o único modo de manter todos os outros elementos em seus devidos lugares. Tomada a decisão, Edison envia suas tropas para uma pesquisa de um ano que, utilizando o método "tentativa e erro", tinha a missão de encontrar um filamento que resistisse sem se queimar. A lâmpada incandescente de alta resistência é o resultado final do cálculo apresentado.

Esse exemplo não só mostra como campos estranhos podem ser combinados e influenciar-se mutuamente, uma vez que tenham a forma comum de cálculo, como também revela a vantagem final – e principal – das equações. Desde o começo deste livro venho apresentando os cientistas e engenheiros na atividade de mobilizar grande número de aliados, cotejar as respectivas forças, inverter o equilíbrio de forças, pôr à prova associações fracas e fortes, amarrar fatos e mecanismos. De fato, tive de substituir cada uma das tradicionais linhas divisórias por uma distinção relativa entre associações mais fortes e mais fracas. Estamos agora nos aproximando do fim de nossa longa jornada, porque as equações produzidas na ponta final da capitalização constituem, literalmente, a soma de todas essas mobilizações, avaliações, testes e elos. Elas nos dizem o que está associado a quê; definem a natureza da relação; finalmente, muitas vezes expressam uma medida da resistência de cada associação que deve ser rompida. Está claro que é cabalmente impossível entendê-las sem levar em conta o processo de mobilização (e essa é a razão por que não falei delas antes); no entanto, constituem o cerne da rede científica, sendo mais importante observá-las, estudá-las e interpretá-las do que aos fatos ou mecanismos, porque reúnem estes últimos e os levam para dentro das centrais de cálculo.

(2) Qual é o cerne do formalismo

Acompanhando a cascata de inscrições traçada pelos cientistas, chegamos a um ponto que deveria ser o mais fácil de nossa viagem, pois agora podemos colher os benefícios de nosso trabalho anterior sobre associações mais fracas e mais fortes. Infelizmente, essa também é a parte que foi mais ou menos evitada por estudiosos anteriores, o que significa que ainda precisamos ser muito cuidadosos na definição do que temos de estudar e de quem devemos seguir. Duas palavras problemáticas foram antes usadas para explicar o que acontece nas centrais de cálculo: abstração e teoria. Vejamos o que significam.

(A) Acabando com as "teorias abstratas"

Nas cascatas por nós observadas na seção anterior, sempre fomos de uma atividade prática e localizada para outra; na verdade, cada estágio de translação simplificava, pontuava e resumia o estágio imediatamente abaixo. Mas essa atividade de re-representação[14] dos apoiadores era realmente muito concreta; implicava folhas de papel, laboratórios, instrumentos, gabaritos, tabelas, equações; acima de tudo, foi imposta pela necessidade de mobilização e ação a distância, e nunca abandonou a estreita rede que a tornou possível. Se por "abstração" entendermos o processo pelo qual cada estágio extrai elementos do estágio inferior de tal maneira que reúne num lugar tantos recursos quanto for possível, pois bem, estudamos (e continuamos a estudar) o processo de abstração, exatamente como examinaríamos uma refinaria em que o óleo *in natura* fosse ficando gradualmente mais puro. Infelizmente, porém, o significado da palavra "abstração" transferiu-se do *produto* (inscrições de enésima ordem) não só para o *processo*, mas também para a *mente do produtor*. Está, pois, implicado que os cientistas das centrais de cálculo pensariam "abstratamente", ou pelo menos mais abstratamente que os outros. Dir-se-ia que Lapérouse atua mais abstratamente que os chineses quando lida com latitudes e longitudes, e que Mendeleiev

---

14 Essa palavra útil foi proposta por Gerson e Star para descrever em grande parte o mesmo mecanismo a que dei aqui o nome de "cascata". Este capítulo deve muito ao Tremont Institute, na Califórnia.

378 BRUNO LATOUR

pensa mais abstratamente que um químico prático quando espalha suas cartas. Embora essa expressão tenha tanto significado como dizer que uma refinaria refina o petróleo "refinadamente", ela já é suficiente para confundir o problema. O trabalho concreto de fazer abstrações é totalmente estudável; porém, se ele se transformar em algum fator mental misterioso, então é melhor esquecer, pois ninguém nunca terá acesso a ele. Essa confusão entre o produto refinado e o trabalho concreto de refinação é facilmente esclarecida quando se usa o substantivo "abstração", e nunca o adjetivo ou o advérbio.

No entanto, essa regra simples de higiene é difícil de aplicar em razão do culto das "teorias". Se com a palavra "teoria" forem indicadas as intersecções graças às quais os centros mobilizam, manipulam, combinam, reescrevem e interligam todos os traçados obtidos pelas redes em permanente expansão, então deveremos ser capazes de estudar totalmente as teorias. Como disse, são centros dentro de centros acelerando cada vez mais a mobilidade e a permutabilidade das inscrições. Estudá-los não deveria ser mais difícil que entender o papel dos trevos quando observamos os sistemas rodoviários, ou a função das comunicações digitais quando observamos uma rede telefônica. Se a escala da mobilização aumenta, então, necessariamente, os produtos situados na intersecção de toda a rede têm de aumentar também. Qualquer inovação nessas intersecções dará uma vantagem decisiva aos centros.

Essa situação é alterada se o significado da palavra "teoria" se desloca para um adjetivo ou um advérbio (diz-se que algumas pessoas lidam com problemas mais "teóricos" ou pensam mais "teoricamente"), mas é muito pior quando as "teorias" são transformadas em objetos "abstratos", separados dos elementos que interligam. Isso acontecerá, por exemplo, se o trabalho de Mercator na descoberta de uma nova projeção geométrica para os mapas de navegação for desvinculado das viagens dos navegadores; ou se a tabela de Mendeleiev for dissociada dos muitos elementos dos químicos, que ele tentou interligar num todo coerente; ou se o número de Reynolds for desvinculado das turbulências experimentais que ele estava tentando classificar com um único coeficiente. Assim que

CIÊNCIA EM AÇÃO **379**

se traça uma linha divisória entre as teorias e as coisas das quais elas são a teoria, a ponta da tecnociência fica imediatamente envolta em brumas. Teorias, agora transformadas em objetos abstratos e autônomos, flutuam como discos voadores acima do restante da ciência, que, por contraste, se torna "experimental" ou "empírica".[15]

O pior ainda está por vir. É interpretado como *milagre* o fato de às vezes essas teorias abstratas, independentes de qualquer objeto, mesmo assim acabarem influenciando o que acontece embaixo, na ciência empírica! Milagre de fato é ver um trevo combinar-se *com precisão* às rodovias cujo fluxo ele redistribui! É engraçado ver como os racionalistas admiram um milagre desse tipo ao mesmo tempo que ridicularizam romeiros, dervixes ou criacionistas. É tão grande o fascínio deles por esse mistério que se deleitam dizendo que "a coisa menos compreensível do mundo é o mundo ser compreensível". Falar sobre teorias e depois se embasbacar com a "aplicação" delas não faz mais sentido do que falar de braçadeiras sem dizer o que elas apertam, ou separar laçadas e malhas de rede. Fazer uma história das "teorias" científicas teria tão pouco sentido quanto escrever uma história do martelo sem levar em conta os pregos, as tábuas, as casas, o carpinteiro e as pessoas que usam a casa, ou uma história do cheque sem o sistema bancário. Por si só, porém, a crença na teoria não impressionaria muito se não fosse reforçada pelos julgamentos de responsabilidade que aprendemos a estudar nos capítulos 3 e 4. Como o leitor pode lembrar, o resultado desses julgamentos era responsabilizar por todo o movimento os cientistas situados no fim do processo de mobilização. Quando os dois processo se compõem, obtemos não só a asserção de que os cientistas conduzem o mundo, mas também de que as teorias dos cientistas conduzem o mundo!

---

15 Isso não significa que as "teorias" simplesmente acompanham o acúmulo de "dados" – ao contrário, aquilo que se chama "meramente colecionar selos" muitas vezes é oposto à "ciência real" –, mas sim que qualquer distinção epistemológica *a priori* entre as duas impossibilita o estudo. O problema é que carecemos de estudos independentes acerca da construção desse contraste entre "dados" e "teorias". Quanto à diligência no estudo das relações entre a física e a química, ver Stengers (1983).

380 BRUNO LATOUR

A pirâmide de Quéops apoia-se agora no vértice, o que realmente dificulta bastante a compreensão do mundo.

Alguns preceitos baseados no senso comum serão suficientes para pôr de novo a pirâmide sobre a base. Primeiro, nós nos absteremos de usar as palavras "abstração" e "teoria" nas suas formas adjetivas ou adverbiais. Em segundo lugar, nunca separaremos as abstrações ou as teorias das coisas das quais elas são abstrações ou teorias, o que significa estar sempre viajando pelas redes ao longo de sua maior extensão. Em terceiro lugar, nunca estudaremos um cálculo sem estudar as *centrais* de cálculo. (E, evidentemente, como aprendemos anteriormente, não confundiremos os resultados do processo de atribuição com a lista daqueles que realmente fizeram o trabalho.)

(B) Por que as formas importam tanto: sétima regra metodológica

Talvez o melhor fosse desfazer-nos de palavras tão deturpadas como "abstração" e "teoria". No entanto, ainda que seja fácil desfazer-nos delas e do culto que lhes é rendido, temos de explicar os fenômenos que elas indicam de forma tão precária.

Como vimos na seção 1, construir centros implica trazer para eles elementos distantes – permitir que os centros dominem a distância –, mas *sem* trazê-los "de verdade" – para evitar que os centros sejam inundados. Esse paradoxo é resolvido criando-se inscrições que conservem, simultaneamente, o mínimo e o máximo possível, pelo aumento da mobilidade, da estabilidade ou da permutabilidade desses elementos. Esse meio-termo entre presença e ausência muitas vezes é chamado *informação*. Quando se tem uma informação em mãos, tem-se a *forma* de alguma coisa sem ter a coisa em si (por exemplo, o mapa de Sacalina sem Sacalina, a tabela periódica sem as reações químicas, um modelo do porto de Roterdã sem o porto). Como sabemos, essas informações (ou forma, ou formulários, ou inscrições – todas essas expressões designam o mesmo movimento e

CIÊNCIA EM AÇÃO 381

resolvem o mesmo paradoxo) podem ser acumuladas e combinadas nos centros. Mas seu acúmulo tem mais um *subproduto* inesperado. Como não há limite para a cascata de reescritura e rerrepresentação, podem-se obter formas de *enésima* ordem que se combinam com outras formas de *enésima* ordem provenientes de regiões completamente diferentes. São esses novos nexos inesperados que explicam por que as formas importam tanto e por que os observadores da ciência vibram tanto com elas.

Primeiro, temos de elucidar um misteriozinho: como é que as formas "abstratas" da matemática se aplicam ao "mundo empírico"? Muitos livros foram escritos na tentativa de encontrar uma explicação para esse "conhecidíssimo fato", mas quase nenhum deles se preocupou em confirmar sua existência. Se fosse observada a prática da ciência, porém, logo ficaria evidente que isso nunca acontece. A matemática "abstrata" nunca é aplicada ao "mundo empírico". O que acontece é muito mais engenhoso, muito menos místico e muito mais interessante. Em certo ponto da cascata, os instrumentos começam a inscrever formas, por exemplo, num papel milimetrado. Uma nuvem de pontos obtidos a partir do censo por intermédio de muitas transformações termina, depois de mais alguns rearranjos estatísticos, como uma linha num gráfico. É interessante notar que os analisadores de aminoácidos também exibem seus resultados em papel para gráfico. E o mais curioso é que o estudo de Galileu sobre a queda dos corpos também assume a forma de gráfico (quando reproduzido hoje em dia) e tinha a forma de triângulo em seu próprio caderno de notas.[16] A matemática pode estar longe das famílias, dos aminoácidos e de esferas que rolam sobre planos inclinados. Sim, mas uma vez que as famílias, os aminoácidos e os planos inclinados tenham sido levados, por meio da logística anterior, para uma folha de papel e induzidos a traçar formas e números, então sua matemática está muitíssimos próxima; literalmente tão próxima quanto duas folhas de papel num livro. A adequação da matemática ao mundo empírico é um mistério profundo. A sobreposição de uma

---

16   A respeito, ver Koyré (1966-1978) e Drake, op. cit.

382 BRUNO LATOUR

forma matemática no papel e de outra forma matemática traçada no impresso produzido por um instrumento não chega a ser um mistério profundo, mas de qualquer modo é um grande feito.[17]

Se observássemos como os instrumentos dos laboratórios escrevem o Grande Livro da Natureza em formas geométricas e matemáticas, poderíamos ser capazes de entender por que as formas têm tanta primazia. Nas centrais de cálculo, obtêm-se formulários a partir de domínios totalmente desvinculados, mas com a mesma forma (as mesmas coordenadas cartesianas e as mesmas funções, por exemplo). Isso significa que serão criados nexos *transversais* além de todas as associações *verticais* feitas pela cascata de reescritura. Portanto, alguém que quisesse trabalhar com funções seria capaz de, em alguns anos, estar atuando em balística, demografia, revolução dos planetas, jogos de cartas, qualquer coisa – desde que antes exibidas nas coordenadas cartesianas.

O próprio crescimento dos centros implica a multiplicação de instrumentos que, por sua vez, obrigam a informação a assumir forma cada vez mais matemática no papel. Isso significa que quem calcula, seja lá quem for, situa-se num ponto central dos centros porque tudo precisa passar por suas mãos.

Por exemplo, uma vez que Sacalina esteja posta no mapa, é possível aplicar sobre a superfície *plana* do papel uma régua graduada e uma bússola, calculando uma possível rota: "Se um navio chegar deste ponto, avistará a terra a 20° NNE depois de uma rota de 120 milhas marítimas, mantendo o percurso a 350°". Ou não pode? Bem, tudo depende da maneira como as marcações enviadas por Lapérouse são postas no mapa. Exatamente como Lapérouse transformou numa lista de leituras de dois números (longitudes e latitudes) aquilo que os chineses disseram, essa lista é agora transformada em pontos numa superfície curva que representa a Terra. Mas como ir da superfície curva para a plana sem criar deformações?

---

17 Isso deve ser tomado com reserva, visto não haver nenhum estudo referente à antropologia da ciência que cuide dessa questão. Uma tentativa nesse sentido encontra-se no recente livro de Livingston (1985).

CIÊNCIA EM AÇÃO **383**

Como manter a informação por meio de todas essas transformações? Está aí um problema concreto e prático, mas nem Lapérouse nem seus informantes chineses podem resolvê-lo. Esse é o tipo de questão que só pode ser resolvida nos centros por pessoas que trabalham com formas de enésima ordem, seja qual for sua origem. O problema anterior é agora translacionado para outro: como projetar uma esfera sobre uma superfície? Visto que alguma coisa irá se perder na projeção, com o que ficar? Com os ângulos ou com as superfícies? Mercator optou por atribuir mais importância aos ângulos na definição das rotas dos navios e desistir da representação precisa das superfícies, que só é interessante para quem está em terra. O importante é que, uma vez instalada a rede que, de algum modo, amarra as viagens de Lapérouse ao gabinete dos cartógrafos, a *menor alteração* na geometria projetiva pode ter enormes consequências, pois será alterado o fluxo das formas que chegam de todo o planeta e voltam para todos os navegadores. O minúsculo sistema de projeções é um ponto de passagem obrigatório para a imensa rede da geografia. Quem se situa nesse ponto, como Mercator, fica com os louros.

Quando alguém pergunta de que modo a geometria ou a matemática "abstratas" podem influenciar a "realidade", na verdade está admirando a *posição estratégica* assumida por aqueles que trabalham nos centros com formas de formas. Estes deveriam ser o mais fracos, por estarem mais distantes (como muitas vezes se diz) de qualquer "aplicação", mas, ao contrário, podem ser os mais fortes pela mesma razão, já que os centros acabam por controlar o espaço e o tempo: eles desenham redes que se interligam nuns poucos pontos de passagem obrigatória. Uma vez que todos os traçados tenham sido não só escritos no papel, mas reescritos de forma geométrica e rerreescritos na forma de equação, não é de admirar que quem controla a geometria e a matemática seja capaz de intervir em quase todos os lugares. Quanto mais "abstrata" sua teoria, maior sua capacidade de ocupar centros dentro de centros. Ao preocupar-se com relógios e com a maneira de conciliar as leituras deles quando estão tão distantes que o observador de um deles demora a enviar a informação ao observador do outro, Einstein não estava num mundo abstrato,

384 BRUNO LATOUR

estava bem no centro de todas as trocas de informações, atento ao aspecto mais material dos dispositivos de inscrição: como posso saber que horas são? Como saber que há sobreposição dos ponteiros do relógio? Do que terei de desistir se quiser manter, acima de tudo, a equivalência de todos os sinais dos observadores em caso de grande velocidade, grandes massas e grande distância? Se as centrais de cálculo quiserem manipular todas as informações trazidas por todos os navegadores, vão precisar de Mercator e de sua projeção "abstrata"; mas se quiserem manipular sistemas que trafegam à velocidade da luz e ainda assim manter a estabilidade de suas informações, então precisarão de Einstein e de sua relatividade "abstrata". Desistir de uma representação clássica do espaço-tempo não é um preço assim tão alto se a recompensa for uma fantástica aceleração dos traçados e o aumento de sua estabilidade, fidedignidade e permutabilidade.

Em última instância, se os matemáticos simplesmente pararem de falar em equações e geometria e começarem a considerar o "número" em si, "conjunto" em geral, "proximidade", "associação", mais *central* o trabalho se tornará, pois isso centrará mais ainda o que acontece nas centrais de cálculo. O simples acúmulo de papel com formas de *enésima* ordem torna pertinente qualquer forma $n+1$ que possa, ao mesmo tempo, conservar as características e desfazer-se da coisa (da "matéria relevante"). Quanto mais heterogêneos e dominadores os centros, mais formalismo exigirão, simplesmente para se manterem coesos e conservar seu império. Formalismo e matemática são atraídos pelos centros, se me permitirem essa metáfora, como os ratos e os insetos o são pelos celeiros.

Se quisermos seguir os cientistas e engenheiros até o fim, teremos de penetrar, em algum momento, naquilo que se transformou no Santo dos Santos. Só algumas características estão claras nesse ponto. Primeiro, não temos de supor *a priori* que o formalismo escape à mobilização, aos centros, à construção de redes. Ele não é transcendental, como dizem os filósofos para explicar o incrível aumento de forças que ele proporciona a quem o desenvolve. Esse ganho propiciado pela manipulação de formas de enésimo grau provém inteiramente do interior dos centros e, provavelmente, é

CIÊNCIA EM AÇÃO **385**

mais bem explicado pelos inúmeros novos nexos transversais que possibilita. Em segundo lugar, não precisamos perder tempo encontrando contrapartidas empíricas para explicar essas formas por meio de manipulações simples e práticas, semelhantes às realizadas fora dos centros. A manipulação de seixos na praia de Sacalina nunca dará uma teoria dos conjuntos ou uma topologia. Na verdade, a cascata de inscrições é uma manipulação prática e concreta de formulários, mas cada produto final é uma forma que não se assemelha a coisa alguma do nível inferior – caso se assemelhe, significa que esse degrau da escada é inútil, que pelo menos essa parte da translação falhou. Em terceiro lugar, não precisamos perder tempo algum procurando "explicações sociais" para essas formas, se por social entendermos características da sociedade refletidas pela matemática de algum modo distorcido. As formas não distorcem nem representam mal coisa alguma; aceleram ainda mais o movimento de acúmulo e capitalização. Como sugeri o tempo todo, o elo entre sociedade e matemática é muito mais distante e muito mais imediato do que se espera: elas explicitamente atam uns aos outros, com firmeza, todos os possíveis aliados, constituindo na verdade o que é, provavelmente, a parte mais coesa e "social" da sociedade. Em quarto lugar, não há razão para recorrer às convenções eventualmente pactuadas pelos cientistas para explicar a bizarra existência dessas formas que *não parecem ter relação* com coisa nenhuma. Não são menos reais nem mais estéreis nem mais moldáveis que quaisquer outras inscrições concebidas para mobilizar o mundo e carreá-lo para os centros. Só que resistem mais que qualquer outra coisa (segundo nossa definição de realidade), pois multiplicam e intensificam as relações de todos os outros elementos das redes. Em quinto lugar, para encontrarmos um caminho, precisaremos ficar com o grão de verdade oferecido pelas quatro interpretações tradicionais das formas individualmente (transcendentalismo, empirismo, determinismo social e convencionalismo): as formas de *enésima* ordem conferem *inesperado* suplemento – como se vida de outro mundo; são resultado de um trabalho *concreto* de depuração – como se estivessem relacionadas com coisas práticas; concentram ainda mais as associações – como

386 BRUNO LATOUR

se fossem *mais sociais* que a sociedade; estabelecem interconexões entre mais elementos – como se fossem *mais reais* que qualquer outra convenção estipulada pelos homens.

Francamente, não encontrei um só estudo que atendesse a esse quinto requisito. Dessa ausência, poder-se-ia concluir que as formas não podem ser estudadas por meio de nenhum tipo de inquirição como a que retratei neste livro porque fogem de todo ao que acontece nas centrais de cálculo. Mas a minha conclusão é diferente; quase ninguém teve coragem de fazer um estudo antropológico atento do formalismo. A razão para essa falta de coragem é muito simples: *a priori*, antes do início do estudo, o olhar recai sobre a mente e sobre suas habilidades cognitivas na busca de uma explicação das formas. Qualquer estudo sobre matemática, cálculos, teorias e formas em geral deveria fazer exatamente o contrário: primeiro verificar como os observadores se movem no espaço e no tempo, como a mobilidade, a estabilidade e a permutabilidade das inscrições são aumentadas, como as redes são ampliadas, como todas as informações são atadas umas às outras numa cascata de rerrepresentação, e se, por algum extraordinário acaso, alguma coisa ainda ficar sem explicação, então, e só então, sair à cata de habilidades cognitivas especiais. O que eu proponho, aqui, como *sétima regra metodológica*, é uma *moratória* nas explicações cognitivas para a ciência e tecnologia! Ficaria tentado a propor uma moratória de dez anos. Se quem acredita em milagres tivesse tanta certeza de sua posição, aceitaria o desafio.

Parte C
Metrologias

Fazer translação do mundo para os centros é uma coisa (Parte A). Ganhar forças suplementares inesperadas por trabalhar nesses centros em inscrições de *enésimo* grau é outra (Parte B). Resta um probleminha: as inscrições finais não são o mundo; apenas o representam em sua ausência. Novos espaços e tempos infinitos, buracos negros gigantescos, elétrons minutíssimos, enormes economias,

CIÊNCIA EM AÇÃO **387**

pasmosos anos-luz, complicadíssimas maquetes, equações complexas, tudo isso não ocupa mais que alguns metros quadrados, dominados por pequeníssima percentagem da população (ver Capítulo 4). Na verdade, foram descobertos muitos ardis e truques inteligentes para inverter o equilíbrio de forças e tornar os centros maiores e mais sabidos do que tudo o que os dominara até então. Contudo, nada estará irreversivelmente ganho nesse ponto se não houver um modo de fazer translação *de volta* da relação de força que foi tornada favorável ao campo dos cientistas. Ainda é preciso trabalhar mais. Esse movimento do centro para a periferia também precisa ser estudado se quisermos seguir os cientistas até o fim. Embora esta última parte da jornada seja tão importante quanto as outras duas, geralmente é esquecida pelos observadores da ciência pela estrambótica noção de que "ciência e tecnologia" são "universais". De acordo com essa noção, uma vez descobertas, as teorias e as formas se disseminam "por toda parte" sem custo adicional. Essa aplicação de teorias abstratas em qualquer lugar e tempo parece ser outro milagre. Como sempre, se seguirmos os cientistas e os engenheiros em ação, teremos uma resposta mais terrena, porém mais interessante.

(1) Expandindo ainda mais as redes

Quando, em 5 de maio de 1961, Alan Shepard foi escolhido para o primeiro voo espacial norte-americano a Mercúrio, aquilo era uma *primeira vez*?[18] Num certo sentido sim, pois nenhum norte-americano estivera no espaço antes. Noutro sentido não, era apenas a vez $(n+1)$. Ele repetira todos os possíveis movimentos centenas de vezes no simulador, que é um outro tipo de modelo em escala reduzida. Qual foi sua principal impressão quando

---

18 Baseio-me aqui no excelente livro de Wolfe (1979-1983). Para vergonha da classe, devemos confessar que alguns dos melhores livros sobre tecnociência – os de Kidder, Watson e Wolfe, por exemplo – não foram escritos por acadêmicos.

388 BRUNO LATOUR

finalmente saiu do *simulador* e entrou no foguete? Será que foi: "igualzinho à centrífuga"? Ou "diferente do simulador: mais fácil"? Ou: "Cara, não era igual à centrífuga, não, era mais animado!"? Durante o curto voo ele ficou comparando as semelhanças e ligeiras diferenças entre o enésimo ensaio no simulador de voo e o $(n+1)$ de verdade. O pessoal da torre de controle estava surpreso com a calma de Shepard. Ele obviamente tinha "estofo" para a coisa, pois não sentia medo de partir para o desconhecido. Mas o fato é que ele não estava realmente indo para o desconhecido, como Magalhães quando cruzou o estreito que leva seu nome. Já estivera *lá* centenas de vezes, e uns macacos antes dele outras centenas de vezes. O admirável não é o fato de alguém poder ir para o espaço, mas sim o fato de um voo espacial completo poder ser simulado de antemão, para depois ser lentamente ampliado para voos não tripulados, depois para voos com macacos, depois com um homem, depois com muitos, por meio da incorporação, *dentro do* Centro Espacial, de um número cada vez maior de fatores trazidos de volta para ele a cada novo ensaio. A lenta e progressiva expansão de uma rede do Cabo Canaveral à órbita da Terra é uma proeza maior do que a "aplicação" ao mundo de fora de cálculos feitos dentro do Centro Espacial.

"Mais uma vez, não será a aplicação da ciência ao mundo de fora dos laboratórios a melhor prova de sua eficácia, do poder quase sobrenatural dos cientistas? A ciência *funciona* lá fora, e suas *previsões* se confirmam". Como todas as outras alegações que encontramos neste capítulo, esta não se baseia em estudo independente e detalhado. Nunca jamais se viu fato, teoria ou máquina que sobrevivesse *fora* da rede que lhe deu origem. Mais frágeis que cupins, fatos e máquinas conseguem trafegar ao longo de extensas galerias, mas não conseguem sobreviver um minuto nessa famosa e mítica "exterioridade", o "lá fora" tão decantado pelos filósofos da ciência.

Quando terminaram seus cálculos, no início da década de 1980, os arquitetos, urbanistas e especialistas em energia solar encarregados do projeto da aldeia solar de Frangocastello, em Creta, tinham em seus escritórios de Atenas um modelo completo da aldeia em

CIÊNCIA EM AÇÃO **389**

escala reduzida.[19] Sabiam tudo o que havia sobre Creta: energia solar, condições climáticas, demografia, recursos hídricos, tendências econômicas, estruturas de concreto e agricultura em estufas. Haviam ensaiado e discutido todas as possíveis configurações com os melhores engenheiros do mundo e despertado o entusiasmo de muitos bancos de desenvolvimento europeus, norte-americanos e gregos ao se decidirem por um protótipo original de ótima qualidade. Assim como os engenheiros de Cabo Canaveral, eles só precisavam ir "lá fora" e aplicar seus cálculos, provando mais uma vez os poderes quase sobrenaturais dos cientistas. Quando mandaram seus engenheiros de Atenas a Frangocastello para darem início às desapropriações e acertar detalhes, depararam com um "lá fora" totalmente inesperado. Os habitantes não só não estavam dispostos a abandonar suas terras em troca de casas na nova aldeia, como também estavam dispostos a pegar em armas contra aquilo que eles consideravam ser uma nova base militar atômica dos Estados Unidos disfarçada de aldeia de energia solar. A aplicação da teoria foi ficando cada dia mais difícil, pois a mobilização da oposição ganhava força, alistando o papa e o Partido Socialista. Logo ficou claro que, não sendo possível enviar o exército para obrigar os cretenses a ocuparem espontaneamente o futuro protótipo, era preciso dar início a uma negociação entre os "de dentro" e os "de fora". Mas como chegar a uma solução conciliatória entre uma nova aldeia solar e alguns pastores que só queriam três quilômetros de estrada asfaltada e um posto de gasolina? A solução conciliatória foi simplesmente desistir da aldeia solar. Todo o planejamento dos especialistas tomou o caminho de volta para a rede e ficou limitado a um modelo em escala reduzida, mais um dos muitos projetos que os engenheiros guardam em suas gavetas. O "lá fora" aplicou um golpe fatal nesse exemplo de ciência.

---

19 Este exemplo é extraído de um dos raros estudos empíricos de longo prazo sobre um projeto moderno em grande escala, feito por Coutouzis (1984); ver também nosso artigo (Coutouzis e Latour, 1986).

390   BRUNO LATOUR

Como então se explica que em alguns casos as previsões da ciência se cumpram e em outros elas malogrem de modo deplorável? A regra metodológica aqui aplicável é mais ou menos óbvia: toda vez que alguém falar numa aplicação bem-sucedida de uma ciência, procure ver se houve uma extensão progressiva de alguma rede. Toda vez que alguém falar de um malogro da ciência, procure descobrir que parte de que rede foi furada. Aposto que sempre vai achar.

Não havia nada mais dramático na época do que a previsão solenemente anunciada em maio de 1881 por Pasteur de que, em 2 de junho do mesmo ano, todas as ovelhas não vacinadas de uma fazenda da aldeola de Pouilly-le-Fort teriam morrido da terrível doença, o antraz, e que todas as ovelhas vacinadas estariam em perfeita saúde. Não seria isso milagre, como se Pasteur tivesse viajado no tempo e pelo vasto mundo afora, prevendo com um mês de antecedência o que acontecia numa fazendola de Beauce?[20] Mas se, em vez de ficarmos embasbacados diante desse milagre, verificarmos o modo como uma rede se expande, com certeza assistiremos a uma fascinante negociação entre Pasteur e os representantes dos fazendeiros sobre a melhor maneira de *transformar a fazenda em laboratório*. Pasteur e seus colaboradores já tinham feito aquela experiência várias vezes no próprio laboratório, invertendo o equilíbrio de forças entre homens e doenças, criando uma epizootia artificial em escala reduzida em seu laboratório (ver Capítulo 3). No entanto, nunca tinham feito aquilo em escala real, nas fazendas. Mas não eram tolos; sabiam que, numa fazenda suja, apinhada de espectadores, não conseguiriam repetir exatamente a situação que lhes fora tão favorável (e sofreriam o mesmo tipo de revés dos especialistas que levaram sua aldeia aos cretenses). Se pedissem, porém, às pessoas que fossem ao laboratório *deles*, ninguém ficaria convencido (assim como dizer a Kennedy que Shepard tinha voado mais uma vez no simulador não convenceria o povo norte-americano de que os Estados Unidos se haviam desforrado da perda da prioridade espacial para os russos). Tinham de chegar a

---

20 Sobre esse episódio, ver Geison, op. cit.

CIÊNCIA EM AÇÃO **391**

uma solução conciliatória com os organizadores de um ensaio de campo, transformar um número suficiente de condições da fazenda em condições quase laboratoriais – para que se mantivesse o mesmo equilíbrio de forças –, mas assumindo riscos suficientes – a fim de que o teste realista o bastante para figurar como um ensaio de campo. No fim, a previsão se cumpriu, mas na verdade era uma *retrovisão*, exatamente como a antevisão do professor Bijker sobre o futuro do porto de Roterdã (ver Parte A), na verdade foi uma *pós--visão*. Dizer isso não é diminuir a coragem de Shepard no foguete, dos engenheiros gregos atacados pelos fazendeiros, ou de Pasteur assumindo o risco de cometer um terrível engano; assim como saber de antemão que Hamlet vai morrer no fim da peça não diminui o talento do ator. Por mais ensaios que faça, o ator talentoso não deixa de ter medo do palco.

A capacidade de previsão da tecnociência depende inteiramente de sua habilidade de propagar redes. O encontro com o lado de fora provoca um caos completo. De todas as características da tecnociência, considero a mais interessante de estudar essa capacidade de estender redes e de viajar dentro delas; é a mais engenhosa e menos notada de todas (em razão da inércia do modelo descrito no fim do Capítulo 3). Fatos e máquinas são como trens, eletricidade, *bytes* de computadores ou legumes congelados: podem ir para qualquer lugar desde que a trilha por eles percorrida não seja interrompida de modo algum. Essa dependência e essa fragilidade não são sentidas pelo observador da ciência porque a "universalidade" possibilita a aplicação de leis da física, da biologia ou da matemática em toda parte *em princípio. Na prática* tudo é muito diferente. Pode-se dizer que, em princípio, é possível aterrissar um Boeing 747 em qualquer lugar; mas tente na prática aterrissar um deles na 5ª Avenida, em Nova York. Pode-se dizer que, em princípio, o telefone nos põe tudo ao alcance da voz. Mas tente falar de San Diego com alguém no interior do Quênia que, na prática, não tem telefone. Pode-se perfeitamente afirmar que a lei de Ohm (Resistência = Tensão/Corrente – ver p.372) é universalmente aplicável em princípio; mas tente demonstrá-la na prática sem voltímetro, wattímetro e amperímetro. Pode-se perfeitamente afirmar que, em princípio, um helicóptero da marinha norte-americana pode voar em qualquer lugar; mas tente consertá-lo no deserto iraniano depois de afogado por uma tempestade de areia, a centenas de quilômetros do porta-aviões. Em todos esses experimentos mentais é fácil perceber a enorme diferença que há entre princípio e prática, e que, quando tudo funciona de acordo com o planejado, significa que ninguém se afastou nem um centímetro da rede bem guardada e perfeitamente fechada.

Sempre que um fato se confirma e uma máquina funciona, significa que as condições do laboratório ou da fábrica de certo modo foram expandidas. Um consultório médico de um século atrás talvez fosse mobiliado com uma cadeira de braços, uma escrivaninha e, quem sabe, uma mesa de exame. Hoje em dia, um consultório médico tem dezenas de instrumentos e aparelhagem para diagnóstico. Cada um deles (como o termômetro, o aparelho de medir a pressão sanguínea ou o teste de gravidez) passou do laboratório para o consultório por meio da indústria. Se sua médica confirma a aplicação das leis da fisiologia, ótimo, mas não peça a ela que as confirme numa choupana vazia em plena selva, pois aí ela dirá: "Primeiro me devolvam os instrumentos!". Esquecer a expansão dos instrumentos quando se admira o bom andamento de fatos e máquinas seria como admirar o sistema rodoviário, com todos os seus caminhões e carros velozes, e deixar de lado a engenharia civil, as oficinas, os mecânicos e as peças de reposição. Fatos e máquinas não têm inércia própria (Capítulo 3), assim como os reis ou os exércitos não podem viajar sem comitiva ou equipamento.

(2) Atado por umas poucas cadeias metrológicas

A dependência que fatos e máquinas têm em relação às redes para fazerem a viagem de volta dos centros para a periferia facilita muito a nossa tarefa. Teria sido impossível seguir as leis "universais" da ciência se estas fossem aplicáveis em todos os lugares sem aviso prévio. Mas a progressiva expansão do âmbito de aplicação de um

CIÊNCIA EM AÇÃO   **393**

laboratório é muito fácil de estudar: é só seguir os *traços* que essa aplicação vai deixando. Como vimos na Parte B, um cálculo feito no papel só se aplica ao mundo exterior se esse mundo exterior também é outro pedaço de papel do mesmo formato. Inicialmente, esse requisito parece marcar o fim do caminho dos cálculos: é impossível transformar Sacalina, Roterdã, as turbulências, as pessoas, os micróbios, as redes elétricas e todos os fenômenos lá de fora num mundo de papel semelhante ao que existe aqui dentro. Mas isso seria não admitir a engenhosidade dos cientistas que expandem para todos os cantos os instrumentos que produzem esse mundo de papel. *Metrologia* é o nome desse gigantesco empreendimento para fazer que o mundo de fora passe a ser um mundo dentro do qual fatos e máquinas possam sobreviver. Os cupins constroem suas galerias escuras com uma mistura de lama e seus próprios excrementos; os cientistas constroem suas redes iluminadas conferindo ao mundo de fora a mesma forma de papel que têm seus instrumentos no mundo de dentro. Em ambos os casos, o resultado é o mesmo: pode-se viajar para muito longe sem sequer sair de casa.

No puro, abstrato e universal mundo da ciência, a extensão dos objetos novos criados nos laboratórios não custa nada. No mundo real, concreto e local da tecnociência, porém, custa terrivelmente caro manter estável o mais simples dos parâmetros físicos. Um exemplo bastará. Se pergunto "Que horas são?", para responder, o leitor deverá olhar o relógio. Não há como resolver essa questão sem *ler* o mostrador desse instrumento científico (o Sol pode servir, mas não quando precisamos pegar um trem). Por mais humilde que seja, entre os instrumentos científicos, o relógio é o que tem a história mais longa, o que exerceu mais influência. Lembremos que Lapérouse levava consigo não menos do que doze relógios, e que tinha a bordo diversos cientistas cuja função era verificar e comparar os movimentos desses instrumentos. Toda a viagem teria sido feita em vão se ele não conseguisse manter o tempo constante. Hoje, se o meu relógio não estiver certo com o do leitor, um terceiro servirá de árbitro (uma estação de rádio, um relógio de igreja). Se ainda houver desacordo quanto à qualidade do relógio usado como árbitro,

394 BRUNO LATOUR

poderemos muito bem ligar para o serviço telefônico que informa a hora. Se um de nós fosse tão obstinado quanto o discordante dos capítulos 1 e 2, seria então necessário recorrer ao labirinto extraordinariamente complexo de relógios atômicos, a *laser*, de comunicações via satélite, à agência internacional que coordena os horários em todo o planeta. O tempo não é universal, mas todo dia vai ficando um pouco mais graças à expansão de uma rede internacional que, por intermédio de elos visíveis e tangíveis, interliga todos os relógios de referência do mundo e depois vai organizando cadeias secundárias e terciárias de referência até este relógio meio impreciso que tenho no pulso. Há uma trilha contínua de leituras, catalogações, formulários, linhas telefônicas que interliga todos os relógios. Assim que saímos dessa trilha, começamos a ter *dúvidas* sobre a hora, e a única maneira de voltar a ter certeza é entrar de novo em contato com as cadeias metrológicas. Os físicos usam a linda palavra *constante* para designar esses parâmetros elementares necessários para que a mais simples das equações seja escrita nos laboratórios. Essas constantes, porém, são tão inconstantes que os Estados Unidos, de acordo com sua Agência Nacional de Pesos e Medidas, gastou 6% de seu Produto Nacional Bruto, ou seja, três vezes o que se gasta com P&D (ver Capítulo 4), só para mantê-las estáveis![21]

O fato de ser preciso um esforço muito maior para expandir a ciência do que para fazê-la pode surpreender aqueles que a acham naturalmente universal. Nos números que apresentei no Capítulo 4 inicialmente não víamos sentido na massa de cientistas e engenheiros empregados no gerenciamento de P&D, em cargos administrativos, inspeção, produção etc. (ver p.24). Já não nos surpreendemos mais. Sabemos que o número de cientistas é pequeno demais para explicar o enorme efeito que supostamente exercem, e que seus feitos circulam por "galerias" frágeis, recentes, caras e escassas. Sabemos que aquilo que chamamos "ciência e tecnologia" constitui a ponta abstrata de um processo muito mais amplo, com o qual tem apenas vaga semelhança. A enorme importância da metrologia (assim como

---

21 Ver artigo de Hunter (1980).

CIÊNCIA EM AÇÃO   **395**

a do desenvolvimento e da pesquisa industrial) nos dá uma ideia, digamos, da nossa ignorância.

Essas longas cadeias metrológicas necessárias à existência do mais simples dos laboratórios dizem respeito às constantes oficiais (tempo, peso, medidas, padrões biológicos etc.), mas isso constitui uma parcela minúscula de todas as medições feitas. Estamos tão acostumados à presença difusa de todos esses medidores, fichas, formulários e gabaritos que forram o caminho para as centrais de cálculo que nos esquecemos de considerar cada um deles como o traçado que ficou como vestígio indubitável de uma *invasão* anterior por alguma profissão científica. É só pensar nos tipos de respostas que podem ser dadas às seguintes perguntas: quanto ganhei este mês? Minha pressão sanguínea está alta ou baixa? Onde meu avô nasceu? Qual é o ponto mais alto da ilha Sacalina? Quantos metros quadrados tem meu apartamento? Quantos quilos você engordou? Quantas notas boas minha filha tirou? Qual a temperatura hoje? Esta caixa de cerveja é uma boa compra? Dependendo de quem faz essas perguntas, a resposta poderá ser *mais rigorosa* ou *menos rigorosa*. No primeiro caso, será preciso recorrer a um formulário: o extrato enviado pelo banco; a leitura da pressão sanguínea feita no aparelho do médico; a certidão de nascimento obtida no cartório ou uma árvore genealógica; a lista de faróis do catálogo da Marinha; uma planta do apartamento; uma balança; uma ficha escolar obtida na secretaria da escola; um termômetro; as dezenas de dados metrológicos presentes na embalagem da cerveja (conteúdo, teor alcoólico, quantidade de conservantes etc.). O que chamamos "pensar com rigor" numa situação de controvérsia implica trazer à tona uma dessas formas. Sem elas, simplesmente *não sabemos nada*.

Se, por uma razão ou por outra (crime, acidente, controvérsia), a discussão não for dirimida nesse ponto, seremos levados a percorrer uma das muitas cadeias metrológicas que empilham formulários até a *enésima* ordem. Nem mesmo à pergunta "quem é você" será possível responder, em algumas situações extremas, sem sobrepor passaportes, impressões digitais, certidões de nascimento, fotografias, ou seja, sem constituir um *arquivo* que reúna muitos formulários diferentes, provenientes de várias origens. *Você* pode perfeitamente querer saber quem é e ficar satisfeito com alguma resposta pouco rigorosa a essa pergunta absurda, mas o policial, que faz a pergunta do ponto de vista de um centro, quer uma resposta mais rigorosa, exatamente como quando Lapérouse insistiu nas perguntas aos pescadores chineses para saber onde eles estavam em termos de longitude e latitude. Agora entendemos o mal-entendido estudado no Capítulo 5, Parte C, entre as maneiras mais ou menos duras de solucionar o paradoxo vivido pelo construtor de fatos. As exigências em termos de conhecimento são muito diferentes se quisermos usá-lo para pôr fim a uma discussão local ou se quisermos participar da *extensão* de uma rede. As soluções intermediárias são suficientes no primeiro caso (sei quem sou, que horas são, se faz frio ou calor, se meu apartamento é grande ou pequeno, se ganho o bastante, se minha filha está estudando, se Sacalina é uma ilha ou não). Mas todas essas soluções serão consideradas *insuficientes* no segundo caso. O mal-entendido será da mesma natureza e terá o mesmo significado concreto se um engenheiro do Exército, encarregado de preparar a aterrissagem de bombardeiros B52 numa ilha do Pacífico, lá encontrar só uma faixa lamacenta de terra com umas poucas centenas de metros de comprimento. Vai ficar muito decepcionado e achará aquela pista de pouso insuficiente.

A única maneira de preparar "pistas de pouso" em toda parte para fatos e máquinas é transformar em instrumentos o maior número possível de pontos do mundo externo. As paredes das galerias do cupinzeiro científico são literalmente *forradas de papel*.

As máquinas, por exemplo, são desenhadas, escritas, discutidas e calculadas antes de serem construídas. Ir da "ciência" para a "tecnologia" não é ir um de um mundo de papel para um mundo desarrumado, graxento e concreto. É ir de um trabalho em papel para outro trabalho em papel, de uma central de cálculo para outra que reúne e maneja mais cálculos de origens mais heterogêneas.[22]

---

22 Na pequena, porém fascinante literatura sobre o assunto, a melhor introdução é constituída pelo trabalho de Booker (1979) e Baynes e Pugh (1981). Uma introdução ainda mais breve encontra-se em Ferguson (1977).

Quanto mais modernas e complexas as máquinas, maior número de formulários de que precisam para chegar a existir. A razão para isso é simples: no processo de construção, elas vão sumindo de vista, porque cada uma de suas peças oculta a outra à medida que todas se vão transformando em caixas-pretas cada vez mais pretas (Capítulo 3).

O grupo do Eagle, durante o processo de depuração do sistema, precisou construir um programa de computador só para manter o registro da sequência de modificações feitas por cada um no protótipo, só para lembrar que era exatamente o Eagle, para mantê-lo sinopticamente sob os olhos à medida que ele ia ficando cada vez mais obscuro (Introdução). De todas as partes da tecnociência, as mais reveladoras são os desenhos dos engenheiros e a organização e gestão dos traçados gerados simultaneamente por engenheiros, projetistas, físicos, economistas, contadores e gente de marketing. É nelas que as distinções entre ciência, tecnologia, economia e sociedade se mostram mais absurdas. As centrais de cálculos das principais indústrias construtoras de máquinas concentram nas mesmas escrivaninhas formulários de todas as origens, recombinando-os de tal maneira que numa mesma tira de papel é possível encontrar a forma da peça que vai ser construída (desenhada num espaço geométrico codificado); a tolerância e a calibração necessária à sua construção (todas as cadeias metrológicas no interior e no exterior das formas); as equações físicas da resistência do material; os nomes das pessoas que trabalharam nas peças; o tempo médio necessário à realização das operações (resultado de décadas de taylorismo); as dezenas de códigos que possibilitam o inventário; cálculos econômicos, e assim por diante. Quem quisesse tentar substituir a história comum dessas centrais de cálculo por histórias distintas da ciência, da tecnologia e da administração teria de proceder a um trabalho de esquartejamento.

Cada um desses formulários é necessário para que uma das dezenas de ciências implicadas na construção de máquinas passe a ter qualquer relevância. A contabilidade, por exemplo, é uma ciência crucial e onipresente em nossas sociedades. Sua expansão, porém, limita-se estritamente a alguns formulários que possibilitam

398 BRUNO LATOUR

a sua execução com o máximo de precisão possível. Como aplicar a contabilidade ao confuso mundo de mercadorias, consumidores, indústria? Resposta: transformando cada uma dessas complexas atividades de tal maneira que, num ponto ou noutro, elas gerem um formulário prontamente aplicável à atividade contábil. Se cada hambúrguer vendido nos Estados Unidos, cada xícara de café, cada passagem de ônibus for acompanhado por um canhoto numerado ou por uma daquelas notinhas vomitadas pelas caixas registradoras, então os contadores, os administradores e os economistas serão capazes de expandir sua perícia no cálculo. Um restaurante, um supermercado, uma loja, uma linha de montagem estão o tempo todo gerando tantas leituras a partir de tantos instrumentos quanto um laboratório (pense nas balanças, nos relógios, nas registradoras, nos pedidos). Só quando o *sistema econômico* se torna capaz de gerar esses formulários em número suficiente para criar algo semelhante a *economia* é que os *economistas* passam a fazer parte de uma profissão em expansão. Não há por que limitar o estudo da ciência à escrita do Livro da Natureza e esquecer de estudar esse "Grande Livro da Cultura", que exerce uma influência muito mais marcante em nossa vida diária do que a outra – a mera informação bancária, por exemplo, é muitas ordens de grandeza mais importante que a comunicação científica.

Mesmo a geografia, que parece tão imediatamente aplicável "ao mundo de fora", feito o mapa, não pode se afastar muito da rede sem o risco de se tornar inútil. Quando usamos um mapa, raramente comparamos o que nele está escrito com a paisagem – para sermos capazes de tal feito, precisaríamos ser topógrafos bem treinados, ou seja, estar bem próximos da profissão de geógrafo. Não, na maioria das vezes *comparamos* o que lemos nos mapas com os *sinais* das rodovias, escritos na *mesma* linguagem. O mundo de fora estará adaptado à aplicação do mapa só quando todos os seus fatores pertinentes tiverem sido escritos e marcados por sinais, balizas, placas, setas, nomes de ruas e coisas assim. Para provar isso, basta tentar navegar com um ótimo mapa ao longo de uma costa sem sinalização, ou num país onde todas as placas de rodovias tenham sido arrancadas (como

CIÊNCIA EM AÇÃO **399**

aconteceu com os russos ao invadirem a Tchecoslováquia, em 1968). A maior probabilidade é de ir dar à costa ou perder-se. Quando o "lá fora" é realmente encontrado, quando as coisas de fora são vistas pela primeira vez, é o fim da ciência, pois a causa essencial da superioridade científica terá desaparecido.

A história da tecnociência é, em grande parte, a história de todas as pequenas invenções feitas ao longo da rede para acelerar a mobilidade dos traçados ou para aumentar a fidedignidade, a combinação e a coesão deles, de tal modo que a ação a distância se torne possível. Esse será o nosso *sexto princípio*.

(3) Ainda sobre a papelada

Se expandirmos o significado de metrologia, deixando de abranger apenas a conservação das constantes físicas básicas e passando também a abarcar a transformação em formulários de um número máximo de características do mundo exterior, poderemos acabar estudando o mais desprezado de todos os aspectos da tecnociência: a burocracia. Ah! Esses burocratas, como são odiados; gente que só mexe com papéis, arquivos e fichas, que nada sabe sobre o mundo real, mas que está sempre pondo formulários só para ver se foram preenchidos corretamente; curiosa raça de lunáticos que prefere acreditar num papel a crer em qualquer outra fonte de informação, mesmo que esse papel contrarie o senso comum, a lógica e até seus próprios sentimentos. Compartilhando esse desdém, no entanto, nós, que queremos seguir a ciência em ação até o fim, estaríamos cometendo um erro. Primeiro, porque o que é visto como defeito no caso dos papelocratas é considerado grande qualidade sempre que se trate dos outros papelocratas chamados cientistas e engenheiros. Acreditar mais no formulário de *enésima* ordem do que no senso comum é próprio de astrônomos, economistas, banqueiros, em suma de todos os que, nas centrais, tratam com fenômenos ausentes por definição.

Seria também um erro, em segundo lugar, porque é por meio da burocracia e por dentro dos arquivos que os resultados da ciência

400 BRUNO LATOUR

viajam para mais longe. Por exemplo, os registros de prospecção produzidos pelos engenheiros da Schlumberger em plataformas de petróleo (Parte A, seção 2) passam a fazer parte de um arquivo pertencente a um banco da Wall Street que combina geologia, economia, estratégia e lei. Todos esses campos não correlatos são entretecidos quando se transformam em folhas do mais desprezado de todos os objetos, o *dossiê*, o poeirento dossiê. Sem ele, porém, os registros de prospecção ficariam onde estavam, na cabina ou no caminhão da Schlumberger, sem nenhuma importância para outras questões; os testes microbiológicos feitos por bacteriologistas com água não teriam importância nenhuma se permanecessem no laboratório. Agora que estão integrados, por exemplo, em outro complexo arquivo da Prefeitura que justapõe plantas de arquitetos, regulamentos municipais, resultados de pesquisa, contagens de votos e propostas de orçamento, são beneficiados por essas outras atividades e habilidades. Entender a influência da bacteriologia sobre a "sociedade" poderia ser tarefa difícil, mas sempre é possível observar de quantas operações legais, administrativas e financeiras a bacteriologia participa: é só seguir seus rastros. Como vimos no Capítulo 4, o caráter esotérico de uma ciência é inversamente proporcional a seu caráter exotérico. Agora percebemos que a administração, a burocracia e o gerenciamento em geral são os únicos grandes recursos disponíveis para a expansão realmente ampla: o governo subvenciona o laboratório de bacteriologia, que se tornou ponto de passagem obrigatório para todas as tomadas de decisão. Os vastos bolsões isolados da ciência que vimos no começo deste livro provavelmente serão mais entendidos se percebermos que estão esparsos pelas centrais de cálculo, dispersos por arquivos e fichários, disseminados por toda a rede e só visíveis porque aceleram a mobilização local de alguns recursos entre os muitos outros necessários para administrar muitas pessoas em grande escala e a certa distância.[23]

---

23 Sobre essa dispersão das ciências e sobre muitas microtécnicas de poder, ver o trabalho de Foucault, especialmente (1975).

CIÊNCIA EM AÇÃO   401

A terceira e última razão pela qual não devemos desprezar burocratas, administradores e escriturários, em suma esse setor terciário que apequena de todo as dimensões da tecnociência, é que ele constitui uma mistura de outras disciplinas que devem ser estudadas com o mesmo método que apresentei neste livro, ainda que não sejam consideradas parte da "ciência e tecnologia". Quando alguém diz que quer explicar "socialmente" o desenvolvimento da "ciência e tecnologia", recorre a entidades como política nacional, estratégias das multinacionais, classes sociais, tendências econômicas mundiais, culturas nacionais, situação profissional, estratificação, decisões políticas etc. Em nenhum ponto deste livro lancei mão de qualquer uma dessas entidades; ao contrário, expliquei várias vezes que seríamos tão agnósticos com respeito à sociedade quanto fôramos em relação à Natureza, e que dar explicação social não implica nada de "social", mas apenas algo referente à solidez relativa das *associações*. Mas também prometi, no fim do Capítulo 3, que em algum ponto encontraríamos um estado estável da sociedade. Pois bem, aqui estamos: um estado estável da sociedade é produzido pelas multifárias ciências administrativas exatamente como a interpretação estável dos buracos negros é fornecida pela astronomia, como a interpretação dos micróbios é dada pela bacteriologia, ou como a comprovação de reservas petrolíferas é apresentada pela geologia. Nem mais nem menos. Terminemos com mais alguns exemplos.

O sistema econômico, por exemplo, não pode ser usado em problemas para explicar a ciência porque ele próprio é um resultado extremamente controverso de outra ciência social: a economia. Como vimos antes, ele é extraído de centenas de instituições de estatística, questionários, pesquisas e levantamentos, sendo tratado em centrais de cálculo. Alguma coisa como o Produto Nacional Bruto é uma exposição visual de *enésima* ordem que, na verdade, pode ser combinada com outros formulários, mas que não está mais *fora* da frágil e minúscula rede construída pelos economistas do que as estrelas, os elétrons ou as placas tectônicas. O mesmo se diga dos muitos aspectos da política. Como sabemos que o Partido A é mais forte que o Partido B? Cada um de nós pode ter uma opinião sobre

402 BRUNO LATOUR

a força relativa desses partidos; na realidade, é em razão de que cada um de nós tem uma opinião diferente que se deve montar um grande experimento científico para resolver a questão. Científico? Claro! O que é uma eleição nacional, se não a transformação, por meio de um instrumento pesado e caro, de todas as opiniões em marcações em cédulas, marcações que serão contadas, somadas, comparadas (com muito cuidado e muita discussão), o que terminará como apresentação visual da *enésima* ordem: Partido A: 51%, Partido B: 45%; Nulos: 4%? Estabelecer distinção ou oposição entre ciência, política e economia não teria sentido do nosso ponto de vista, porque, em termos de dimensões, importância e custo, os poucos números que decidem o Produto Nacional Bruto ou o equilíbrio político de forças são muito mais importantes, provocam muito mais interesse, muito mais atenção, muito mais paixão, muito mais método científico do que uma nova partícula ou uma nova fonte de radiação. Todos eles dependem do mesmo mecanismo básico: ajuste dos dispositivos de inscrição, focalização das controvérsias na apresentação visual final, obtenção de recursos necessários para a manutenção dos instrumentos, construção de teorias de *enésima* ordem nos dossiês arquivados. Não, nosso método nada ganharia se explicasse as ciências "naturais" mediante a invocação das ciências "sociais". Não há a menor diferença entre as duas, e ambas devem ser estudadas da mesma maneira. Nenhuma delas deve ter mais crédito nem ser dotada com o misterioso poder de pular fora da rede que constrói.

O que esclarecemos a respeito de economia, política e administração também se aplica à própria sociologia. Como poderia alguém que decidiu seguir os cientistas em ação esquecer-se de estudar os sociólogos em seu esforço de definir o que é a sociedade, o que nos mantém grudados uns aos outros, quantas classes existem, qual é o objetivo de se viver em sociedade, quais são as principais tendências de sua evolução? Como acreditar mais nessas pessoas que nos dizem o que é a sociedade do que em outras? Como transformar astrônomos em porta-vozes do céu e ainda aceitar que os sociólogos nos digam o que é sociedade? A própria definição de "sociedade" é o resultado final, nos departamentos de sociologia, nas instituições

CIÊNCIA EM AÇÃO **403**

de estatística e nas revistas, da ação de outros cientistas ocupados coligindo pesquisas, questionários, arquivos, fichários de todos os tipos, de cientistas que discutem, publicam artigos, organizam outros encontros. Qualquer definição consensual marca o final feliz das controvérsias, como todas as soluções que estudamos neste livro. Nem mais nem menos. Os resultados dos estudos sobre a constituição da sociedade não se disseminam melhor nem mais depressa do que os de economia, topografia ou física de partículas. Esses resultados também morreriam se caíssem fora da minúscula rede tão necessária à sua sobrevivência. A interpretação que um sociólogo faz da sociedade não entrará em lugar de nada do que nós pensamos da sociedade sem disputas *adicionais*, cátedras universitárias, posições no governo, integração nas forças armadas, e assim por diante, exatamente como acontece com a geologia, a meteorologia ou a estatística.

Não, não devemos negligenciar a rede administrativa que, nas salas da Wall Street, no Pentágono, nos departamento das universidades, produz representações efêmeras ou estáveis daquilo que é a situação das forças, a natureza de nossa sociedade, o equilíbrio militar, a saúde da economia, o tempo para que um míssil balístico russo caia no deserto de Nevada. Confiar nas ciências sociais mais do que nas naturais poria em risco toda a nossa jornada, porque teríamos de admitir que o espaço-tempo elaborado dentro de uma rede por uma só ciência se disseminou para fora e abarcou todas as outras. Não estamos incluídos no espaço da sociedade (construído por sociólogos mediante tantas disputas) mais do que no tempo da geologia (lentamente elaborado nos museus de história natural) ou do que no domínio das neurociências (cuidadosamente expandido pelos neurocientistas). Mais exatamente, essa inclusão não é naturalmente propiciada sem trabalho complementar; será obtida localmente se as redes dos sociólogos, dos geólogos e dos neurocientistas forem expandidas, se tivermos de passar por seus laboratórios ou por meio de suas cadeias metrológicas, se eles tiverem sido capazes de se tornar indispensáveis às nossas viagens e incursões. A situação das ciências é exatamente a mesma do gás, da eletricidade, da TV a cabo, da rede de água ou de telefone: em todos os casos, é

404 BRUNO LATOUR

preciso estar "ligado" a uma rede que é cara e deve ser mantida e expandida. Este livro foi escrito com o objetivo de criar uma pausa para que todos que queiram estudar independentemente as expansões de todas essas redes possam tomar fôlego. Para fazer um estudo desses é absolutamente necessário nunca atribuir a nenhum fato e a nenhuma máquina a mágica habilidade de sair da exígua rede em que são produzidos e na qual circulam. O ar desse pequeno espaço destinado a tomar fôlego ficaria imediatamente viciado se o mesmo tratamento justo e simétrico não fosse também dispensado às ciências sociais e administrativas.

Apêndice 1
Regras Metodológicas

Regra 1. Estudamos a ciência *em ação*, e não a ciência ou a tecnologia pronta; para isso, ou chegamos antes que fatos e máquinas se tenham transformado em caixas-pretas, ou acompanhamos as controvérsias que as reabrem. (Introdução)

Regra 2. Para determinar a objetividade ou subjetividade de uma afirmação, a eficiência ou a perfeição de um mecanismo, não devemos procurar por suas qualidades *intrínsecas*, mas por todas as transformações que ele sofre *depois*, nas mãos dos outros. (Capítulo 1)

Regra 3. Como a solução de uma controvérsia é a *causa* da representação da Natureza, e não sua consequência, nunca podemos utilizar essa consequência, a Natureza, para explicar como e por que uma controvérsia foi resolvida. (Capítulo 2)

Regra 4. Como a resolução de uma controvérsia é a *causa* da estabilidade da sociedade, não podemos usar a sociedade para explicar como e por que uma controvérsia foi dirimida. Devemos considerar simetricamente os esforços para alistar recursos humanos e não humanos. (Capítulo 3)

406 BRUNO LATOUR

Regra 5. Com relação àquilo de que é feita a tecnociência, devemos permanecer tão indecisos quanto os vários atores que seguimos; sempre que se constrói um divisor entre interior e exterior, devemos estudar os dois lados simultaneamente e fazer uma lista (não importa se longa e heterogênea) daqueles que realmente trabalham. (Capítulo 4)

Regra 6. Diante da acusação de irracionalidade, não olhamos para que regra da lógica foi infringida nem que estrutura social poderia explicar a distorção, mas sim para o ângulo e a direção do *deslocamento* do observador, bem como para a *extensão* da rede que assim está sendo construída. (Capítulo 5)

Regra 7. Antes de atribuir qualquer qualidade especial à mente ou ao método das pessoas, examinemos os muitos modos como as inscrições são coligidas, combinadas, interligadas e devolvidas. Só se alguma coisa ficar sem explicação depois do estudo da rede é que deveremos começar a falar em fatores cognitivos. (Capítulo 6)

APÊNDICE 2
PRINCÍPIOS

Primeiro princípio. O destino de fatos e máquinas está nas mãos dos consumidores finais; suas qualidades, portanto, são consequência, e não causa, de uma ação coletiva. (Capítulo 1)

Segundo princípio. Os cientistas e engenheiros falam em nome de novos aliados que conformaram e alistaram; representantes entre outros representantes, com esses recursos inesperados, fazem o fiel da balança de forças pender em seu favor. (Capítulo 2)

Terceiro princípio. Nunca somos postos diante da ciência, da tecnologia e da sociedade, mas sim diante de uma gama de *associações* mais fracas e mais fortes; portanto, entender o que são fatos e máquinas é o mesmo que entender o *que* as pessoas são. (Capítulo 3)

Quarto princípio. Quanto mais esotérico o conteúdo da ciência e da tecnologia, mais elas se expandem externamente; portanto, "ciência e tecnologia" é apenas um subconjunto da tecnociência. (Capítulo 4)

Quinto princípio. A acusação de irracionalidade é sempre feita por alguém que está construindo uma rede em relação a outra pessoa que atravessa seu caminho; portanto, não há Grande Divisor entre mentes, mas apenas redes maiores ou menores; os fatos duros não são regra, mas exceção, visto serem necessários em poucos casos para afastar um grande número de pessoas de seu caminho habitual. (Capítulo 5)

Sexto princípio. A história da tecnociência é, em grande parte, a história dos recursos espalhados ao longo das redes para acelerar a mobilidade, a fidedignidade, a combinação e a coesão dos traçados que possibilitam a ação a distância. (Capítulo 6)

REFERÊNCIAS BIBLIOGRÁFICAS

ALLAUD, L., MARTIN, M. *Schlumberger, Histoire d'une Technique*. Paris: [s.n.], 1976.

AUGÉ, M. *Théorie des pouvoirs et idéologie*. Paris: Hermann, 1975.

BARNES, B. *Scientific Knowledge and Sociological Theory*. London: Routledge Barnes & Kegan Paul, 1974.

_____. *T. S. Kuhn and Social Science*. London: Macmillan, 1982.

_____. On the conventional character of knowledge and cognition. In: KNORR, K., MULKAY, M. (Org.) *The Manufacture of Knowledge*: An Essay on the Constructivist and Contextual Nature of Science. Oxford: Pergamon Press, 1983, p.19-53.

BASTIDE, F. *The semiotic analysis of scientific discourse*. Paris: Ecole de Mines, 1985. (Mimeogr.)

BAYNES, K.; PUGH, F. *The Art of the Engineer*. Guildford: Lutherwood Press, 1981.

BAZERMAN, C. Modern evolution of the experimental report of physics: spectroscopic articles. *Physical Review. Social Studies of Science*, v.14, n.2, p.163-97, 1984.

BELLEC, F. *La généreuse et tragique expédition de Lapérouse*. Rennes: Ouest France, 1985.

BENSAUDE-VICENT, B. *Les pièges de l'élémentaire. Contribution à l'histoire de l'élément chimique*. Paris, 1981. Tese (Doutorado) – Paris I.

_____. Mendeleiev's periodic system of chemical elements. *British Journal for the History of Science*, v.19, p.3-17, 1986.

410   BRUNO LATOUR

BLACK, M. *Models and metaphors*. Ithaca: Cornell University Press, 1961.

BLOOR, D. *Knowledge and Social Imagery*. London: Routledge & Kegan Paul, 1976.

BOOKER, P. J. *A History of Engineering Drawing*. London: Northgate, 1979.

BOURDIEU, P. *Outline of a Theory of Practice*. Cambridge: Cambridge University Press, 1972-1977.

BRANNIGAN, A. *The Social Basic of Scientific Discoveries*. Cambridge: Cambridge University Press, 1981.

BRAUDEL, F. *The Perspective of the World*. 15th to 16th Century. New York: Harper & Row, 1979-1985.

BROAD, W.; WADE, N. *Betrayers of the Truth:* Fraud and Deceit in the Halls of Science. New York: Simon & Schuster, 1982.

BROCKWAY, L. H. *Science and Colonial Expansion:* The Role of the British Royal Botanic Gardens. New York: Academic Press, 1979.

BROWN, L. A. *The Story of Maps*. New York: Dover, 1949-1977.

BRYANT, L. Rudolf Diesel and his rational engine. *Scientific American*, v.221, p.108-17, 1969.

_____. The development of the Diesel Engine. *Technology and Culture*, v.17, n.3, p.432-46, 1976.

BULMER, R. *Why is a cassowary not a bird?* A problem of zoological taxonomy among the Karam. [S.l.: s.n.], 1967.

CALLON, M. Struggles and negotiations to decide what is problematic and what is not: the sociologic. In: KNORR, K.; KROHN, R.; WHITLEY, R. (Org.) *The Social Process of Scientific Investigation*. Dordrecht: Reidel, 1981, p.197-220.

CALLON, M. Some elements of a sociology of translation: domestication of the scallops and the fishermen. In: LAW, J. (Org.) *Power, Action and Belief:* A New Sociology of Knowledge? Sociological Review Monograph n. 32. (University of Keele). London: Routledge & Kegan Paul, 1986b, p.196-229.

CALLON, M.; LAW, J. On interests and their transformation: enrolment and counter-enrolment. *Social Studies of Science*, v.12, n.4, p.615-26, 1982.

CALLON, M.; LAW, J.; RIP, A. (Org.) *Mapping the Dynamic of Science and Technology*. London: Macmillan, 1986.

COLE, J.; COLE, S. *Social Stratification in Science*. Chicago: University of Chicago Press, 1973.

COLE, M.; SCRIBNER, S. *Culture and Thought:* A Psychological Introduction. New York: Wiley, 1974.

CIÊNCIA EM AÇÃO   411

COLLINS, H. *Changing Order:* Replication and Induction in Scientific Practice. London, Los Angeles: Sage, 1985.

CONKLIN, H. *Ethnographic Atlas of Ifugao:* A Study of Environment, Culture and Society in Northern Luzon. London, New Haven: Yale University Press, 1980.

COUTOUZIS, M. *Sociétés et techniques en voie de déplacement.* Thèse (3ène cycle) – Université Paris-Dauphine, 1984.

COUTOUZIS, M.; LATOUR, B. Pour une sociologie des techniques: le cas du village solaire de Frango-Castello. *Année Sociologique*, n.38, p.113-67, 1986.

DAGOGNET, F. *Tableaux et langages de La chimie.* Paris: Seuil, 1969.

_____. *Philosophe de l'image.* Paris: Vrin, 1984.

DAUBEN, J. W. *Georges Cantor* His Mathematics and Philosophy of the Infinite. Cambridge, Mass.: Harvard University Press, 1979.

DESMOND, A. *The Hot-Blooded Dinosaurus:* A Revolution in Paleontology. London: Blond & Briggs, 1975.

DOBBS, B. J. *The Foundations of Newton's Alchemy or "The Hunting of the Greene Lyon".* Cambridge: Cambridge University Press, 1976.

DRAKE, S. *Galileo Studies: Personality, Tradition and Revolution.* Ann Arbor: University of Michigan Press, 1970.

_____. *Galileo at Work. His Scientific Biography.* Chicago: Chicago University Press, 1978.

DUBOS, R. *Louis Pasteur, Freelance of Science,* London: Golmez, 1951.

DUBOS, R.; DUBOS, J. *The While Plague:* Tuberculosis, Man, and Society. Boston: Little Brown and Co, 1953.

DUCLAUX, E. *Pasteur: Histoire d'un Esprit.* Sceaux: Charaire, 1986.

EASLEA, B. *Witch-Hunting, Magic and the New Philosophy:* An Introduction to the Debates of the Scientific Revolution. Brighton, Sussex: Harvester Press, 1980.

EISENSTEIN, E. *The Printing Press as an Agent of Change.* Cambridge: Cambridge University Press, 1979.

ELZEN, B. The ultracentrifuge: interpretive flexibility and the development of a technological artifact. *Social Studies of Science*, 1986.

EVANS-PRITCHARD, E. E. *Wichcraft, Oracles and Magic Among the Azande.* Trad. do francês. Oxford: Oxford University Press, 1937-1972.

FABIAN, J. *Time and the Other.* How Anthropology Makes its Object. New York: Columbia University Press, 1983.

412 BRUNO LATOUR

FARLEY, J., GEISON, J. Science, Politics and Spontaneous generation in 19th century France, the Pasteur-Pouchet Debate. *Bulletin of the History of Medicine*, v.48, n.2, p.161-98, 1979.

FERGUSON, E. The mind's eye: Nonverbal thought in technology. *Science*, v.197, p.827-36, 1977.

FOULCAULT, M. *Discipline and Punish:* The Birth of the Prison. Trad. ingl. A. Sheridan. New York: Pantheon, 1975.

FOURQUET, F. *Les comptes de la puissance.* Paris: Encres, 1980.

FREEMAN, D. *Margaret Mead and Samoa:* The Making and Unmaking of an Anthropological Myth. Cambridge, Mass.: Harvard University Press, 1983.

GARFIELD, E. *Citation Indexing:* Its Theory and Application in Science, Technology, and Humanity. New York: Wiley, 1979.

GEISON, J. Pasteur. In: *Dictionary of Scientific Biography.* New York: Scribners & Son, 1974, v.11, p.351-415.

GILLE, B. *Histoire des techniques.* Paris: Gallimard, 1978. (Bibliothèque de la Pléiade).

GOODY, J. *The Domestication of the Savage Mind.* Cambridge: Cambridge University Press, 1977.

GREIMAS, A. J.; COURTÈS, J. *Semiotic and Language an Analytical Dictionary.* Bloomington: Indiana University Press, 1979-1983.

GUSFIELD, J. R. *The Culture of Public Problems:* Drinking-driving and the Symbolic Order. Chicago: University of Chicago Press, 1981.

HINDESS, B. Interests in political analysis. In: LAW, J. (Org.) *Power, Action and Belief:* A New Sociology of Knowledge? Sociological Review Monograph n. 32 (University of Kelle). London: Routdlege & Kegan Paul, 1986b. p.112-31.

HODDESON, L. The emergence of basic research in the Bell telephone system, 1875-1915. *Technology and Culture*, v.22, n.3, p.512-45, 1981.

HOLLIS, M.; LUKES, S. (Org.) *Rationality and Relativism.* Oxford: Blackwell, 1982.

HORTON, R. African traditional thought and western science (versão completa). *Africa*, v.38, n.1, p.50-71, e n.2, p.155-87, 1967.

_____. Tradition and modernity revisited. In: HOLLIS, M., LUKES, S. (Org.) *Rationality and Relativism.* Oxford: Blackwell, 1982, p.201-60.

HOUNSHELL, D. A. Elisha Gray and the telephone or the disadvantage of being an expert. *Technology and Culture*, v.6, p.131-61, 1975.

CIÊNCIA EM AÇÃO   **413**

HUGHES, T. P. *Elmer Sperry: Inventor and Engineer*. Baltimore: Johns Hopkins University Press, 1971.

————. The Electrification of America: The system builders. *Technology and Culture*, v.20, n.1, p.124-62, 1979.

————. *Networks of Power:* Electric Supply Systems in the US, England and Germany, 1880-1930. Baltimore: Johns Hopkins University Press, 1983.

HUNTER, P. The national system of scientific measurement. *Science*, v.210, p.869-74, 1980.

HUTCHINS, E. *Culture and Inference:* A Trobriand Case Study. Cambridge, Mass.: Harvard University Press, 1980.

JENKINS, R. Technology and the market: Georges Eastman and the origins of mass amateus photography. *Technology and Culture*, v.15, p.1-19, 1975.

KEVLES, Daniel J. *In the Name of Eugenics:* Genetics and the Use of Human Heredity. New York: Knopf, 1985.

KEVLES, David J. *The Physicists:* The History of a Scientific Community in Modern America. New York: Knopf, 1978.

KIDDER, T. *The Soul of a New Machine*. London: Allen Lane, 1981.

KNORR, K. *The Manufacture of Knowledge:* An Essay on the Constructivist and Contextual Nature of Science. Oxford: Pergamon Press, 1981.

KNORR, K., KROHN, R., WHITLEY, R. (Org.) *The Social Process of Scientific Investigation*. Dordrecht: Reiddel, 1981.

KNORR, K., MULKAY, M. (Org.) *Science Observed:* Perspectives on the Social Study of Science. London, Los Angeles: Sage, 1983.

KOYRÉ, A. *Galileo Studies*. Trad. do francês por J. Mepham. Atlantic Highlands: Humanities Press, 1966-1978.

KUHN, T. *The Structure of Scientific Revolutions*. Chicago: University of Chicago Press, 1962.

LAPÉROUSE, J. -F. *Voyages autour du monde*. Paris: Michel de l'Ormeraie, [s.d.]

LATOUR, B.; DE NOBLET, J. (Org.) Les vues de l'esprit: visualisation et connaissance scientifique. *Culture Technique*, n.14, 1985.

LAW, J. On the methods of long-distance control: vessels, navigation and the Portuguese route to India. In: ————. (Org.) *Power, Action and Belief:* A New Sociology of Knowledge? Sociological Review Monograph n.32 (University of Keele), London: Routledge & Kegan Paul, 1986a, p.234-63.

————. (Org.) *Power, Action and Belief*: A New Sociology of Knowledge? Sociological Review Monograph n. 32 (University of Keele). London: Routledge & Kegan Paul, 1986b.

414 BRUNO LATOUR

LEROI-GOURHAN, A. *Le gest et la parole*. Paris: Albin Michel, 1964. v.1 e 2.

LIVINGSTON, E. *The Ethnomethodological Foundations of mathematics* (Studies in Ethnomethodology). London: Routledge & Kegan Paul, 1985.

LURIA, A. R. *Cognitive Development:* As Cultural and Social Foundations. Cambridge, Mass.: Harvard University Press, 1976.

LYNCH, M. *Art and Artifact in Laboratory Science*. A Study, of Shop Work and Shop Talk in a Research Laboratory. London: Routledge & Kegan Paul, 1985.

MAcKENZIE, D. A. Statistical theory and social interests: a case study. *Social Studies of Science*, v.8, p.35-83, 1978.

_____. *Statistics in Britain, 1865-1930*. Edinburgh: Edinburgh University Press, 1981.

MAcKENZIE, D. A., WAJCMAN, J. (Org.) *The Social Shaping of Technology*. Milton Keynes: Open University Press, 1985.

MAcROBERTS, M. H., MAcROBERTS, B. R. Quantitative measures of communication in science: a study of the formal level. *Social Studies of Science*, v.16, p.151-72, 1986.

McNEILL, W. *The Pursuit of Power Technology*: Armed Forces and Society Since A. D. 1000. Chicago: University of Chicago Press, 1982.

MEAD, M. *Coming of Age in Samoa*. A Psychological Study of Primitive Youth for Western Civilization. New York: William Morrow, 1928.

MENDELSOHN, E., ELKANA, Y. *Sciences and Cultures (Sociology of the Sciences: A Yearvook)*. Dordrecht: Reiddel, 1981.

MERTON, R. K. *The Sociology of Science:* Theoretical and Empirical Investigations, Chicago: University of Chicago Press, 1973.

NATIONAL SCIENCE FOUNDATION. *Science Indicators*. Washington, DC: NSF (vários anos).

NYE, M. -J. N-Rays: An Episode in the History and Psychology of Science *Historical Studies in the Physical Sciences*, v.II, p.125-56, 1980.

_____. (Science in the Province. Scientific Communities, and Provincial Leadership in France.) Berkeley: California University Press, 1986.

ORGANISATION for economic co-operation and development. *Indicators of Science and Technology*. Paris: OECD Press, 1984.

PERELMAN, C. The Realm of Rhetoric. Trad. inglesa de W. Kluback. Notre Dame, Indiana: University of Notre Dame Press, 1982.

PETERS, T.; AUSTIN, N. *A passion for excellence*. New York: Random House, 1985.

CIÊNCIA EM AÇÃO **415**

PINCH, T. *Confronting Nature:* The Sociology of Solar Neutrino Detection, Dordrecht: Reiddel, 1986.

POLYANI, M. *Personal Knowledge:* Towards a Post-Critical Philosophy, Chicago: University of Chicago Press, 1974.

PORTER, R. *The Making of Geology:* Earth Science in Britain 1660-1815. Cambridge: Cambridge University Press, 1977.

_____. Charles Lyell: The public and private faces of science. *Janus*, v. LXIX, p.29-50, 1982.

PRICE, D. S. *Science Since Babylon.* New Haven, Conn.: Yale University Press, 1975.

PYENSON, L. *Cultural Imperialism and Exact Sciences.* New York: Peter Lang, 1985.

RESCHER, N. *Scientific Progress:* A Philosophical Essay on the Economics of Research in Natural Science. Oxford: Blackwell, 1978.

ROZENKRANZ, B. *Public Health in the State, Changing Views in Massachusetts*, 1862-1936, Harvard: Harvard University Press, 1972.

SHAPIN, S. The politics of observation: cerebral anatomy and social interests in the Edinburgh phrenology disputes. In: WALLIS, R. *On the Margins of Science:* The Social Construction of Rejected Knowledge. Sociological Review Monograph n.27 (University of Keele). London: Routledge & Kegan Paul, 1979, p.139-78.

_____. History of science and its sociological reconstruction. *History of Science*, v.20, p.157-211, 1982.

STENGERS, I. *États et processus.* Bruxelles, 1983. Thèse (Doctorat) – Université Libre de Bruxelles.

STEVENS, P. S.*Patterns in Nature.* Boston: Little Brown, 1978.

STOCKING, G. W. (Org.) *Observers Observed:* Essays on Ethnographic Fieldwork, Madison: University of Wisconsin Press, 1983.

STOKES, T. D. The double-helix and the warped zipper: an exemplary tale. *Social Studies of Science*, v.12, n.3, p.207-40, 1982.

SZILARD, L. *Leo Szilard:* His Version of the Facts: Selected Recollections and Correspondence. Org. de S. Weart e G. Szilard. Cambridge, Mass.: MIT Press, 1978.

TOLSTOI, L. *War and Peace.* Trad. inglesa R. Edmunds. Harmondsworth: Penguin, 1983.

UNESCO. *Statistical Yearbook.* Paris: Unesco, 1983.

WADE, N. *The Nobel Duel.* New York: Anchor Press, 1981.

416 BRUNO LATOUR

WALLIS, R. *On the Margins of Science:* The Social Construction of Rejected Knowledge. Sociological Review Monograph n. 27 (University of Keele). London: Routledge & Kegan Paul, 1979.

WATKINS, D. *The English Revolution in Social Medicine 1889-1911.* London, 1984. PhD Thesis – University of London.

WATSON, J. *The Double Helix.* New York: Mentor Books, 1968.

WILSON, B. (Org.) *Rationality.* Oxford: Blackwell, 1970.

WOLFE, T. *The Right Stuff.* New York: Bantam Books, 1979-1983.

WOOLGAR, S. Interests and explanations in the social study of science. *Social Studies of Science,* v.11, n.3, p.365-97, 1981.

Índice remissivo

3M, 219

abstração, 377-8
ação a distância, 341-8
actante, definição, 127, 137
acusação de irracionalidade, 289
alinhamento de interesses, 247, 275
amadores, 230-1
antropologia, 319-20
aplicação da ciência ao mundo de
  fora, 381, 388
Archeopteryx, 311-5
argumento da autoridade, 46
arquivo, 395-6
artefato, 114, 164
assimetria, 213, 289
  criada pelos atores, 306, 339, 344
associação, 198, 209-10, 313-5,
  315-21, 376, 401
  livre, 316-20
atribuição de responsabilidade,
  185-7, 273, 379

Augé, M. 317-8
automação, 204-5
autonomia, 262
azandes, 290-7, 301-3
  consequência do observador,
    328-33
  crença, 284-8
  pesquisa básica, 265

beber e guiar, 319
Bell, A., 291-2, 295-6, 308-9
Bell, companhia/Ma Bell,
  195-9, 223-4
Bijker, 360-2, 368-9, 373, 391
Bill, 108-13, 126-7
Blondlot, 113, 124, 118, 153
Bloor, D., 287
Boas, 169-70
Bodin, 298-300
  Livro da Natureza, 382, 398
  trambique, 175, 178
botânica, 357-8

418 BRUNO LATOUR

Brazeau, P., 131-4
Bulmer, R., 310-6, 329-32
burocracia, 399-400

caixa-preta
    como arranjar, 123-4
    definição, 4
    e máquinas, 396-7
    nova definição, 205
cálculo, 370-6, 393
Cantor, 138, 139
capital, 347-8
captação, 84-8
Carnot, 162, 163, 166-7
cartografia, 348-9, 383
cascata/sucessão, 366, 370-1,
    376-7, 381
células de combustível, 34-7,
    40-4, 181-2
censo, 365, 369-70
centrais de cálculo, 363
centro, 347
ciclo, 250-1
    de acumulação, 343, 346-52
ciência, índice de citações em, 57
    consequência de uma retórica
        forte, 51
    diferença em relação à técnica,
        206
    diferente de fatos moles, 322-5
ciência e tecnologia, definição, 273
citações perfunctórias, 50
classificação, 309-15
coeficiente, 372-3
coisas, 136-7, 140
coleções, 350-1
colegas, 238

Cole, M., 307
competência, 137
composição, 171-2
conhecimento, 284
    definição, 341-8
    não diferente de sociedade,
        312-5
    não é um bom termo, 347
construtor de fatos, suas dúvidas e
    incertezas, 159-68
contabilidade, 397-8
contexto da citação, 51, 57-8
contralaboratório, 119-21
controvérsias, como caminho de
    confinamento ao laboratório,
        117-8
    entrada, 6-11
    limite prático, 88
    no nível da linguagem, 30-7
    quando se torna técnica, 48
    suas soluções, 144-8, 322-5
corrida probatória, 239
    e corrida armamentista, 269
Creta, 388-9
Crick, F., 1-19, 149, 175-6
cultura, 313, 330
Curie, Pierre e Marie, 135-9, 152,
    216, 217
custo da discussão, 105, 261, 283-7,
    395-6

Davis, R., 103, 107, 146
definição de um objeto novo, 133
Delft, laboratório hidráulico de,
    360-2
demografia, 365, 366
Descartes, 298

CIÊNCIA EM AÇÃO **419**

descoberta, 210
desenvolvimento, 165, 265-6
determinismo, 209
  social, 221-2
Diesel, R., 162-72, 175, 185, 186-7,
  189-94, 208-14, 223-4
difusão (modelo de), 221, 257-63
disciplina, 229-30
discordante
  apoquentando o professor, 114-9
  transformado em autor,
    142-3, 231
dispositivos de inscrição, 102
divisória, 325, 339
  entre crenças e conhecimentos,
    298-9, 327-8
divulgação, 78
Dom João II de Portugal, 344
dominação, 348-56, 364
dossiê, 399-404

Eagle, 2-21, 175-6, 245, 397
Eastman, G., 179, 190-1, 194,
  215, 216
Eclipse MV/8000, 1-21, 208
economia, 354, 398, 401-2
Edison, 374-6
Einstein, 383-4
empilhando textos, 74-7
encenação
  leitores e autores, 77-84
  provas, 100-1
endorfina, 108ss., 106-19,
  137-8, 141-2
equação, 373-6
escala, da rede, 328-33
espaço, 356-62

especialidade/especialista, 237-9
estatísticas, 129, 370-1
estilo, de um texto, 87-8
estratificação, 260-1
  dos textos, 66-74
estrutura, 312-3
etnociência, 24, 332, 356, 357
Evans-Pritchard, 290, 302,
  308-9, 329
expedição, 351

fato(s), 32-3
  coletivos, 37-43
  como caixa-preta, 205
  duros, 321-2, 328
  escrever, 90-1
  estágio de construção, 59-60
  estilizado, 61-2
  grau de certeza, 40
  moles, 322-5
ficção, escrever, 90
forma (de raciocínio), 306-7
formalismo, 376-86
Frangocastello, 388-9
fraude, 73
Freeman, D., 128-9, 170
frenologia, 199, 200

Galileu, 46, 47, 65-6, 145, 299-300
geólogos, 351-2
Grande Divisor, 329-30, 332, 337-8,
  344, 356, 362
Gray, E., 291-2, 295-6, 308
grupos sociais, redefinição pelos
  consequência do modelo de
    difusão, 212-3

420 BRUNO LATOUR

construtor de fatos, 180

Guillemin, R., 38-40, 52-4, 62, 66, 73, 77, 83, 89, 122, 123, 131-3, 139, 142, 150-1

herói
no texto, 78-80
no laboratório, 135-42
hormônio do crescimento, hormônio liberador do, 32-7, 51
Hutchins, E., 290-4, 309, 329

ideias, 211
incertezas do construtor de fatos, 159-68
duas soluções, 363-404
. indução, 76-7
indústria, 259, 266-7
inércia, 209-13, 215, 221, 392
informação, definição, 380-1
inovação, 165
inscrições, 340
instrumento, definição, 98-108
em relação às controvérsias, 122, 348-9, 363, 381-6, 393-4, 402
interesse, 168-9
e desinteresse, 328-33
estabilizado, 223-4, 247
explícito e implícito, 176-83
intersecção, que desencadeia a acusação, 307-11, 322
invenção, 165
irracional, 285-304
irracionalidade, acusações de, 288-97

Jano, 6, 11-2, 46, 148-52, 222-5, 273

Jewett, 196-8
João, 235-9, 247-53

Kant, 349-50
karans, 310-3, 331-2
Kew Gardens, 357-8
Kidder, T., 246
Koch, 125, 172

laboratório, 95-155
expansão através da metrologia, 392-9
realimentação, 139-44
reunindo instrumentos, 104
Lapérouse, 335-50, 357, 365, 368, 377, 382-3, 393, 396
Lavoisier, 355-6, 367
Lawrence, 176
leitor, no texto, 77
Lister, 184
local/universal, 356-62, 392-5
lógica, 320-1
consequência de um texto, 87-8
da forma ao conteúdo, 305-15
rompimento com a, 299-304
logística, 365-70
lucro, 347
Luria, S., 306-7
Lyell, C., 229-36, 247, 248

MAN, 162-7, 175-6, 189-92
Maquiavel, 195, 201
máquina, 201, 396-8
Marey, J., 142, 359
matemática, 370-6

CIÊNCIA EM AÇÃO   421

Mead, M., 128-9, 130-1, 169-70

mecanismo
  primário, definição, 185-6, 272
  secundário, definição, 186, 211, 272
Mendeleiev, 367-70, 377-9
Mercator, 378-9, 383-4
meteorologia, 281-8, 308, 357
metrologia, 386-404
  definição, 393
militares, 267-71
Millikan, 196-8
mobilização, 269, 348-56
modalidade
  definição, 30-7
  negativa, definição, 32
  positiva, definição, 32
modelo em escala reduzida, 360-1, 373, 387-91

previsão, 388-92
primeira regra metodológica, 22-6
primeiro princípio, 43
princípios metodológicos, definição, 26
profissão, 229
provas de força, definição, 118-9
  definindo os elos, 312
  o caso Edison, 375-6
  o caso Mendeleiev, 372-3
  realidade da forma, 143-4

quarta regra metodológica, 221-5
quarto princípio, 273
química, 367-70
quinta regra metodológica, 271-6

quinto princípio, 328

racional, 285-305
racionalismo, 304
raios N, 113-4, 118, 119, 153
realidade
  definição, 143-4
  realização, 162-7, 280, 385
realismo, 152-3, 154-5
rede, 280, 314, 326, 357
  concentração, 375-6
  expansão, 387-92
referência por textos posteriores, 56-65
referente, no texto, 70-4
registro de prospecção, 352, 400
regras metodológicas, definição, 26
reificação, 141-2
relativismo, 152-3, 154
  crítica, 305-9, 321-2, 331-2
reportando-se a textos anteriores, 48-56
representação, de coisas ou de pessoas, 109
re-representação, 377-8
resistência, 117-8, 191-2
retórica, 43-4
  mais forte na ciência, 90-2
revolução copernicana, 349-50, 353, 361, 364
Reynolds, 371-4, 378
roteiro oculto no texto, 82
rotinização, 141, 197
ruptura, exercício da, 324-5

Schally, A., 32-45, 47, 49-77, 81-3, 88, 89, 93, 122-3, 131, 132, 145-53

422 BRUNO LATOUR

Schlumberger, 351-2, 400

Scribner, S., 307

segunda regra metodológica, 88-90

segundo princípio, 138-9

sétima regra metodológica, 380-6

sexta regra metodológica, 328-33

sexto princípio, 399

Shepard, 387-8, 390-1

simetria
    entre humano e não
        humano, 225
    princípio de, 213, 287-8, 294
        crítica ao, 305-9

simulador, 387-8

sistema de saúde, 270

social, mais social, 93
    resultado do modelo de difusão,
        221, 275-6
    usado para explicar a
        irracionalidade, 286-8, 385,
        401

sociedade, 213, 221
    estabilizada no fim, 401
    resultado de um julgamento de
        responsabilidade, 272-3

sociograma, 217, 250

sociologia, 402-3

sócio-lógica, 304-21

somatostatina, 133-4, 140-1

Sperry, E., 174, 175-6, 184-7

subjetivo, definição, 119, 238-9, 284

Svedberg, 140, 141

Szilard, L., 178

táticas de posicionamento, 74-88

técnica, consequência da
    controvérsia, 65, 69, 71, 78

corrida probatória, 252-3

diferença em relação à ciência, 206

estratégias de controle, 192,
    200-1

tecnociência, 43, 246-7

tecnograma, 217, 250

tempo, 356-62
    cadeia metrológica, 392-9

teoria, 377-80

terceira regra metodológica, 152-5

terceiro princípio, 220

testes
    definição das formas, 133-4
    no laboratório, 133-9, 139-44
    no texto, 80

textos científicos, definição, 71-2

trajetória, 165, 209-10

transcendental, 384-5

translação, 168-77, 181-3, 197, 247,
    373-6
    estendida a coisas, 202
    modelo de, 207-14, 247
    oposta a difusão, 207-25

Trobriand, 290-1, 294, 295, 308

Tycho Brahe, 353, 354

vieiras, 316-7

Watson, J., 1-21, 149, 175-6

Weber, E., 123-6

West, T., 2-21, 175, 217-8, 244-9

Whittaker, J., 1-11

Yule, G., 129-30

zoólogos, 350-1

SOBRE O LIVRO

Formato: 14 x 21 cm
Mancha: 23,7 x 42,5 paicas
Tipologia: Horley Old Style 10,5/14
Papel: Off-white 80 g/m^2 (miolo)
Cartão Supremo 250 g/m^2 (capa)

EQUIPE DE REALIZAÇÃO

Assistência editorial
Olivia Frade Zambone

Edição de Texto
Giuliana Gramani (Preparação de original)
Jean Xavier (Revisão)

Editoração Eletrônica
Sergio Gzeschnik

Impressão e acabamento

psi7
psi7.com.br | book7
book7.com.br